Grundtvigs kristendom

Portræt af Grundtvig af C.A. Jensen, 1843. Olie på lærred, 664 × 552 mm. Den Hirschsprungske Samling, København.

A.M. Allchin

Grundtvigs kristendom

MENNESKELIV OG GUDSTJENESTE

AARHUS UNIVERSITETSFORLAG
2002

Grundtvigs kristendom
er sat med Caslon
og trykt hos Narayana Press, Gylling

Oversat fra engelsk af Jakob Balling
Den engelske udgave udkom i 1997, 2. oplag 1998
Omslagsillustration: © Kirsten Klein
Omslag: Lotte Bruun Rasmussen

ISBN 87 7288 946 2

Aarhus Universitetsforlag
Langelandsgade 177
8200 Århus N

89 42 53 70
www.unipress.dk

Til alle mine danske venner
og især til J.K.H. og N.K.R.

Vor død til trods
opliv du os

Indhold

Forkortelser

FSS: *For sammenhængens skyld*

GA: *Grundtvigarkivet*

GBP: *Grundtvigs Bibelske Prædikener*

GCS: *Grundtvig: Om Christendommens Sandhed*

GE: *Grundtvigs Erindringer og Erindringer om Grundtvig*

GIB: *Grundtvig og Ingemann: Brevvexling*

GKL: *Grundtvigs Kirkelige Lejlighedstaler*

GKP: *Grundtvigs Korsprædikener*

GNA: *Grundtvig: "De nye Anglicaner"*

GP: *Grundtvigs Prædikener*

GPP: *Grundtvigs Præstø Prædikener*

GPS: *Grundtvigs Poetiske Skrifter*

GS: *Grundtvig Studier*

GSB: *Grundtvigs Søndags-Bog*

GSP: *Grundtvigs sidste Prædikener*

GSV: *Grundtvigs Sangværk*

GUS: *Grundtvigs Udvalgte Skrifter*

GVK: *Grundtvigs Verdenskrønike 1814*

GVP: *Grundtvigs Vartovprædikener*

GVU: *Grundtvigs Værker i Udvalg*

HP: *Heritage and Prophecy*

KLS: *Kirken af levende Stene*

NL: *Grundtvig og grundtvigianismen i nyt lys*

Indledning

Udsender man en bog om Grundtvig med henblik på danske læsere, skylder man dem en indledende redegørelse for, hvad de kan vente sig af bogen, og hvad de ikke kan vente sig.

Det gælder i almindelighed, al den stund Grundtvigs virksomhed spændte så vidt, at ingen enkeltperson kan gøre sig håb om at yde den retfærdighed i alle henseender. Og i særdeleshed gælder, at en forfatter, der som jeg kommer udefra, må føle en særlig forpligtelse til at begrunde sit forehavende og med nødtørftig klarhed definere, hvad han mener at kunne bidrage med og hvad ikke.

Bogen her har – på bekostning af så meget andet, der *også* kan og bør siges om Grundtvig – sit tyngdepunkt i *en* central målsætning.

Jeg tilstræber at udarbejde og klargøre særpræget i hans måde at tænke og tale om kristendom på, og herunder at lægge en særlig vægt på det kendetegn, som umiddelbart falder i øjnene på mig som udenlandsk betragter med personlig baggrund i anglikansk kristendom og i østkirkelige og økumeniske studier. Nemlig Grundtvigs – denne prototypiske danske lutherske teologs – dybe fortrolighed med og originale formidling af traditionen fra oldkirke, middelalder og østortodoksi.

Bogen falder i tre hoveddele, som fra hver sin synsvinkel betragter Grundtvig som teologisk og kirkelig tænker og praktiker og søger at vise, hvordan samspillet mellem dansk-luthersk arv på den ene side og verdenskirkelig tradition på den anden har formet sig i denne tænkning og praksis.

Første del udgøres af en biografisk skitse, som i fornøden korthed skal tjene det formål at demonstrere tænkningens forankring i et konkret, individuelt levnedsløb, med dets fataliteter, tvangsmæssigheder og muligheder – udnyttede og uudnyttede.

I *Anden del* forsøges det derefter, gennem en analyse og diskussion af fem store temaer i Grundtvigs tænkning at godtgøre dens spændvidde, sammenhæng og relevans (kapitlerne 6-10). Det sagligt såvel som placeringsmæssigt centrale kapitel af de fem (kap. 8) omhandler Grundtvigs måde at forstå og udnytte treenighedsdogmet på. Det søges påvist, hvor afgørende en rolle treenighedstroen spiller for hans tænkning og praksis som helhed, og hvilke forbindelser der består mellem ham og den østkirkelige tradition på dette punkt. De fire andre temaer er: "Opdagelsen af kirken", "Det historiske embede", "Jorden, skabt i Guds billede", og "Et jævnt og muntert, virksomt liv på jord". I de to førstnævnte kapitler diskuteres bl.a. den "mageløse opdagelse" og det problematiske forhold til den engelske højkirkelige bevægelse. I de to sidste søges den sociale og kulturelle rækkevidde af Grundtvigs skabelses- og frelsesteologiske tænkning klarlagt. Det sker bl.a. under inddragelse af nutidige perspektiver vedrørende den grundtvigske tænknings appel til lande i den "tredje verden" og dens relevans for diskussionen om den tekniske civilisations forhold til natur og miljø; men der trækkes også (i kap. 10) linjer fra Grundtvig til den grundtvigske tradition, således som den repræsenteredes af Christen Kold og Ingeborg Appel. Et gennemgående motiv i disse kapitler er Grundtvigs ufortrødne hævdelse af menneskets og den øvrige skabnings indbyrdes sammenhæng, deres fælles gudbilledlighed og dennes potentiale for vækst hen imod stadigt tættere fællesskab med Skaberen.

Endelig består *Tredje hoveddel* af en række kapitler, der – under den samlede overskrift "Troen i gudstjenesten", og indledt med et kapitel om "Evighed i tid" – følger Grundtvig gennem kirkeåret og redegør for den måde, hvorpå han formulerer troen i den gudstjenstlige situation, således som denne situation former sig efter hver enkelt af de store festers krav og inspiration. Det sker gennem ekstensiv udnyttelse af og citering fra det store prædikenmateriale, som først for nylig er blevet gjort tilgængeligt af Christian Thodberg og hans medarbejdere. Og det sker under stadig iagttagelse af, hvorledes salmer og prædikener belyser og opklarer hverandre. Ikke mindst i denne hoveddel lægges en afgørende vægt på Grundtvigs kristne tænknings karakter af *poetisk* teologi: hans udnyttelse af traditionens billedsprog og hans skabelse af sit eget, hans energiske og originale brug af den poetiske formuleringsmådes muligheder for konkretisering og aktualisering af skabelsens og frelsens store begivenheder.

Denne sidste hoveddel er bogens længste, og for så vidt den vigtigste som det er min overbevisning, at det frem for alt er i de tekster, der fungerer i gudstjenestens sammenhæng – prædikener og salmer – Grundtvigs forankring i ikke blot den danske og lutherske, men den verdenskirkelige tradition kommer til syne. Om disse tekster gælder, hvad han – i et brev til Ingemann – sagde om *Sang-Værk til den danske Kirke*: "Hvad der især glæder mig ved det, er den Sammensmeltning af Toner fra alle Hovedgangene i den almindelige Kirke, som under Udarbejdelsen naade mit Øre og rørte mit Hjærte; og skjønt jeg nok kan vide, at de forskjellige Toner ved at gaa igjennem mig har tabt meget af deres Ejendommelighed, tør jeg dog haabe, der er Spor tilbage, der vil fryde troende Sjæle som Forbud paa den ny Sang, hvormed alle Stammer og Tungemaal prise ham, af og ved og til hvem alle Ting ere!".

Det har været hensigten med bogen at yde et bidrag til belysning af dette forhold – et forhold, som tillige med mangfoldige andre bekræfter den overbevisning, jeg har dannet mig gennem mange års Grundtvig-læsning hjemme og på en lang række Danmarksophold fra skoledrengeårene og frem: at Grundtvig hører til vor og verdens nutid og fremtid såvel som til den danske fortid, der var hans fremtidsåbne nutid.

Den foreliggende danske version af en bog, der kom på engelsk i 1997, og som dengang var henvendt til læsere i den engelsktalende verden, er resultat af en tilpasning til danske forhold, idet f.eks. en række oplysninger om Danmark til det engelsk-amerikanske publikum er strøget. Jeg takker min oversætter, professor Jakob Balling, for den skønsomhed, hvormed han har gennemført tilpasningen. Ligesom tilfældet var i forordet til originaludgaven, ligger det mig på sinde at udtrykke min taknemmelighed over for alle danske venner og kolleger. Her nøjes jeg med at nævne de tre grundlæggere af Center for Grundtvigstudier ved Aarhus Universitet: professorerne Christian Thodberg, Anders Pontoppidan Thyssen og Jens Holger Schjørring, og Centrets to fagkyndige sekretærer: cand.theol. Susanne Gregersen og Kim Arne Pedersen, Ph.D. Uden deres hjælp og den støtte, jeg har modtaget fra Centret, ville bogen ikke have set dagens lys.

For støtte til oversættelsesarbejdet takker jeg Kirkeligt Samfund og N.F.S. Grundtvigs Fond.

Juni 2002
Arthur Macdonald Allchin

Bogens henvisninger er ordnet således, at samtlige kildesteder til Grundtvigs egne tekster er anbragt i forkortet form umiddelbart efter den pågældende tekst. Henvisninger til andre værker står i noteform bag i bogen, ligeledes under anvendelse af forkortelser. En særlig liste over forkortelser opløser, så vidt nødvendigt, disse i summarisk form, medens listen over citeret og omtalt litteratur rummer de fulde titler.

I øvrigt fortjener omslagsbilledet en kort bemærkning: I en prædiken fra 1833 taler Grundtvig om, hvordan han engang i sit første præsteår (1811) havde oplevet, at "… da mødte Herren mig i Skoven". Om "skovoplevelsen" og dens betydning i Grundtvigs forfatterskab: Se Christian Thodbergs afhandling i hans *Syn og Sang*, s. 242-295 (ovs. anm.).

Første del
Glimt af et liv

Første kapitel

Fra barndom til ordination – 1783-1811

I

Grundtvig fødtes 8. september 1783 i Udby, den sydsjællandske landsby, hvor hans far havde været præst siden 1778. Han blev hjemmedøbt dagen efter, fik navnene Nicolai Frederik Severin og blev den 8. oktober fremstillet i kirken. Som den yngste af fem søskende, og med aldrende forældre, synes han at have haft en temmelig ensom barndom. I hvert fald er det billede, han tilbageskuende tegner af sig selv, billedet af et barn, der fortabte sig i bøgerne, så snart han havde lært at læse.

Grundtvigs far gik i sit halvtredsindstyvende år, da hans yngste barn blev født. Johan Ottosen Grundtvig (1734-1813) synes at have været en samvittighedsfuld landsbypræst, teologisk en mand af den gamle skole, lidet berørt af tidens herskende rationalisme. Man får indtryk af en mand af dyb, men udemonstrativ fromhed, tilfreds med at blive i samme sogn til sin dødsdag. Livet igennem øvede han indflydelse på sin langt rigere udrustede søn som en slags legemliggørelse af kirkens tradition. I sit store digt *Nyaars-Morgen* skriver Grundtvig om faderen som en mand, der levede sin tro mere end han talte om den:

Min Fader, Gud glæde
Hans Sjæl i sit Chor!
Han ingen lod græde
For Brød ved sit Bord,
Ei døde Moraler
Sin Afkom han gav,
Men levende Taler,
Naar Krøbling ved Stav,
Naar Flokken ved Bænken,
Naar Hunden i Lænken
Rundhaandet han selv ihukom! (GVU VII,470)

Johans "levende ord" var handlinger, til hjælp for handicappede og nødlidende, for folkene, for hunden i gården. Det er betegnende og vigtigt, at Grundtvig kalder disse handlinger for "*Taler*". Hele livet igennem var "det levende ord" et nøglebegreb for ham, og altid i betydningen: et kropsliggjort ord, et ord, der er blevet handling.

Vi får et noget klarere billede af Grundtvigs mor, Cathrine Marie Bang Grundtvig (1748-1822). Til forskel fra sin mand stammede hun fra en gammel og fremstående familie med vidtrækkende forbindelser. Hun var en stolt og livlig, vågen og viljefast kvinde, hovedperson i den første historie om sønnen. Da han endnu var i moders liv – fortæller han selv – var der budt til selskab i præstegården, for at egnens gejstlige kunne møde den nyudnævnte biskop Balle, Johan Grundtvigs svoger. Ved bordet havde en af gæsterne, halvt i spøg, sagt, at værtsfolkene næppe ville kunne få råd til at give det ventede barn en akademisk uddannelse, selv om det blev en søn. Der var jo allerede tre ældre brødre at sørge for! Det var fru Grundtvig ikke til sinds at lade sig sige:

Moder! Du det selv bekjender,
Heed og harmefuld du blev ...
Over Bord Du flux lod klinge,
Kjæk i Troe, men og lidt stolt:
'Skal min sidste Trøie springe,
'Blir han dog til Bogen holdt! (GVU VII,216)

Det var hende, der lærte drengen at læse, mærkeligt nok ikke uden vanskeligheder. En anden stærk kvindelig indflydelse kom fra Malene, den gamle handicappede tjenestepige, hvis rige forråd af folkelig ordsprogsvisdom, sange og salmer – sunget med hele kroppen – han huskede livet igennem, og som for ham var et indbegreb af sjællandsk almue, den,han altid bevarede respekten og hengivenheden for.

I et digt med titlen *Udby Have* giver Grundtvig os et idyllisk billede af sine tidlige år (GVU VII,143-53). Præstegårdshaven med dens høje træer og snoede stier var en slags paradis for drengen. Der lå han i græsset, så skyerne drive forbi og undrede sig over, hvordan Gud kunne gå på dem uden at falde igennem. Så snart han havde lært at læse, blev læsningen hans store fryd. Dér i haven fordybede han sig i krøniker og verdenshistorier fra det 17. og 18. århundrede, og levede i historier og myter fra Grækenland og Rom såvel som i de gammeltestamentlige fortællinger. Snart var han kong David, snart Themistokles. Hele livet igennem bevarede han evnen til dyb tilegnelse af de tekster, han følte sig beslægtet med, og begæret efter at skrive en ny universalhistorie, et værk, der skulle indbefatte alt, hvad der havde betydning i menneskeslægtens levnedsløb.

Men hvis der var bøger, som ledte ham ud i den store verden, var der også bøger – nogle så tunge, at han knapt kunne slæbe dem – som med langt større detaljerigdom førte ham ind i hans eget folks historie og viste ham kongehusets oprindelse. Han

Saae det danske Kongeblod
Springe af sin dybe Rod
Midt i Adams Paradis, ... (GVU VII,145)

Også her fandt han sig selv i fortidens historier og opdagede, hvad det betød at være stolt over det folk, han hørte til i. Og erkendelsen af fortiden var også her noget, han ville give videre til samtiden.

Fra Danmarkshistorien vendte han sig mod kirkens historie, og en ny verden begyndte at åbne sig for ham. Han læste om martyrer, kirkefædre og reformatorer; og en dag gjorde han en stor opdagelse. Det var aldrig faldet ham ind, at én enkelt person kunne få en hel bog for sig selv; men så kom hans far fra sit studereværelse og gav ham en levnedsbeskrivelse af Martin Luther. Den tryllebandt drengen, mere end noget havde gjort før. Han sad i dagligstuen "paa det brune Bord", fortabt i bogen. De måtte slæbe ham til måltiderne, "Men min sjæl hos Luther blev. Dengang var jeg otte Aar" (GVU VII,147). Grundtvig var optaget af kirkehistorien hele sit liv. Og hele sit liv lå han i forhandling med Luther – en helt og et forbillede, men også et mål for kritik og opgør.

II

Grundtvig voksede op i et årti med store begivenheder i Europa. Naturligt nok nåede nyheder om revolutionen i Paris til landsbyen og blev heftigt diskuteret. Mere mærkværdig er hans fortælling om, hvor stærkt det optog ham, da læreren i landsbyskolen en dag i 1788, efter at have læst avisen, meddelte, at russiske tropper rykkede frem langs Sortehavet og håbede at være i Konstantinopel til Påske. Det var ikke så meget tanken om russerne og deres felttog, der optog den femårige dreng, men – siger han – kombinationen af Påske med Konstantinopel. Den vakte, siger han,

> hos Landsbypræste-Barnet en levende Forestilling om en 'glædelig Fest' og et sejerrigt Indtog i 'de vantros Hovedstad', en Forestilling, som ved at bade sig i Livets Flod, som den findes i Barne-Paradiset, blev paa en Maade udødelig, saa den efter 50 Aars Forløb er lige saa frisk, som om den først var født i Aftes. (GE 18)

Det ser ud, som om han allerede da var begyndt at føle den fortryllelse ved alt græsk, som han bevarede livet igennem.

Som niårig blev han sendt bort for at gå i skole. Det var et stort indsnit i hans tilværelse. Han måtte forlade hjemmet og skifte de milde sjællandske landskaber ud med de barskere midtjyske. Ikke desto mindre var der meget, han kunne genkende. Skolen, han blev sendt til, var en landsbypræstegård, hvor pastor Lauritz Feld optog elever i sit hjem. Feld var ugift, en gammel ven af Grundtvigs far og gammeldags troende som han. Han var en mand af ikke ringe lærdom, som opmuntrede sine elever til at læse vidt og bredt og ikke frygte for nye ideer.

Livet igennem var Grundtvig skeptisk over for store, upersonlige undervisningsinstitutioner. Han synes at have betragtet en udvidet familie som den ideelle ramme om kundskabstilegnelse. Her i Thyregod var han medlem af netop sådan en familie, i umiddelbar nærhed af en landsbykirke, hvor han hver søndag kunne leve sig stadigt dybere ind i den gudstjenesteform, som – det ved vi fra hans prædikener – gjorde så stærkt et indtryk på ham.

De år, i hvilke Grundtvig voksede op i Udby og Thyregod, var også en højst betydningsfuld periode i Danmarkshistorien. Lige til hen imod slutningen af det 18. århundrede var det danske landbrugserhverv behersket af rige storgodsejere. Flertallet af landboerne var fæstere, som ikke alene måtte betale afgifter til herremanden, men yde tvangsarbejde på hans jord. De var ikke slaver, men de var på mangfoldige måder underkastet herremandens forgodtbefindende.

I løbet af det 18. århundrede blev flere og flere godsejere utilfredse med dette nedarvede system. Det var temmelig ineffektivt, og ikke mindst var det groft uretfærdigt og oplevedes som sådant. I årene 1786-88 blev en række reformer sat i værk. De indebar en forbedring og tydeliggørelse af fæsternes retlige status: Deres tjenesteforpligtelser blev klart defineret. Men hvad mere var: De fik mulighed for at købe deres gårde på fordelagtige betingelser. I løbet af to generationer blev bøndernes situation fundamentalt forandret, og hen mod midten af det 19. århundrede ejede langt de fleste af dem deres egen jord. Det var denne stand af små, selvstændige bønder, som kom til at udgøre det stabiliserende element i det danske samfund i mere end hundrede år.

Hvor hurtigt reformerne virkede i de enkelte områder er svært at sige, men overalt i landet vidste og bifaldt man, at reformer fandt sted. Der var, med en moderne betragters udtryk,[1] tale om en "ikke-voldelig revolution", et bemærkelsesværdigt udslag af oplyst enevælde. Det er ikke tænkeligt, at disse forandringer undgik den lille Grundtvigs opmærksomhed, begavet og vågen som han var. De må have indgået som et vigtigt led i hans lykkelige erindringer om sin barndom.

III

Barndomsårene endte i efteråret 1798, da Grundtvig kom ind i katedralskolen i Århus. Når han siden så tilbage på årene dér, var det med dyb utilfredshed. I hans øjne var latinskolesystemet som helhed forfejlet – tørt bogligt, formalistisk, autoritært og abstrakt. Han følte, at dets indflydelse på ham selv havde været helt igennem skadelig; det havde gjort ham doven og tøjlesløs; han havde spildt tiden og mistet ethvert begreb om et formål med sin tilværelse. Ser man nøjere på kilderne til hans to år i Århus, opdager man imidlertid, at skolen ikke var så ringe endda. Den leverede en god klassisk uddannelse og dygtiggjorde ham i latin og græsk. Intet tyder på, at han lå på den lade side, og hans lærere fandt ham ekstraordinært lovende.

Men det er tydeligt nok, at i disse år begyndte en ny periode i hans liv, en, der varede til fire-fem år ind i det nye århundrede. Fra 1800 til 1803 gennemførte han sit universitetsstudium i teologi, og i 1805 fik han som 22-årig sin første fuldtidsansættelse, som huslærer på herregården Egeløkke på Langeland. Det var en periode med indre brydninger og frustrationer. Hans barndoms sikre fundament var smuldret. Han så sig selv som en kold og kynisk skeptiker i Voltaires ånd. Hans forstand og hans følelsesliv gik i hver sin retning.

I 1802-03 holdt Henrik Steffens, en slægtning af Grundtvig, en række forelæsninger på Københavns universitet om den begyndende romantiske bevægelse i Tyskland og gjorde dermed epoke i dansk åndslivs engagement i europæisk romantik. Grundtvig hørte forelæsningerne; men det er betegnende for hans sindstilstand på dette tidspunkt, at han var ude af stand til at stille noget op med dem. Først nogle år senere, da der var blevet vendt op og ned på hans indre liv, huskede han på dem og blev klar over deres betydning.

Når man skal forstå hans mangel på retningssans i disse år, er der måske oplysning at hente i det eksempel, hans tre brødre havde leveret.

De havde alle tre fulgt i deres fars fodspor og var blevet præsteviet – mon forældrene tog det for givet, at Frederik ville gå samme vej, og hvad tænkte han sig i bekræftende fald derved? De tre brødres løbebaner gik i øvrigt i vidt forskellige retninger. Otto, den ældste, som var 11 år ældre end Frederik, blev ordineret i 1795, endnu mens Frederik var i Thyregod. I 1798 blev han sognepræst i Roskilde og virkede senere 23 år i et andet sogn. Han synes at have været en venlig mand, som ikke udmærkede sig særligt, men som trofast understøttede sin begavede yngre bror i kritiske situationer.

De to andre brødre, Jakob Ulrik Hansen Grundtvig (1775-1801) og Niels Christian Bang Grundtvig (1777-1803), gik det helt anderledes. Først den ene, så den anden, blev ordineret som præst for den danske koloni på Guineakysten i Vestafrika, og begge døde af tropisk feber få måneder efter ankomsten. Det var der ikke noget mærkeligt ved – mange europæere tog til Vestafrika i det 19. århundredes første år, og døde dér. Men der var noget foruroligende i den yngste af brødrenes skæbne. Medens Jakob Ulrik synes at have båret sig fuldt respektabelt ad i sin korte tid i kolonien, ser det ud til, at Niels Christian var impliceret i en slags uroligheder. Han sad fire dage i husarrest, var suspenderet fra sin tjeneste i fem uger, og anklagedes for at have en afrikansk kvinde hos sig om natten. Øjenvidneberetningerne om det raseri og den selvretfærdighed, den unge mand forsvarede sig med, ville være komisk læsning, hvis de ikke havde været tragiske. Under alle omstændigheder vidner de om en person, som havde svært ved at forstå sig selv, og som endnu mindre var i stand til at styre sig.[2]

Der er ikke noget, der tyder på, at vores Grundtvig nogensinde stod disse to brødre særlig nær. De var allerede rejst hjemmefra, mens han voksede til. Men de kan ikke have været ganske uden indflydelse på ham, og det er vanskeligt at forestille sig, at de to Afrikarejsendes eksempel ikke har bidraget til hans studieårs følelse af desillusionering i forhold til sin barnetro; det må have givet ham stof til urolige tanker om en fremtidig præstegerning. Og Niels Christians skæbne må have belært ham om et anstrøg af vildskab i familiekarakteren.

Opholdet som huslærer for den lille herremandssøn på Egeløkke, fra 1805, udviklede sig i en retning, som ikke var svær at forudse. Grundtvig blev vildt forelsket i husets frue Constance de Leth, en attraktiv ung kvinde på 28 år. Hun var en person med væsentligt større livserfaring og selskabelig sikkerhed end den unge huslærer, og alt tyder på, at hun håndterede situationen taktfuldt og uforskræmt. Men Grundtvig blev kastet ud i dyb indre tumult og beskrev den i omfangsrige dagbogsoptegnelser. Han var forelsket for første gang og måtte nødtvungent erkende, at han var et menneske, der kunne føle dybt. Hans lidenskabelige natur kunne ikke længere lade sig undertrykke. Han gennemgik en typisk romantisk vækkelse. Han begyndte at læse som en rasende: Schiller, Fichte, Goethe, Shakespeare. Steffens' forelæsninger dukkede op i hans erindring. Han forstod nu, hvad der før havde været mørk tale. Frem for alt fandt han sig tiltrukket af Schellings idealistisk-panteistiske filosofi, i hvilken alting føjedes sammen gennem en dialektisk proces for til sidst at opgå i det Absoluttes harmoni. I det mindste for en tid forekom denne vage modefilosofi ham at gøre fyldest.

Samtidig genvaktes hans barndoms interesse for historie, og til den føjedes en ny begejstring for den nordiske mytologi. For første, men ikke for sidste gang i sit liv oplevede Grundtvig, at det indre opbrud, som en dyb forelskelse førte med sig, forlenede hans liv med en ny sans for form og retning. Hans digterkald, hans optagethed af fædrelandets liv og historie, hans dybe interesse for de nordiske myter, alt dette – som fulgte ham resten af livet – fik sit greb i ham nu. Hans første større bog, *Nordens Mytologi*, udkom i 1808. Da var han tilbage i København, hvor han underviste på en fin privatskole og gjorde sig forhåbninger om en fremtid som digter og litterat. Ved denne tid var hans barndoms gudstro også ved at vende tilbage.

I et digt – *Strandbakken ved Egeløkke* – fra 1807, hvor han reflekterer over sin langelandske erfaring, finder han, at han kan takke Gud for den smerte, han har lidt, fordi den har vist ham, at han har et hjerte, der kan føle; at han ikke kan stille sig tilfreds med kold klogskab og spot.

Aanden oplukked sit Øie,
Saae sig paa Afgrundens Kant,
Stirred saa fast og saa nøie
Rundt om en Frelser og fandt,
Fandt, hvor det faldt:
Gud overalt;
Fandt ham i Digterens Sang,
Fandt ham i Vismandens Ord,
Fandt ham i Myther fra Nord,
Fandt ham i Tidernes Gang;
Synligst og vissest den dog
Fandt ham i Bøgernes Bog. (GVU I,310)

Både i indre og i ydre forstand begyndte tingene at føje sig sammen for ham på et dybere niveau.

IV

Men før det kunne ske på mere varig måde, var der endnu en række afgrunde at springe over.

I foråret 1810 modtog han, til sin store ærgrelse, først et brev fra sin far og dernæst et mere indtrængende fra sin mor med bøn om, at han ville lade sig ordinere og komme tilbage til Udby som kapellan for faderen. Den gamle mand, som nu var 76, havde brug for hjælp i sine sidste præsteår. Opfordringen bragte Grundtvig i svære overvejelser. En del af ham følte, at han burde efterkomme den, en væsentligt større del vidste, at han ikke brød sig om det. Hvorfor skulle han forlade en uafhængig tilværelse i hovedstaden, hvor han var begyndt at blive kendt som digter, kritiker og fri skribent, og vende tilbage til landsbyen for at blive sin fars assistent i et sogn, hvor alle havde kendt ham som barn, og hvor de gamle koner ville kunne give hver sin yndlingshistorie til bedste om hans uvornheder som fireårig?

Hans teologiske eksamen berettigede ham uden videre til at søge ordination, så at han i princippet kunne efterkomme faderens ønske, hvis han besluttede sig dertil. Trods sin ulyst gik han da i gang med at forberede sig, skrev sin prøveprædiken, og holdt den den 17. marts 1810.

Prædikenens titel var: *Hvi er Herrens Ord forsvundet af hans Hus?* Den er en lidenskabelig undsigelse af den københavnske gejstlighed for dens mangel på evne til at forkynde Guds ord i dets fulde virkekraft. Den viser os en ung mand med profetiske prætentioner og fuldt udstyret med sin rationalistiske fortids kolde, spottende intelligens. Prædikenen blev holdt under eksamensbetingelser, dvs. i nærværelse af en bedømmer. Denne, en professor fra universitetet, var særdeles tilfreds med den og gav den karakteren *egregie*, udmærket godt. Hvad han ikke kunne vide var, at Grundtvig havde til hensigt at offentliggøre den. Det skete få uger senere. Som naturligt var, rejste prædikenen en storm af fjendtlighed blandt københavnske præster. Det skulle siden vise sig, at de ikke havde glemt den.[3]

I mellemtiden var situationen i Udby blevet en anden. Biskoppen havde bestemt, at hvis der skulle være en kapellan på stedet, måtte posten beklædes af en allerede ordineret, arbejdsløs præst fra stiftet. Det fik Grundtvig til at føle, at han måske var sluppet fri. Han kastede sig med fornyet iver over sine intellektuelle gøremål. Samtidig meldte den tanke sig atter og atter for ham, at han måske var kaldet til at reformere kirken. Men jo mere han tænkte over det, des mere begyndte han at spørge sig selv, om han overhovedet havde ret til at tage den rolle på sig, når han næppe nok vidste, om han selv var kristen.

Alle hans fortrængte skyldfølelser, og især de, der kom af hans modvilje mod at hjælpe faderen, kogte op inden i ham. Hen mod slutningen af året blev hans venner mere og mere bekymrede for ham, efterhånden som de så ham presse sig selv med arbejde i forsøget på at slippe væk fra sine indre konflikter. Men skyld- og angstfølelserne syntes til tider uhjælpelige; han led af hastige humørsvingninger, fra det maniske til det depressive, fra arrogant selvhævdelse til hjælpeløs afhængighed. Han tyngedes til jorden af spørgsmålene: "Er du selv kristen?", "Har du dine synders forladelse?". Nu måtte han måske tage til Udby alligevel, ikke for at hjælpe, men for at blive hjulpet. Måske kunne han finde tilflugt dér.

Kort før jul 1810 drog han da afsted, ledsaget af sin to år yngre ven Frederik Christian Sibbern, som nærmest havde fået opgaven at bringe ham godt frem pålagt af de andre venner. På vejen gjorde de ophold for natten i Vindbyholt kro, hvor de delte et værelse. Sibbern frygtede, at Grundtvigs højlydt indstændige bønner midt om natten skulle vække de andre gæster. Han fortæller, at da de drog videre næste morgen, "sagde Grundtvig til mig, at han havde følt Djævelen som en Slange legemligen at snoe sig om hans Krop".

Da de endelig nåede frem til Udby, og Sibbern fortalte den gamle præst om sønnens tilstand, blev han forbavset over, hvor ligefremt og nøgternt den gamle tog det. "Min Søn har Anfægtelser, sagde han, og derved vidste han, hvad han havde for sig."[4]

I dette øjeblik var Grundtvig virkelig kommet hjem til huset, han var født og døbt i, og landsbyen, hvor han var vokset op. Han var kommet hjem til noget, der ligger helt inde ved hjertet af den lutherske tradition: erfaringen af anfægtelse, den tilstand af indre konflikt, skyldfølelse og angst, i hvilken sjælen til sidst, ved Kristi kors, skimter lyset i mørket, håbet imod alt håb, nyt liv i dødens sted.

Som vi skal se, er der uenighed blandt Grundtvigforskerne om, hvad der er det afgørende vendepunkt i Grundtvigs liv. Der er flere kandidater til titlen. Men at dette var *et* vendepunkt, vil ingen kunne nægte. 1825, 1832 – det var vitale øjeblikke af nyt syn, af befrielse, af nye retninger for tænkning og liv. Men dette sorte øjeblik ved juletid 1810 var det dybeste mørkes øjeblik, det vendepunkt, fra hvilket alting kunne begynde på ny. I en prædiken, han holdt mange år senere, taler Grundtvig om den

Sorg, den Angest, den Frygt … som udpresser os de høie Skrig, de dybe Suk, den avles jo kun om Natten, naar Mørket forfærder, om Vinteren, naar Kulden knuger og ryster os.

Det er, siger han, noget, som Gud giver os netop for at hjertets hårde skal skal blive brudt og jorden blive beredt til at tage imod duggen og regnen, lyset og varmen ovenfra;

saa kan vi vel forstaae, hvi Sæden i Grunden voxer mest om Natten og om Vinteren, skiøndt det er først ved Dagens Lys og i Skiærsommer, og henimod Høsten vi see det. (GP 1,437)

Således kom Grundtvig hjem ved juletid 1810. Tidligt i det nye år blev ansøgningen om at blive faderens kapellan fornyet, og denne gang indvilligede myndighederne. Der var nogle formaliteter, der skulle overstås, deriblandt en eksamen ved biskop Münter fredag den 24. maj. Den følgende onsdag blev Grundtvig ordineret af biskoppen i Trinitatis Kirke i København.

I et digt, henvendt til vennen Sibbern nogle få uger efter, skriver han:

Apostlene paa hellig Pindsefest
Iførde blev med Kraften fra det Høie;
I Pindseugen det sig maatte føie,
At jeg indviedes til Herrens Præst.
Adskillige de Naadegaver ere,
Men skænkes alle af den samme Aand:
Da Brødrene med paalagt høire Haand
Af Herren skulde det med Suk begære,
At Kærligheds og Krafts og Sandheds Aand
Miskundelig paa mig neddale vilde,
Da aabnede sig Hjertets Taarekilde,
Da sprængde Sjælen sine Fængselsbaand;
Og der jeg hørde Brødrene tilsammen
I Jesu Christi Navn at sige: Amen!
Da blev det Samme i mit Bryst udtonet,
Og jeg mig følde med min Gud forsonet; … (GVU I,318)

Det er frapperende, og særdeles karakteristisk for Grundtvig, at en krise, som fundamentalt er en indre skyld-, anger- og livsfornyelseskrise, leves igennem i og ved en forsoning med forældrene og alle de nødvendige ydre formaliteter, som bringer ham frem til ordinationen. Det ydre og det indre er ikke adskilt; de virker sammen til en helhed, i hvilken Gud giver sig til kende i sin skabning. Vi kommer til kundskab om Guds kærlighed idet vi tager imod vore venners.

Denne pointe bliver på bemærkelsesværdig vis klar i det samme digt til Sibbern. Det er et afskedsdigt, eftersom Sibbern lige har færdiggjort sin doktorafhandling og står i begreb med at foretage en lang rejse til de tyske universiteters filosofiske afdelinger. Han har valgt én vej at gå videre ad, Grundtvig har valgt en anden. I digtet udtrykker Grundtvig den dybeste pointe i sin taknemmelighed ved udtrykkeligt at hævde, at det var i Sibbern og i de andre venner, Gud var virksomt til stede. Han taler om den tid,

Hvor Gud mig lærte under Tvivl og Strid
At *føle* Sorrig og at *føle* Glæde,
At føle, sukkende i lange Tid,
Hvor tungt det er, at ikke *kunne* græde.
Jeg takker Gud, og ham i dig, min Ven!
Og i de andre kjære Ungersvende,
I hvis Forsamling jeg blev Barn igjen
Og lærte Hovmods Daarlighed at kjende … (GPS I,324)

Og i en anden, revideret, udgave af samme digt tilføjer han nogle linjer, som understreger pointen endnu engang,

Jeg takker Gud, og takker ham i dig,
For alt dit Venskab i de tunge Dage:
Du færdedes, du led, du bad med mig,
Du kjedtes ikke ved min Jammerklage. (GPS I,331)

Det var i hans venner, Guds nåde var kommet til ham. Det var gennem dem, han havde lært, hvad menneskets hjerte og vilje formår, når de ophjælpes af Guds gave og nåde. Det var gennem dem såvel som ad mange andre veje, han var kommet til kundskab om Kristus som sin befrier.

Andet kapitel

Konflikt og vision – 1811-29

I

Som det var at vente, kastede Grundtvig sig helhjertet ind i arbejdet i Udby sogn. Han havde held med sin konfirmandundervisning, besøgte fattige og syge og sad hos de døende. Han opdagede muligheder for kontakt og gensidighed, hvor han næppe havde ventet at finde dem.

Han prædikede regelmæssigt, med iver og hengivelse. I en prædiken på 2. Pinsedag i Frederiksberg Kirke hører vi ham for første gang anslå et tema, han skulle udvikle og uddybe gennem de følgende 60 år: den indre sammenhæng mellem kirkeårets tre store fester og deres meningsfulde forhold til de skiftende årstider, til landet og til folket:

Under Vinters Hjerte, naar Alt er henvisnet, naar Jorden ligger død i Kuldens Lænker, da indfalder Julen, og Alt paaminder os om Jordens aandelige Skikkelse i hine Dage hvorom Festen minder, Alt byder os at prise Ham, den Jorderiges aandelige Soel, som bragde Lys og Liv til den mørke, vansmægtede Jord.

Når vi holde Paaske og ihukomme Opstandelsens Førstegrøde, den velsignede Morgenstund, da den troende Menneskeslægt opstod forklaret i og med Frelseren fra den mørke Bolig, da Englesang fra Graven forkyndte Lysets Sejer over Mørket, Livets over Døden, see da opvækkes og Jorden i vore Landemærker af sin Vintersøvn, da forkynder Soel og Morgenlærke Vaarens Komme og Livets Gjenfødelse.

Endelig, naar Skoven grønnes, naar Bøgen krandses af den lyse Mai og bebygges af alle smaa Fugle som, hver med sin Røst, lovsynge Gud i Høie, Ham der gav dem Vinger og Sang og Luun og Lye og svalende Skygge, og føder dem, skjøndt de ei saae eller høste eller sanke i Lade, naar Lilien blomstrer i Enge, favrere klædt end Salomon i al sin Herlighed, i denne liflige Tid, da alle dybe Længsler i Menneskets Hjerte opvaagne, da Øiet klarer sig og alt aander Glæde, see, da kommer Pindse til os og siger: alle de Syn og Fornemmelser der saa sødelig bevæge og forlyste eders Hjerter, de ere kun en Skygge og en sandselig Lignelse af den hellige Vaar, i hvilken jeg fødtes, af den store Time da Gud lod Sin Hellig-Aand neddale for at sammensmelte Mennesket med Sig i Kjærlighed, ...; da Christi Kirkes Løvhytte hvælvedes på Jorden til Luun og Lye og svalende Skygge for Hans Børn i Støvet (GBP 185-87).[5]

Det er tydeligt, hvordan Grundtvig allerede her ser Påsken både som en kosmisk og en folkelig virkelighed, en, som inddrager hele menneskeslægten. Den er målet for og fuldendelsen af menneskelig historie; den står for intet mindre end en sammensmeltning af menneskeligt og guddommeligt, himmel og jord, i kraft af den kærlighed, som Helligånden bringer.

Årene i Udby var fredelige, men ikke begivenhedsløse. I 1811 forlovede Grundtvig sig med Elisabeth (Lise) Blicher (1787-1851), datter af en af nabopræsterne. Grundtvig havde kendt familien siden sin studietid. I 1803 havde han endda troet sig forelsket i Lises ældre søster Marie; men han havde været for genert til at erklære sig, og hun havde giftet sig med en anden. Nu kom han igen i berøring med den venlige familiekreds, og følte sig sikker på, at det var Lise, han holdt af. Han friede til hende i september 1811 og fik hendes ja; men først efter en syvårig forlovelsestid fik han de økonomiske muligheder for at stifte familie.[6]

Tiden i Udby blev kort. Ansættelsen som faderens personlige kapellan udløb ved den gamle præsts død efter tre års forløb, og der var ringe udsigt til at finde kirkelig beskæftigelse foreløbig.

II

Grundtvig vendte tilbage til København i en situation, hvor Danmark, i Napoleonskrigenes slutfase, var Frankrigs eneste tilbageværende forbundsfælle, takket være kong Frederik VI's hovedløse fastholden ved alliancen. Det var en tid med store politiske og økonomiske vanskeligheder, kulminerende i statsbankerotten 1813.

Grundtvig kastede sig på ny over litterære projekter, og han synes en tid lang at have set det som sit hovedmål at slå igennem hos det læsende publikum. Det var i denne periode, hans kritikere begyndte at omtale ham som en snæversindet fanatiker, der for enhver pris skulle proklamere sin nyfundne lutherske ortodoksi og prakke samtiden den på i hele dens bibelske strenghed og entydighed. Som William Michelsen bemærker:

Grundtvigs forfatterskab i disse år forandrede totalt hans stilling i samtidens litteratur. Han blev en yderst omstridt mand. En af hans nærmeste venner, historikeren Molbech, tog offentlig afstand fra ham; og fysikeren H.C. Ørsted angreb navnlig Grundtvigs dom over naturfilosoffen Schelling ...[7]

Grundtvig synes først efterhånden at være blevet opmærksom på, at denne taktik ikke førte til noget. Den stod i vejen for ansættelse i begge de professorater, han søgte, ved det nyoprettede universitet i Kristiania (Oslo) såvel som i København.

Men trods karrieremæssige skuffelser var disse år virksomme og frugtbare. Arbejdet forløb ad tre hovedlinjer: han virkede som historiker, som filosof og – måske vigtigst – som oversætter.

Hvad den første linje angår, bemærker den norske forsker Sigurd Aarnes, at:

Selv for Grundtvig med hans eventyrlige arbeidskraft er verdenskrønikene av 1812, 1814 og 1817 et enestående fenomen. Tre ganger i løpet av fem år forsøker den unge, lutherske prest å gi en samlet framstilling av Europas historie (den gang opfattet som 'verdens'-historie).[8]

Grundtvigs holdning til historien var – især i denne periode af hans liv – decideret præ-moderne. Han så menneskehedens historie som genstand for Guds konstatérbare indgriben, og historikerens opgave så han som den at klarlægge Guds formål og plan med begivenhederne. Ganske vist skelnede han mellem den bibelske historie og den almene verdenshistorie:

Grundtvig skjelner mellom en sannhet til frelse, som bare gudsåpenbaringen i bibelen er bærer av, og en sannhet til 'Livsforklaring' som historien gir oss adgang til. De første er for Grundtvig den egentlige teologis område, det annet den naturlige teologis.

Men begge forløb tjente, om end ad forskellige veje, det samme formål: det syndige menneskes frelse.

Især hans første "verdenskrønike", fra 1812, var provokerende i sin fremstillingsmåde. Den mundede ud i "en åpen ideologikritikk av navngitte, framstående personer i det danske samfunn, ...". Det kan ikke overraske, at den solgte godt, men heller ikke, at den leverede stof til Grundtvigs kritikere, både i kirken og ved universitetet. Bedømmelsesudvalget vedrørende et historieprofessorat ved Københavns Universitet i 1817 udtalte om Grundtvigs verdenshistoriske arbejde fra samme år, at det

> foruden at det røber Ukyndighed i og Ligegyldighed for al historisk Kunst og ægte videnskabelig Behandling, indeholder saa mange skieve Domme og uædle Udtryk, at det maa ansees for et Held for Fædrelandets Ære, at den, fra hvis Haand saadanne Producter komme, ikke kan forkynde sig som offentlig Lærer ved noget videnskabeligt Institut.

Den anden, mere filosofiske linje i Grundtvigs forskning på denne tid kom til udtryk i det tidsskrift, som han fra 1816 til 1819 udgav under navnet *Danne-Virke*. Det var en meget grundtvigsk publikation: han skrev alle numrene selv. De rummer nogle af hans mest interessante overvejelser over forholdet mellem fornuft og åbenbaring, over den menneskelige erkendelses væsen og over fantasiens rolle i digtning og kunst såvel som over problemer som kirkens, statens og skolens roller i samfund og menneskeliv. Hans fremlæggelse af sine ideer var alt andet end strengt systematisk; han var og blev dybt mistænksom over for enhver filosofi, som gav sig ud for at levere en systematisk totalforklaring. En sådan ville for ham at se forudsætte, at filosoffen stillede sig uden for tiden – et absurd forehavende. Hvorom alting er: vi finder her den første mere omfattende formulering af Grundtvigs "historisk-poetiske" syn på menneskelivet.

Artiklerne i *Danne-Virke* frembyder en slags spænding mellem – på den ene side – forfatterens nyvundne erkendelse af de absolutte krav, som Guds åbenbaring af sig selv i Kristus indebar, og – på den anden side – hans egen, aldrig opgivne, bevidsthed om Guds virksomme nærvær i skabningen og historien. Gud åbenbarer sig selv i Kristus som den Treenige; men sporene af det samme trehedsmønster er til stede overalt i menneskelig erfaring; de er indskrevet i selve tingenes natur. Treenighedslæren er således ikke blot en åbenbaret lære; den har en analogi i skabningen. Som altid insisterer Grundtvig på at skabe sammenhæng mellem menneskeligt og guddommeligt, mellem natur og nåde, mellem skabelse og genløsning. På den ene side vil han ikke prøve at konstruere et altomfattende system; men på den anden side søger han at undgå en for skarp og glat modstilling af tingene indbyrdes. Til syvende og sidst er det hans hensigt at samle det hele i ét.

Det siger sig selv, at Grundtvig i disse artikler er i stadig samtale – udtrykkeligt eller underforstået – med sin samtids tyske filosofi og teologi. Det er måske på dette felt, en sammenligning med Samuel Taylor

Coleridges tænkning ville vise sig særlig frugtbar. Under alle omstændigheder er det et forskningsfelt, som endnu ikke kan kaldes tilstrækkeligt opdyrket.

Den tredje linje i Grundtvigs virksomhed i disse år, mellem 1815 og 1821, udgøres af oversættelserne. Ved første blik kan den forekomme at være den mindst vigtige; men det er et forkert indtryk, når talen er om en forfatter som Grundtvig. Han besad en bemærkelsesværdig evne til at leve sig ind i tekster, der var fjerne i rum og tid. Han gik til sådanne værker med en kombination af kreativ fantasi og videnskabelig ekspertise. Konkret var der i disse år tale om tre store tekster, den angelsaksiske *Beowulf*, Saxos latinske Danmarkshistorie, og Snorre Sturlusons norske kongesagaer på oldislandsk.

I forbindelse med sin fine redegørelse for den måde, Grundtvig gik til dette arbejde på, skriver Andreas Haarder om det at oversætte:

> Der skal røres ved hvert enkelt led i sammenkædningen af et stort materiale. At læse en tekst kan man forholdsvis hurtigt klare, hvis man da ellers forstår sproget så nogenlunde; men at tage fat om hver enkelt del, forholde sig til den og iklæde den en rigtig dragt, det er en sneglegang, og det område Grundtvig skulle hen over var gigantisk … Forlæggene i den konkrete situation er på henholdsvis oldengelsk, oldislandsk og middelalderlatin, og det er menigmand Grundtvig vil have i tale.[9]

Der er mere at sige herom, hvis betydningen af Grundtvigs digtergave for hans oversættelsesarbejde skal komme til sin ret. Historisk og filologisk lærdom er rigtignok nødvendig, men fuldt tilstrækkelig er den til syvende og sidst ikke. Den oversætter, som tillige er digter, kan stå i et mere indforstået forhold til den oprindelige poet. Som vi skal se i det følgende kapitel, er det den omstændighed, der giver Grundtvigs oversættelser deres særlige kvalitet, og som gør oversættelsesarbejdet så vigtigt for ham.

I denne virksomhed, som nødvendigvis lagde beslag på ham i en årrække, så Grundtvig sig selv som en, der graver sig ned i fortiden og forsøger at bringe den nordiske histories tilstøvede og uudnyttede skatte frem i dagens lys, med henblik på livsfornyelse. Det var et arbejde, der nød en vis anerkendelse fra højeste sted. I 1818 tildelte kongen ham et årligt stipendium som belønning for oversættelsesarbejdet. Det betød, at han endelig, efter syv års forlovelse, blev i stand til at gifte sig med Lise Blicher og stifte hjem med hende.

I første omgang tog oversættelsesindsatsen sigte på Nordens, og især Danmarks kulturelle og åndelige arv, og den var led i Grundtvigs livslange bestræbelse for at gøre den tilgængelig for samtiden. Den kan også ses som en forberedelse til det store gennembrud til skabende virksomhed, som fandt sted i 1823-25, de år, som frembragte et af hans største digte, *Nyaars-Morgen*, en af hans største salmer, *De Levendes Land*, og nogle af hans mest inspirerede prædikener. Men i et større perspektiv bør de også anskues som forberedelse til et andet og mere universelt præget oversættelsesarbejde, nemlig det, der i 1837 resulterede i *Sang-Værk til den danske Kirke*. Her skulle den kristne tradition i hele dens fylde komme til orde gennem de udtryk, den havde givet sig i Palæstina og Grækenland, Rom, England og Tyskland såvel som i Norden. Som vi skal se i det følgende kapitel, åbenbarede Grundtvig her en endnu større evne til at lade det gamle give genklang i sig, og til at forme det til noget nyt.

III

Som vi har set, levede Grundtvig forholdsvis isoleret i disse år, og så sig selv som lukket inde i sit studerekammer; men isolationen var ikke total. For eksempel var han i 1818 aktivt indblandet i den litterære strid, der udkæmpedes af og omkring Baggesen og Oehlenschläger. Og i 1820 skrev han en fædrelandssang, som den dag i dag er et yndet udtryk for dansk selvforståelse, og som giver os et glimt af endnu en dimension i hans virksomhed.

Sangen, *Langt høiere Bjerge*, er en lovprisning af fædrelandet, og samtidig formidler den en stilfærdigt ironisk holdning til ideelle prætentioner. Hvert vers begynder med en indrømmelse til andre lande og folk: de er større, rigere, mere berømte og mægtige end vores; men vi har vort beskedne særpræg.

Digtet blev skrevet i 1820 til et middagsselskab, givet til ære for en embedsmand i anledning af hans afrejse til Dansk Vestindien. Få tekster er mere typisk danske eller grundtvigske; det lønner sig at betragte den lidt nærmere.

Lad os bcgynde ved slutningen, med de to vers om kongen, som nu om dage desværre oftest udelades:

Langt ædlere Konger med Landsfader-Navn
Maaskee kan engang man opdage;
Men ætten i Leire og i Kjøbenhavn
Dog spørger endnu om sin Mage;
Thi prise vi Stammen af Skjold og af Dan,
Gid immer den blomstre i Fædrenes Land!

Langt høiere Roes over herskende Drot
Man hørde fra Fremmedes Tunger;
Men Spørgsmaal, om altid det meendes saa godt,
Som her, naar hver Dannemand sjunger:
Vor Fredrik! Han vorde som Duen saa hvid!
Hans Alder høiloves som *Fredegods* Tid! (GVU VII,346)

Den kongelige familie indtog en ejendommelig position i det danske samfund i årene før statsforandringen i 1848. Teoretisk og principielt var der tale om et enevældigt monarki, men i praksis fungerede tingene lidt anderledes. Det politiske system rummede en række uformelle begrænsninger for den monarkiske udfoldelse. Dertil kommer, at Danmark og København var små og overskuelige nok til at folk kunne føle, at de kendte kongen og havde personlig adgang til ham.

Frederik VI opførte sig snarere som en slags storgodsejer end som monark i større stil. Og Grundtvig havde, uanset sit eftertryk på alt, hvad der var "folkeligt", tætte bånd til den kongelige familie. Det blev kongen, der finansierede hans studierejser til England og gav ham hans levebrød i Vartov; og det var også kongen, der til sidst udstyrede ham med titel af biskop. I Grundtvigs øjne spillede kongedømmet en vigtig rolle for nationens bevidsthed om sin identitet.

Men det mest bemærkelsesværdige af alle digtets udsagn står i verset lige før de to "kongelige":

Langt Mere af Malmen saa hvid og saa rød
Fik Andre i Bjerg og i Bytte;
Hos Danske dog findes det daglige Brød
Ei mindre i Fattig-Mands Hytte;
Og da har i Rigdom vi drevet det vidt,
Naar Faa har for Meget, og Færre for Lidt. (GVU VII,346)

I disse ord kan høres en fjern genklang af den gammeljødiske Jubilærbogs lov om periodisk gældsophævelse med henblik på at undgå, at kløften mellem rig og fattig blev for gabende i Israels folk. Set på hans egen tids baggrund står Grundtvigs formulering i skarp kontrast til den franske revolutions utopiske og ofte destruktive fordring om en ideel og total lighed.

Her er visionen mere beskeden, mere praktisk, vel også noget mindre klart defineret. Der siges ikke, at alle skal have nøjagtig det samme. Hensigten er "negativ": forebyggelse af overdrivelse. Men trods mangelen på klar bestemmelse er der tale om noget såre vigtigt: nødvendigheden af elementær solidaritet, gensidigt ansvar og vilje til åbenhed blandt de forskellige grupper, som tilsammen udgør et folk. Sangens hjertepunkt ligger i dette vers; men det er klart, at alle de tidligere strofer bidrager med hver sit til helhedsbilledet.

Igennem digtet går der en tone af mild satire over for de store, stærke og stolte, vel i første række tyskerne, men også franskmænd og englændere. Vi prøver ikke at gøre os til guder, synes Grundtvig at underforstå; vi tager ikke os selv for højtideligt, deri ligger vor styrke.

IV

Grundtvigs tid i ensomheden kom til ende i 1821, da han pludseligt og uventet blev udnævnt til sognepræst i Præstø, byen, hvor hans moder boede på sine gamle dage. Her genoptog han med iver virksomheden som prædikant og sjælesørger, men allerede sidst på det følgende år kaldtes han til et embede i hovedstaden, kapellaniet ved Vor Frelsers Kirke.

Årene, der fulgte, var en periode med stor skabende aktivitet, men ikke uden sjælelig uro. Undertiden følte Grundtvig sig løftet op til at tale et profetisk ord til sin samtid, til andre tider følte han sig tynget til jorden på grund af mangelen på genklang for hans budskab. Den tumult, der fulgte på offentliggørelsen af hans stridsskrift *Kirkens Gienmæle* i 1825, betegnede i nogle henseender periodens kulmination. Den følgende injuriesag, som Grundtvig tabte, gjorde klart, i hvor høj grad han havde været slugt op af sine egne tanker, visioner og erfaringer, og hvor langt ude af trit han var med sine omgivelser. Han mente at have et ord at sige til Danmark og til verdenskirken, et profetisk ord til opvækkelse og liv. Men ligesom de gamle profeters var det et ord, som samtiden ikke kunne eller ikke ville høre.

Lad os dvæle et øjeblik ved det største af digtene fra denne periode: *Nyaars-Morgen*. Det er et vanskeligt digt og har altid været anset for at være det. Men selv en første læsning af dets indledningsstrofer med deres gentagne påkaldelse af Guds fred over landet: "Guds Fred og God-Morgen!", formidler et stærkt indtryk af, at en ny tidsalder er ved at begynde, at en verden dukker frem fra mørke til lys, fra død til liv. Digtets centrale episode kredser netop om temaet: opstandelse til nyt liv. Som Jakob Balling bemærker:

Under sit tilbageblik på sin kamp for at genoplive den nationale historie og gøre den meningsfuld for sine landsmænd, udtrykker digteren sin erfaring ved hjælp af en modificeret genfortælling i første person ental af den gamle beretning - overleveret omkring 1200 af Saxo Grammaticus - om kong Haddings nedstigning til dødsriget ...[10]

I digtet går digteren selv ned til de dødes rige, ligesom oldtidskongen havde gjort; han begærer at hente de glemte rigdomme i folkets fortid op til de nulevende. En kvindelig skikkelse fører ham ned i mørket og viser ham muren mellem de dødes og de levendes rige. Hun giver ham tegnet på murens overstigelse ved at tage en hane, vride halsen om på den, kaste hovedet over muren - og den galer på den anden side!

I al sin sælsomhed er dette et billede på opstandelse, på nyt liv, ikke for enkeltpersonen alene, men for alle, et liv, som ikke blot forbinder nutid med fortid, men skaber fællesskab mellem nutidige mennesker. Med Ballings ord:

Alt dette ses som den erfaring, der gør et sandt fællesskab med medmennesker muligt; og bæreren af erfaringen, digterens profetiske stemme, er det udvalgte redskab for forkyndelse og appel til fæller og brødre.

Bevidstheden om at være kaldet til at bringe nyt liv til sit folk anskues af Grundtvig inden for rammen af hans kald som kristen. Han viger ikke tilbage for at se en ægte parallel mellem, på den ene side, den virksomhed, han øver som historiker og oversætter, og på den anden side Kristi nedstigen til de dødes rige og ødelæggelse af alle dets magter. Vi skal få flere lejligheder til at se, hvor vitalt vigtig læren om nedfarten til dødsriget er for Grundtvig. Men allerede her kan vi se noget af forklaringen derpå.

Ikke mindre vigtigt for forståelsen af perioden er en af de største af alle Grundtvigs salmer: *De Levendes Land.* Også den er vanskelig, men på en anden måde. Det rejser i akut form spørgsmålet om, hvor et "digt" ender og en "salme" begynder. Digteren synes selv at have været bevidst om problemet, for værket foreligger i flere versioner. Revisionerne viser en tendens til at gøre digtet mere teologisk udtrykkeligt. Under dette arbejde bliver det mere og mere til en salme, men måske på bekostning af noget af den oprindelige friskhed og skønhed som personlig trosbekendelse.

Digtets samlende tema er menneskets længsel efter den fuldkomne glædes og livsopfyldelses land. Det ligger hinsides dette livs hav, undertiden synligt, men til syvende og sidst utilgængeligt. Allerede i en af sine tidligste afhandlinger – *Om Religion og Liturgie* fra 1807 – havde Grundtvig beskrevet menneskets lod på den måde. Det er et slående eksempel på meget tidlig formulering af nogle af hans dybeste og varigste tanker. I afhandlingen taler han om mennesket som levende i en dal, der er omspændt af et vældigt, stormpisket hav. Vi føler dunkelt, siger han, at på den anden side af havet "maa være et Land med skiønnere Vexter, og renere Luft – vort oprindelige Hjem". Vi har to budbringere, vi kan sende ud: poesien og filosofien. Poesien "svinger sig ud over Havet, og taber sig mellem Skyerne"; filosofien "kommer neppe et Steenkast fra Landet, før den standses af de skyehøje, rullende Bølger" (GVU I,105).[11]

Denne tanke om vor længsel efter det tabte paradis er som bekendt et af yndlingstemaerne i europæisk romantik. Bemærkelsesværdigt nok udsendte en svensk digter, Erik Johann Stagnelius (1793-1823), et digt med titlen *Lycksalighetens ö* (1818), hvis indledningsvers rummer en meget tæt parallel til Grundtvigs. Begge forfattere giver udtryk for den samme længsel efter evighed, men medens svenskeren standser derved og erkender, at længselen er forgæves, går Grundtvig langt videre.[12]

I de indledende vers opbyder han hele sin kraft på at beskrive det land, hvor tid og evighed mødes:

> Hvor Høsten omfavner den blomstrende Vaar,
> Hvor Aften og Morgen gaae altid i Dands
> Med Middagens Glands. (GVU VIII,1) [13]

Denne vision er frem for alt en vision af barndommen, og de første tre vers skildrer den ublandet positivt. De følgende tre vers udtrykker da den voksende skuffelse og desillusionering, som livserfaringerne bringer. Digterens stræben er til syvende og sidst forgæves, fordi han kun kan male et billede af det dejlige land, og jo nærmere billedet kommer realiteten, des smerteligere er følelsen af, at den er utilgængelig.

Men så kommer digtets vendepunkt. Det, som menneskelig kraft ikke evner, det vil Guds nåde give os. Det syvende vers begynder med en påkaldelse af kærlighedens Ånd, som række ned fra himlen til jorden og åbner vore øjne for vort sande hjems virkelighed. Det følgende vers påkalder det himmelske navn: vi følger Grundtvig på en treenighedsvej fra Ånden gennem Sønnen til Faderen. Derefter kommer en række vers om, hvordan troen, håbet og kærligheden bygger bro over det stormfulde hav og i dåben og nadveren baner en vej for os til de levendes land.

O Christelighed!
Du skiænker vort Hjerte hvad Verden ei veed;
Hvad svagt vi kun skimte, mens Øiet er blaat,
Det lever dog i os, det føle vi godt,
Mit Land, siger Livet, er Himmel og Jord,
Hvor Kiærlighed boer! (GVU VIII,3)

Kærligheden, den, der kommer fra Faderen, som selv er kærlighed og giver sig selv til os gennem sin Søn og sin Ånd, knytter allerede nu himmel og jord sammen til ét og giver os en forsmag på *den* yderste livsopfyldelse, som vi skal erfare, når Gud bliver alt i alle. Visionen er en fremtidsvision, den skuer frem til en opfyldelse, som er hinsidig. Men den er også noget nutidigt, den kendes her og nu, den er forudgrebet ligesom den er det i Johannesskrifterne i det Nye Testamente. Allerede i denne rummets og tidens verden, så ufuldkommen den er, giver det evige sig til kende, fordi Guds kærlighed er til stede og virker i menneskets.

V

Indholdet af Grundtvigs værk *Kirkens Gienmæle* fra 1825 vil blive diskuteret i kapitel 6 sammen med den strid, den gav anledning til. Her skal blot anføres, at Grundtvig selv følte, at dette var et øjeblik af "mageløs opdagelse", en ny forståelse af kirkens væsen og af Bibelens plads i den. Hans opsigelse af sin stilling 1826 betød ganske vist en langvarig afbrydelse i den prædikevirksomhed, som han først seks år senere fik mulighed for at genoptage. Men hans litterære produktion tog ingenlunde af i denne periode. Årene fra 1826 til 1829 var frugtbare, især fra en teologisk synsvinkel. For eksempel udgav han i 1826-27 to tæt beslægtede studier med titlerne *Den sande Christendom* og *Christendommens Sandhed*, og mellem 1827 og 1830 kom der tre bind *Christelige Prædikener eller*

Søndags-Bog, baseret på prædikener, holdt i første halvdel af tyverne, men nu helt omskrevne, udvidede, mere udtrykkeligt teologiske og ofte mere overdådigt poetiske.

Det var i disse år, Grundtvig for første gang kom i nært samarbejde med andre. Det vil især sige Jacob Christian Lindberg, som udnyttede sit formidlingstalent til at knytte forbindelse mellem Grundtvig og de "gudelige forsamlinger", som holdt vækkelsesmøder rundt i landet på denne tid. Grundtvig støttede disse lægfolk mod myndighedernes forsøg på at undertrykke dem; men selv nærede han i lang tid stærke forbehold over for dem og deres usakramentale, sværmeriske fromhedsformer.

I vinteren 1827 indtraf så en afgørende og uventet forandring. Det skete ved kongelig indgriben. Grundtvig fik audiens hos Frederik VI, som gennem alle omskiftelser havde bevaret en venlig indstilling til ham. Grundtvig beretter, at kongen spurgte ham, hvad han arbejdede med for tiden,

> og jeg svarede: ingen Ting, Deres Majestæt! og jeg veed heller ikke noget at giøre for Øieblikket, med mindre det maatte behage Majestæten at lade mig reise til *England*, og nærmere undersøge de *Angelsachsiske* Haandskrifter, som er af megen Vigtighed ogsaa for Oplysningen af *Danmarks* Oldtid, men er aldeles foragtede i deres Hjemstavn. Det Ord greb Kongen med levende Deeltagelse … (GE 73)

Sagen var således afgjort, og i somrene 1829, 1830 og 1831 tog Grundtvig på lange ophold i England. Disse rejser betegnede et vendepunkt i hans liv; de øvede en dybtgående indflydelse på alt, hvad der siden kom til at ske.

Tredje kapitel

Nye udviklinger, indre og ydre – 1829-39

I

I året 1832 og årene derefter indtraf en afgørende vending i Grundtvigs liv. Han var nu i 50-års alderen, men havde – uden at han selv kunne vide det – 40 års virksomt liv foran sig. I løbet af dem undergik hans stilling i det danske samfund en gennemgribende ændring. Ganske vist havde han også tidligere været offentligt kendt – hans personlighed var ikke af dem, der kunne skjules. Men det meste af tiden havde han været en temmelig ensom skikkelse, der ofte havde stået i modsætningsforhold til tidens ledende strømninger, og som tit havde følt sig misforstået. Det havde ofte set ud, som om hans projekter og initiativer var mislykkedes. I løbet af 1830'erne begyndte der at ske ændringer i den situation. Ved tiårets afslutning var han i færd med at blive anerkendt som en national institution. Folk var ikke nødvendigvis enige med ham; men ingen kunne være ubekendt med hans tilstedeværelse.

Spørger vi, hvad det var, der indvarslede denne vending, er der ingen tvivl om, at de tre Englandsrejser 1829-31 havde meget at gøre med den. Uden at nogen havde kunnet forudse det, resulterede de hos Grundtvig i en ny indstilling til den verden, han levede i, med virkninger for hele resten af hans liv. Med Hans Henningsens ord: "I England gjorde Grundtvig en af sine vigtigste opdagelser: opdagelsen af nutiden … Grundtvig var blevet sig bevidst som et moderne menneske."[14]

Men i England skete der også noget andet – noget, der stod i umiddelbar forbindelse med rejsernes hovedformål: studiet af de angelsaksiske håndskrifter. Dette studium førte ham igen ind i fortiden og indebar forandringer, som, uden at komme til øjeblikkeligt udtryk, betød en dybtgående styrkelse af hans bevidsthed om sit kald til digterisk formulering af kirkens lovprisning.

Det er vigtigt at gøre sig klart, at disse rejser, bortset fra endnu en til England i 1843 og et kort besøg i Norge, var Grundtvigs eneste udenlandsrejser, og at han i det hele taget aldrig bevægede sig langt hjemmefra. Det er også værd at huske på, hvor modtagelig hans tankegang og kreativitet var for impulser fra det, han så og hørte, og fra de begivenheder, han var indblandet i. Anskuer man Englandsrejserne på den baggrund, er det måske ikke så overraskende, at de fik så stor en betydning for, hvordan hans senere liv kom til at forme sig. Der er altså god grund til at mærke sig både de indre aspekter af Grundtvigs engelske indtryk – dem, der hidrørte fra arbejdet i arkiverne – og de ydre: dem, som selve oplevelsen af det fremmede land indebar. Det er disse sidste, der først skal beskæftige os.

Grundtvig kom til London i sommeren 1829. De første uger i hovedstaden var vanskelige. Han brød sig i begyndelsen slet ikke om at være udenlands; og han løb ind i større sproglige vanskeligheder end han havde ventet. I et foredrag i København 1838 omtaler han sit første møde med England sådan:

England er, efter min Erfaring, et kjedsommeligt Land at være i, naar man ikke dèr har Hus og Hjem og daglige Forretninger, som man kan være fornøjet med; thi alle Folk dèr har saa umaadelig *travlt*, hver med sit, fra Statsministrene til Lommetyvene, Værtshusene er saa uhyggelige, og Privathusene i alle Maader saa aflukkede og befæstede, at den fremmede enten aldeles er overladt til sig selv, som en Ugle mellem Krager, eller han bliver dog paa Timen træt af at se, hvilken Anstrængelse det koster, og hvilken Opofrelse det er for en Engelskmand at beskjæftige sig en halv, endsige da en hel Time med ham. Jeg har derfor aldrig været nærmere ved at fortvivle, end da jeg første Gang kom til England, hvortil det imidlertid sagtens bidrog en Del, at jeg allerede var lidt gammelagtig, da jeg, saa at sige, først kom ud i Verden, og at jeg kom der, saa at sige, paa Hovedet, ved her ude fra Toldboden at gaa om Bord paa et dansk Skib og umiddelbart at lande ved Toldboden i London, hvad nødvendig maatte synes mig [som] at komme vildfremmed til en anden Verden. (GVU IV,329)

Imidlertid begyndte han efterhånden at gøre bekendtskaber. Han kom, næsten ved et tilfælde, i berøring med en kreds af mænd, de fleste yngre end han selv, advokater, journalister, skribenter i periferien af det politiske liv, folk med radikale synspunkter i samfundsanliggender og – for de flestes vedkommende – unitarer hvad religionen angik. Det var en ny slags selskab for Grundtvig. Han fandt ikke disse mænds religion og teologi særlig interessant, men han var fascineret af deres holdninger til politiske og samfundsmæssige spørgsmål, og af den frihed, med hvilken de udtrykte deres meninger om alverdens ting.[15]

Årene op til den store reformlov i 1832 var en periode med stærk politisk gæring i Storbritannien. Reformer, som var blevet forsinket i et halvt århundrede på grund af den franske revolution og krigene derefter, anerkendtes nu som uundgåelige. Grundtvig så omkring sig et samfund, i hvilken tale- og diskussionsfrihed toges for givet i et omfang, som var utænkeligt i det lille, mere statiske danske miljø. Det var i det hele taget en verden, som var meget forskellig fra, hvad han kendte hjemmefra, og han fandt meget i den højst tiltrækkende.

Det var ikke blot en verden med ytringsfrihed; det var også en med stærk praktisk virksomhed. England befandt sig midt i de tidlige stadier af den industrielle revolution. Alle syntes at have travlt i London i 1829, og folk spurgte ham hele tiden om, hvad han bestilte. Det blev mere og mere vanskeligt at svare dem. Nye spørgsmål dukkede op inden i ham selv. Havde han lukket sig for meget inde i sit studereværelse? Havde han forsømt en forpligtelse over for samtiden? På en ganske utilsigtet måde fandt han, at disse måneder i England ændrede hans holdning til verden omkring ham.

Hvis Grundtvigs oplevelse af gæringen i det engelske samfund viste sig uventet stimulerende, kan man ikke sige det samme om hans første kontakter med den anglikanske kirke. Han var i England i årene lige før den kirkelige vækkelse, som begyndte i Oxford i 1833 og som på flere måder kom til at virke omformende ind på kirken. Det var en tid med lavvande i dens forvaltningsmæssige, teologiske og liturgiske liv. Hvis Grundtvig fandt anglikansk gudstjeneste kold og formalistisk – han må have været smerteligt berørt af mangelen på salmesang – så er det også værd at huske, at mange englændere havde det på samme måde. Den bevægelse, der satte ind i 1830'erne, skabte længe tiltrængte forandringer i kirkens gudstjeneste. Man genindførte billedudsmykning og placerede på ny alteret midt i koret. Salmer til menighedssang blev digtet og melodier komponeret, således at den engelske kirke allerede i 1861 fik sin første fuldstændige salmebog: *Hymns Ancient and Modern.*

Der er noget fascinerende i at spekulere over den mulighed, at denne samling kunne have indeholdt grundtvigske salmer, hvis deres digter havde haft lidt tidligere forbindelse med lederne af reformbevægelsen fra Oxford. Det fik han først under sit tredje Englandsbesøg i 1831, da han en tid opholdt sig på Trinity College i Cambridge og blev bekendt med anglikanske teologer og gejstlige – folk, som synes at have glædet sig lige så meget over hans selskab som han over deres. Hans indtryk af det gamle kollegiesystem i Oxford og Cambridge var bemærkelsesværdigt positive og var stærkt medvirkende til senere at danne den overbevisning hos ham, at folkehøjskolerne skulle være fællesskaber, hvor lærere og elever boede og arbejdede sammen. – Men egentlig teologisk meningsudveksling synes der at have været meget lidt af.

II

I en vis forstand var alt dette imidlertid kun sekundært i forhold til rejsens erklærede formål. Han var kommet med et stipendium fra kongen til at studere angelsaksiske håndskrifter. Alene hans forskersamvittighed motiverede ham til at udnytte denne mulighed til det yderste. Men dertil kom, at der var tale om noget langt mere end pligtarbejde. I mere end tyve år havde han været fascineret af angelsaksernes poesi. Nu havde han chancen for gøre sig bekendt med originalteksterne på første hånd. Grundtvig havde betydelige evner som filologisk og palæografisk forsker. Han kastede sig med lidenskab over manuskripterne i Britisk Museum, i Oxford og Cambridge, og i domkirkebiblioteket i Exeter. Hvor hårdt han arbejdede, er i nyeste tid blevet gjort klart af S.A.J. Bradley i hans detaljerede studier over Grundtvigs transkriptioner i løbet af de tre somre.

Det, han opdagede under disse studier, var i en vis forstand noget, han altid havde vidst var der. Allerede tyve år tidligere havde han skaffet sig et indtryk af storheden i det angelsaksiske Englands digtning. Han havde forstået betydningen af *Beowulf* som et digt, der på mærkelig måde forenede kristne og førkristne værdier og indsigter. Han havde allerede begyndt at danne sig sin vision af den afgørende rolle, den angelsaksiske kirke havde spillet i kristenhedens historie som helhed. Det var her, kristendommen havde løst sig fra sin binding til Middelhavets kyster og gjort sig fri til at udbrede sig til Norden, til Europa og til den store verden.

Som et digt fra 1817, *Ragnaroke*, viser, havde han tidligt fået blik for Cædmon, den legendariske poet, som ofrer sin digtergave til Gud og stiller den til tjeneste for det Ord, som vil sætte sig igennem i ham og gennem ham. Alt dette, som han allerede havde set eller var begyndt at se, kunne han nu afprøve for alvor, gennem det slidsomme arbejde med at skrive af, verificere læsninger, lave lister over nøgleord og -begreber, og bryde hovedet over misforståelser og fejl i tusind år gamle tekster.

For Grundtvig var dette arbejde mere end en akademisk øvelse. Det skulle tjene større formål end en blot og bar tilvejebringelse af bedre udgaver af gamle tekster. For ham var teksterne vidner om en tradition for liv og tænkning, som krævede at blive hørt på ny. Det var en tradition som var i færd med at vågne til nyt liv under hans hænder. Det, han var i gang med, var en fornyet meddelelse, et genoprettet fællesskab, mellem – så at sige – to dele af det samme legeme. Som Bradley udtrykker det: Der er tale om

> en rehabilitation, en velovervejet genetablering af en næsten afbrudt kontinuitet, en praktisk demonstration af sandheds-enheden mellem civiliseret religiøst fællesskab i den fjerne fortid og civiliseret religiøst fællesskab i nutiden.[16]

Denne virksomhed fandt sit brændpunkt i Cædmonskikkelsen, som han så som

> den første engelske kristne digter – og derfor, i henhold til Grundtvigs historieopfattelse, den første nordiske kristne digter og som sådan en arketype, en patriark, ja stamfaderen til alle senere tiders kristne digtere på nordisk sprog og i nordisk tradition.

Allerede i sit digt fra 1817 havde Grundtvig følt sig solidarisk med Cædmons ånd, ganske som han lod Cædmon identificere sig med David, Israels kongelige digter. Cædmon siger her:

> Jeg drømde, jeg drømde,
> Kong David jeg saa',
> Han gav mig i Hænde
> Sin Harpe saa prud,
> Strængene gyldne
> Slog jeg med Vælde,
> End vel i Midgaard
> Mindes mit Kvad.
>
> …
>
> Saa jeg paa Harpen
> Hævede Sandsagn,
> Adled til Epos
> Oldtidens Digt;
> Stridige Stykker
> Snild jeg forbandt;
> Yndig blev Sandhed,
> Og Æmter sandsynligt.

David tilhøre
Harperne alle,
Som faa i Kirken
Klingende Strænge;
Derfor jeg kommer,
Kalder med Føje
Harpen, som dannes,
Davids og min.

I sit digt indføjede Grundtvig med stor behændighed to passager fra angelsaksisk poesi: indledningslinjerne fra henholdsvis *Beowulf* og digtet *Genesis*. Han sammenknyttede, som kun han formåede det, det såkaldt sakrale og det såkaldt verdslige; for ham var de begge sakrale, hver på sin måde.

Bradley bemærker, at Grundtvig, som discipel af Luther – der også optræder i digtet – kunne forventes at være mindre helhjertet i sin tilslutning til munkedigteren Cædmon og i sin sammenføjning af *Beowulf* og *Genesis*. Grundtvig er opmærksom på problemer som disse, men for ham at se er de overvundet, i den underforståede forestilling om

> et direkte inspirationsforhold mellem Gud og hans talerør, digterprofeten der taler til Guds folks menighed, et forhold som altid har bestået siden Davids dage.

Vi begynder at skimte, hvordan – i Grundtvigs tankegang – lovprisningen af Gud og en poetisk formulering deraf kan rækkes ned fra Jerusalem i det tiende århundrede før Kristus til Northumbrien i det syvende efter Kristus og videre til Danmark i det nittende. Ved hjælp af Cædmon og alt, hvad han står for, finder Grundtvig en ny mulighed for at indoptage traditionen fra kristendommens første årtusind på en måde, som på én gang bekræfter dens almengyldige kvaliteter og de nordiske folks menneskelige og kulturelle erfaringer.

Den vision, der rummes i de oldengelske tekster, er på én gang universelt kristen og udtryksmæssigt særpræget:

> Anskuet som helhed udgør rækken af digte en optimistisk og livsglad læsning af den kristne historie. Trods syndefaldet bevarer digtenes hovedskikkelser fra generation til generation noget af den Gudsbilledlighed, de var skabt i. Det er ikke mindst tydeligt i deres indre evne til at se og afspejle den sandhed, som Gud selv er indbegrebet af og det aldrig svigtende eksempel på: de er *sodhfæst*

(standhaftige i sandhed, retfærdige) over for en Gud, der selv defineres som *sodhfæst*. Samtidig, og lige så tydeligt, er deres modstandere parthavere i Satans ødelæggende planer, og overvindes atter og atter, – indtil – i det sidste digt – Kristus, det fuldkomment *sodhfæst* menneske og fuldendelsen af alle de foregående billeder på retfærdighed og standhaftighed i sandheden, tilintetgør alle Satans planer og gerninger. Digtet *Genesis* og digtet *Kristus og Satan*, som henholdsvis indleder og afslutter rækken, står i samme indbyrdes forhold som skabelse og inkarnation i Johannesevangeliet: Skaberens godhed, hans lysbringende og liv-villende ord bliver klart igen i Sønnens komme til verden for at jage døden og syndens mørke på flugt. I denne samlings digtkreds ses skabelsesteologi og genløsningsteologi som en enhed.

Jeg har citeret denne omhyggeligt gennemtænkte sammenfatning af de angelsaksiske digteres læremæssige vision, fordi det er værd at mærke sig, på hvor mange punkter citatet bekræfter og gennemlyser Grundtvigs egne faste overbevisninger. I denne gamle poesi er der ikke den mindste tendens til at undvige eller udviske konfliktelementet i det kristne livssyn. Lys og mørke, sandhed og løgn, Kristus og Satan står hinanden imod. Denne vision af kampen mellem det godes og det ondes magter står, som vi ved, centralt i Grundtvigs egen forståelse af menneskeslægtens historie. Hvordan kunne han, med sin kærlighed til den nordiske mytologi, se anderledes på det? Der var intet, han afviste mere energisk end den form for enhedsfilosofi, som er kendetegnende for den yngre Schelling. Den havde tiltrukket ham en overgang i hans ungdom, men han betragtede den altid siden som en vildvej. For ham fandtes der ikke nogen dialektisk løsning på konflikten mellem liv og død, sandhed og løgn, uanset hvor skarpsindigt den måtte være udtænkt.

Imidlertid: efter at have anerkendt det nødvendigt iboende element af konflikt i den kristne anskuelse af tingene går Grundtvig videre og hævder, gennem sin påstand om livets sejr over døden, at en endegyldig løsning er at finde i Guds vilje. Dette er noget, som ikke kan fanges ind af vore forsøg på systematisk og altomfattende forklaring, og dog er det en naturlig følge af en vision, i hvilken Guds gode vilje altid er til stede trods modstand og hindringer og i sidste ende altid sætter sig igennem. Af en sådan vision udspringer den ukuelige livsglæde, milevidt fra en overfladisk optimisme, hvormed – ifølge Bradley – de angelsaksiske digtere læser menneskehedens historie. Af den vision udspringer også en delvis antipietistisk insisteren på, at spor af Guds billede og lighed fremdeles er til stede i den faldne menneskeslægt og kommer til syne i menneskets evne til at besvare Guds trofasthed med sin.

Det er i det lys, vi skal forstå Grundtvigs stærke forkærlighed for kirkefaderen Irenæus, som netop insisterer på den gamle og den nye pagts fundamentale enhed, og som netop i sidste instans er forvisset om det godes sejr. Det er også i det lys, vi kan anskue det johannæiske præg i Grundtvigs formulering af den kristne tros centrale lærdomme. Den paulinske strøm i det Nye Testamente bliver hverken fornægtet eller forsømt. Det kunne den ikke blive hos en mand, der var dybt påvirket af Luther. Men, som det er blevet gjort gældende af Bent Noack, som både er nytestamentlig forsker og oversætter af angelsaksisk poesi, er det til syvende og sidst de store johannæiske påstande, der især giver genlyd i Grundtvigs teologi og forkyndelse. Både i hans prædikener og i hans salmer finder vi en bemærkelsesværdig sammentænkning af skabelsesteologi og frelsesteologi i permanent vekselvirkning.[17]

III

Det, vi har set på her, er en side af Grundtvigs måde at reagere på det angelsaksiske Englands digtning på: hans bestræbelse for at hente den ind i nutiden, lade den komme til live igen i en anden tid og for dens mennesker. Det kan næppe være tilfældigt, at denne vurderende tilegnelse af den angelsaksiske fortid gik for sig ved begyndelsen af et årti, i hvilket Grundtvig iværksatte et langt mere universelt arbejde med oversættelse og overførelse af en fjern fortid til nutiden. I 1830'erne digtede han Sangværket, den store, konfessionelt vidhjertede samling af salmer til brug i den danske kirke.

Her genfinder vi, især i oversættelserne fra latin og græsk, et fænomen, vi allerede har lært at kende. Grundtvig tager fat på nye ting, som han i et vist omfang allerede kender til. I den tekst, han oversætter, finder han ting, han allerede har opdaget i sit eget sind. Men nu kan han bringe dem til udtryk med større styrke og sikkerhed på grund af den mærkelige indre sammenhæng og vekselvirkning mellem to tidsaldre, to sprog, to digtere.

Noget af denne proces skal vi – for så vidt angår de græske kilder – få at se under vor senere betragtning af Grundtvigs påskesalmer og -prædikener. Her vil vi kaste et kort blik på oversættelserne fra middelalderlatin, og især af digte fra den første cisterciensergeneration. Det er en anden verden end den, vi kender fra *Beowulf* og *Korsdrømmen*. Det er et tegn på mangfoldigheden i Grundtvigs geni, at han er i lige grad hjemme begge steder. Atter her skal vi dvæle en stund ved spørgsmålet om, hvad det er i en bestemt traditionsfase, der tiltrækker ham stærkest. Også her spørger vi efter, hvad denne tiltrækning kan lære os om hans indre udvikling og vækst.

Her kan vi med fordel benytte os af Jørgen Elbeks og Jørgen Pedersens solide og indtrængende studier. Begge forskere ser de latinske hymners sammentænkning eller sammensmeltning af kærlighed og erkendelse som noget afgørende vigtigt for Grundtvig.

Det er en fusion, der finder sted på naturens såvel som på nådens plan, og den ses på begge planer som vitalt vigtig for ægte menneskeliv. I sin karakteristik af de latinske hymner gør Elbek gældende, at i disse tekster er sandt liv ensbetydende med samfund med Gud, og at den bøn, hymnerne formulerer, både gælder kærlighed og erkendelse.

I den verden, som bønnen åbner sig mod, er tanke og følelse af samme rod og bøjer sig mod samme mål. Kærlighed er erkendelse, og erkendelse kærlighed. Denne indsigt fandt Grundtvig bevaret i hymnerne, og tilegnede sig den med begærlighed. Mens den i hymnerne sjældent kommer direkte til orde, fordi den er deres selvfølgelige forudsætning, forkyndes den i salmerne.[18]

Det kommer til syne i Grundtvigs oversættelse af den berømte cisterciensiske hymne *Jesu dulcis memoria*, hvor han om ihukommelsen af Jesus siger:

Den føder Hjertens-Kiærlighed
Til dig, som Døden for os leed,
Den føder Kundskab evig sand
Om Livets Lys og Livets Land! ...

Kun hvo som elsker, kiender Gud,
Og dig, Hans visse Sendebud ... (GSV 3,471-72)

Sammensmeltningen har, som vi skal se, vidtrækkende konsekvenser. Den Gud, som opdages, når kærlighed og erkendelse forenes til ét, er ikke blot ham, som findes i menneskehjertets dybder, men også ham, som er nærværende og virksom i hele skabningen og hele historien. Elbek fortsætter:

Som der for middelalderen er harmoni mellem kærlighed og tænkning, er der harmoni mellem emnerne, de omslutter, ja, dybest set er de eet. Overalt hvor tanken vender sig i rummet og tiden, i den omgivende verden og i den førkristelige historie, møder den det guddommelige. Således giver hymnerne deres gendigter lejlighed til at drage dels naturen, dels Det gamle Testamente ind i sine salmer.

Den, som kommer til erkendelse af og kærlighed til Gud i hjertets dyb, lærer også at kende og elske ham i alt, hvad han har skabt og fremdeles udretter.

Jørgen Pedersen udvikler denne idé på bredere grundlag ved at undersøge det bibelske og traditionelle begreb visdom, *sapientia*. Det er et ord, der for de middelalderlige forfattere hænger sammen med ordet *sapere*, at smage. "Smag og se, hvor nådig Herren er", som det hedder i den engelske kirkes bønnebog. Den gudserfaring, som der her er tale om, er en del af baggrunden for Grundtvigs stadige brug af ordet "følelse", et ord, som ellers nemt kunne blive opfattet rent subjektivt og "romantisk". Det er også betydningsfuldt for forståelsen af den måde, hvorpå Grundtvig anskuer forholdet mellem hjerte og hjerne og begges forhold til mund og hånd. Når visdommen vokser, smeltes erkendelse og klarhed sammen med kærlighed og følelse til en gave, der på én gang er menneskelig og guddommelig.

I den gammeltestamentlige visdomslitteratur finder vi, at denne gave begynder med den meget praktiske øvelse i at leve rigtigt: "Herrens frygt er visdoms begyndelse". Gaven vokser i Salomons forstående hjerte og indbefatter både erkendelse af naturens verden, alle levende ting, og en indsigt i menneskelig motivation og handling. Men denne gave, som på det "horisontale" plan griber om hele skabningen, fører også opad på en vej, der fører ud over skabningen hen imod erkendelse af Gud og kærlighed til ham. Gudsfrygt vokser til ærefrygt, videre til forbavset undren og til sidst til lovprisning og tak.

Den menneskelige visdom er netop en gave fra Gud, et genskin på menneskets plan af den guddommelige Visdom, den *sapientia*, ved hvilken alting er skabt. Og denne guddommelige gave i skabningen kommes i møde af det, Gud skænker menneskeheden i Kristi person, ham, i hvem den guddommelige Visdom er inkarneret, og af Helligånden, i hvem han sætter kronen på sine skabelsesgaver. Det er enheden af kærlighed og erkendelse, der sætter mennesket i stand til at modtage Helligånden, den gave, i hvilken Gud selv bliver gave, således at menneskeligt og guddommeligt bliver ét.[19]

Denne visdom, som skænkes ved skabelsen såvel som ved genløsningen, ses i Bibelen og traditionen som noget, der på én gang er én ting og mange ting. Den taler om mangfoldigheden og rigdommen i den skabte verden omkring os og i os selv. Alt dette samles ind til ét i Helligåndens komme, ham, i hvem intet af mangfoldigheden går tabt, men i hvem en ny enhed stråler frem som nyskabende nåde.

I denne vækst ind i visdom lærer mennesker at se Gud som den, der er nærværende i hele skabningen; de lærer at kende og elske ham i og gennem alle ting. Men opdagelsen af Guds nærvær og virke omkring os har sit udspring i den indre og umiddelbare erfaring af Gud som nærværende i hjertet af menneskelig eksistens, dér, hvor vi bliver én Ånd med ham (1. Korinterbrev 6,17) - noget, som cistercienserne Bernhard af Clairvaux og især Vilhelm af St Thierry insisterede kraftigt på. I dén erfaring erkender vi fordi vi elsker og elsker fordi vi erkender, ikke med forstanden alene, men med alt, hvad hele personen formår.

Det er ikke vanskeligt at se, at opdagelsen af denne sammensmeltning var af største betydning for Grundtvig. Her lå for ham nøglen til opdagelse af, hvordan man bliver en hel person. Her kunne også fantasiens gaver blive forenede og enhedsskabende. Og sammensmeltningen bevirker, at indre og ydre aktiviteter støtter og udfylder hinanden. Den vending mod verden, som er et så mærkbart træk ved 1830'ernes Grundtvig, finder ikke sted på bekostning af det indre liv. Oversætteren af cisterciensiske hymner og fortaleren for nye former for voksenopdragelse er én og samme person.[20]

Som Jørgen Pedersen gør gældende, er denne forståelse af menneskelivet - en forståelse, som lader kærlighed og tænkning vokse sammen på vejen mod visdom - karakteristisk for førskolastisk teologi i Vesten. Den inspiration, Grundtvig hentede derfra, kom ikke alene til at præge hans kristendom, men hele hans forståelse af menneskelivet. Vi kan for eksempel se virkningerne deraf i hans tanker om menneskelig vækst og om opdragelse. De bliver først fuldt forståelige i lys af de gamle ideer om kærlighedens og kundskabens nødvendige vekselvirkning i udviklingen af personligt og socialt liv.

Det viser sig altså, at tanker, der er formuleret i én tidssituation, kan bringes til at leve og vinde ny betydning i en helt anden. Latinskolens undervisningsmetoder, sådan som Grundtvig havde oplevet dem, havde skilt hoved fra hjerte, således at forstanden, rådvildt kredsende i en kold ørken, lod hjertet være bytte for blinde og retningsløse impulser. Den vej førte til død.

Men at føje de to sammen til en levende enhed er et livstidsarbejde, som kun kan gennemføres under den forudsætning, at det er en gave før det er en opgave - en gave fra den Ånd, som forener de to evner i én eneste bevægelse af klar og frydefuld tanke og handling. Alt, hvad vi ved om Grundtvig, lærer os, at han var en mand, der på én gang var udrustet med en frygtindgydende intelligens og en kærlighedstrang af rent ud skræmmende styrke. Hemmeligheden ved den evne til nyskabelse, som han udfoldede livet igennem, lå i en møjsommelig sammenføjning af de to sider af hans stormfulde natur.

Den side af Grundtvigs værk, vi betragter her, er formodentlig en, der bør udforskes nærmere. Det er muligt, at ikke bare den tidligmiddelalderlige latinske teologi, men også den østlig-ortodokse tradition kan levere stof til dybere forståelse af Grundtvig på dette punkt.

Under alle omstændigheder er der her tale om en af de faktorer, der har virket stærkest til at forme Grundtvigs særpræg. Han var ikke bare en mand, der kunne kombinere "erkendelse" og "kærlighed" på en måde, som er alt andet end gængs i den moderne verden, der begyndte at tage form i det 18. århundrede. Måske er det grunden til, at han så ofte unddrager sig vore forsøg på kategorisering. Er han mest videnskabsdyrker eller mest digter? Intellektuel eller praktiker? Fortidens eller fremtidens mand? Er hans sigtepunkt Gud eller menneskeheden, eller måske i bund og grund ham selv? Han nægter at rette sig efter sådanne skel; han finder sig selv ved at overvinde dem. Måske er det forklaringen på den dybe og lidenskabelige genklang, som vækkes i ham af de historiske perioder, i hvilke muligheden for sammensmeltning af tilsyneladende modsætninger blev taget mere for givet end i hans egen tid, eller i vor.

Måske følte han et dybt personligt behov for at trække på tidligere tiders visdom og indsigter: dem, han fandt i angelsaksernes religiøse digtning, i den byzantinske kirkes liturgiske hymner, og i den tidligmiddelalderlige vestlige munketeologi. Han har brug for disse hjælpekilder for sit eget livs skyld, og han formår at føre dem over i det 19. århundredes verden. Det er en verden, som ikke er vores, men som er nær nok ved os til at Grundtvig således bliver et vitalt bindeled til de langt ældre tider, hvis rigdomme han havde forløst og formidlet med hengivenhed og hårdt arbejde.

Sigtet med hele projekt *Sang-Værk* var at give den danske kirkes menigheder adgang til noget af, hvad den kristne tradition i dens fylde og katolicitet havde at sige om kærlighed og erkendelse, lovprisning og taksigelse. Det var et arbejde, som skulle føres til ende i digterens eget hjerte og sind, før der kunne deles ud af dets frugter til et helt folk. Netop dette var det, Grundtvig bad måtte ske i en af sine skønneste strofer:

Du, som har Dig selv mig givet,
Lad i Dig mig elske Livet,
Saa for Dig kun Hjertet banker,
Saa kun Du i mine Tanker
Er den dybe Sammenhæng! (GSV 1,456)

IV

Nogle læsere af denne bog vil sandsynligvis finde det besynderligt, at der i et kapitel om Grundtvig i 1830'erne er blevet sagt så meget om hans oversættelser fra gamle sprog og om hans opdagelse af et kald til at være digter i Davids og Cædmons tradition. Som vi så i begyndelsen af kapitlet, var det mest iøjnespringende resultat af Grundtvigs Englandsrejser en vending ud mod verden og mod nutiden; ikke mod gammel salmedigtning, men mod praktiske anliggender af samfundsmæssig og politisk art. Kaj Thaning, en af de mest indflydelsesrige Grundtvigforskere i årene efter Anden Verdenskrig, anså året 1832 for at være *det* afgørende vendepunkt i Grundtvigs liv.[21] For ham at se var det her, Grundtvig vendte ryggen til den gamle, indadvendte, bodsorienterede lutherdom og så sin livsmening og sit kald i forkyndelsen af en verdensbekræftende, "verdslig" form for kristendom, en form, hvis løsen var aforismen "Menneske først og Christen saa" (GSV 3,296).

Denne forståelse af Grundtvig har øvet stor indflydelse i Danmark igennem det sidste kvarte århundrede. Der er utvivlsomt noget rigtigt i den, især for så vidt angår understregningen af hans nyfundne evne til at skrive om menneskelige og samfundsmæssige spørgsmål og involvere sig på mangfoldig vis i tidens offentlige liv. I 1830'erne udløstes der vitterlig nye kræfter i ham, efter en lang periode, der i udvortes henseende havde budt på hyppige frustrationer og skuffelser. Han fandt nu, at han kunne og skulle arbejde sammen med andre, også når de ikke var enige med ham, eller han med dem.

Men jeg mener at turde kalde det forkert at karakterisere denne udvikling som en radikal nyorientering. Grunden til, at den fandt sted, var ikke, at han havde vendt sig bort fra de teologiske anliggender, der havde optaget ham i det forudgående årti, men at han havde ført dem videre. Lad os kaste et kort blik på nogle af de vigtigste tegn på Grundtvigs nye interesse for humane og nutidige spørgsmål. I 1832 udsendte han en helt ny *Nordens Mythologi*, i hvilken han for første gang hævdede, at gammeldags kristne – blandt hvilke han regnede sig selv – skulle være villige til at samarbejde med alle, som i bred og almen forstand vedkendte sig den jødisk-kristne tradition. Disse mennesker kaldte han naturalister, og den holdning, han tilskriver dem, har en del tilfælles med de unitarer, han havde lært at kende i England: folk, som holdt fast ved den kristne moral og troen på en personlig Gud, men fandt det umuligt at acceptere den traditionelle forestilling om frelsen ved Kristus. Dette betød, for Grundtvig at se, virkelig en vending ud mod verden uden for hans egen kreds, selv om den må forekomme væsentligt mindre drastisk hvis man betragter den fra vor tids synsvinkel.[22]

I årene efter 1833 offentliggjorde han en helt omarbejdet verdenshistorie i tre bind. Atter her gav han væsentligt mere plads end tidligere til rent humane faktorer, og brugte væsentligt mere tid på fremskaffelse og diskussion af kildematerialet. Han skrev, sagde han, for "Skolen", ikke for "Kirken". Men de teologiske formål, som havde været så iøjnefaldende i hans tidligere historiearbejder, var ikke helt forsvundet, selv om de var trådt noget i baggrunden. William Michelsen, en kender af Grundtvigs historiesyn, hævder, at hans anskuelse her stadig er fundamentalt den samme som den havde været tyve år før, om end hans mening om, hvordan den kunne realiseres videnskabeligt, havde ændret sig. Der er altså tale om en stærkt ændret vægtfordeling, men måske ikke om nogen afgørende forandring hvad hensigterne angår.[23]

I 1836 kom så et af hans første pædagogiske skrifter, *Det Danske Fiir-Kløver*. Her lagde han en ny vægt på nødvendigheden af en ægte folkelig undervisning og opdragelse, tilpasset nutidens behov. I disse år diskuteredes en mulig oprettelse af rådgivende demokratiske forsamlinger: De første skridt mod et parlamentarisk styre blev taget. Grundtvig så, at sådanne forsamlinger kun kunne gøre nytte under forudsætning af, at den brede befolkning fik adgang til nye og tidssvarende uddannelsesformer. Ved at slå til lyd for dem bevægede han sig ind i et nyt interessefelt; men det betyder ikke, at han forlod sine tidligere overbevisninger.

Dette var altså et tiår med bemærkelsesværdigt udadvendte aktiviteter; men tiåret frembragte også nogle af Grundtvigs bedste prædikener og hans betydeligste indsats som salmedigter. De ydre udviklinger forløb jævnsides med de indre.

V

Et særlig interessant indtryk af Grundtvig i disse år foreligger i Hans Lassen Martensens (1808-84) erindringer. Martensen, den senere biskop og europæisk berømte teologiske forfatter, kom senere i skarpt kirkepolitisk modsætningsforhold til Grundtvig, hvilket medførte, at deres indbyrdes relationer blev anstrengte; men som ung havde han en del at gøre med ham og fandt til sin forbavselse, at de havde mere tilfælles end han havde ventet.

Anledningen til at de mødtes, var fejringen af trehundredåret for den danske reformation i 1836. Martensen ledsagede den fremtrædende tyske teolog P.K. Marheineke (1780-1846), som var i København i samme anledning, på et besøg hos Grundtvig; og det var ved den lejlighed, Grundtvig udtalte en af sine berømteste aforismer. Den tyske professor, hvis teologi var stærkt påvirket af Hegel, ville vide, hvad Grundtvig mente om spekulativ teologi og dialektik. Grundtvig svarede, at han var bange for at indlade sig på sådanne emner. "Hvi vil De frygte?", spurgte Marheineke ifølge Martensen. Grundtvig svarede: "Jeg frygter for mig selv. For mig er Hovedmodsætningen Modsætningen mellem *Liv* og *Død*".

Det står klart, at den tyske gæst, for hvem den afgørende modsætning var den mellem "Tænken og Væren", hverken sympatiserede med eller fuldt ud forstod Grundtvigs svar. Martensen fortæller, at han selv var stærkt betaget af svaret, selv om hans egen tilbøjelighed på det tidspunkt gik i spekulativ retning. Han anerkendte,

> at der i hans Modsætning mellem Liv og Død var noget meget Slaaende, var et af de Tankeglimt, som Grundtvig ofte havde og hvori han stundom kunde udtrykke en heel Livsanskuelse. Han vilde jo dermed sige, at de Modsætninger, der for os ere de vigtigste og som bestemme vore Opgaver og vor Gaade, ere langt mere end logiske eller Tankemodsætninger, men hvad man ogsaa har kaldt existentielle Modsætninger ... Jeg har i en senere Tid ofte tænkt tilbage paa det Glimt, der lyste frem i hiin Samtale, da Grundtvig sagde: 'Mein Gegensatz ist Leben und Tod'. Med Aarene og de voxende Erfaringer har dette Ord, der jo ogsaa er Skriftens, for mig vundet ny og dybere Kraft.[24]

Fra den tid af kom den unge Martensen ofte på besøg hos Grundtvig og havde tydeligvis fornøjelse af at få ham til at tale om en bred vifte af emner.

> Han havde i den daglige Samtale en beundringsværdig Veltalenhed, der ofte var blandet med Vittighed og Humor. Jeg har med ham samtalet om mange af de meest interessante Gjenstande. Jeg fik ham til at udtale sig om dansk Poesie, om Oehlenschlæger, Baggesen, Ingemann, stundom ogsaa om hans egen

Poesie, altid til Fornøielse og Belæring. Om Mythologie og Aabenbaring, om det Folkelige og det Christelige har jeg hørt ham at udtale, hvad jeg allerede væsentligt kjendte af hans Skrifter. I Historien vendte vi ofte tilbage til Middelalderen, og vi talede flere Gange om Ansgar og hans Drømme. For Middelalderen havde Grundtvig en særegen Forkjærlighed og yttrede, at der endnu i vore Dage vare Naturer, som i Grunden hørte hjemme i Middelalderen; og jeg fik stundom det Indtryk, at han betragtede sig selv som en middelalderlig Natur.

Det forbavsede Martensen, at Grundtvig var så lidt interesseret i akademisk teologi. Han satte salmerne på dogmatikkens plads: "… i Psalmen fandt han og udtrykte han Troens Lærdomme". Men der var ét bestemt punkt, hvor Martensen kunne give ham helhjertet tilslutning, nemlig

… hans Opfattelse af Legemligheden. Skjøndt Aanden var ham det Første, ja det eneste i Sandhed Virkelige, kunde han dog ikke tænke sig Aand uden Legemlighed, og en Aand, fra hvilken al Natur og Legemlighed var udelukket, var ham kun en luftig Aand, Rationalisternes Aand, med hvilken han Intet kunde have at skaffe. Han havde saaledes i sin Anskuelse en høiere, aandelig Realisme, der jo ogsaa findes i Lutherdommen, navnlig i Sacramentlæren. Her kunde jeg ganske samstemme og dermed ogsaa i den store Betydning, han tillagde Billedsproget, der for ham havde en større Sandhed og Virkelighed end de abstracte Betegnelser, og hvis høieste Skikkelse han deels fandt i den hellige Skrift, i Propheternes og Christi Taler, deels i Mytherne, i Nordens Sindbilledsprog. Med Billedsproget turde der ikke leges, og han udtalede oftere, at de ægte Digtere toge det alvorligt med Billedsproget og derigjennem udtrykte *Sandheden* i deres Livsopfatning.

Denne samstemmighed mellem to sådanne mænd har sin særlige interesse. Den antyder, at Grundtvig ikke altid var så isoleret i teologisk henseende som han undertiden selv mente. Martensen og han var enige om, at det liv, som Ånden skænkede, var et kropsligt liv, og at det samme gjaldt gudstjenesten, således som den udtrykte sig i sakramenterne. Martensen kunne også følge ham, når han anskuede det poetiske billede som bærer af religiøs sandhed, og ikke bare et fantasiprodukt.

Det var Grundtvigs kirkesyn – sådan som han udviklede det fra 1825 – som især skilte de to. Efter Martensens mening havde han her brudt med Luthers og Reformationens fundamentale grundsætninger. Han indrømmede, at dette ikke var hans hensigt, men det var ikke desto mindre sådan det så ud.

I det bedste og gunstigste Tilfælde kunde han kun føre mig til den gammelkatholske Kirke i andet og tredie Aarhundrede med Irenæus og Tertullian, medens Reformationskirken for mig var noget langt Dybere og Høiere.

I lys af hvad der har været på tale tidligere i dette kapitel, om Grundtvigs brug af den angelsaksiske poesi og de latinske middelalderhymner, forstår vi den fulde betydning af, hvad Martensen siger om Grundtvigs følen sig hjemme i middelalderen. En særlig interesse knytter sig til omtalen af Ansgar, og især den Kristusvision, som skildres i hans levnedsbeskrivelse – noget, som vi senere skal finde omtalt i en pinseprædiken (nedenfor s. 263). En protestantisk 19. århundredes-teolog, som tager beskrivelsen af en tidligmiddelalderlig helgens drømmesyn for fuldt alvor, er visselig ikke en, der er bundet af sin egen tids karakteristiske fordomme.

Martensen viser os Grundtvig, som han så ud i en ekstraordinært begavet og belæst dansk samtidspersons øjne. Fra disse år har vi også en mindre substantiel, men alligevel oplysende skildring fra en ung anglikansk gejstlig, der i 1830'erne virkede som præst for den engelske menighed i Helsingør. Nugent Wade, som kom til Danmark i 1833, stammede fra Irland. Han var bevidst om sine irske rødder og medbragte i sin bagage en irsk ordbog og en anmodning fra venner på Trinity College i Dublin om at efterspore eventuelle irske håndskrifter i det Kongelige Bibliotek i København.

Ret snart efter sin ankomst til Danmark gjorde han Grundtvigs bekendtskab og var stærkt fascineret af ham. Han anmærker i sin dagbog, i november 1834:

– havde en herlig og nyttig samtale med pastor *Gruntvig*: han er afgjort et geni og en førsteklasses person, jeg ved ikke af at jeg nogensinde har truffet på så omfattende et intellekt, han synes at kunne overskue hele verdenshistorien med ét blik & ræsonnere over den og det på en sund måde og på *en* gang Gud og hans frelseshandling med mennesket.[25]

Wade demonstrerer fra første færd en ægte indsigt i Grundtvigs historieforståelse. Hans ord afslører, i hvor høj grad den religiøse intention stadig var det beherskende motiv i de historiske arbejder. Men samtidig med at han var imponeret af bredden og rækkevidden i Grundtvigs anskuelser, var der elementer deri, som han fandt forvirrende og betænkelige. Grundtvig delte ikke tidens begejstring for ydre mission; ifølge Wade mente han ikke, tiden var inde til mission. Endnu mere overraskende for en mand med britisk og irsk baggrund var de tvivl, han gav til kende om nytten af, hvad Bibelselskaberne foretog sig: han "betragtede det som fuldstændig *absurd* at udbrede Bibler blandt hedningerne uden først at have prædiket for dem".

Wade var stærkt optaget af åbenheden og liberaliteten i Grundtvigs teologiske anskuelser;

> … hans ideer om *rækkevidden af Kristi* døds *virkninger* er særdeles frisindede og vidhjertede – at hvem som helst i hvem Gud kan se *ønsket* om sandhed & søgen efter den – skønt de ikke har haft lejlighed til at kende Kristus vil de alligevel blive frelst gennem hans død –.

Men endnu større indtryk gjorde dybden og den personlige kvalitet i den mand, han her mødte. "Jeg var stærkt berørt af alvoren i hans optræden – dybden i hans overbevisning – hans tydelige personlige engagement – hans hellighed" (sst. 50). Dette sidste udtryk ville dårligt kunne ventes fra en dansker, endsige en lutheraner; det er interessant at finde det her.

Vi får beklageligt kortfattet besked om en samtale, som fandt sted lidt over et år senere, i februar 1834, et "intellektuelt festmåltid", bl.a. om irske håndskrifter og om Island. – Kan det tænkes, at Grundtvig her spekulerede over den irske tilstedeværelse på Island før vikingernes ankomst?

Martensen og Wade tegner, hver på sin måde, et billede af Grundtvig da han stod i sin fulde kraft og ytrede sig ubesværet om en lang række forskellige emner. Det er et indtryk, vi skal finde bekræftet af senere vidner. Her møder vi en mand, som nu er sikker på sig selv; rigtignok stadig en stridsmand, men en, der ikke længere behøver at føre sig frem med helt den samme voldsomhed, som han havde lagt for dagen i det foregående årti. Vi møder en mand, hos hvem ydre og indre interesser og anliggender er gået sammen i en enhed. Prædikanten og salmedigteren var, så at sige, under udfoldelse samtidig med den mand, der formåede at gå virksomt ind i det danske folks nutid i bredere forstand.

Fjerde kapitel

Uventet opfyldelse – 1839-58

I

I det foregående kapitel har vi lært 1830'erne at kende som det årti, i hvilket Grundtvig vandt bredere anerkendelse i det danske samfund. Ved tiårets slutning blev denne udvikling ført videre, og en af de ting, som bidrog dertil, var hans venskab med kronprins Christian Frederik. Den gamle konge, Frederik VI, var tydeligt svækket; et tronskifte kunne ikke være fjernt. Kronprinsen var tiltrukket af Grundtvigs kombination af liberale og konservative synspunkter på politik, og de to mænd fandt, at de havde meget tilfælles. Grundtvig mødte også kronprinsesse Caroline Amalie og indledte dermed et mangeårigt venskabsforhold. Hun blev en af hans trofasteste beundrere. I foråret 1839 indbød hun ham til at komme og forelæse over Danmarkshistorie for hoffets damer. Dette var en ny slags tilhørerkreds, en, der knap forstod dansk og i hvert fald var helt uden fortrolighed med en så udpræget dansk fremstillingsmåde som hans.

Det er næsten sikkert, at forbindelsen til kongehuset var af stor betydning for en anden nyudvikling i 1839. Igennem 1830'erne havde Grundtvig kunnet prædike ved aftensang i en af Københavns kirker, men det skyldtes særlig tilladelse. Han havde ingen sikkerhed i ansættelsen og fik ingen løn. Nu ansøgte han om at blive præst ved Vartov, en gruppe beskyttede boliger (som vi ville sige i dag) i hjertet af København; og han fik stillingen trods mangel på støtte fra biskoppens side. Det var rigtignok ikke nogen fremskudt position, han herved opnåede, men det var i det mindste endelig en regulær og officiel stilling i kirken. Her, hvor han blev resten af sit liv, kunne han prædike og bygge en menighed op; hvortil kom, at han blev økonomisk sikret.

Udenlandske betragtere har undertiden undret sig over, at Grundtvig hele sit liv klarede at blive i den officielle kirke og aldrig grundlagde sin egen, således som nogle ventede, og måske også håbede, at han ville gøre. Han var og blev en fjende af kirkeligt skisma. Men hans syn på, hvad kirken var for noget, ændrede sig i tidens løb. Medens han i 1825 havde næret et håb om, at kirken som helhed ville tilslutte sig hans nye og profetiske vision af dens væsen, blev det i 1830'erne klart, at han og hans meningsfæller var i mindretal. Stillet over for den erkendelse udarbejdede Grundtvig efterhånden en ny teori, som definerede den nationale, stiftsorganiserede kirke som en rammeordning, en borgerlig indretning, der ikke i sig selv havde nogen religiøs betydning, men i hvilken den sande kirke, i form af troende og gudstjenestefejrende menigheder, kunne finde husly. Kirkeinstitutionen var som et træ, i hvis grene menighederne kunne bygge rede som fugle.

Det var nok uundgåeligt, at Grundtvigs tendens til at lave en “lære” ud af sine ideer gjorde sig gældende her, med det resultat, at en tanke, som i begyndelsen blot repræsenterede en måde at håndtere en unormal situation på, endte med at blive opfattet som en teologi om kirken. Mærkeligt nok nyder den stadigvæk den status i den danske kirke, i hvert fald blandt mange som kaldes grundtvigianere. Dette er en af de vigtigste grunde til, at nutidige forsøg på at styrke kirkens institutionelle liv, for eksempel gennem etablering af en nationalsynode, støder på hårdnakket modstand hos indflydelsesrige kredse i kirken. En af ulemperne ved denne kirkeforståelse er, at den, konsekvent gennemført – hvad den heldigvis ikke altid bliver – virker i retning af at afskære den danske kirke fra resten af den kristne verden. Den danske situation er jo i mange henseender uden sidestykke. Hvor finder man ellers ved overgangen til det 21. århundrede en kirke, der stadig er villig til at overlade en væsentlig del af sin forvaltning til et regeringsorgan? Hvor findes der ellers en stat, der stadig er villig til at tage så omfattende et ansvar for en kirkes liv? Men hvad der er vigtigere: denne anskuelse er en af hovedårsagerne til, at nogle af de fundamentale implikationer og muligheder i Grundtvigs eget tidligere udarbejdede kirkesyn ikke er blevet realiseret i den danske kirkes liv.

Den succes, Grundtvig havde haft med offentlige foredrag over nyere historie i 1838, fulgte han op i vinteren 1843-44 med en række over græsk og nordisk mytologi for tilhørere af begge køn – noget, der i samtiden var nærmest revolutionært. I disse år begyndte hans pædagogiske ideer også at vinde genklang uden for hovedstaden. I 1844 grundlagdes den første folkehøjskole.

Så kom 1848, revolutionens år i Europa. I Danmark forløb den uden voldsanvendelse. Kongen samtykkede i oprettelsen af en grundlovgivende forsamling. Den gamle enevoldsorden, som havde eksisteret siden 1660, afskaffedes. Danmark blev et konstitutionelt monarki med et parlament, valgt af en forholdsvis bred kreds af den mandlige befolkning.

Det var en utænkelig tanke, at Grundtvig ikke skulle være medlem af Rigsforsamlingen, og efter at den havde tilendebragt sit arbejde, valgtes han til Folketinget og blev der i ti år. Hans parlamentariske aktiviteter er noget, vi ikke har mulighed for at følge her, men et uddrag af en tale om religionsfrihed, som han holdt i den grundlovgivende Rigsforsamling, kan i det mindste formidle en antydning af hans måde at optræde på, såvel som af den respons, han mødte.

Efter alt, hvad jeg kender enten til Christendommen selv eller til dens Historie, da er den saa langt fra at ville paa nogen Maade indskrænke Trosfriheden, at den meget mere paa det Allerstærkeste begrunder den; det er efter min fulde Overbevisning aldrig den ægte, aldrig den oprindelige, men altid kun en falsk, altid kun en selvgjort Christendom, som stræber efter at faa et Rige af denne Verden (Hør ham! Hør ham!). Det er altid saa, og enhver, som blot ved, at de Christne til alle Tider selv har krævet den fuldstændige Frihed for deres Tro og Gudsdyrkelse, maa jo ogsaa kunne indse, at dersom Christendommen vilde nægte andre samme Frihed, da baade forbrød den sin Frihed og forstyrrede tillige selv det Frihedselement, hvori den ene kan aande, leve og trives (Christelig talt! hør! hør!) … den hele Verdenshistorie lærer, at hvor denne Frihed fattedes, der kunde ikke nogen borgerlig Frihed ret slaa Rødder eller bære Frugt, derfor, om ikke for dens egen Skyld, saa dog for al borgerlig og menneskelig Friheds Skyld skulde man stræbe at faa den saa fuldstændig som mulig, og naar man vil kyse os fra denne Frihed ved at opregne den Mængde Farer, som den skulde kunne medføre, skal vi bære os ad, som naar nogen vilde kyse Livet af os ved at opregne og afmale alle de Farer, som Menneskelivet unægtelig er udsat for fra Vuggen til Graven, – ligesom vi da aldrig burde svare andet end: 'Livet duer til alt, og Døden til intet, derfor vil vi beholde Livet og søge at undgaa og gennemgaa dets Farer, saa godt vi kan', saaledes skal vi ogsaa svare her: 'Friheden duer til alt godt, Trældommen duer til intet godt i Aandens Verden, derfor vil vi have Friheden med alle dens Farer'.[26]

Grundtvig forlod, hedder det, talerstolen under bravoråb.

Vi bør huske på, at disse ord faldt ved afslutningen af to århundreders enevælde, hvorunder én eneste religion ikke blot havde været beskyttet af landets love, men rent ud tvunget igennem af dem. Endnu i 1830'erne forekom det, at børn af baptistiske forældre blev tvangsdøbt i statskirken.

I 1850 udkom en lille bog, der under titlen *Clara Raphael* for første gang på dansk grund slog til lyd for kvinders rettigheder. Grundtvig var en af de få offentlige personligheder, der hilste den velkommen og gav aktiv støtte til dens indtil da ukendte forfatter, den kun 20-årige Mathilde Fibiger. Året efter, da hun udsendte en anden, endnu mere kontroversiel bog, som Grundtvig havde adskillige forbehold over for, støttede han hende endnu mere afgjort, og indbød hende til at bo en tid i sit hjem.

II

Som vi har set, var Grundtvig en mand af stor medfødt energi. Hele livet igennem tog han sig nye ting på og indlod sig på nye stridigheder. Denne livskraft kommer intetsteds så klart for dagen som i begyndelsen af 1850'erne, tiden for hans andet ægteskab, en af de mærkeligste, mest karakteristiske og måske smukkeste begivenheder i hans lange og mangeartede liv. I hvert fald var det tiden for hans største jordiske lykke. Her, da han nærmede sig de halvfjerds, fandt han sin ungdom fornyet på en ganske uventet måde.

Dette andet ægteskab var ikke uden et element af sorg og smerte. Det indvarsledes med smerte, ikke bare på grund af hans første kones død, men endnu mere på grund af deres forholds gradvise sammenbrud i årene forinden. Og da lykken kom til ham i 1851, blev den kort; efter tre års forløb døde også hans anden kone.

Det går ikke an at undervurdere styrken i Grundtvigs første ægteskab. Forud for det var gået syv års forlovelse, og det holdt i tredive år. I dets tidligere faser synes det at have været et særdeles godt ægteskab; og det forblev et hæderligt og respektfuldt forhold til det sidste. Men i de senere år var det blevet klart for begge parter, at de ikke længere var i stand til at hjælpe eller rigtig forstå hinanden. Han havde bevæget sig for langt væk fra den mand, hun havde giftet sig med; hans indre liv var blevet for krævende til at hun kunne følge ham.

Lise var en tapper kvinde, som ikke tøvede med at støtte sin mand i vanskelige situationer, som for eksempel i 1826, da han så sig nødsaget til at nedlægge sit embede. Ved sådanne lejligheder accepterede hun beredvilligt familiens økonomiske og sociale usikkerhed. Hun opdrog deres børn og gjorde sit bedste for at følge ham. Men det var svært. Af natur var hun for stille og for blid til at leve op til de krav, forholdet til en så overstrømmende og uforudsigelig personlighed stillede. Jo mere man ved om Grundtvig, des mere erkender man, hvor utåleligt vanskelig han må have været at leve sammen med dag efter dag.

I de sidste år af sit liv blev hun mere og mere klar over sin afmagt i forhold til Grundtvigs krav. Hun fik perioder med sygdom og depression, og værst af alt: hun vidste, at manden var stærkt tiltrukket af en anden kvinde, yngre end hun og meget forskellig fra hende i karakter og baggrund.

Ane Marie Elisa Toft, født Carlsen (1813-54), stammede fra en adelig familie, som kunne føre sin historie tilbage til middelalderen. Hun giftede sig første gang i 1840 med en godsejer ved navn Harald Toft; han døde et år efter, og hun sad tilbage med herregården Rønnebæksholm og en datter, som fødtes to måneder efter mandens død. Sin første kontakt med Grundtvig fik hun i anledning af, hvad hun opfattede som en uenighed med ham. Som ung og virksom godsejerske engagerede hun sig levende i egnens liv og følte et stort ansvar over for sine fæstere. Hun blev mere og mere involveret i den religiøse vækkelse, som på det tidspunkt stod på i den sjællandske og fynske landbefolkning, og blev bekendt med adskillige venner af Grundtvig blandt de præster, der støttede bevægelsen. Grundtvig selv forblev imidlertid fast i sin afvisning af at identificere sig med de vakte forsamlinger, som han følte let kunne udvikle sig i sekterisk retning.

Marie opsøgte ham i 1845 for at få ham til at vise vækkelsen noget større imødekommenhed. De havde en stormfuld samtale, hvor ingen af dem holdt sin mening tilbage. Det, Grundtvig sagde, blev siddende i hende og vakte ønsket hos hende om at føre diskussionen videre. Frem for alt så hun, at her var en mand, til hvem hun kunne stille sine dybeste spørgsmål om tro og liv; en mand, som ikke ville spise hende af med korrekte gejstlige svar, men tale ud af et hjerte, som tillige var sæde for intelligens og refleksion.

Hun kom derfor atter og atter tilbage. Der er noget meget talende i den omstændighed, at deres forhold begyndte med uenighed og konflikt. Noget af det særlige ved forholdet lå netop i, at Marie Toft aldrig var bange for Grundtvig. Han havde hele sit liv ledt efter et menneske, der ville være i stand til at møde ham på lige fod. Han havde fundet mange modstandere og efterhånden også en mængde beundrere og disciple. Men der var få, der kunne leve op til ham med hele deres væsen. I Marie havde han fundet et menneske, der netop formåede dét, en kvinde, som elskede livet og levede det med en glæde og en intensitet, der stod mål med hans egen.

Han beskrev hende selv som "en stærk, höjmodig og folkelig adelsfrue".[27] Sammenstillingen af de to sidste ord viser os, at hun på én gang var bevidst om sin families lange historie og åben og ivrig for samkvem med folk af alle slags. Grundtvig tilføjer, at hendes højsindethed ikke gjorde hende hovmodig, og at hendes styrke aldrig gjorde hende aggressiv. Det tilskrev han hendes gudsfrygt: af den kom hendes agtelse for alle sine medskabninger.

I 1845 var det hende, der var kommet til ham. I det følgende år blev han indbudt til at tale ved et møde i Næstved, tæt ved Rønnebæksholm, og overnattede på gården sammen med nogle venner. Fra den tid af blev det klart for dem, der kendte dem begge, at deres indbyrdes tiltrækning var stærk og voksende.

Fem år senere, i januar 1851, døde Lise Blicher. Ved hendes begravelse begyndte Grundtvig sin tale med disse ord:

> ... selv staar jeg her i Dag som en gammel Mand, der gjør et kjendeligt Skridt til sin egen Grav, ved at begrave sine Børns Moder, sin Ungdoms Brud, som i fyrretyve Aar, allerede syv Aar før hun lovede det for Alteret, kjærlig delte Medgang og Modgang, og mest af det sidste, med ham; og selv er jeg da fattig og har intet at meddele dem, der mistede en øm Moder, en kjær Søster, en dyrebar Veninde; har intet uden hvad Skaberen gav os alle med vort menneskelige Hjærte: Taarer til at græde over os selv og vore kjære, ... (GKL 1877,87)

Men hans venner kunne ikke undgå at lægge mærke til, at han intetsteds i talen sagde noget om sine egne følelser for den kvinde, som havde været hans ungdoms hustru og hans børns moder.

Hvis noget i ham følte dødens nærhed i hans kones død, var der en større del af ham, som følte nyt liv vælde op i sig ved den nye kærlighed, som var i færd med at tage magten over ham.

I sin biografi, udgivet fyrre år efter Grundtvigs død, taler Rønning om det ubehag, mange af vennerne følte ved det nye ægteskab:

> At den ene af parterne var en næsten syvti-årig præst, og at han, der aldrig mellem sit hjærte og sit ydre væsen vilde give plads for hykleri af nogen art, i dette forhold teede sig mere som en tyve-årig yngling end som en gammel mand – det var allerede pinligt nok, mente man; men endnu værre var det for mange, at der kun lå et halvt år mellem det öjeblik da han stod ved Lises båre i Frelsers kirke, og det da han i Skytteskoven gav fru Marie det förste kys.[28]

Og som det var at vente, var Grundtvigs børn blandt dem, som fandt situationen særlig smertelig og vanskelig.

Men for ham selv var den altoverskyggende kendsgerning den, at han var forelsket som aldrig før. Ud af den strømmede digte, som i deres ligefremhed og enkelhed er uden sidestykke i hans vældige forfatterskab. I et af dem læser vi følgende vers:

Tag heel mig og holden,
Som for dig jeg staaer,
Som Skjalden, saa Knolden
Med askegraat Haar,
Som Præsten, saa Branden
Og Folkethings-Manden!
Jeg tager dig heel som du er.

Som Blomsten paa Tuen,
Som Tonen i Skov,
Som Herregaards-Fruen
Med Ret og med Lov,
Som Disen med Runer,
Som Fruen med Luner,
Jeg tager dig heel som du er! (GVU VIII,358-59)

Og i et andet disse:

Hvad er det, min Marie!
Som gjør det, at vi to,
Vi tale eller tie,
Paa Færde og i Ro,
Os føle viet sammen
Som Kirken og dens Amen,
Som Præst og Menighed!

Det er, at vi vil være
Hinanden, som vi er,
Det er, at vi kan bære
Hinanden, som vi er,
Det er, at vore Munde,
Vi vaage eller blunde,
Dog mødes i et Kys!
...
Derfor vi os forbinder
I Tro og Kjærlighed
Med Dødens Overvinder,
Som daled til os ned,
Som til Gud Faders Ære
Vil Støvet klart hjembære
I Aandens Favnetag! (GPS VII,475-76)

Et tredje eksempel, mere gennemført religiøst i formuleringen:

Søde Marie! trofaste Veninde!
Medhjælp for Skjalden, som Hjærte for Aand,
Stærk som en Mand og dog øm som en Kvinde,
Tak for dit Hjærte og Tak for din Haand!
Han, i hvis Navn du har lagt dem i mine,
Han med sin Kjærligheds Røst dem velsigne. (GPS VII,476)

Ikke alle digte fra denne tid var så intimt personlige. I et af dem, *Syd-Sælland*, fejrer han de sjællandske egne, han havde kendt som barn, og som han nu følte blev givet ham tilbage ved mødet med Marie. Digtet er fuldt af vekselvirkninger mellem livsløbets og erfaringernes forskellige dimensioner, mellem fortid og nutid.

Det dominerende tema er den indbyrdes "gennemtrængning" af person og sted. Han husker steder, fordi han husker mennesker, der levede der, og han husker menneskene som legemliggjort i stederne. Også fusionen af fortid og nutid er central i digtet, for det er forholdet til fru Marie på Rønnebæksholm, der har vakt fortiden til live. Han er til stede nu, som han var til stede den gang, og hans glæde og hans sang overvinder tidens begrænsninger. Bag det hele ligger sammensmeltningen af himmel og jord, det synlige og det usynlige, denne verden og en anden; altsammen muliggjort ved kærligheden.

Nu – således begynder digtet – nu hører den næsten halvfjerdsårige digter sin barnepige synge "Fladsaa med de høje Elle". Den hørtes af barnet som noget magisk og mysteriøst fordi pigens sydsjællandske udtale fik den til at lyde med "Ælve-Tone". Grundtvig er ikke alene i det 19. århundrede om den for os fremmede idé om åndevæseners og engles usynlige nærvær på bestemte steder, i os og omkring os. Man kan finde tilsvarende udtryk i nogle af John Henry Newmans tidlige breve og dagbøger.

En af digtets pointer er, at skønt træerne nu er fældet, har ånderne ikke forladt stedet. Og digteren, som glædede sig over dem for to generationer siden, er her endnu og synger sin ufortjente glæde ud.

Digtet fortsætter med en nøjagtig nævnelse af mennesker og steder: gæstfri herregårde, venlige præstegårde, landsbyer, hvert sted med sin historie, sine egne egenskaber og sin egen familie, ofte med navn efter stedet. Det er ved Udby kirke vi begynder, med Ambjerg og Valdemarstårnet i nærheden. Så er der Iselinge, en lille herregård tæt ved, med dens tavse, mørke skov og dens rolige, lysende lykke, med dens plov, der altid er på arbejde, med dens små og store mennesker, med deres venlige blå øjne, deres velkomsthilsener.

Der er Præstø, bugten og byen; Nysø med de gamle hække, navnkundigt ved Thorvaldsens ophold dér; Ulse Olstrup med dens sirlige præstegård, med dens kor af nattergale, med dens gyldenhårede skov, hvor digteren havde mødt sin første hustru, stedets præstedatter. Han fortsætter:

Som en Olding vel af Dage
Seer jeg eder nu igjen,
Kommer dog med Kvad tilbage,
Som en udreist Ungersvend ...

Her det var, for længe siden,
Lyset først for mig oprandt
Over *Livet,* over *Tiden,*
Den som er og den som svandt,
Hvor jeg mindes ved hvert Blad
Ungdoms Kys og Ungdoms Kvad,
Manddoms Ord og Gierning! (GVU VIII,370-71)

Men digteren husker ikke blot disse ting som skygger af de afdøde. Menneskene og stederne kommer ham lyslevende i møde. Gamle minder og gamle glæder byder ham velkommen hjem.

Lov, min Sjæl, din Skjaldelykke,
Som den sjelden er og var! (GVU VIII,371)

Digtet når sin kulmination med en lovprisning af fruen på Rønnebæksholm. Digteren synger om hendes gavmildhed, hendes mod, hendes åbenhed og hendes arbejde for de "vakte", de fromme landbokredse, som fru Marie havde støttet så varmt, og som han selv havde været så mistænksom overfor. Han priser hendes omsorg for landets jævne folk. Og ved igen at fejre disse steder og deres historie kommer han i tanke om det, der truer dem fra Tysklands overvældende magt.

Det ved første blik idylliske digt, med dets minder om stilfærdige landfamilier og præstegårde – dets Jane Austen-agtige atmosfære – slutter med en tone af patriotisk bekræftelse og af trods over for truslen fra syd. Som altid hos Grundtvig samvirker det personlige og det offentlige; de støtter og gennemtrænger hinanden. Digtet slutter med at kalde

Sjællands mænd til forsvar af deres fædreland, deres modersmål og deres kvinder. Hans egen nyfundne lykke har fornyet hans bundethed til de steder, hvor han voksede op, og til hans forfædres land.

III

Grundtvigs venner i København var ikke ene om at blive forbavset over hans andet ægteskab. Ved et mærkeligt tilfælde kender vi en englænders reaktion derpå. J.M. Neale, en fremstående repræsentant for tidens anglokatolske bevægelse, traf Grundtvig under et besøg i Danmark i sommeren 1852. Hans beretning gør os bekendt med en udlændings indtryk af Danmark ved det 19. århundredes midte såvel som af Grundtvig.

Neale, som var en generation yngre end de første Oxfordmænd og temperamentsmæssigt meget forskellig fra dem, udmærkede sig ved sprogkunst og fantasirigdom såvel som ved lærdom. Hans indsats som århundredets første engelske oversætter af middelalderlige hymner lægger det nær at sammenligne ham med Grundtvig, især fordi han, ligesom han, var stærkt tiltrukket af østlig salmedigtning.[29]

Neales virksomme liv overskyggedes fra en tidlig alder af truslen fra tuberkulose. Han døde knapt 49 år gammel i 1866; men hans intellektuelle energi havde båret frugt i en mængde liturgiske, historiske og polemiske arbejder såvel som i en række historiske romaner med kristne emner, som blev oversat til mange sprog, deriblandt dansk.

Som student i Cambridge havde han især interesseret sig for middelalderlig kirkearkitektur. Han bidrog virksomt til genoplivelsen af gotisk kirkestil i England og delte den begejstring for middelalderen, som prægede tiden overalt i Europa, og som vi også kender fra Grundtvig.

Livet igennem rejste han rundt og samlede stof til beskrivelse af kirkebygninger, ikke bare på de britiske øer, men i Portugal og Spanien, Tyskland, Østrig og Italien – og altså også i Danmark.

Han beretter om sine danske erfaringer i et langt brev til en ven og kollega hjemme. Det formidler et levende indtryk af en rejse gennem Sjælland – hvor han besøgte Roskilde Domkirke, St Bents i Ringsted og Sorø Akademi, og hvor han havde glæde af sine tyskkundskaber: "alle kultiverede danskere taler tysk", bemærkede han – tværs over Fyn og ind i Jylland, en landsdel, som endnu på denne tid var en verden for sig, sælsom og skræmmende.

"I København", skriver han,

stirrede alle forbløffet når jeg talte om at rejse til Jylland. De sagde, at det var der aldrig nogen der gjorde; der var ingen veje, og jyderne var et vildt folkefærd. Legationssekretæren fortalte mig, at han aldrig ville vove sådan en tur på egen hånd, uanset at han talte dansk som en indfødt.[30]

Men det var et vovestykke, Neale nød:

Jeg var der tre dage; og sandt nok: jeg har aldrig set eller forestillet mig noget så vildt. Jeg rejste til fods eller til vogns næsten i døgndrift, for her kan man uden vanskelighed klare at besøge kirker fra tre om morgenen til ti om aftenen – folk går åbenbart aldrig i seng ... Københavnerne overdrev ikke hvad vejene angår; der er praktisk talt ingen. Man kan næsten altid se den ene kirke fra den anden, og man går til fods tværs over heden.

Sprogvanskelighederne var betydelige:

Her er mit tyske ingen nytte til, og dialekten er så udpræget, at selv danskere finder den svær at forstå. Jeg måtte forsøge mig med en slags pantomime. Det eneste der er at spise, er surt sort brød og en slags røget ost. Den sidste dag var jeg dødtræt (og du ved, hvor sjældent jeg bliver det). Men jeg fik samlet kirker i bunkevis.

Det er nyttigt, således at blive mindet om, hvor indbyrdes forskellige Europas egne var i tiden før jernbanen havde bragt dem i nærmere forbindelse og gjort dem mere ensartede. Som Danmark ser ud ved slutningen af det 20. århundrede kommer man let til at glemme, hvor anderledes alting tog sig ud ved midten af det 19., så snart man kom uden for den sofistikerede hovedstad og de rige sjællandske jorder.

Efter denne beskrivelse af sin arkitektoniske rejse går Neale over til omtalen af sit hovedformål med at tage til Danmark. Han havde åbenbart hørt tale om, at der her var en slags "katolsk" bevægelse i gang. Efter at en ny gruppe engelske højkirkefolk – hvoriblandt Henry Edward Manning – var gået over til Romerkirken i 1851, var nogle anglikanere begyndt at interessere sig for de skandinaviske lutherske kirker. Neale var tydeligvis i vildrede om, hvad der var på færde, og ønskede at orientere sig ved selvsyn.

To breve fra Nugent Wade til Grundtvig hjælper os til at forstå baggrunden for Neales besøg. Wade havde fortalt Grundtvig om Neales forehavende, og det var sandsynligvis ham, der forsynede gæsten med introduktioner. Han spurgte Grundtvig, om der var lige så stor interesse i Danmark for England som der var den anden vej. Han stillede spørgsmålet om religionsfrihedens rækkevidde i Danmark og om mulighederne for genetablering af den "apostolske succession" i den danske kirke. I et følgende brev berører Wade på ny dette emne og antyder, at Grundtvig interesserer sig positivt for sagen. Tydeligvis var han helt eller delvis uvidende om, hvordan Grundtvigs tænkning havde udviklet sig i de foregående år og hvor ringe interesse han nu – i modsætning til, hvad han havde givet udtryk for i trediverne – nærede for en eventuel genoprettelse af biskoppelig succession.[31]

Under alle omstændigheder blev Neale hurtigt berøvet alle illusioner: "Hvad den danske bevægelse angår", skriver han,

> er der ingen; det er ren humbug. Der er vel en halv snes mænd med indflydelse, som er utilfredse med tingenes tilstand og ønsker sig noget bedre, selv om de ikke er enige om, hvad det skal gå ud på. ... Grundtvig er den bedste af dem, og han er på sin måde (men hvilken måde!) en lærd mand. Rudelbach er nok den næstvigtigste. Men disse mænd forsvarer den ikke-katolske ordination med næb og klør. Grundtvig siger, at *intet* kan bringe ham i tvivl om hans egen ordination.[32]

Men det bliver værre endnu:

> Hvad Grundtvig angår: Han mistede sin kone da han var niogtres, og giftede sig så igen efter ni måneder, af den frimodigt indrømmede grund, at han var så forelsket at han ikke kunne lade være! Og *det* skal være bevægelsens leder! Jeg bryder mig ikke om at være for hård ved manden, men hvad for en slags person kan han være?

Der er noget herligt afslørende ved Neales reaktion på Grundtvigs andet ægteskab. Som alle Oxfordbevægelsens mænd satte han cølibatet højt; en af hans livs vigtigste indsatser var grundlæggelsen af et klosterligt søstersamfund. Men som den lykkeligt gifte mand, han var, kunne han dårligt have noget imod præsteægteskab som sådant, og han havde formodentlig taget det væsentligt roligere, hvis Grundtvig havde giftet sig stille og ubemærket med sin husholderske. Hvad han fandt slemt, i lighed med danske samtidige, var den ungdommelige begejstring, den halvfjerdsårige patriark lagde så åbent for dagen.

Længere henne kommer Neale igen ind på den teologiske side af forholdet til Danmark. "Hvad vi kalder kristent", skriver han, kalder danskerne katolsk. De ønsker bestemt at være *kristne*: de tror virkelig på inkarnationen og Treenigheden og realpræsensen – og det er nogenlunde hvad de forstår derved ... Jeg er nu kommet på det rene med danskerne, og jeg vil bekæmpe dem med næb og kløer.

Atter engang var altså kontakten med England brudt sammen på spørgsmålet om den apostolske succession.

IV

Som sagt var J.M. Neale stærkere påvirket af den østlige kristendom end nogen anden af den anglikanske vækkelses ledere. Tragedien ved den forståelsesbrist, som på dette tidspunkt umuliggjorde virkelig kontakt mellem ham og Grundtvig og mellem England og Danmark, bliver tydelig, når vi ser, hvor dybt også Grundtvig var berørt af sit møde med det kristne Østen. Den grundtvigske digter Jakob Knudsen gør dette klart i to erindringer fra sin barndom i 1860'erne. De viser os, hvor autentisk en modtagelse, Grundtvigs tanker fik i en dansk familie i de år.

Jakob Knudsen fortæller, at hans moder, under sin religionsundervisning af børnene, forholdt sig tøvende over for korsfæstelsesberetningen. Måske følte hun sig utilpas ved den udpenslende meditation over lidelseshistoriens faser, som havde været så fremherskende i protestantisk såvel som katolsk fromhed. I hvert fald bestemte hun sig for en anden fremgangsmåde:

Saa var det en Eftermiddag, mens Moder sad og svøbte den Mindste, at hun sagde til os, at nu vilde hun synge en Sang for os. Men hun skulde først fortælle os noget. Og det var om, at tilsidst blev Jesus taget til Fange og anklaget af sine Fjender og dømt af Pontius Pilatus, og han blev korsfæstet som en Forbryder. Alt det fortalte hun ganske kort. Men da de saa havde dræbt ham, sagde hun, saa rejste han sig og overvandt Døden selv midt i dens Rige og førte dens Fanger ud til Livet. Og det er det, jeg vil synge om:

I Kvæld blev der banket paa Helvedes Port,
Saa dundrer den rullende Torden,
Herolden var stærk, og hans Budskab fuldstort,
Thi lyttede alt under Jorden!

Hun sang om Jesu Sejersvandring fra Langfredag Aften til Paaske Morgen, – og det kunde vi see, at en saadan Sejr havde ingen nordisk Kjæmpe vundet. De kunde jo værge sig mod deres Fjender, – det gjorde Jesus ikke, han lod det skee alt sammen, han lod dem binde sig i Dødens Lænker. Saa først rejste han sig med det hele, sønderbrød Lænkerne og overvandt Døden for evigt.

Saa herlig opstod paa den tredie Dag
Vor Frelser, uskyldig korsfæstet.
Thi er det paa Jord nu en Saligheds Sag:
Guds Søn haver Helvede gjæstet!

Det var meget større end det andet med Thor og Jætterne, – og saa var det *virkeligt*, det sagde Moder ikke noget særligt om, men det kunde vi jo mærke paa hende.

Ja, det er paa den Maade, Børn kommer til at tro, paa den Maade fornemmer de den himmelske Virkelighed.33

Der kan ikke have været mange børn i den vestlige kristenhed i anden halvdel af 19. århundrede, som blev indført i frelseshistoriens hovedmomenter på denne måde! I de fleste tilfælde ville hovedvægten formodentlig være blevet lagt på Langfredagshistorien; den ville være blevet fortalt strengt realistisk; og Påskedag ville være blevet behandlet som en slags tilføjelse. Nedfarten til dødsriget ville næppe være blevet omtalt overhovedet.

Her har Grundtvig nærmet sig mysteriet om Kristi sejr over døden gennem et billedsprog, der var inspireret af de angelsaksiske digtere og græsk kirkefaderteologi, sådan som han havde lært den at kende i de byzantinske liturgier. Hans geni består i at fremstille sagen sådan, at en moder kan synge den for sine børn i hjemmet. Hans ønske om at gøre troens mysterier tilgængelige for enhver er her blevet opfyldt på rent ud storslået vis. Det er et bemærkelsesværdigt vidnesbyrd om det poetiske billedes magt til at formidle et budskab til vidt forskellige mennesker.

Det var ikke bare den centralt østkirkelige lære om nedfarten til dødsriget, der spillede så vigtig en rolle i Grundtvigs teologi. Det samme gælder den i østkirken udviklede lære om forklarelsen på bjerget, en beretning, som Grundtvig tillagde universel betydning. Også dette er der tale om hos Jakob Knudsen i forbindelse med en omtale af barnets oplevelse af træet og dets lys Juleaften. Det er, finder han, en erfaring, der går ud over Julen og omfatter livets triumf over døden og altings forklarelse ved tidernes ende.

... når vi oprejses fra de Døde på den yderste Dag, da skal det vel være dette vort Kjød, som levendegjøres, men vort Legeme skal være *forklaret* – og det er vel Vorherres Forklarelse paa Bjærget, der staar for vore Tanker, naar vi bruger dette Udtryk. Men denne hans Forklarelse saa' jo kun de tre Disciple, som var med ham paa Tabor; den har vi ikke sét. Derimod ved vi fra Juleaften, mens vi var Børn, hvad *Forklarelse* vil sige: at skjønt det alt var det samme, som vi til daglig saa': den tarvelige Stue med de gamle Møbler o.s.v., saa var det dog slet-ikke det samme den Aften alligevel, fordi det hørte en hel anden Verden til end den sædvanlige: Juletræet stod der og modtog os, naar vi kom ind ude fra den mørke Stue, med sin højtidsaandende Straalevarme, og det skabte sig sin egen Verden, i hvilken alt var forklaret, Møblerne, Kakkelovnen, Tørvekassen, de fattige Julegaver, fordi det alt hørte Juletræets Verden til.[34]

Knudsen anskuer forklarelses- eller transfigurationsbegrebet som noget, der gælder hele skabningen. Kristi forklarelse på Tabors bjerg indebærer en potentiel nyskabelse af verden. Evighedens lys skinner ind i tidens verden; Guds lys stråler ikke bare i Kristi ansigt, men i hans klædning. Det syn på den materielle verden, som dette implicerer, stod klart for de byzantinske teologer; for Knudsen viser det sig i oplevelsen af det mørke træ fuldt af lys. Et førkristent, naturreligiøst, hedensk element i julefesten har banet vej for ham ind i hjertet af Kristusmysteriet.

Enhver af os, skriver Knudsen, har en rejse at gøre, rejsen fra barndommens juleglæde gennem den tidlige voksenalders tvivl og smerte og dens oplevelse af den død og opstandelse med Kristus, som er dåbens mening, frem til troslivets fylde, dets modning og inderliggørelse. For enhver af os betyder dette, at vi tilegner os Pinsens mening.

Men det er ikke blot et Christenmenneskes Liv fra Vuggen til Graven, *som Helhed betragtet*, der er mærket med denne Trehed: Jul, Paaske, Pinse. Ligesom man ofte ser hver enkelt Sten i en Bygning stemplet med det Teglværks Bogstav, hvorfra de alle er udgaaet, saaledes er hvert enkelt lille Afsnit af et Christenmenneskes Liv mærket med dette Treslag: Jul, Paaske, Pinse. – Man kan ogsaa kalde det den enkelte Bevægelse eller Grundbevægelsen, Takten eller Rhytmen i Christenlivet. Ligesom enhver rullende Bølge i Havet har sin *Runding*, sin *Kam* og sin *Hulning*, saaledes forløber enhver christelig Sjælebegivenhed under Julens, Paaskens og Pinsens Tegn.

Alle tilværelsens dimensioner, den personlige, den kirkelige og den universelle, smeltes sammen til en enhed, som ikke desto mindre bevarer hvert enkelt elements særlige kendetegn. På en bemærkelsesværdigt dynamisk måde har Jakob Knudsen genformuleret den græske kirkefaderteologis vision af den ene *Logos'* skjulte, men virksomme tilstedeværelse i de mange *logoi.*

Der kan ingen tvivl være om, hvad der bragte Knudsen til at realisere denne vision. Som han selv ville have været den første til at erkende, var den blevet til gennem inspirationen fra Grundtvigs salmer og sange. Noget for østlig ortodoksi dybt kendetegnende var blevet vakt til nyt liv i en dansk nutidsfamilie. Dette er noget, som gør det særlig tragisk, at J.M. Neale ikke formåede at trænge ind bag ved den overfladiske uenighed.

Femte kapitel

De sidste år – 1858-72

I

Grundtvigs anden kones død, efter så kort et samliv, efterlod ham i dyb sorg. Men hans livsvilje og arbejdsenergi forblev usvækket, til trods for at han nærmede sig midten af halvfjerdserne. Indtil 1858 var han medlem af Folketinget og var virksomt indblandet i forberedelsen af kirkelige reformer. Fra 1855 og frem udkom efterhånden de forelæsninger om den kristne tro, som til sidst samledes til bogen *Den christelige Børnelærdom*.

I 1860 kom det store digt *Christenhedens Syvstjerne*, hvori kirkens historie berettes i form af en lang meditation over de "syv menigheder" i Johannes' Åbenbaring. Grundtvig anskuede denne tekst som en afsløring af det mønster, der skulle komme til udfoldelse i kirkens følgende historie. Som han så forløbet, havde der været seks store kirker: den jødiske, den græske, den latinske, den engelske, den tyske og den nordiske. Den syvende menighed hørte endnu fremtiden til, men han forsøgte at skimte dens omrids. Samme tankemønster lå bag hans sidste store foredragsrække, holdt 1861-63 og senere udgivet som *Kirke-Spejl*, en totaltolkning af kirkens historie.

Disse foredrag er levende skildret af Otto Arvesen, en norsk teologistudent i København:

> Grundtvig sad i sin store lænestol foran arbeidsbordet og holdt sine foredrag. Disse varte gjerne en times tid og var, som vi kunde se, utarbeidet i forveien. Han hadde nemlig en bunke skrevne kvartark foran sig og kunde en sjelden gang med sit store seglas kikke ned i manuskriptet. Foredraget var forresten helt frit og gav ikke noget eneste øieblik indtryk av at være bundet til papirene. Forelæsningene gav en utsikt over kirkens levnetsløp fra de første glødende dage i hebræermenigheten, fra de sterkt religiøst-filosofiske i grækermenigheten, fra de vældige administrationens aarhundreder i romerkirken o.s.v. Han paaviste den folkeart og folkekarakter som laa til grund for den mottagelse kristendommen fik og maatte faa i de 7 forskjellige menighetskredser som den paa sit seierstog gjennem folkekirkene hadde vandret.[35]

Foredragene blev holdt for et blandet publikum: mænd og kvinder, præster og lægfolk, fagfolk og amatører. Ikke sjældent var enkedronning Caroline Amalie blandt tilhørerne. Bagefter kom der spørgsmål fra mange sider, og Grundtvig svarede altid gerne. På det uundgåelige spørgsmål om Paulus' påbud: at kvinder skulle "tie i forsamlingen" svarede Grundtvig kort og kontant:

> Vi skal følge Paulus og de øvrige bibelske forfattere ærbødig, men frit; hvad Paulus sa om kvinderne, passet jo paa den tid og svarte til det folks følelse han talte til!

Da han ved en anden lejlighed blev spurgt, om det ikke undertiden kunne være nødvendigt med tvang i trosanliggender, svarede han endnu kortere:

> Den som for alvor kan tale om tvang til at tro, kan umulig ha gjort sig rede for hvad tro er for noget.

Arvesens bemærkning om, at Grundtvig sad i sin gamle lænestol, minder os om, at foredragene blev holdt hjemme i hans sidste bolig. Den var måske den mest gæstfrie, han havde haft, for i april 1858, næsten tre år efter hans anden kones død, giftede Grundtvig sig igen. Ligesom Marie Toft havde været det, var Asta Reedtz (1826-90) en ung enke af adelig herkomst – født som komtesse Krag-Juel-Vind-Frijs. Hun havde tre børn fra sit første ægteskab.

Der har været en tendens til at opfatte hende som en lidt ubetydelig person, en samvittighedsfuld, men enfoldig plejerske for den gamle mand i hans sidste år. Det tror jeg er forkert. Hun var en uforfærdet og foretagsom kvinde, som med held forestod en stor og kompliceret familie og husholdning. Børneflokken omfattede, foruden hendes medbragte tre, Grundtvigs søn med Marie og hendes og Grundtvigs datter, født året efter brylluppet og døbt med de tre hustruers navne: Asta Marie Elisabeth. Dertil kom Grundtvigs børn af første ægteskab – hvoraf nogle var ældre end hun – foruden en stadig strøm af vidt forskellige besøgende. Hun var ganske velhavende, så hun og Grundtvig kunne nu bo i et rummeligt hus, som blev rammen om mange slags politiske, kulturelle og religiøse møder – og altså også de kirkehistoriske foredrag.

II

Fra disse sidste år foreligger nogle interessante erindringer om det indtryk, Grundtvig gjorde på folk, der besøgte ham.

Det var kendetegnende for ham, at han savnede evnen til småsnak. Han var svær at få i gang. Ernst Trier (1837-93) fortæller om dette træk i sin beskrivelse af sit første besøg hos ham i 1859:

Jeg havde faaet at vide, at han aldrig af sig selv indlod sig i en Samtale med dem, der besøgte ham, saa den kom kun i Gang, naar den besøgende selv havde Spørgsmaal at føre frem for ham, og godt var det for mig, at jeg i Forvejen havde faaet dette at vide, thi det viste sig ganske rigtigt: venligt tog han imod mig og bød mig Plads over for sig, men ikke et Ord havde han ellers til Indledning af Samtalen. Men da jeg nu var beredt derpaa, havde jeg i Forvejen sørget for at have mine Spørgsmaal paa rede Haand om de Ting, hvorom jeg gjærne vilde ønske at kjende hans Mening, og nu kom jeg da frem med det ene af disse efter det andet. Men det lod ikke til, at han brød sig stort om disse. Han svarede vel mildt, men dog kun med et ja eller nej eller – saa-h – eller lignende, og da jeg efter en halv Times Tid mærkede, at Forraadet af mine Spørgsmaal snart var opbrugt, begyndte jeg at blive flov og kjed af det, ved Tanken om snart at maatte bryde op, uden at have faaet noget ud af mit Besøg. Da véd jeg ikke, hvorledes det gik til, at jeg kom til at nævne Latinskolen, og hvor harmfuld jeg var over den Undervisning, der var bleven os budt dér; han begyndte med det samme at blive lutter Øre; nu tog *han* Ordet og blev ved i 2½ Time. (I Løbet af den Tid kom hans Hustru og bød os ind til Kaffebordet; dér fortsatte han Samtalen; bagefter bød han mig atter ind i sit Bogværelse og blev ved). Da var det væsenlig kun ham, der førte Ordet; han fremstillede mig Modsætningen mellem Latinskolens Undervisning og den, han yndede; og han viste mig sit Syn paa ægte god Oplysning. Ikke kan jeg beskrive, hvor jeg var forbavset og henrykt over den Rigdom i Talen, der her vældede frem, den Klarhed, han gav mig over Sagen, den Sikkerhed i Overbevisningen, der gav sig til Kjende, det store, der her havde mødt mig.[36]

Teksten lærer os ikke bare noget om, hvor vanskeligt det var at få Grundtvig til at sige noget, men også – på frydefuld vis – noget om, hvordan han kunne reagere, når et yndlingsemne var blevet bragt på bordet: her latinskolen, som han omfattede med et lidenskabeligt had og betragtede som den diametrale modsætning til alt, hvad ægte opdragelse skulle gå ud på. Vi fornemmer hans strømmende veltalenhed, når han først var kommet i gang. Kaffebordet, som Asta kom og kaldte ind til, var ingen hindring for den timelange udvikling af emnet, men blot en episode deri.

Et andet glimt af hans forhold til yngre besøgende findes i journalisten, historikeren og politikeren Frederik Barfods (1811-96) erindringer. Her kan man iagttage, hvor diskret Grundtvig var i omgangen med religiøse emner i samtale med et menneske, som tydeligt nok befandt sig i en fase af tvivl. Hans ubekymrede tillid til sandhedens magt gjorde et dybt indtryk på Barfod, og det var et indtryk, som tydeligvis var stærkt betinget af, hvad Grundtvig sagde om Kristi nedfart til de dødes rige. Hans lære derom var noget, som radikalt adskilte hans forståelse af den kristne tro fra den, der var gængs i samtidens protestantisme. Den satte ham i stand til at anskue frelsesspørgsmålet på en langt mere vidhjertet og åben måde end mange af hans samtidige. Barfod skriver:

Jeg var næsten som husvant hos Grundtvigs; jeg kom der på alle tider af dagen og var altid velkommen. Vi talte om alt muligt med hinanden, sjældnere dog om religiøse spørgsmål, som han aldrig selv bragte på bane, hværken lige over for mig eller nogen anden, men altid villig deltog i, når man selv fræmkaldte dem. Det var i en sådan samtale (men mulig var det først nogle år senere), at han engang sagde til mig: 'De er ingen kristen, Barfod, og De bliver det måske sent, men for Dem har jeg dog ingen angst, ti De er et sandhedskærligt menneske og vil derfor også finde sandheden, her eller hisset'. Det var disse varme og milde ord, 'her eller *hisset*', der gjorde så gribende et indtryk på mig. Jeg havde engang hørt dem nærmere udviklet af ham i en prædiken i Vartov; jeg havde i mit hjem følt mig mægtig greben af salmen: 'I kvæld blev der banket på helvedes port'; det var læren om muligheden af en omvendelse *efter* døden, der fræmfor nogen anden lære vandt *mig* for kristendommen. Den tanke havde oprørt min følelse som en skrigende uretfærdighed, at alle de elskelige mennesker, som jeg kendte både fra historien og livet, skulde være evig fordømte, når de ikke *hernede*, i den smule jordelivsvandring, havde lært troen at kende og taget ved den; – nu så jeg, at der dog var en anden mulighed, og blev glad, jeg kan gærne sige: både på hines vegne og på Vorherres. Der skulde dog endnu gå adskillige år, inden jeg ret kunde gå ind på kristendommen. Grundtvig måtte finde en støtte i min Emilie.[37]

Barfod fortæller videre, om hvordan han begyndte at gå til alters igen, og giver os et indblik i Grundtvigs måde at være præst og sjælesørger på:

Jeg havde tænkt at gå til Herrens bord, inden jeg hjemførte min brud, og en månedstid forinden sad jeg i sofaen sammen med Grundtvig og sagde ham dette. Han var ikke aldeles uvillig til at efterkomme mit ønske, men bad mig dog at udsætte det, indtil jeg selv var sikrere på, at det virkelig var Herrens sande legeme og blod, han rakte mig. Når den tid var kommen, kunde jeg atter komme til ham, og han skulde med glæde gøre det. Efter gensidig overenskomst måtte jeg altså udsætte det, til jeg næste forår kom til ham sammen med min hustru.

Citatet lærer os noget om Grundtvigs måde at forberede til sakramenterne på. Der er intet hastværk, alt skal tænkes igennem med omhu, og den personlige frihed skal respekteres. Han insisterer på sakramentets karakter af en ægte gave og er imod alt, hvad der smager af formalisme. Netop på baggrund af den betydning, sakramenterne har i hans teologi er det interessant at få dette glimtvise indblik i, hvordan han bar sig ad med at bringe et menneske tilbage til Herrens bord.

Det var i denne hjemlige ramme nogle af de store fester i Grundtvigs liv holdtes. Det gjaldt for eksempel hans halvtredsårs præstejubilæum i maj 1861. Om formiddagen havde der været gudstjeneste i Vartov, og senere samledes man i hjemmet til overrækkelse af en syvarmet lysestage, skænket af venner i Danmark, Norge og Sverige. Festens højdepunkt var kultusministerens meddelelse om, at kongen havde givet jubilaren titel og rang med Sjællands biskop. I 1863 fejredes hans firsårs fødselsdag, og fra da af holdtes næsten hvert år i begyndelsen af september de såkaldte vennemøder: stævner for de mange, som nu anerkendte den gamle mand som leder, lærer og nordisk profet.

Der er intet mærkeligt ved, at Grundtvig i sine sidste år blev genstand for en slags kult. Han var blevet en slags legende i levende live. Hans og Astas hus var fuldt af beundrere, ikke mindst kvindelige. Midt i det hele sad han i sin gamle lænestol, læsende, skrivende, lyttende, talende, præsiderende over menagen. Der findes beretninger om de familieandagter, som dagen begyndte med, og det er værd at mærke sig den bøn, Grundtvig indledte dem med. Som vi skal se i kapitel 17, var og blev korsets tegn noget meget betydningsfuldt for ham. Bønnens begyndelse, sådan som den findes refereret af en norsk gæst, H. Brun, lød sådan:

Det hellige Korsets Tegn baade for vort Aasyn og for vort Bryst, draget ved den hellige Daab i *Jesus Kristus-Navnet* til fuld og klar Skilsmisse mellem os og den Onde og til et evigt Vidnesbyrd om, at vi høre *dig* til, *korsfæstede*, men igjen *op-*

standne Herre Jesus Kristus! vor guddommelige Gjenløser fra Synd, fra Død og fra Satans Rige, ikke med Sølv eller Guld, men med dit hellige og dyrebare Blod, som du udgjød *for os* i *Urtegaarden* og paa *Korsets Træ*, til Syndernes Forladelse og til Gjenløsning af *dit Ejendoms-Folk*, dygtigt og flittigt til al god Gjerning. Amen.[38]

III

Det ville imidlertid være ganske forfejlet at skildre disse sidste år som en periode af uforstyrret harmoni. En sælsom, men samtidig højst karakteristisk episode fortæller noget andet. Den er værd at betragte i nogen udførlighed.

Som vi har kunnet konstatere i det foregående, var Grundtvig en person af stormfuldt temperament og voldsomme stemningsudsving. Han synes i hvert fald tre gange i sit lange liv at have været på kanten af totalt sjæleligt sammenbrud. Den ene gang var under den religiøse krise i 1810-11; senere, i 1844, ramtes han af så stærk en depression, at han en tid måtte opgive al virksomhed og lade sig pleje tilbage til livet. Men det mærkeligste – og mest offentligt kendte – tilfælde fandt sted i 1867, da han var 83 år gammel. Her var der ikke tale om depression, men om en manisk eufori, som kulminerede ved gudstjenesten i Vartov på Palmesøndag, den 14. april. De bevarede øjenvidneskildringer af begivenheden varierer i detaljer, men forløbets hovedlinjer synes at ligge fast.

Allerede de foregående dage var der sket usædvanlige ting i huset. Grundtvig fandt, at sårene på hans ben var blevet lægt, at han kunne gå uden stok, og at han ikke længere behøvede de specielle læseglas, han havde fået lavet, men kunne bruge de gamle briller, der havde ligget ubrugte i mange år. Som så ofte før var der mange gæster i de dage. Barfod skriver:

Om Aftenen vare *Hulda* og *Sjarlotte* dér, og han talte da endnu med en Ungdommelighed, Livlighed og Kraft, som de aldrig har set hos ham. Da de Fremmede skulde til at gaa, sagde han til dem, at han vilde kysse dem paa Øjnene, saa at de skulde blive seende, de skulde da kunne se Guds Visdom og Naade og han vilde kysse dem paa Hænderne for at drage dem til Christus. Og dette gjorde han ved hver enkelt. Han sagde ogsaa, at der snart skulde staa en Kamp i Sundet her uden for Kjøbenhavn, og at Vorherre vilde give os Sejr.[39]

Allerede her finder vi nogle af de motiver, som spillede en rolle i det følgende: den gamles forventning om et tysk angreb fra søsiden, og hans tilbøjelighed til at kysse alle, der besøgte ham. Der er et umiskendeligt seksuelt element i hans fantasier; men det er bemærkelsesværdigt, at han i denne tidlige fase kyssede folk på øjnene og hænderne. Den førstnævnte gestus skyldtes en drøm, hans kone havde haft, hvori hun havde kysset en blind mand på øjnene, så at han var blevet seende. Grundtvig insisterede på, at hun skulle kysse hans øjne, og betragtede sin synsforbedring som resultat deraf. Allerede her er det klart, at det ikke stod normalt til med ham. Hustruen Asta, som i almindelighed fandt sig i hans ønsker, og som på et senere tidspunkt var særdeles uvillig til at indrømme, at han havde været syg, blev urolig og bekymret. Hun sagde til ham, at han måtte holde op med sådan at kysse sine venner, eftersom det ville vække forargelse. Det blev den gamle mand meget fortørnet over. Om lørdagen synes der at være indtrådt en reaktion på fredagens ophidselse og aktivitet. Grundtvig følte sig utilpas og hvilede meget. Det var måske en god forberedelse til søndagen.

Som sædvanligt skulle søndagens gudstjeneste indledes med skriftemål, syndsforladelse og håndspålæggelse ved alteret. Men fra første begyndelse blev det klart, at der var noget usædvanligt på færde. Grundtvig kom ind uden sin stok, rask til bens som en tresårig, opfordrede indtrængende alle til at komme op til alteret og sagde, at de, der ikke kom, ville blive forment adgang til nadveren.

Efterhånden kom flere og flere i den fyldte kirke op til alterskranken. Syndsforladelsen til række efter række af dem tog tid. Efter en stund, beretter Barfod,

> rejste *Grundvig* sig i sin fulde Højde og Kraft og talte over til Enkedronningen, der sad i sin Stol: 'Hvor er Dronningen af Danmark? Vil hun ikke komme? Se, Dronningen fra Syden kom for at høre Salomons Visdom; her er mere end Salomons Visdom!' Da kom Enkedronningen op til Alteret og knælede ned. *Grundtvig* lagde sin Haand paa hendes Hoved og sagde med en Røst, der lød gennem hele Kirken: 'Og Dem alle Deres Synders naadige Forladelse i Faderens, Sønnens og Helligaandens Navn! Og dermed være alle Danmarks Synder forladne!' – Saa føjede han til med dæmpet Røst: 'Se saa, lad nu kun Preusserkongen komme'.

En overgang så tingene ud til at tage en mere stilfærdig vending. Grundtvig gik på prædikestolen og begyndte som han plejede. Men før han læste evangeliet, begyndte han – beretter en af de tilstedeværende,

Frederik Helveg (1816-1901) – at udlægge Fadervors tre første bønner. Han

> standsede for at meddele Menigheden noget, som ikke saaledes havde været ham klart hidtil; det ene var, at naar vi bade de tre første Bønner i Fadervor, saa var det ikke som en Hoveritjeneste for den himmelske Fader, men altsammen Begjæring om, hvad han, Faderen, vilde give; det andet, at naar vi vilde holde Fanden fra Livet, saa skulde vi folde Hænderne over Brystet, saa opfyldtes Herrens Bud om at gaa i Lønkammeret, tilmed Forjættelsen, som han havde knyttet dertil; det havde han selv end idag erfaret, hvorpaa han spurgte: Er ikke dette en god Lærdom? Hertil svarede ganske enkelte Røster et lavmælt Ja.[40]

Vi har her et første eksempel på, hvordan Grundtvig ved denne lejlighed udvikler tanker, som han har tænkt hele livet: Fadervors betydning og foreningen af hjerte og hænder i modtagelsen af Guds ord.

Han tog derefter fat på sin prædiken. Frederik Hammerich (1809-77), som var til stede, og som kom til at spille en central rolle i forløbet, beskriver prædikenen som en sælsom blanding af galskab og inspireret tænkning. Grundtvig talte om det hvileløse menneskehjerte og den ældgamle længsel efter at finde cirkelens kvadratur. Han talte om de ting, der havde forhindret Herrens komme, og at de nu var skaffet af vejen. Herren havde anbragt menneskets sjæl i Østen, men hjertet i Danmark, og nu var de kommet sammen. Nu mundede Jordan ud i Øresund. Nu kunne cirklen kvadreres, fordi tidens levende kreds var kommet ind i evighedens rige, i det Ny Jerusalems kvadratiske by. Herren skulle nu ride ind i Jerusalem, asenindens føl var blevet opdrættet i Danmark, og Grundtvig selv havde sat dets moder fri idag.[41] Det er ikke overraskende, at folk i menigheden allerede var stærkt forvirrede. Nogle af de mindre kritiske anså Grundtvig for at være inspireret; for andre at se var han simpelthen gal. På dette stadium befandt flertallet sig måske et sted midt imellem og følte, at selv om der var noget imponerende over den gamle mand, var der utvivlsomt også noget i vejen med ham.

Vi har allerede mødt to af de vigtigste vidner til dagens hændelser. Hammerich havde kendt Grundtvig siden sin studietid tredive år tidligere, og havde besøgt Pusey i Oxford i 1836. Han var nu professor i kirkehistorie ved Københavns Universitet som den første grundtvigianer, der havde skaffet sig indpas i den akademiske verden. Helveg, som på dette tidspunkt var uden fast ansættelse, havde ikke kendt Grundtvig så længe som Hammerich havde, men han havde været tæt knyttet til ham som tidsskriftforfatter og redaktør. Han var en mand af omfattende lærdom og var måske den eneste af Grundtvigs venner, som havde læst Kierkegaard med egentlig forståelse og påskønnelse.

På dette stadium af gudstjenesten sendte Grundtvig besked ned til Hammerich med anmodning om, at han ville hjælpe ved altergangen. Hammerich var tvivlrådig og sendte kirkebetjenten hen at hente Helveg, som han havde fået øje på i menigheden. Jeg citerer hans egen beretning:

Mens menigheden sang, sendte Grundtvig bud og bad mig hjælpe til ved altargangen. Det blev mig et pinligt øjeblik, men var det ikke lige fræm en pligt at træde til her? Tid til overvejelse var der ikke, jeg måtte altså handle efter en umiddelbar følelse, og den svigtede mig ikke. Jeg vilde i alt fald dog ikke være ene med Grundtvig ved altaret. Derfor henvendte jeg mig først til kapellan Køster, der ytrede sig, som han hverken vidste ud eller ind, og herpå til min ven, pastor *F. Helveg*: 'det går jo temmelig vidt over stregen', sagde jeg, 'og hvad skal vi da nu gøre? Tør De være med ved altargangen, og tør jeg det?' 'Der er', svarede Helveg, 'alligevel ingen ting endnu kommen fræm, som strider mod troen, og jeg for min del har altid været beredt på, at Grundtvigs udgang af verden vel, trods al forskel, kunde få nogen lighed med Søren Kierkegaards'. 'Så lad os to da', sagde jeg, 'i Guds navn følges ad!' Det gjorde vi og fik i præstestuen hver sin præstekjole på.

Vi skal senere se på spørgsmålet om den fulde betydning af Helvegs bemærkelsesværdige ord om Kierkegaard. Her vil vi nøjes med at mærke os de to mænds dybe bekymring over en gammel og højagtet vens tilstand og over faren for, at han ville gøre eller sige noget forargeligt eller ligefrem blasfemisk under gudstjenestens helligste del. De var også bevidst om, at der kunne være alvorlige juridiske konsekvenser for dem såvel som for Grundtvig, hvis denne foretog sig noget helt regelstridigt.

"Imidlertid", skriver Hammerich,

havde Grundtvig haft dåb, han havde ved den småsnakket med barnet og i det hele tet sig underligt. Derfra kom han tilbage i sin stol. 'Jeg ved ikke', sagde han til os, 'i det ene øjeblik, hvad jeg skal gøre i det næste; alt får jeg givet på stedet. Derfor tænker jeg også på at søge min afsked, og det må vi alle, for på den vis kan vi da ikke være præster i statskirken'. Jeg spurgte, om han ved altergangen ikke vilde bruge fadervor og indstiftelsesordene. 'Jo naturligvis', svarede han, 'men en fri tiltale'. Altartjænesten begyndte, og jeg trådte ved siden ad ham, med det foresæt at afbryde handlingen, hvis noget usømmeligt skulde indtræffe. Det samme gjorde Helveg.

Den omstændighed, at to så kendte og respekterede mænd som Hammerich og Helveg stod sammen med Grundtvig ved alteret, må have fået menigheden til at føle sig mere tryg.

Faktisk gik gudstjenesten nu videre på nogenlunde normal vis, bortset fra at der var usædvanligt mange nadvergæster. Det for samtiden mest overraskende var, at ukonfirmerede fik adgang til nadveren. Blandt dem var nogle unge mennesker, som Grundtvig forberedte til konfirmation, og hans trettenårige søn Frederik. Efter altergangen skete endnu en helt uventet ting. Grundtvig omfavnede og kyssede de andre præster, gik derefter hen og kyssede enkedronningen, og meddelte hende, at hun til februar skulle føde Holger Danske. Derefter sluttede gudstjenesten på normal måde med velsignelsen og sidste salme. Klokken var blevet halvtre.

Nyheden om disse begivenheder spredtes snart gennem byen. Hos nogle gav hændelsen blot anledning til spot som det hidtil pinligste og latterligste i et liv, der altid havde været noget til en side. Andre, i den modsatte ende af spektret, havde stadig svært ved at tro, at Grundtvig ikke var guddommeligt inspireret. Det havde utvivlsomt været tilfældet med mange under den første del af gudstjenesten. Men efterhånden som den skred frem, og efterhånden som mistanken om sygdom blev bekræftet i løbet af de følgende dage, blev det klart for enhver, at det stod slemt til med den gamle mand. Han led af vrangforestillinger, såsom at prøjserkongen ville angribe fra søen, og at han selv måtte blive oppe og afvente det. Han forkyndte også, at han var englen Gabriel, og at alle de kvinder, han kyssede, ville føde syndfri børn efter ni måneder. Grundtvig selv var ganske uvidende om, at han var syg, og protesterede heftigt mod enhver antydning i den retning. Til at begynde med var der ingen i huset, der formåede at lægge bånd på hans euforiske stemning. Da hans søn Svend forsøgte at dæmpe ham ned, blev han højlig fortørnet. I løbet af ugen bekendtgjorde han, at han ville nedlægge sit embede og holde en afskedsprædiken på Langfredag. Det fik medlemmer af menigheden, deriblandt Hammerich, til at gå i aktion. I forståelse med de kirkelige myndigheder lykkedes det dem at hindre Grundtvig i at prædike igen og overtalte ham til sidst til at finde sig i at blive tilset af en læge – interessant nok et medlem af Vartovmenigheden.

Helveg var ikke den eneste, der troede, at dette ville blive enden på Grundtvigs liv. H.P. Barfod, som havde været til stede, og som beretter udførligt og betaget om dagens forløb, ventede tydeligvis, at Grundtvig ville dø inden for 24 timer. Det synes at have været den almene formodning, at han i hvert fald ikke ville komme sig. Det er en af de mærkeligste ting ved hele affæren, at han faktisk gjorde det. Efter nogle måneders nødtvungen hvile på landet – hvorunder det blev henstillet, at han ikke modtog besøg – svandt vrangforestillingerne gradvis hen under lægelig assistance. Han havde endnu fem års virksomt liv tilbage. Hele episoden igennem vaklede hans kone aldrig i sin støtte, samtidig med at hun varetog sine daglige forpligtelser.

Hvordan skal vi bedømme denne begivenhed? Nogle har været tilbøjelige til at bagatellisere dens betydning. Mennesker, der højagtede og beundrede ham, var, mildt sagt, dybt forlegne ved affæren; de fandt den svær at forklare og svær at glemme. I nyere tid har der omvendt været nogle, som er gået i retning af at se Grundtvigs ord og handlinger i hine dage som nøgler til forståelse af hele hans levnedsløb. Det er nok en lovlig vidtgående tolkning. Men i hans prædiken og øvrige ytringer dukkede der bestandig temaer op – undertiden i bizarre former – som vi kan genkende fra hans digtning og forkyndelse: forsoningen mellem hjerte og sjæl, foreningen af Øst og Vest, menneskehedshistoriens kulmination i åbenbaringen af det himmelske Jerusalem i Danmark, og kysset som middel til frugtbar forening af ånd og kød, kvinde og mand. S.A.J. Bradley har fremsat den formodning, at mange af de billeder, som figurerede i prædikenen, har deres oprindelse i den angelsaksiske teologiske digtning, som Grundtvig havde studeret så ivrigt og grundigt. En antydet formodning om, at han på et tidspunkt under prædikenen talte i tunger, kan have skyldtes, at han reciterede på angelsaksisk.[42] Det står fast, at hvordan man end fortolker episoden, vil man gå glip af væsentlige erkendelser vedrørende Grundtvigs psykiske og religiøse gemyt, hvis man bagatelliserer den.

Måske dagens mest slående og tankevækkende ytringer om begivenheden er dem, Helveg kom med. Det gælder især hans sammenligning af Grundtvigs situation med Kierkegaards. Med hans egne ord: "... det forekommer mig med al Forskjellighed tilsvarende til Søren Kierkegaards Udgang".[43] Kierkegaards tænkning er i løbet af de sidste halvtreds år blevet internationalt kendt; hans skrifter er blevet oversat og diskuteret på mange sprog og i mange sammenhænge. I forrige århundrede stillede det sig helt anderledes. Selv i Danmark studeredes han kun sparsomt, og hans tænkning mødte ringe forståelse. Helveg var en af de få, som tog ham alvorligt som tænker og skrev lange og gennemreflekterede bedømmelser af hans ideer. Han var sikkert en af de meget få danskere på den tid, som ville falde på at omtale de to mænd i samme åndedræt, og måske den eneste deltager i Vartovgudstjenesten den

Palmesøndag, hvis tanker gik til Kierkegaards sidste, tragiske måneder tolv år tidligere.

Hvad fandt han var fælles for dem? Måske kan svaret findes i nogle ord i den beretning, han nedskrev kort efter begivenheden. Jeg "spurgte mig selv:", hedder det her,

> Er det, som her er skeet og skeer, ligefrem Sindssygdom, eller er det en Herrens Gjerning, som er bleven endog Grundtvig for stærk til, at han kan bære den, uden at det paa et og andet mindre væsentligt Punkt brister.

Det er klart, at Helveg her søger at få det bedste ud af en meget vanskelig situation og måske gør for lidt ud af dens paradoksalitet. Imidlertid: det, han siger, er, at Grundtvig ikke var helt igennem sindssyg, men at det guddommeliges pres på ham var for stærkt til at han kunne bære det, og at han følgelig havde lidt et sammenbrud på nogle mindre væsentlige punkter. Som Helveg i sin beretning siger, idet han anfører sit eget svar til Hammerich: "... jeg har ingen Betænkelighed; jeg har intet hørt, som er imod vor Tro og vort Haab ...".

Grundtvigs psyke havde utvivlsomt været bragt ud af balance, men ødelagt var den ikke blevet. Netop dette, formoder Helveg, var, hvad der var sket med Kierkegaard i hans sidste måneder. Heller ikke her var der tale om ren galskab, selv om Kierkegaards skrifter, under presset af hans overbevisninger, blev mere og mere voldsomme, som udtryk for, at også hans psyke var blevet bragt ud af ligevægt på mindre væsentlige punkter. Uanset hvordan vi fortolker Helvegs bemærkninger, kommer de fra et intellekt, som var sjældent i samtiden, et, der kunne se igennem alle de åbenbare forskelle mellem Kierkegaard og Grundtvig og få øje på deres fælles vilje til vidnesbyrd om sandheden og deres fælles erfaring af Guds handling i sjælen, et pres, der var så stærkt, at det til tider kunne bringe den ud af dens normale ligevægt.

Helveg opnåede aldrig nogen fremskudt stilling, hverken i det kirkelige eller i det akademiske etablissement. De sidste år af sit liv tilbragte han som sognepræst i Købelev på Lolland. I 1867 befandt han sig i en særlig sårbar position, som arbejdsløs ansøger til et embede på landet. Både han og Hammerich vidste, at de ved at hjælpe Grundtvig ved alteret hin dag udsatte sig for biskop Martensens vrede. Faktisk var det Martensens forsæt at anlægge sag imod dem for at have taget ukonfirmerede til alters; men heldigvis nægtede Kultusministeriet at tage affære; og måske gjorde også kongen sin mening gældende. Men samtidig med at episoden bærer vidne om storhed hos den ukendte Helveg, viser den kirkens fejrede primas fra hans mindst tiltalende side.

IV

Grundtvig kom sig efter sammenbruddet i 1867. Sidst på året var han tilbage i København, tog mod venner og besøgende, og læste og skrev, som han plejede. På højdepunktet af sin sygdom havde han tilbudt at nedlægge sit embede i Vartov, men nu fik han, i overensstemmelse med menighedens enige ønske, tilladelse til at trække opsigelsen tilbage. Kort før Jul begyndte han igen at prædike regelmæssigt, og fortsatte dermed indtil de sidste dage før sin død.

Ved et mærkeligt tilfælde stammer den udførligste og mest livfulde engelske skildring af Grundtvig fra dennes allersidste uger. I en morsom og underholdende bog, *Two Visits to Denmark*, leverer litteraten Edmund Gosse en livlig beskrivelse af København i 1872 og 1874 – en by, han havde opdaget som ung og begejstret læser af skandinavisk litteratur under sit første udlandsophold. I bogen, som udkom i 1911 og er baseret på dagbøger fra fyrre år tidligere, findes et afsnit fra 1872, hvori Gosse fortæller, hvordan han en søndag morgen sagde til sine værtsfolk: "Hvor jeg dog ønsker, at jeg var kommet til Danmark mens Grundtvig levede!". Han fortsætter:

> Så råbte alle: 'Men han lever skam stadig, og prædiker stadig hver søndag i fattighuskirken!' 'Det er jo søndag idag – jeg *må* høre en digter, som blev født fem år før Byron og husker Ludvig den sekstendes henrettelse. Hvor er den fattighuskirke?'[44]

Besøget i "fattighuskirken" viste sig at støde på flere vanskeligheder end Gosse havde forestillet sig. Han boede hos en af byens mest fremstående gejstlige, Holmens provst Bruun Juul Fog, nær ven af Martensen og senere hans efterfølger. I disse år havde Grundtvigs forhold til Martensen været alt andet end ubesværet. Provstens søster, som forestod sin broders husholdning, begyndte at forklare for Gosse, hvor utænkeligt det var for nogen i familien at ledsage ham hen at høre så farlig en skismatiker. Men til hendes bestyrtelse viste hendes broder sig at se anderledes på sagen: "Jeg er faktisk fristet til at følge med vor unge ven selv!". Så de to drog sammen af sted til Vartov på den søndag morgen i juli.

Før han kommer til beskrivelsen af det indtryk, Grundtvig gjorde på ham, redegør Gosse kort for, hvem han var. Det er åbenbart, at han ikke vidste meget om Grundtvigs position i teologi og kirkeliv, selv om han tydeligvis havde opfattet, at han i mange etablissementsfigurers øjne var umulig og farlig at have med at gøre. Mere overraskende er det måske, at Gosse viser meget ringe forståelse for Grundtvig som skribent, til trods for den omstændighed, at han allerede besad et anseligt kendskab til dansk litteratur og senere i livet blev en af sin tids mest fremstående kritikere. Hans bedømmelse lyder sådan:

Grundtvigs skrifter, hvad enten de er på prosa eller på vers, har aldrig tiltrukket mig. De er så eksklusivt nationale, at de næppe er forståelige for en udlænding. De ligger, hvis jeg må sige det sådan, uden for den europæiske tradition.

Dette er, hvis *jeg* må sige det sådan, en af de domme, som siger mere om dem, der fælder dem, end dem, de fældes over. Her ligger måske en af rødderne til den alment vedtagne forestilling om Grundtvigs uforståelighed. Men der er også tale om en afsløring af begrænsningerne hos en kritiker som Gosse, når han konfronteres med et mangeartet geni som Grundtvig. For Grundtvig at se ligger rødderne til europæisk litteratur ikke bare i den klassiske græsk-romerske verden, men også i Israel og i Nordens førkristne myter. Det er en litteratur, som spænder over middelalderen såvel som over renæssancen, og som indbefatter visernes og salmernes verden såvel som fyrstehoffernes. Denne vision var noget alt for stort, alt for mangeartet, og alt for åbenlyst religiøst, til at Gosse kunne forstå det. I Grundtvig havde han mødt en forfatter, som ikke kunne passes ind i hans kategorier.

Der er følgelig god grund til at læse hans skildring af den gamle mand med en vis forsigtighed. Billedet, han tegner, er særdeles fintmærkende. Men det er ikke desto mindre tegnet af en mand, som ikke formår at se ret langt under overfladen, og som faktisk til tider synes at have misforstået, hvad han så:

Vi ankom ... i særdeles god tid til den lille fattighuskirke ... Vi havde svært ved at finde pladser, da kapellet var fyldt af folk, som utvivlsomt var kommet på grund af rygtet om, at dette ville blive sidste gang den gamle profet ville tale til sine disciple. Efter at have siddet mere end en halv time omgivet af fremmede, fanatiske ansigter, og kvinder, som vuggede frem og tilbage i stille bøn, forlød det, at biskoppen sandsynligvis ikke ville kunne komme. Menigheden begyndte at synge salmer af ham på en høj, hurtig, staccatoagtig måde, som digteren havde opfundet, og som var meget forskellig fra den langsomme sang i statskirkerne. Pludselig, da vi havde opgivet alt håb, kom der ind fra sakristiet, gående hurtigt hen imod alteret, en person, som forekom mig at være det ældste menneske, jeg nogensinde havde set. En total stilhed fyldte øjeblikkelig kirken, og så kom der en lyd, som af en der talte i kælderen under vore fødder. Det var biskoppen, som bad højlydt ved alteret, og så vendte han sig om og talte til menigheden med den samme dumpe, slørede stemme. Han vandrede ned blandt de ekstatiske troende og stod tæt ved siden af mig mens han lagde hænderne på en piges hovede, så at jeg så hans ansigt helt tydeligt. Af en mand på halvfems at være så han ikke svagelig ud; hans gestus var hurtige og hans skridt faste. Men frem for alt var man opmærksom på, hvor umådelig gammel han så ud. Han lignede en trold fra en norsk hule; han kunne have været århundreder gammel.

Fra hans topskaldede hovedes vældige kuppel faldt lange strimer af silkeblødt hår ned over hans skuldre og blandede sig med et langt og løsthængende hvidt skæg. Hans øjne flammede under stærkt buskede bryn, og de var den eneste del af ansigtet som så ud til at være i live, thi han talte uden at bevæge læberne. Hans træk var stadig velformede, men farveløse og tørre, og da trækken fra en åben dør ramte dem, blev de silkeagtige hår blæst over hans ansigt som et tyndt gardin. Medens han vandrede rundt i kirken med disse stive gestus og denne bugtaleragtige mumlen, faldt hans disciple på knæ bag ved ham, strøg hen over hans kjole og rørte ved hælene på hans sko. Endelig besteg han prædikestolen og begyndte at prædike; med sin døde stemme advarede han os mod falske ånder og formanede os til at prøve enhver ånd, om den var af Gud. Han havde stort besvær med sin tale; den blev langsommere og hæsere, med lange pauser mellem ordene, ligesom et ur, der var ved at gå i stå. Han så ud som noget overnaturligt, men næppe rigtig kristent. Hvis han nede i kirken havde mindet mig om en trold, lignede han på prædikestolen mere en forsinket druide, som havde overlevet fra Mona og ikke kunne dø. Det var en meget interessant oplevelse for mig. Hvis jeg var gået glip af at høre og se Grundtvig den dag, ville jeg aldrig være kommet til at høre eller se ham, for han lagde sig til sengs nogle få dage senere, og inden en måned var gået, var den storslåede gamle stridsmand død.

Danske kommentatorer af denne tekst har fundet Gosses beskrivelse af Grundtvigs udseende slående rigtig. Der findes fotografier af ham netop fra denne tid, og det ansigt, de viser os, er ligeså mærkeligt som det er hos Gosse. På den anden side er den mistanke blevet ytret, at Gosse har indbildt sig i hvert fald noget af, hvad han siger om de “ekstatiske troende”. Det er rigtigt, at Grundtvigs disciple ved slutningen af hans liv omfattede ham med næsten overtroisk ærefrygt; men at røre ved hans kjole og hans sko forekommer decideret udansk, og i hvert fald uluthersk!

Det er vigtigt at huske, at Gosse i denne bog bearbejder sine dagbogsoptegnelser på en tidsafstand af næsten fyrre år. Mere end én gang under læsningen føler man, at de anekdoter, bogen er fuld af, er vokset mens de er blevet fortalt. På ét punkt er det sikkert, at Gosse tager fejl. Dette var ikke den sidste prædiken, Grundtvig holdt. Han havde endnu en måned tilbage, og han var i virksomhed til det sidste.[45]

Gosse ser helt og holdent Grundtvig udefra og betragter ham som en tilsynekomst af noget sælsomt nordisk eller keltisk. Det er en overfladisk, men ingenlunde uintelligent iagttagelse. Den kristendom, Grundtvig repræsenterede, var langt stærkere rodfæstet i det førkristne Norden end noget som helst, Gosse kunne have oplevet blandt sin barndoms Plymouthbrødre. Men når han giver os det indtryk, at den gamle mand allerede havde løsgjort sig fra denne verdens ting og allerede var næsten død, rammer han langt ved siden af. Grundtvig var ikke blot intellektuelt virksom til det sidste; han bevarede også en levende optagethed af politiske og andre dagsbegivenheder.

Hvad der måske er endnu mere slående, er den evne til at genkalde sig navne og kendsgerninger fra en fjern fortid, som han afslører i en af de sidste beretninger, vi har om en samtale med ham. Medens Gosse giver os det mest levende engelske billede af Grundtvig, viser et af de sidste danske indtryk af den gamle mand, hvor nærværende England og engelsk historie var for ham så sent som i sommeren 1872. Vi har allerede mødt Frederik Hammerich. Han havde som student boet hos Pusey i Oxford i 1830'erne og havde optrådt som mellemmand mellem de to lærde. Langt senere i livet var han blevet den første af Grundtvigs tilhængere, som fik et professorat ved universitetet. Som vi har set, var han en af de to præster, som støttede Grundtvig ved alteret på Palmesøndag 1867. I sine erindringer giver han også et livfuldt billede af sine sidste møder med den gamle mand:

I sine seneste Aar kom Grundtvig mere omkring end han ellers plejede; han kørte sig gjerne en Tur efter Bordet og tog ved den Lejlighed ind nu til den ene, nu den anden af sine Venner. Jeg havde da den Glæde, jævnlig at se ham hos os paa Strandvejen, hvor han fik Plads i et Lysthus, med Sundet umiddelbart lige for sig, tændte sin Pibe og opholdt sig en Times Tid. I Aar kom han gjerne en Gang om Ugen, og da jeg syslede med et Arbejde om den ældste kirkelige Literatur hos de gotiske Folk, talte vi oftere om saadanne Æmner.

Grundtvig havde, som bekjendt, en gammel Kjærlighed til Angelsakserne. Fra Grunden af var han hjemme i deres Skrifter, han har oversat Bjovulfs Drape og Stykker af Kædmon, baade udgivet og oversat Føniks-Fuglen, paa sine engelske Rejser studeret og afskrevet deres Skindbøger, udstedt Planer paa engelsk til en Udgave af dem og derved drevet og ægget Engelskmændene til endelig at tage fat paa de rige Levninger fra Oldtiden. Sidste Gang han var hos mig, Onsdagen fem Dage før han døde, havde han nylig faaet tilsendt et lille engelsk Skrift om et angelsaksisk Digt, 'An ancient saxon poem, by J. Earle'. Der var ingen i hans nærmeste Omgang, som kunde læse det for ham, hans Søn, Professor S. Grundtvig, var borte, og Professor Stephens havde han ikke truffet hjemme. Alt det omtalte han. Iøvrigt havde han det godt, sad endogsaa ude ved Stranden, til Mørket faldt paa, thi han var den Dag kommen noget sent til os.

Fredagen derpaa, tre Dagen før hans Død, tog jeg saa hen til Tuborg, for at se det lille Skrift og meddele ham, hvad det indeholdt. Han havde ikke været ganske rask efter Besøget hos os, men følte sig nu bedre og vilde prædike den næste Søndag, som han ogsaa gjorde. Jeg gjennemløb Skriftet, opgav ham Hovedindholdet og læste noget af det for ham. Nye Ting var der ikke i det, undtagen den Gisning, at den By i Ruiner, som det gamle Digt skildrer så malerisk, muligvis kunde være Bath. Digtet, sagde Grundtvig, kjendte han godt fra Hickes' Thesaurus. Jeg læste blandt andet Begyndelsen af det for ham, hvor det hedder saaledes, – jeg holder mig i Oversættelsen saa nøje som muligt til Teksten:

'Du vældige Stenvold,
Styrtet af Skjæbnen!
Rokket og rævnet
er Ringmurens Kjæmpeværk,
Tagene borte,
Taarnene rave,
De mægtige Porttaarne;
Murværket rimslaget,
Brustne Skandserne;
Brudt ned, styrtet alt,
Undergravet
af Ildens Magt!'

'Ja', sagde Grundtvig, 'her er der noget af det storstilede, som Engelskmænd altid har haft sin Styrke i. Man kommer uvilkaarlig ved at høre det, til at tænke paa hele den angelsaksiske Literatur; for den er selv en rigtig stolt Ruin og kan derfor godt lignes med den Stad i Ruiner, hvorom den gamle Skjald har sunget'. Vi talte endnu noget om Angelsakserne, og han gav mig Digtet hjem med; saa forlod jeg ham og anede mindst, det var sidste Gang, jeg skulde se ham i dette Liv.[46]

Der er noget bevægende i denne beskrivelse af Grundtvig lige før hans 89 års fødselsdag. Vi hører om den gamle mands beslutsomhed: Han vil vide, hvad der er i bogen. Svend er borte, der er ingen hjemme, der kan engelsk, så han tager først til Stephens og, da han er ude, videre til Hammerich. Det var en hel ekspedition for ham, selv om han antagelig blev kørt i sin vogn. Det undrer os ikke, at han kom noget udaset hjem. Vi oplever også hans fysiske skrøbelighed og svigtende syn, men samtidig hans skarpe hukommelse. Den bringer ham tilbage til Hickes' samling af oldnordiske og angelsaksiske tekster. Han husker digtet og anskuer det straks som hjemmehørende i en stor sammenhæng; det er repræsentativt for oldengelsk litteratur, en majestætisk ruin, stadig stolt og veltalende i sit forfald.

Vi møder her den forbavsende vedholdenhed i den gamle mands interesser, eller måske snarere: trofastheden over for det, han elsker. Han havde elsket angelsaksernes litteratur med bestandig lidenskab gennem mere end tres år. Det var en kærlighed, som havde ført ham dybt ind i udforskningen og opklaringen af denne omfattende og ofte vanskeligt tilgængelige tekstsamling, og han havde optaget den i sig med opbydelse af fantasi og omhu. Det var en kærlighed, der blev i ham til det sidste. For Gosse så han måske halvvejs død ud; men bag ansigtets mærkelige, dybt rynkede træk var der en mand, der var helt og holdent i live.

Dette hændte fredag den 28. august. Den følgende søndag prædikede Grundtvig, og efter gudstjenesten havde han en gruppe venstrepolitikere til frokost. Med dem havde han en lang og animeret samtale, der viste, hvor velinformeret han var om den seneste udvikling på Rigsdagen. Dagen efter lyttede han en stund til oplæsning af et værk af den fremtrædende svenske historiker Erik Gustav Geijer, en mand, hvis tænkning i mange henseender havde løbet parallelt med Grundtvigs. Dagen før havde der været megen tale om forbindelserne mellem Danmark, Norge og Sverige og om, hvor vigtigt det var, at de, trods alle deres forskelle, holdt sammen og støttede hverandre. Efter en stunds lytten følte han sig træt og bad oplæseren holde inde. Lidt senere faldt han i søvn, og døde så, siddende i den store, gamle stol, i hvilken han havde tilbragt en stor del af sin alderdom.

Anden del
Fem store temaer

Indledning

I dette andet hovedafsnit skal vi se på fem vigtige områder af Grundtvigs tænkning, med henblik på at skaffe os et klarere indtryk af, hvordan den ser ud, og hvordan den hænger sammen som en helhed. Vi begynder i året 1825, da Grundtvig var først i fyrrerne og allerede havde en lang tankemæssig udvikling bag sig. Det er en kendsgerning, at dette år efter hans egen opfattelse var et af de afgørende vendepunkter i hans liv: det år, i hvilket han gjorde sin "mageløse opdagelse".

Lige siden sin tilbagevenden til sine fædres tro i 1810-11 havde Grundtvig betegnet sig selv som bibelkristen. Men hans skarpe historiske og poetiske sans havde, tillige med hans bevidsthed om de kritiske spørgsmål, som det videnskabelige bibelstudium rejste, gjort ham mere og mere utilfreds med denne betegnelse. Som hans prædikener viser, var en ny klarhed begyndt at danne sig for ham i de første år af tyverne; den nåede til fuldt gennembrud med opdagelsen i 1825. Han indså, at kirken ikke kan bygges på Bibelen; Bibelen må lægges på kirkens alter. Før den skrevne tekst var det levende Ord: den opstandne Kristus, han som er til stede i sin menighed ved dåb og nadver.

1825 er ikke det eneste vendepunkt i Grundtvigs liv. En indflydelsesrig forskningsretning har anskuet den "vending mod verden", som han foretog omkring 1832, som endnu vigtigere. Men denne udvikling kunne ikke have fundet sted uden den, der var gået forud, og hvis vi vil anskue Grundtvig inden for den kristne teologihistories sammenhæng, kommer vi ikke uden om at se 1825 som et øjeblik af afgørende betydning – og i øvrigt et, som der er paralleller til andetsteds i verden på samme tid.

I tyverne, trediverne og fyrrerne blev folk rundt omkring i kristenheden på en ny måde bevidste om kirkens historie som et organisk hele og begyndte at overveje muligheden af en fremtidig nedbrydelse af skellene mellem kristne. I det ortodokse Rusland var det Alexei Khomiakov, i den katolske del af Tyskland Johann Adam Möhler, og i England var det lederne af den bevægelse, som tog sin begyndelse i Oxford i 1833: Keble, Pusey og Newman. Disse mænd var Grundtvigs samtidige, og i årene efter 1833 blev han klart bevidst om, hvad der var på færde i England.

Nogle af de spørgsmål, som rejstes gennem denne genopdagelse af kirken som en historisk, sakramental virkelighed, skal komme til betragtning i dette afsnits to første kapitler. Her skal problemerne om det apostolske embedes rolle blive overvejet i nogen udførlighed. Det er et spørgsmål, som Grundtvig og hans engelske samtalepartnere var ude af stand til at nå til enighed om, ja de formåede end ikke at gøre sig fuldt forståelige for hinanden.

Derefter når vi i et tredje kapitel frem til læren om den Treenige Gud. Det er ikke blot afsnittets vigtigste, men i en vis forstand bogens centrale kapitel. Ideen om det trinitariske personforhold åbner ikke bare en vej til Grundtvigs forståelse af, hvad tro på Gud egentlig indebærer, men også til hans forståelse af menneskenaturen og menneskeligt samfund. Ligesom sine samtidige, Khomiakov i Rusland og Maurice i England, ser han i læren om de tre personer – forenede, ikke sammenblandede, selvstændige, men ikke adskilte – et mønster for ethvert ægte menneskeligt fællesskab.

Efter dette centrale kapitel følger to kapitler med en nærmere betragtning af Grundtvigs forståelse af verden som skabt "i Guds billede og lighed". Denne formel, som i kristen tænkning almindeligvis er begrænset til at karakterisere menneskeheden og dens åbenhed for det guddommelige, anvender Grundtvig også på Jorden og alt, hvad der vokser på den. Alt, hvad der er skabt, er gjort i Guds billede og lighed; det vil sige: det besidder en skjult, urealiseret "egnethed" for Gud. Ved deres kropslige natur er menneskene solidariske med skabningen som helhed, og i medfør af samme kropslige natur er de forbundet med Kristus, som lemmer på hans legeme. Følgelig får hele skabningen gennem menneskeslægten del i Kristi opstandelse, hans sejr over døden i sin død.

I disse to kapitler får vi mulighed for et indblik i de omfattende perspektiver, som de – overfladisk set – mere snævre udredninger om kirken og sakramenterne gemmer i sig. Nogle af dem kom til udtryk netop i Grundtvigs vending mod verden, den sociale og politiske virksomhed, som ikke kan analyseres nærmere her.

Men de samme år, som denne vending fandt sted i, betegner højdepunktet af hans arbejde som salmedigter og hans vigtigste bidrag til gudstjenestens teori og praksis. Det bliver vor opgave at se det hele som sammenholdt i hans komplekse personlighed, i et liv, der på én gang var henvendt mod Gud og dybt menneskeligt, dybt menneskeligt og henvendt mod Gud.

Sjette kapitel

Opdagelsen af kirken

Som vi har set i første del, havde årene 1824-25 en særlig betydning i Grundtvigs liv, idet de førte op til, hvad han selv kaldte den "mageløse opdagelse". Den havde som sit hjertepunkt en ny vision af kirkens enhed i rum og tid og fik i efteråret 1825 udtryk i stridsskriftet *Kirkens Gienmæle*. Dette arbejde er i sig selv så bemærkelsesværdigt og så vigtigt for forståelsen af Grundtvigs senere teologiske position, at det bliver nødvendigt at citere det i en vis udførlighed.

Som titlen antyder, er der tale om et svar, skrevet af Grundtvig "i den *Christelige* Kirkes og Menigheds Navn" på et lærd værk om protestantismens og katolicismens lære, ritus og forfatning, skrevet af den teologiske professor H.N. Clausen, som havde studeret i Tyskland og var stærkt påvirket af Schleiermachers teologi. Han gjorde gældende, at Bibelen var kristendommens grundlag, men at den i sig selv var et utilstrækkeligt udtryk for den kristne tros mening i fuld forstand. Det var teologiens opgave at opklare dens uklarheder og tilvejebringe en højere læremæssig enhed.[47]

Hvad denne opgave angår, måtte lægfolket nødvendigvis bøje sig for de teologiske eksperters og specialisters autoritet. Dets egen legitime virkekreds lå i kirkens organisation og forvaltning, og kirken beskrives i bogen som et samfund til fremme af den almindelige religiøsitet.

Læsningen af dette værk udløste hos Grundtvig et vældigt opbrud af energi. De overbevisninger og tanker, som havde dannet sig i hans sind i løbet af de foregående år, føjede sig pludselig sammen til et hele, og hans svar, eller "genmæle", udkom inden for få dage. Det er et glødende lidenskabeligt skrift, nogle steder formuleret med uhørt voldsomhed. Grundtvig undsagde Clausen som antikristen lærer og forlangte, at han enten skulle afsværge sine ukristelige doktriner eller nedlægge sin stilling og holde op med at kalde sig kristen. Angrebet var så personligt, at det direkte antastede Clausens faglige ære. Det gav ham mulighed for at anlægge en injuriesag, der afgjordes til hans fordel.

Men det personlige element i skriftet er kun vigtigt som demonstration af, hvor intens en overbevisning der lå bag Grundtvigs forsvar for og genformulering af, hvad han så som sand kristentro. I indledningen skriver han:

Jeg veed, at det Skridt, jeg her giør, er i vore Dage usædvanligt, i Manges Øine latterligt, og i Manges uforsvarligt, men det er ikke desmindre veloverlagt, og aldeles nødvendigt, naar jeg ikke, efter min nærværende Indsigt, vil være en Forræder mod den Kirke, hvori jeg har annammet mit Saligheds-Haab, og hvori jeg har Kald til at udbrede og forsvare det store Evangelium, mig er betroet at prædike. (GVU II,319)

Grundtvig ser ikke bare sig selv som deltager i en lærd meningsudveksling, men som den, der taler på vegne af evangeliets sandhed, sådan som den er åbenbaret i kirken.

Senere i indledningen skriver han,

Jeg veed meget godt, man vil skrige Ak og Vee over mit Kiætter-Magerie, som man kalder enhver Protest, Kirken giør mod sine falske Venner, men jeg veed ogsaa, man skal nødes til at indrømme, at *det Slags* Kiætter-Magerie har man ikke seet for nyelig, vel ikke siden den Bog blev skrevet, hvoraf jeg har lært det, det er *Irenæi* velsignede Bog til Kirkens Forsvar, som egentlig først nu kan forstaaes og benyttes! (GVU II,321)

Indledningen er dateret "Irenæi Dag, 1825". Hvor mærkeligt det end kan lyde, så Grundtvig selv værket som en fornyelse og fortsættelse af Irenæus' traktat fra o. år 200: *Mod kætterierne.*

I

Hvad er da skriftets grundlæggende idé? Den er, at kristendom ikke er en teori, der kan udledes af Bibelen og derefter skal udarbejdes af professorerne. Kristendom er en historisk kendsgerning, som ikke kan bestrides, et på én gang guddommeligt og menneskeligt faktum, som står fast, sådan som det er i sig selv. På titelbladet satte Grundtvig et citat fra artikel 7 i den Augsburgske bekendelse: "Der vil bestandig forblive een hellig Kirke". Den *ene* kirke eksisterer; den hviler på den apostolske trosbekendelse og de evangeliske sakramenter som sit urokkelige grundlag. Af denne store historiske kendsgerning lærer vi, hvad kristendom er, og hvordan Bibelen skal forstås. Vi kan ikke bygge kirken på Bibelen alene, og endnu mindre kan vi bygge den på denne eller hin ekspert. Det er i kirkens liv og i dens sakramenter, hvor Gud er virksomt til stede, vi hører hans ord til os og opdager, hvad sand kristendom er for noget. To ting følger af denne indledende påstand. For det første: Kirkens historiske virkelighed slår bro over den kløft mellem nutid og fortid, mellem det 19. århundrede og den apostolske tidsalder, som var blevet åbnet af det historisk-kritiske arbejde med Bibelen såvel som af den skeptiske filosofi. Kirken forstås som et troens og livets fællesskab, i hvilket den opstandne Kristus giver sig til kende ved Helligåndens kraft. For det andet: Selv om kristendommmen har en dybt personlig og indre dimension, kan den aldrig forstås alene i kraft deraf. Individets vækst ind i Kristuslivet kan ikke adskilles fra dets indføjelse i troens familie. Det er vigtigt at være opmærksom på, hvordan denne fundamentale intuition om kirkens og kristenlivets væsen passer til og udfylder Grundtvigs anskuelser om menneskeliv og kundskab som helhed. I sine artikler fra det foregående tiår havde han udviklet, hvad han kaldte sin "historiske Anskuelse" af menneskelivet i modsætning til det, han kaldte en rent "intellectuel Anskuelse". Individet eksisterer ikke i isolation. Vi lever i historiens strøm, og vi når frem til sandheden gennem en historie, vi er del af. Sigurd Aarnes sammenfatter sagen sådan i sin redegørelse for Grundtvig som historiker:

> Mens den 'intellectuelle Anskuelse' isolerer individet med sitt utilstrekkelige intellekt utenfor den historiske livsstrøm, slutter den 'historiske Anskuelse' den kraftledende kontakt med alle fortidens stormenn og storverk – i siste instans med den 'Kraft fra det Høie' som virker gjennom og i det altsammen. Fordi den 'intellectuelle Anskuelse' alltid er et enkelt individs verk, er den for Grundtvig fragmentarisk og tilfeldig, mens den 'historiske Anskuelse' gir kontakt med den kollektive, framadskridende erkjennelsesprosess som fullbyrder seg i menneskeslektens historie.[48]

Det, som i almen forstand er tilfældet med menneskehedens historie, det gælder også i Kristi kirkes liv og historie. Det er ikke som individer, vi lærer at kende og forstå dens mening, og heller ikke som teologer og skriftfortolkere, men som levende parthavere i et historisk fællesskab, i hvilket alle døbte har en vital rolle at spille. Hvorpå kendes nu dette fællesskab?

"Dette Ejendommelige nu", skriver Grundtvig,

> som den ældste Christelige Kirke byggede paa, og hvorpaa den var *kiendelig* ei blot for sine Fiender, men *især for sine Venner*, Det maa unægtelig findes i enhver

Kirke, der med Rette skal kaldes christelig, og Det, paastaaer jeg, findes i vores, findes overalt, hvor man giør den apostoliske *Troes-Bekiendelse* til det udelukkende Vilkaar for Indlemmelse i Samfundet, og tillægger Naade-Midlerne: *Daaben og Nadveren*, en til Troes-Bekiendelsen svarende, altsaa *saliggiørende Kraft.* Dette paastaaer jeg ikke blot som Theolog, ikke blot som kirkelig Boglærd, men fornemmelig som troende Medlem af den store almindelig-christelige Kirke, som ved den apostoliske Troes-Bekiendelse og Naade-Midlerne ei blot adskiller sig fra Jøder, Tyrker og Hedninger, men fornemmelig sikkrer sine troende Medlemmer *Synds-Forladelse og Salighed i Jesu Christi Navn*, og denne Kirkens Paastand paaligger det Prof. *Clausen* og enhver *saadan* Protestant *historisk at giendrive*, naar han vil aftrætte vor Kirke Navn af den eneste sande, almindelig-christelige. ... Saaledes møde vi da Prof. *Clausen*, og alle dem, der vil udgive deres egne Drømme for den christelige Aabenbaring, deres egne Hjerne-Spind for Christendom, med den urokkelige Kiends-Gierning, at der har været og er en Christenhed paa Jorden, kiendelig fra alt Andet paa sin mageløse *Troes-Bekiendelse*, hvormed den paa alle sine Tungemaal, under alle sine forunderlige Skikkelser, har forkyndt og forkynder Troen paa *Jesum Christum*, den Korsfæstede, igien Opstandne, som den sikkre, den eneste Saligheds Vei for Syndere, som en Vei, der, giennem *Daaben og Nadveren*, fører til Guds Rige og de Levendes Land. (GVU II, 335-37)

I et sådant perspektiv bliver spørgsmålet om kirkens enhed og universalitet, dens karakter af at være "almindelig kirke", påtrængende vigtigt. Det er afgørende for Grundtvig at insistere på, at den *ene* kirke lever i og gennem de adskilte kirk*er*. På en måde var det lettere for ham, i 1825, end det ville være i dag. Kristenheden stod dengang urokket i sin europæiske form – østlig eller vestlig. I hans tids Danmark var der faktisk kun én kirke. Det er den, hans appel gælder: den stedlige legemliggørelse af den altomfattende kristne menighed, i hvilken han havde levet hele sit liv, og som bestemte hans vision af alt mellem himmel og jord. Men på den anden side syntes skellene mellem katolsk og protestantisk, mellem Øst og Vest, at være permanente og urokkelige. Pludselig blev spørgsmålet om, hvordan den kristne enhed kunne genfindes, til en sag om liv og død.

Ifølge ham viser den ene kirke, med dens apostolske tro og guddommeligt indstiftede sakramenter, os ikke bare, hvad kristent liv er, den føjer os ind i det. Her, i troens fællesskab, er der tilgivelse for synder og frelse i Jesu Kristi navn. Frelsen ses at være ikke blot en personlig, men også en fælles sag. Den sker i et liv, der deles med andre i et fællesskab, der har levet og vokset i 1800 år midt i folkeslagenes historie. Fællesskabet har taget mange former og talt på mange sprog, men det har været ét i det liv, det har levet. De tanker, dets lærere og ledere har tænkt, er helt og holdent sekundære i forhold til denne kendsgerning. Kirken eksisterer i og ved alle dens medlemmers tro og gudstjeneste, og det er en fælles opgave for belærende og lærende at gøre denne tro og gudstjeneste klar og forståelig på hele fællesskabets vegne. Det er en helt ny vision af kirken, der åbner sig for Grundtvig.

Han gør klart, at det er – og skal være – muligt at afvise denne tro og det liv, som den tilbyder. Ingen skal tvinges til at være kristen. Men det står fast for ham, at det er den tro og det liv, kristendommen går ud på:

Om det er sandt, om denne dunkle, hemmelige Vei virkelig fører til Samfund med den Gud, som er et Lys uden alt Mørke, og som ene haver den sande Udødelighed, det evige Liv, derom kan man tvivle, og det kan man, uden beviislig Selv-Modsigelse, nægte; men at denne Vei er udelukkende de *Christnes*, og at *Troes-Bekiendelsen*, der danner den snevre Kirke-Dør, er den uforanderlige, *vi troe urokkelige*, Grundvold baade for *Troen* og for *Lærdommen* i den *Christelige Kirke, Det er en soleklar Sandhed*, man kun kan tvivle om, naar man ei vil troe sine egne Øine, kun som en fortvivlet Løgner modsige! Man betænke dog engang, hvormed man vil bestride den Grund-Sætning, at Naade-Midlerne, med den dertil svarende Troes-Bekiendelse, som er det *Eneste, alle Christne, i alle Stillinger, i alle Menigheder, til alle Tider* have havt tilfælles, det, der baade har gjort Kirken *kiendelig for Venner og Fiender*, og *forbundet* Menigheden, Det der altsaa unægtelig var baade *Kiende-Mærket* og *Samfunds-Baandet*, at Det er *Grund-Volden*, der hidtil har svaret til den Priis, Herren lagde paa *Klippen*, som, til Trods for Helvedes Porte og Dødens Magt, skulde bære Hans Kirke alle Dage til Verdens Ende! *Hvormed* vil man bestride denne Grund-Sætning, hvorved vi kun i Tankerne sætte Kirken paa den Grund, hvorpaa den beviislig har staaet, og *unægtelig* staaer, saa længe et eneste Menneske, *som jeg her*, frivillig tilegner sig Bekiendelsen, og erklærer sig ved Naade-Midlerne forbundet med alle de sande Troende, som have været, som ere, og som skal fødes, gienfødes i den samme Tro, af den samme Aand, ved den samme Daab, til det samme Haab! Med *Fornuften* vil man dog vel ikke bestride en *Kiends-Gierning*, som selv den guddommelige, alvidende, og almægtige Fornuft kun kan forklare, aldrig kuldkaste, og ei, uden Selv-Modsigelse, bestride! Med det *Ny Testamente* vil man dog vel ikke heller bestride, hvad *Det* i alle Maader *forudsætter*, baade hviler og bygger paa, da det unægtelig blot er den Christelige Kirkes Vidnesbyrd, som giør den Bog til Kirkens Lys, og da *Skriften* udtrykkelig er stilet til den allerede troende og døbte Menighed, og vil ikke lære den noget Nyt, men kun bestyrke og stadfæste den i sin christelige Tro, der, som bekiendt, forudsættes! (GVU II,337-38)

Grundtvig insisterer på kirkens forrang for Bibelen. Det er ikke ensbetydende med en benægtelse af Skriftens vitale betydning i kirkens liv, om end der rigtignok sættes et spørgsmålstegn ved reformatorernes beråben sig på Skriften alene. For Grundtvig er kirken den eneste gyldige kontekst for en ret forståelse af Skriften. Også for teologien følger der vigtige konsekvenser af påstanden om den førsterang, der tilkommer Guds handling i de sakramenter, alle har del i, og den trosbekendelse, hele det kristne folk aflægger. Det teologiske arbejde – det, som Grundtvig ofte kalder "Skolen" – skal kunne ses at have sit grundlag i "Kirkens" liv. Og selve bevarelsen af den kristne sandhed er hele det gudstjenestefejrende fællesskabs opgave.

Teologens, den kristne lærdes virksomhed skal være fri, men den skal udøves inden for denne kontekst og ikke modsige denne fundamentale trosregel. Når den fornægtes, så udelukker fornægteren – "protestanten" – sig selv fra det troens og livets fællesskab, som er det eneste sted, den kristne tro kan forstås og tolkes ret. Vi skal om lidt vende tilbage til dette forhold mellem "Kirken" og "Skolen". Først ser vi lidt nøjere på, hvordan Grundtvig udlægger forholdets betydning for kirken selv:

Sandelig, det er paa den høie Tid, at vi alle, saamange som end i Ånd og Sandhed vil være *Christne*, forene os om ene at bygge paa den Klippe, der giennem Tidens Løb har trodset de flyvende Storme og brusende Bølger, indskrænke os, som Troes-Samfund: *som Kirke*, til Krybben i Bethlehem, som Historien lærer, lader sig seirrig forsvare mod al Verdens og Helvedes Magt, at vi, saa at sige, trække os tilbage til *Choret*, række hinanden, og alle de i Herren hensovne Christne, Haand over *Daaben*, og Mund for Alteret, i det ene Brød og den ene Kalk, lade, som Brødre, al Kiv om det Tvivlsomme fare, og, ere vi stærke, da ei misbruge vor Magt til at bebyrde de Afmægtige, men til at bære deres Skrøbeligheder! Ja, *Christne*! hvor I bygge, det er Tid, at vi igien forenes om *det Christelige*, som *Læg og Lærd*, og som de i Tanke-Gang forskielligste *christelige* Lærere, som en *Justinus Martyr* og *Irenæus, Ansgar og Luther, Reinhard og Balle* havde tilfælles, og som da unægtelig er det *Grund-Christelige*, forene os derom, taale hos hverandre al dermed forenelig theologisk Forskiellighed, men vige da ei heller et Haarsbred enten for aabenbare Fiender alle falske Venner, skille os høitidelig fra dem, som, ved at vrage Kirkens oprindelige Bekiendelse og guddommelige Naade-Midler, selv have skildt sig fra os, og som kun vil beholde det *Christne* Navn, for under Venskabs Maske at forføre Menigheden, og for at tilsnige sig Glandsen af det Kirkens store Vidnesbyrd, de ei vil troe! (GVU II,338)

Det er sikkert, at denne passage fortjener at kaldes en af de store profetier om det 20. århundredes økumeniske bevægelse. Vi mærker os den måde, på hvilken Grundtvig giver kirkens historiske trosbekendelse liv og konkretion ved at bruge billedet af krybben i Betlehem. Alting har sin grund i inkarnationen, Ordet, som blev kød. Vi mærker os også, hvordan han beskriver kirkens enhed i liturgiske og sakramentale vendinger. Vi skal, siger han, vende tilbage til helligdommen. Det er dér, vor enhed i tro og liv skal findes. Denne enhed indbefatter også alle "de i Herren hensovne Christne". Kirkens liv er ikke noget, der alene hører denne verden til; den indbefatter den triumferende kirke i Himlen. Ideen om de helliges samfund er et afgørende aspekt af denne mysteriøse virkelighed. Med George Florovskys udtryk: der findes en tidens økumeni, der ikke er mindre vigtig end rummets. Enhed i troen overskrider ikke bare de grænser, som skiller kristne fra hverandre nu, men også over de skel, som århundrederne sætter mellem nutid og fortid. De historiske vidner – fædrene i troen – er af vital betydning for Grundtvig; de strækker sig fra apostlene til Balle, hans faders biskop.

Listen kan være større eller mindre; den kan rumme "*Polykarp* og *Irenæus*, *Augustin* og *Benedikt*, *Ansgar* og *Bernhard*, *Luther* og Utallige, hvis Navne vel ikke er skrevne i Dødens men dog i Livets Bog" (GVU III,365). Meningen er altid den samme. I og gennem de mange forskellige måder, den kristne tro har udtrykt sig på gennem historien, består der en enhed, som giver og redder liv. Listen over vidner repræsenterer en tradition for tro og lære, som han selv hører til i. Han véd af egen erfaring, at han er blevet bragt ind i den ene kirkes fællesskab gennem sin dåb. Det ligger ham på sinde at anerkende og fejre dens store historiske skikkelser, som alle, hver på sin måde, viser hen til helhedens hjertepunkt og mening: den ene Kristus, virksomt nærværende i Helligåndens kraft ved døbefont og alter.

Som vi skal se, ligger her en af de fundamentale bevæggrunde for Grundtvigs indsats som salmedigter og salmeoversætter. I menighedens lovprisende og takkende sang bekræftes og fejres livsenheden tværs igennem alle tidens skel. Også hans stadige optagethed af kirkehistorisk studium har sin rod her; den historiske dimension i kirkens liv er af vital betydning for ham.

II

Grundtvig går derefter over til en mere detaljeret betragtning af spørgsmålet om, hvad alt dette skal betyde for kirkens intellektuelle liv, det teologiske arbejde og den kristne undervisning. Han polemiserer skarpt mod en teologi, som han finder har vendt tingene på hovedet ved at sætte individet over fællesskabet, ideerne over den historisk givne virkelighed, menneskekløgt over Guds visdom. Grundtvig nærer ingen betænkeligheder ved at give slip på betegnelsen "protestant"; han har flere skrupler ved at vække det indtryk, at han lader hånt om fornuftens krav. Men det er især hans omgang med betegnelsen "lutheraner", der er interessant. Han vil ikke give afkald på retten til at blive kaldt lutheraner "i Skolen", thi han er sikker på, at han som teolog følger i Luthers fodspor. Men "i Kirken" vil han gladelig opgive den. Hvordan skulle der kunne tales om sådan noget som en "luthersk kirke"? Vil ikke selve den Augsburgske bekendelse bringe mennesker til den "eneste sande, historisk-christelige, uforanderlige, catholske Kirke"?

Kirkens oprindelige trosbekendelse, den Apostolske ved dåben, er altid for Grundtvig det absolut afgørende. Det er den, hele kirken gennem alle tidsaldre har båret vidne om, thi Gud selv vidner om den gennem apostlene:

Dette guddommelige Vidnesbyrd havde den oprindelige Bekiendelse for Kirke-Fædrene, saasandt som de ikke vidnede falskelig, der beseiglede Vidnesbyrdet med deres Blod; dette guddommelige Vidnesbyrd har Bekiendelsen for os i de apostoliske Skrifter og i Kirkens hele underfulde Historie, men ingen Fortolknings-Regel, uden den, at Skriften skal forstaaes efter Troes-Bekiendelsen, kan ikke forstaaes uden af Troende, med den Hellig-Aand, ingen Fortolknings-Regel uden denne, har den apostoliske Kirkes og Historiens guddommelige og menneskelige Vidnesbyrd. Hertil maa *Kirken* holde sig, og lade *Skolen* i Øvrigt være fri, lade sine Theologer og Skriftkloge overlægge, og, vil de endelig, da kives med hinanden, naar de kun indrømme, at den hellige Skrift er oplysende og opbyggelig for alle *Christne*, efter Troens og Viisdommens Maal, som Herren giver, og naar de kun ikke prøve paa at sætte Splid mellem Skriften og Kirkens *Grund-Bekiendelse*, hvorved de naturligviis udelukke sig selv af Kirken, og af Kirke-Skolen. See, saaledes hylde vi al den aandelige Universalisme, al den videnskabelige Frihed, en *Kirke*, som et *Troes-Samfund*, kan taale i sig, uden, ved aabenbar Selv-Modsigelse, at erklære sig for et i Sandhed ophævet, et vitterlig falsk og løgnagtigt Samfund! De Lærde og Læge nu, som ei vil finde sig i denne nødvendige Indskrænkning, altsaa paa ingen Maade vil *være Christne*, de maae ogsaa aflægge det *christne Navn*, hvorimod vi tilstaae dem ethvert andet, selv det mest glimrende, de vil give sig. Vil de hedde *Protestanter*, velan! det maae de, og vi afstaae dem enhver Fordring paa et Navn, der unægtelig passer sig bedst for dem, der ei vil have andet Bestemt tilfælles end *Protesten* mod den Christelige Kirke, og mod ethvert *Troes-Samfund*, der vil bekiende sin Tro og vedstaae Bekiendelsen. Vil de hedde *Rationalister*, velan! vi kan vist nok ikke fraskrive os *Fornuften*, enten som den er i Gud, eller som den billedlig er i os, men vi have Intet at bramme af, og overlade derfor gierne vore Modstandere det pralende Navn, ligesom Kirke-Fædrene, uden at forpligte sig til Dumhed, overlod deres Modstandere Navn af *Gnostiker*! Vil de endelig, af ubegribelig Ydmyghed, hedde *Lutheraner*, da vil vi i Kirken heller ikke derom kives med dem; thi vi er ikke døbte i *Luthers* Navn, og vore Fædre lærde os ikke, at Luther, men at *Christus* er korsfæstet for os; men i Skolen maae vi forsvare denne vor Fader i Christo, og bevise, at alle de Protestanter mod den historisk-christelige Kirke, som beraabe sig paa hans Medhold, enten rave i et grueligt historisk Mørke, eller omgaaes med Falskhed, og vanære i begge Tilfælde den Herliges velsignede Ihukommelse, misbruge i begge Tilfælde hans med al Ret i Christenheden berømte Navn til at besmykke, hvad han af Hiertens Grund afskyede.

Det er nemlig vist, at hvad end Reformatorerne, og *Morten Luther*, deres store Hoved-Mand, i deres Strid med Pavedommet kan, som *Theologer*, have paastaaet om Skriften som Troes-Regel, saa forudsatte de dog, som Præster: Lærere i Kirken, bestandig baade Kirken og Troen, og vare enige om, at Skriften ei kunde rettelig forstaaes uden ved den *Hellig-Aands* Bistand, altsaa af troende Christne, der dog umuelig kunde udlede Troen af Skriften, før de *forstod* den. Det er ligeledes vist, at *vor Menighed*, i den Augsburgske Bekiendelse, som *Luther og Melanchton* dog vel ikke har protesteret imod, bandt sine Lærere til den apostoliske Troes-Bekiendelse, (Art. III) og til den eneste sande, historisk-christelige, uforanderlige, catholske Kirke (Art. VII og XXI). (GVU II,339-40)

Det er overflødigt at gøre opmærksom på, at dette ikke var professor Clausens måde at se på tingene på. Han var det liberale etablissements prototypiske teolog, ung, begavet, af ulastelig gejstlig herkomst: søn af Københavns stiftsprovst, som allerede havde været i klammeri med Grundtvig. Han må have tænkt: Her kommer denne galning, ubestrideligt en lærd mand, men på sælsom og totalt umulig måde, og kræver, at jeg, Clausen, skal lade mig kalde kætter og frasige mig mit professorat såvel som min præsteværdighed. Han måtte forsvare sig. Det var, mente han tydeligvis, håbløst at diskutere med Grundtvig, og det havde han i en vis forstand ret i. I stedet besluttede han at gå rettens vej gennem et injuriesøgsmål, som han vandt året efter. Grundtvig idømtes en klækkelig bøde, og alt, hvad han ville udgive fra da af, blev lagt under censur – en bestemmelse, som forblev i kraft indtil slutningen af det følgende årti. Allerede før sagen var afsluttet, havde han imidlertid besluttet at nedlægge sit præsteembede. Han stod således igen på bar bakke, som freelance litterat og teolog.

Det, der her er blevet citeret fra *Kirkens Gienmæle*, vil med tilstrækkelig tydelighed have vist noget af dette fængslende skrifts betydning. Det markerede utvivlsomt en afgørende fase i udviklingen af Grundtvigs såkaldte "kirkelige anskuelse". Med sin forkastelse af et biblicistisk eller individualistisk begreb om kristentro og kristent liv står Grundtvig tydeligvis på linje med lederne af Oxfordbevægelsen, ligesom han også gør det i kraft af sin appel til oldkirkens historiske liv og vidnesbyrd. Når han hævder, at kirken skal kendes gennem den apostolske trosbekendelse og sakramenterne, frembyder han interessante paralleller med Frederick Denison Maurice's tænkning. For Maurice synes sakramenterne i virkeligheden at bekræfte sig selv. Mens gejstligheden og teologerne formørkede budskabet på prædikestolen – sagde han – forkyndte Gud selv evangeliets sandhed ved døbefonten og alteret. Uanset hvor forskelligt Grundtvigs tænkning kom til at udvikle sig i forhold til Oxfordfolkene og andre engelske samtidige, er det vigtigt at være opmærksom på deres fælles udgangsposition, og det må beklages, at en konstruktiv dialog mellem ham og englænderne ikke kom i stand i hans egen levetid.

Hvad hans egen udvikling angår, gør de dominerende ideer i dette skrift klart, hvorfor salmedigtningen blev så betydningsfuld for Grundtvig i de følgende år. Hvis kirken bliver til, eller rettere skabes af Gud, gennem sakramenterne og gennem den gudstjenstlige bekendelse af troen, så bliver det i og med dette nødvendigt, at menigheden skal have salmer til at udtrykke sin tro igennem og til at fejre sakramenterne med. Til det formål var den eksisterende danske salmebog, hvis individualistiske fromhed og moralisme Grundtvig altid havde afskyet, helt og holdent utilstrækkelig. Grundtvig begyndte at tænke over, hvordan en ny salmebog kunne forberedes. Det ser ud, som om han i begyndelsen især forestillede sig, at arbejdet skulle bestå i en bearbejdelse af klassiske lutherske salmer fra det 16. og 17. århundrede, tyske såvel som danske. Men efterhånden kom han i gang med et væsentligt mere omfattende projekt: en indsamling og nyttiggørelse – i "Gienmælets" ånd – af tekster fra hele den kristne salmedigtnings historie.

Alt dette nåede først til virkeliggørelse mere end et årti senere. I et brev til sin ven Ingemann fra 1837, vedlagt et eksemplar af Sangværket, skriver han:

> Hvad der især glæder mig ved det, er den Sammensmeltning af Toner fra alle Hovedgangene i den almindelige Kirke, som under Udarbejdelsen naade mit Øre og rørte mit Hjærte; og skjønt jeg nok kan vide, at de forskjellige Toner ved at gaa igjennem mig har tabt meget af deres Ejendommelighed, tør jeg dog haabe, der er Spor tilbage, der vil fryde troende Sjæle som Forbud paa den ny Sang, hvormed alle Stammer og Tungemaal prise ham, af og ved og til hvem alle Ting ere! (GIB 198)

Rodfæstet i historien og i sin historiske trosbekendelse ser kirken i bøn og lovprisning frem til Guds kommende rige. I alle sine mangfoldige skikkelser er den et tegn på, at dette rige allerede giver sig til kende i rummets og tidens verden.

Syvende kapitel

Det historiske embede

I

Et af de spørgsmål, der rejste sig af det nye syn på kirkens historiske væsen, var spørgsmålet om kirkens embede. Havde det ordinerede embede og specielt biskopsembedet en rolle at spille for opretholdelsen af kirkens enhed og dens tidslige sammenhæng? Og i bekræftende fald hvilken? Med det kendskab, vi har til Grundtvigs beundring for Ignatius af Antiokia og frem for alt for Irenæus, kan vi dårligt forestille os, at den betydning, oldkirken tillagde bispeembedet som enhedsfaktor i lokalmenigheden og som forbindelsesled mellem apostlene og eftertiden, ikke stod ham klart.

Men det siger sig selv, at han stødte på en vanskelighed her. Den danske kirke havde bevaret bispeembedet ved Reformationen. Biskopperne beklædte de samme sæder som deres førreformatoriske forgængere. Men medens de første protestantiske biskopper såvel i Sverige som i England var blevet indviet af mænd, der selv var bispeviede, havde de første danske reformationsbiskopper fået deres konsekration af Luthers medarbejder Johannes Bugenhagen, som selv kun var præsteviet. Betød dette, at den danske kirke havde mistet "den apostolske succession"? Sådan så man almindeligvis på det. Da Samuel Seabury i 1783 kom til England fra de nyligt selvstændiggjorte amerikanske stater for at søge bispevielse og måtte konstatere, at de engelske biskopper af juridiske grunde var afskåret fra at give ham den, overvejede han, hvor han så skulle henvende sig. Danmark skulle han holde sig fra, lød rådet, og han tog så til Skotland. Men det er interessant, at Danmark var blevet diskuteret som en mulighed. Den danske kirke sås af englænderne som en søsterkirke på fastlandet, en virksom medarbejder i missionsarbejdet i Sydindien.

Som bekendt kom den opfattelse, at det kirkelige embedes gyldighed står og falder med et gyldigt bispeembede, og at et sådant kun er tænkeligt på betingelse af en ubrudt indvielsesfølge fra apostlenes dage indtil nu, til at spille en ekstremt vigtig rolle i den anglikanske verden fra og med Oxfordbevægelsens dage. På en temmelig ukritisk måde lagde

Oxfordmændene større og større vægt på dette lærepunkt. Men det blev først rigtig klart efter 1833, og det står fast, at Grundtvig tænkte over disse spørgsmål et godt stykke tid før, og i hvert fald før sine rejser til England i 1829-31.

For eksempel røber han allerede i 1826-27 sin interesse for ordinationsspørgsmålet:

> Jeg lægger saaledes slet intet Dølgs-Maal paa, at, efter min theologiske Overbeviisning, er der, *uden Indvielse med Haands-Paalæggelse*, ingen christelig Lære-Stand, og at, hvor den bispelige Ordination ei er uafbrudt forplantet, der er, i kirkelig Forstand, *ingen Bisper*, men et stort *Bispe-Savn*, hvorpaa der kunde og burde raades Bod, da Gud har sørget for, at Bispe-Ordinationen er forplantet i den rettroende engelske Menighed; men derfor maa og vil jeg ingenlunde forkiættre de Theologer, som er af anden Mening, eller paastaae, at Christendommen staaer og falder selv med den Betragtning af Lære-Standen, som, efter Kirke-Historiens Vidnesbyrd, er den old-christelige og, efter min Overbeviisning, den eneste, der fuldelig stemmer med Skriften og svarer til Menighedens kirkelige Tarv! (GCS 254)

Under sine Englandsbesøg fra 1829 og frem havde han tættere kontakt med litterater end med teologer og omgikkes mere med frikirkefolk end med anglikanere. Det var ikke i England, hans syn på bispeembedet tog form. Som vi har set, havde spørgsmålet allerede optaget ham tidligere, og det er muligt, at det har medvirket til hans ønske om at lære England at kende på første hånd. I et skrift, han udgav i 1830: *Skal den Lutherske Reformation virkelig fortsættes?*, hører vi noget mere om hans overvejelser. I en passage ved slutningen af skriftet, hvor han beskæftiger sig med forholdet mellem teologien på den ene side og kirkens fælles tro på den anden, skriver han om den kærlighed, som bør binde det kristne folk sammen til ét og om Helligånden som kærlighedens kilde:

> Til et *Billede* heraf stod i Begyndelsen *Biskoppen* ved Herrens Bord, med Brødet og Kalken, med Nøglen og Staven, hvor de knælede trindt om ham i Frelser-Navnet, de Lærde med de Læge, og glemde al timelig Forskiel over Ordet: eet Legeme ere vi alle, thi vi ere alle deelagtige i det ene Brød, som kom ned fra Himmelen, og vi ere alle skiænkede til een Aand, ligesom der er *een Herre, een Tro, een Daab, een Gud* og Alles *Fader*, over, med, og i os Alle, og, annammende Herrens Velsignelse, gik saa hver til sit timelige Kald, og sin jordiske Syssel, med Himlen i Hjertet, og Evigheden for Øie. (GVU III,291)

Der er et anakronistisk anstrøg over Grundtvigs forestilling om, hvordan en biskop så ud og agerede i det 2. århundrede. Men der er grund til at beundre den sikre teologiske intuition, hvormed han havde opfattet bispeembedets essentielt liturgiske og sjælesorgsmæssige karakter: biskoppen som leder af nadverhandlingen, som hjordens hyrde, og som den, der bærer syndsforladelsens nøgler. Der er noget af Ignatius af Antiokia i denne vision af biskoppen midt i folket, som tegn og symbol for Guds forsoningsgerning og som den, der samler de mange forskellige slags mennesker omkring sig, giver dem velsignelsen og sender dem ud for at "leve evighed" i tidens verden. Man kan spørge sig, hvor mange af de anglikanske forfattere, som fra 1833 begejstredes så stærkt for bispeembedet, var så klart bevidste om dets inderste væsen som Grundtvig her viser sig at være.

Dette var *Billedet*, hvoraf vi nu kun har Skyggen tilbage: i Apostel-Brevene, hvor baade *Petrus* og *Paulus*, hvor høit de end flyve, og hvor dybt de end grunde, dog knælende, stille og enige, søge Livet og Velsignelsen i hvad der har smeltet *Johannes*, og udgyder sig fra hans Læber i en lyslevende Strøm i den guddommelige *Kiærlighed*, der overgaaer al Forstand, skal overleve baade Spaadom og Skrift-Klogskab, og omsider giøre selv Troen og Haabet saa overflødige, som Soel og Maane er i det ny Jerusalem, hvor Herren straaler selv i al sin Glands. (GVU III,291-92)

Atter her må man beundre rigdommen i Grundtvigs måde at tænke på. Vi møder en af hans "trefoldige" formuleringer. Peter står for troen, Paulus for håbet og Johannes for kærligheden. Alle tre er nødvendige for kirkens liv, men forrangen tilkommer Johannes. For Grundtvig er autoritet i kirken noget, der først og sidst skyldes Guds kærlighed. Vi konstaterer også, at Grundtvig altid ser nadveren – hjertepunktet i kirkens liv – i dens sammenhæng med tidernes ende. Den er den fuldendte kærligheds måltid, en forsmag på det kommende rige, i hvilket Gud skal være alt i alle. Det ser altså ud, som om kirkens inderste virkelighed allerede nu ikke så meget skal findes i Paulus' forkyndelse eller Peters pastorale autoritet som i det vidnesbyrd, som aflægges af et liv, i hvilket troen og håbet allerede nu finder deres fuldbyrdelse i kærlighed og tilbedelse. Når man betænker, hvor meget den ydre aktivitet, altså Peters og Paulus' livsform, fyldte hos Grundtvig, er det slående at finde denne henvisning hos ham til det kontemplative elements forrang i kirken.

Men han fortsætter, ikke uden bedrøvelse:

Skyggen kan ikke gienføde Billedet, men den baade kan og skal minde os om hvad vi fattes, og hvor Man, som i Danmark, aldrig har forsmaaet, men, ligesiden Reformationen, *savnet Bispe-Vielsen,* vil Herren sikkert ogsaa skiænke os den, med Velsignelsens Fylde. (sst. 292)

Han tilføjer her en fodnote:

Skiøndt den *Biskoppelige Kirke* i England for Øieblikket ei synderlig ærer sit Navn, saa er det dog en rettroende Kirke med *virkelige* (ikke selvgjorte) Biskopper, og jeg veed nu af egen Erfaring, at det har anderledes Fynd, naar en Biskop, end naar en af os velsigner i Herrens Navn.

Der synes at foreligge en henvisning til et besøg i Exeter domkirke i 1829, hvor biskoppen førte forsædet ved gudstjenesten.

Denne genoprettelse af et levende bispeembede betragter Grundtvig som noget, der er nødvendigt, hvis den lutherske reformation skal føres til ende; for han fortsætter:

Naar det skeer, saa *Præsterne* staae ved *Daaben,* som Zions Vægtere i Aandens Kraft, og *Biskoppen* staaer for *Alteret,* afbildende virkelig den gode Hyrde, der sætter Livet til for Hjorden, medens Menigheden gladelig lader Lyset skinne i gode Gierninger, og de Skrift-Kloge vaage over Bogen med Nat-Lampen, tændt ved Alter-Lyset, og vaage over, at Kirken har aabne Dørre, til *Udgang* saavelsom til *Indgang,* da er Alt i sin Christelige Orden, og da er den *Lutherske Reformation* fuldbragt, skiøndt Krandsen naturligviis *kun* sættes paa Bygningen, fordi den har sin rette Skikkelse, og ei, som en tredobbelt Krone, paa Bispe-Hovedet, før Levnets-Løbet er fuldendt, og *Hovedet,* der nu skjuler sig bag Skyen, aabenbares; thi herneden kan Ingen af os, han være Biskop eller Skrift-Klog, Præst eller Prophet, bære anden Krands end Martyr-Kronen, ja, end *Torne-Kronen,* som den Korsfæstede har efterladt os, og som den Himmelfarne først hisset vil indløse med den Krands af Evigheds-Blomster, den Ærens og Livets Krone, han kun har lovet dem der blive troe til Døden, dem der for hans Krone vil tømme hans Kalk, for Deel i hans Herlighed dele hans Lidelse! (sst.).

Dette er et bemærkelsesværdigt udsagn om bispeembedet såvel som om kirken som et fællesskab af mange forskellige kald og funktioner. Selv om der ikke er tale om en fuldt udarbejdet lære, har vi her materialet, en lære kan blive bygget op af.

Det er interessant at se, hvordan Grundtvigs sans for vekselvirkningen og gensidigheden mellem de forskellige kald og funktioner i kirken finder et sidestykke hos hans russiske samtidige, den fremtrædende ortodokse lægmandsteolog, Alexei Khomiakov:

Det var hele kirken, der frembragte de hellige skrifter; det er kirken, der gør dem levende i traditionen; eller snarere: de to manifestationer af den samme Ånd er ét; thi Skriften er den nedskrevne tradition, og traditionen er den levende Skrift.[49]

Khomiakov slår videre til lyd for en gensidighed mellem lægfolket og de ordinerede embeder, og det netop i kirkens lærende virksomhed, hvor man jo skulle tro, der tilkom de lærde og ordinerede et absolut fortrin:

Ethvert ord, som inspireres af en sand kristen kærlighed, levende tro og håb, er en belæring; enhver handling, som bærer Guds Ånds mærke, er en undervisning; ethvert kristent liv er et mønster og et eksempel. Martyren, som dør for sandheden, dommeren, som øver barmhjertighed, ikke for menneskets skyld, men for Guds, arbejderen, hvis ydmyge dont passes under stadig henvendelse af tanken til Skaberen, alle lever og dør de og giver en ædel belæring til deres brødre. Når lejligheden kommer, vil den guddommelige Ånd lægge dem visdomsord i munden, som den lærde og teologen ikke ville kunne finde. 'Biskoppen er på én gang lærer for sin hjord og dens discipel', som Aleuternes biskop Innocentius har sagt. Uanset hvor højt placeret på hierarkiets stige, uanset hvor skjult i den ydmygste stillings dunkelhed – ethvert menneske lærer og belæres; thi Gud fordeler sin visdoms gaver til dem, han vil, uden persons eller stillings anseelse. Det er ikke blot ordet, der belærer, men hele livsførelsen. Kun at tillade belæring fra det logiske ord ville være rationalisme. (sst.)

Her, i den østlige kristenheds tradition, finder vi en stærk fællesskabsdimension i kirkens liv.

Der er i kirken en åndsbestemt vekselvirkning, som trodser vore forsøg på at reservere lærefunktionen for ét enkelt embede eller én enkelt indvielsesstatus. De ældste kan lære af de yngste, de lærdeste af de tilsyneladende enfoldigste. Ligesom i det Nye Testamente må alle bøje sig for den indsigt, der skænkes de mest barnligt enfoldige af hjertet. Fastholdelse og udfoldelse af dette behøver ikke at føre os til en opgivelse af den traditionelle hierarkiske orden; men den kan sætte os i stand til at se den i dens rette perspektiv og betydning.

II

Det er vigtigt med det samme at være opmærksom på, at Grundtvig senere i livet foretog en radikal vending, hvad bispeembedet angik. I *Den christelige Børnelærdom,* som udkom i 1868, taler han for eksempel om den "storagtige Bispe-Kirke med sin sorte aandelige Armod" og om sin egen overraskelse ved at finde,

> at den saakaldte *apostoliske Bispe-Vielse i uafbrudt* Følge, som *Høikirken* bryster sig med og udleder hele sin mageløse Herlighed af, det er den tommeste af alle Indbildninger ... (GVU VI,75)

Dette skifte i Grundtvigs holdning til bispeembedet står i forbindelse med en bred forandring i hans holdning til kirken som en synlig institution, delvis forårsaget af de vanskeligheder, han kom ud for i sit eget forhold til statskirken, såvel som af den måde, hvorpå kampen for frihed i kirken havde udviklet sig. Men de udtryk, han bruger, gør det også klart, at i hvert fald en af de afgørende faktorer var det uheldige indtryk, Oxford havde gjort på ham.

Det er et af de ironiske træk ved det 19. århundredes kirkehistorie, at Grundtvig først fik personlig forbindelse med lederne af Oxfordbevægelsen på et tidspunkt, hvor det næppe ville kunne lade sig gøre for parterne at forstå hinanden. Hans andet og afgørende besøg i Oxford fandt sted i 1843, da Newman allerede havde tabt al tillid til den engelske kirke, og Pusey lige havde fået forbud mod at prædike for universitetet. Hvis han var kommet ti eller blot fem år tidligere, da deres anskuelser var mindre fastgroede og deres ydre vilkår gunstigere, havde det måske været muligt at etablere en ægte kontakt. Som landet lå, skete det uundgåelige. Englænderne ville ikke anerkende Grundtvigs ordination, og dermed var sagen afgjort. Som det hedder i et brev til Grundtvig fra William Palmer i Magdalen College:

> Det, jeg sagde med hensyn til Dem selv, var *ikke*, at De var eller ikke var en medbroder i den synlige kirke, heller ikke at De var eller ikke var i en vis forstand en Kristi tjener eller 'minister' som gør godt med sit arbejde blandt medmennesker ... men *dette* er, hvad jeg *faktisk* sagde og *faktisk* siger: at De ikke (efter min mening) kan anerkendes som 'kleriker', 'presbyter', 'præst', 'sacerdos' eller 'hiereus' i disse ords kirkelige og kanoniske betydning ...[50]

Naturligt nok var netop dette noget, Grundtvig ikke kunne finde sig i. Husker vi på den erfaring af Kristusmysteriet og den indsigt i dåbens og nadverens væsen, som havde fundet udtryk i hans forkyndelse, kan fastheden i hans overbevisning på dette punkt ikke overraske os.

Eftersom spørgsmålet om Grundtvigs forhold til Oxfordbevægelsen er af nogen betydning, når talen er om hans relationer til den engelsktalende verden og til den kristne traditions katolske varianter som helhed, kræver det en lidt mere detaljeret betragtning. I Grundtvigarkivet ligger der to kladder til et brev til Pusey fra 1836 eller 1837, skrevet på Grundtvigs noget excentriske engelsk (GA 446.6.a.) Det fremgår ikke klart, om brevet nogensinde blev sendt, men det er klart ud fra dets indhold, at Grundtvig på dette tidspunkt stadig længtes efter at knytte forbindelse med Oxfordbevægelsens mænd trods de åbenbare vanskeligheder, situationen rummede. Det kunne ikke være andet, end at han følte sig enig med dem i adskilligt, og at han var glad opstemt over den kraft og den begejstring, de fremførte deres ideer med. Mere end noget andet sted mærker vi her, hvor stærkt hans ønske var om at bryde ud af den isolation, han befandt sig i hjemme. Styrken i den bevægelse for genbekræftelse af kirkens historiske og katolske væsen, som han havde ledt forgæves efter på sine tre første Englandsophold, var gået op for ham som en uventet kilde til håb og opmuntring, således som det fremgår af hans citering af et skriftsted, som i Christian VI's Bibel lyder: "Ligesom koldt vand over en træt siel, saa er et got rygte af et langt fraliggende land" (Ordsp 25,25). Han var ikke længere alene, han fandt, at han havde uventede forbundsfæller hinsides havet, i det ørige, som fascinerede ham så stærkt. Her var der præster og teologer i en kirke, der ligesom hans egen havde høstet Reformationens erfaringer, mænd, der ligesom han selv søgte at "skære sig igennem det protestantiske vildnis for at finde 'en stad at bo i'". Han vidste, at der var hindringer for gensidig forståelse; men han følte, at det ikke behøvede at ende som ved Babelstårnet. Som endrægtige forbundsfæller måtte de sammen kunne lade trompeten lyde "for den oprindelige, sande katolske kirke, vores allesammens moder", som det hedder i den første kladde. I den anden giver han stærke udtryk for den opdagelse, han har gjort om kirkens sande væsen, og for sin overbevisning om det i den danske kirke forsømte bispeembedes nytte – samtidig med, at han, ligesom i den første kladde, fastholder sin egen ordinations gyldighed og bekendelsens og dåbens absolutte forrang for embedet (GA 446.6.b.).

III

Endnu et indblik i Grundtvigs holdning til begivenhederne i Oxford foreligger i en artikel med titlen: "De nye Anglicaner", som han udgav i 1842, et år før sit sidste Englandsbesøg, i *Nordisk Tidskrift for Christelig Theologi.* Meget i denne substantielle teksts næsten tredive sider drejer sig om Newmans "Traktat nr 90". Man føler ved læsningen, at forfatteren er fascineret, desorienteret, og til sidst vred; men dog samtidig dybt engageret. Der fremføres kritik, men den er ikke helt og holdent uvenlig. Man fornemmer en vis kritisk solidaritet med bevægelsen, uanset de elementer i dens udvikling, som han tydeligvis ikke kan acceptere.

Selv om hans interesse i bevægelsen er utvivlsom, og selv om han, som man kunne vente, i nogle henseender røber dyb forståelse for den, var hans kendskab til den nødvendigvis ufuldstændigt. Det kunne dårligt være anderledes. Han havde haft meget at gøre i årene 1842-43, og forbindelsen med Oxford havde været sparsom. Hans elev Hammerich havde besøgt Pusey i 1837, og Nugent Wade, den anglikanske præst i Helsingør, havde skaffet ham bøger og diskuteret med ham; men derudover havde han ikke haft kontakt med bevægelsen. Det fremgår tydeligt af artiklen, at hans information om den var begrænset og ikke altid korrekt. Sørgeligt nok synes han end ikke at have hørt om dens digter, John Keble. Mange af dens vigtigste skrifter var ham ukendte; og der var adskillige aspekter af den anglikanske kirkes historiske og forfatningsmæssige stilling, som han fandt det svært at få hold på. Men som han siger i artiklen, havde han læst *The British Critic* regelmæssigt og havde derigennem været i stand til at følge den krise, der var under udvikling i bevægelsen.

På den ene side beundrer han meget af, hvad "traktarianerne" har skrevet. Han finder mange af deres artikler seriøse og videnskabeligt værdifulde. Men på den anden side irriteres han af deres stadige tendens til at behandle romerske katolikker som brødre, om end vildfarne sådanne, samtidig med at de totalt udelukker lutheranere og sætter dem i bås med kalvinister og rationalister. Hvilken ret har de, spørger han, til at mene, at de er i kirken og vi ikke? Han finder "Traktat 90" stædigt ensidig og hårkløverisk. Frem for alt lider de under deres tvangstanke om bispeordinationen som det grundlæggende sakramente. For ham er dét den grundlæggende vildfarelse.

Alligevel nærer han stadig håb om, at noget kan gøres, og han agter at gøre det selv. Han vil se, om han ikke gennem et besøg i Oxford kan øve en afgørende påvirkning på bevægelsens udvikling. Han ser nemlig stadig bevægelsen som et tegn fra Gud, uventet og overraskende, og tror ikke, Gud vil lade den dø. Han havde længe håbet, at det historiske korrektiv til, hvad han betragtede som tyskernes selvtilfredshed ville komme fra England, men han havde knap troet det muligt. Dette her *måtte* nu være det rigtige; det måtte være tegnet på, at hele den protestantiske verden ville tage fat på at gennemtænke Reformationen på ny, sådan som han selv havde prøvet at gøre det i sine skrifter siden 1825. Hvis uoverensstemmelserne blev set i det perspektiv, ville de måske, når alt kom til alt, vise sig at kunne overvindes:

Da nu Oxforderne ... lægge særdeles Vægt paa *Kirke-Fædrenes* Skrifter og den almindelige *Kirke-Historie*, som hos Protestanterne i det Hele har været forsømt, saa staae de *derved* nødvendig paa *Virkelighedens* Side mod Speculationen *i Luften*, der netop nu fra *Tydskland* af begynder at hjemsøge baade *Frankrig* og *England*. Uagtet derfor Menneske-Aanden, for ei at tale om den "Større", maa ønske den *Oxfordske* Giæring baade mere poetisk Kraft og mere hjertelig Dybde end den hidtil aabenbarede, saa maa dog *Kirken* lykønske sig med den, baade som et godt Varsel og et godt Vaaben i den store Strid mod Kiød-Hovedet og Luft-Maskinerne i alle Lande. I hele den *Protestantiske* Verden vil man nu blive nødt til at huske, at *Christi Kirke* ligesaalidt som *Rom* er bygt paa een Dag, og nødt til at underkaste saavel *Reformationen* i det Sextende Aarhundrede, som den hele deraf udspringende Smag og Videnskabelighed en ny *Drøftelse*, hvortil de høilig trænge, og i hele det øvrige *Europa* vil Alt hvad der er *menneskeligt*, føle sig draget til en Side, hvor man ikke længer giør Vold paa Hjertet og Historien, men stræber kun at udmønstre det aabenbar falske, og hvor man ikke længer som Ridderen af Mancha fægter med Billeder og Skygger, men stræber tvertimod omhygggelig at hindre deres Forvexling med Virkeligheder. (GNA 144-45)

I denne tekst, som ikke er helt nemt tolkelig, kan Grundtvig stadig hævde sin solidaritet – omend en stærkt kritisk sådan – med Oxfordbevægelsens egentlige anliggende, sådan som han forstår det. Han kan stadig hilse den velkommen som et tegn på nødvendigheden af en fornyet granskning af alt, hvad Reformationen stod for, og af relationerne mellem den vestlige kristenheds to halvdele, den protestantiske og den katolske. Protestanterne, synes han at antyde, har brug for at se deres grundprincipper efter i sømmene og nå til klarere bevidsthed om kirkens historie og om de første århundreders vidnesbyrd. Katolikkerne på deres side må gennemføre en tilsvarende revision af nedarvede synspunkter. Tre år senere bekræfter han – i en kommentar til Newmans overgang til Rom – sin overbevisning om, at det 19. århundrede er en tid, hvor enhver tendens blandt katolikker til at anerkende sandheden i protestantismen og blandt protestanter til at gøre det samme i forhold til katolicismen må hilses velkommen og nyde støtte. Det er en tid, i hvilken der er håb om, at de stridende parter kan nå til bevidsthed om den tro og dåb, de har fælles.

Som han ser det, er der behov for at finde en vej frem, som vil undgå idealisme på den ene side og materialisme på den anden. Ånden skal anskues som virksom i materien, ikke adskilt fra den. Dette er, hvad traktarianerne ville kalde en "sakramental" synsmåde, en, der forener det indre og det ydre, såvel som individet og fællesskabet.

Men da det kom til stykket, blev besøget i 1843 resultatløst. Grundtvig kom til Oxford på et tidspunkt, hvor Newman allerede vidste med sig selv, uden endnu at have gjort det offentligt kendt, at han ville forlade den engelske kirke. Han og Grundtvig mødtes to gange, og anden gang var der tegn til, at en ægte samtale var ved at komme i gang, da de, til Grundtvigs store ærgrelse, blev forstyrret, og Newman således fik lejlighed til at slippe væk. Den sommer var heller ikke noget heldigt tidspunkt for en kontakt med Pusey. Han var tit borte fra Oxford, ikke rigtig rask, og totalt beslaglagt af den strid, der tidligere på året var begyndt at rase efter hans prædiken om nadveren og universitetets fordømmelse deraf. Grundtvigs møde med ham synes at have været kort. Imidlertid fik han nogle særdeles venlige, om end undertiden stormfulde møder med yngre repræsentanter for bevægelsen. Blandt dem var William Palmer, som lige var vendt hjem fra sit første besøg hos den ortodokse kirke i Rusland. Grundtvig var så glad for disse kontakter, at han sørgede for at komme til Oxford igen efter sit besøg i Edinburgh; men hans håb om at påvirke bevægelsens ledere blev gjort til skamme.[51]

Det kom altså ikke til noget ægte møde mellem England og Danmark. Grundtvig blev tvunget tilbage til sin isolerede stilling. Fra nu af var han rigtignok omgivet af disciple og beundrere, men der var ingen – i hvert fald ingen teologer – han kunne samarbejde på lige fod med, og over for hvem han kunne sætte sine ideer på prøve. Efterhånden som han blev ældre, var der nogle af de mindre overbevisende elementer af hans tænkning, for eksempel ideen om, at Jesus havde lært apostlene trosbekendelsen ord for ord i tiden mellem opstandelsen og himmelfarten, som groede fast og stivnede. Det blev vanskeligt for ham at se det, der skete i kredsen omkring ham, i et større perspektiv. De bølger af åndelig kraft, der strømmede ud fra Vartov, var åbenbart ikke bare en form for pinselig fornyelse, men simpelthen fornyels*en* af Åndens virke. Det er ganske vist et vidnesbyrd om Grundtvigs storhed, at den bevægelse, der opstod omkring ham, ikke blev mere sekterisk end den blev, og at den opretholdt en levende forbindelse med kirke og samfund som helhed. Men der er ingen tvivl om, at noget var gået tabt.

Det gælder rigtignok også for den anglikanske side af forholdet. Hvis Grundtvig havde kunnet hjælpe Oxfordfolkene til at genformulere deres lære om den apostolske succession på en mere balanceret og fleksibel måde, ville det have udløst vigtige konsekvenser. Hvis de havde lært at hævde det historiske bispeembedes centrale betydning i kirken på en sådan måde, at embedet ville blive anskuet som et af mange elementer i lære, gudstjeneste og liv, med det fælles formål at opretholde kirkens identitet og sikre dens historiske kontinuitet, så ville de have været langt friere stillet i deres forhold til andre kristne traditioner. Hvis han havde kunnet lære dem, at bispedømmet i en kirke kunne være beskåret og fordunklet – sådan som han gerne indrømmede, at det var i Danmark – uden helt at være afskaffet, så ville de være blevet forskånet for den dårskab, som mange anglikanere dengang lå under for: forestillingen om, at den danske kirke ikke var nogen kirke. Og hvad der var endnu vigtigere: Han ville have hjulpet dem til en mere retfærdig og positiv forståelse af den lutherske reformation som helhed. Det ville have udvidet deres bevægelsesfrihed i økumeniske anliggender og virket gunstigt ind på de bestræbelser for kirkelig enhed, der har stået på gennem de sidste hundrede år.

Alt dette er imidlertid spekulation, og for så vidt ufrugtbart, medmindre det sætter os, i vores meget anderledesartede situation, i stand til at se Grundtvigs indsats som et pionerarbejde på at bryde igennem en af de stærkeste barrierer mellem katolsk og protestantisk, og således at få løst op for de knuder, reformationstiden havde bundet. Hvis vi kan se hans bestræbelser i det lys, er det muligt, at det mislykkede forsøg i 1843 kan få frugtbare følger i fremtiden. Det ville få betydning for den kristne tros vækst ind i det 21. århundrede, og ikke blot i England og Danmark.

Ottende kapitel

Trehed i Enhed

Noget af det mest bemærkelsesværdige ved Grundtvigs teologi er den betydning, Helligånden har i den. Hans pinsesalmer er lige så talrige som påskesalmerne og af mindst tilsvarende kvalitet. Her har vi åbenbart en mand, som ikke er faldet for fristelsen til at betragte Helligån den som en slags underordnet funktionær i Treenigheden, således som det i praksis ofte er sket i den vestlige kristenhed. Grundtvigs vision af Gud er trinitarisk i fuld forstand. For ham er treenighedsdogmet ikke en blot og bar abstrakt tankestruktur, men en levende og gudgivet måde at nærme sig mysteriet om Gud og skabelsen på. Den er en forudsætning for, at kristen tro og kristent liv kan udfolde sig.

Hal Koch gav et fint udtryk for dette forhold i sin Grundtvigbog, skrevet på grundlag af de forelæsninger, han holdt i efteråret 1940, og som virkede som et kald til modstand mod den nazistiske ideologi og bekræftelse af den autentiske danske tradition.

> Man plejer gerne at betegne Brorson som Julens, Kingo som Paaskens og Grundtvig som Pinsens Sanger. Og nægtes skal det ikke, at en lang Række af Grundtvigs smukkeste Salmer, især af hans originale Salmer, er Helligaandssalmer. Rent historisk er det jo ogsaa en rigtig Iagttagelse, at Oplysningstiden ikke var naaet stort videre end til den første Trosartikel, de pietistiske vakte Kredse holdt sig i Hovedsagen til den anden Artikel om Jesu Lidelse og Død, medens i den grundtvigske Kirkeforstaaelse Troen paa Aanden, Ordet og Kirken levede op paa ny. Men det ejendommelige ved Grundtvig er dog dette, at han ud fra sin Tro paa Aanden og dens Gerning i Menigheden naar tilbage baade til den anden og den første Trosartikel. Ikke for intet havde Vendepunktet i hans Liv været Oplevelsen 1810-11, hvor Jesus var blevet ham nærværende som Forsoneren, og som den, der tager Magten over sine troende. Og dette blev ikke anderledes efter 1824. Tværtimod! Men han forstod, at Vorherre Jesus ikke har sluttet en Særpagt med hvert enkelt Menneske, men kaldt dem i Fællesskab og plantet dem ind i sit Rige, hvor han hersker ved Aanden og Ordet. Men herfra naaede Grundtvig – og det er, som tidligere nævnt det mærkelige ved ham – ogsaa tilbage til den første Trosartikel, Troen paa Gud som Herre og Skaber. Det er hele Oplysningstidens Forsynstro og glade Optimisme med dens Lov-

prisning af Verden som 'den bedste af alle Verdener', Grundtvig har erobret tilbage, men paa et helt nyt Plan. Derfor kommer der ogsaa en helt anden Vælde over hans Tale om Gud som Skaber og Forsyn, og den smelter paa en mærkelig Maade sammen med Talen om Jesus som Herre og Frelser. ... Med alt hvad der er at sige om Grundtvigs Forkærlighed for og særlige Evne til at skrive Helligaandssalmer, tror jeg trods alt, at hans Salmeværks egentlige Storhed beror paa denne enestaaende Forening af alle Troens tre Artikler, saaledes at hver enkelt af dem gøres til Hovedpunkt paa sit Sted, men altid saaledes at de to andre er tilstede som Baggrund og Akkompagnement.[52]

Når én person i Treenigheden er virksomt til stede, er de andre det også. Det er, som om teologernes lære herom er kommet til live i menighedens salmesang.

Denne levende trinitariske karakter, med Helligånden på så fremskudt en plads, er noget, som forlener Grundtvigs teologi med en særlig international og fælleskirkelig interesse i nutiden. Bestræbelsen for at genvinde en levende trinitarisk tro og teologi giver sig til kende mange forskellige steder i den løbende diskussion. Den findes hos teologer som Jürgen Moltmann og Wolfhart Pannenberg. Den har spillet en vigtig rolle i Kirkernes Verdensråds arbejde såvel som nationalt i kirkerne. Også i den nyere danske Grundtvigforskning er tendensen tydelig, frem for alt som følge af offentliggørelsen af Grundtvigs hidtil uudgivne prædikener. Dermed er et stort nyt stof blevet leveret til studiet af hans teologi. Prædikenerne uddyber og udvider vor forståelse af salmerne og skal selv ses i lys af dem. De kaster også et skarpere lys over de stadigt på ny opdukkende temaer i Grundtvigs forkyndelse, og fremmer således forståelsen af kontinuiteten i hans tænkning.

I

Som det blev gjort klart i 1977 i en samling artikler, publiceret under redaktion af prædikenernes udgiver Christian Thodberg og med titlen: *For sammenhængens skyld*, går der en klar og sammenhængende teologi igennem prædikenerne. Der er ingenlunde tale om "systematisk" teologi i gængs forstand. Grundtvigs poetiske fantasi er på færde og formidler bestandig nye spontane indsigter; men en sammenhængende anskuelse gør sig gældende hele vejen.

Det gennemgående synspunkt kommer også for dagen i et af de vigtigste af Grundtvigs senere skrifter, hans måske eneste forsøg på at give en udtømmende redegørelse for sin teologiske position: *Den christelige Børnelærdom* (GVU VI,1-273). Bogen er baseret på artikler fra årene 1855-61 og udkom i 1868. Dens titel indebærer en protest mod den akademiske teologis prætentioner: Over for mysteriet om Gud er vi allesammen for børn at regne. Vi har brug for at tage imod troen som børn og tænke over den med barnlig oprigtighed og åbenhed. Det kan have været noget sådant, Grundtvig tilsigtede med sin titel, men det er unægtelig et modent og temmelig kompliceret barn, vi møder i den. Det viser sig særdeles velbevandret i Bibelen, i den teologiske tradition, og i samtidens tyske tænkning. Det er i øvrigt ikke tilfældigt, at den første af artiklerne udkom i det år, Kierkegaard døde: En af Grundtvigs oprindelige bevæggrunde for skriftet var ønsket om at levere et svar på Kierkegaards insisteren på den absolutte afstand mellem menneskeligt og guddommeligt. Som vi skal se, kom tanken om gudsbilledet i mennesket og i skabningen som helhed til at spille en stadigt mere central rolle for Grundtvig.

Vor nærmere betragtning af Grundtvigs treenighedslære, under hvilken vi kan drage nytte af Regin Prenters mesterlige artikel om emnet,[53] må tage afsæt i to forhold. Det ene er lærens "poetiske" karakter. Grundtvigs uvilje mod den skolastiske såvel som den sene kirkefaderlitteraturs logisk konstruerede, begrebsdominerede trinitetsteologi, hans overbevisning om billedsprogets nødvendighed og hans forkærlighed for den tidlige oldkirkes teologer, som f.eks. Irenæus, gør sig stærkt gældende. Det andet – som vi kan begynde vor betragtning af prædikenernes trinitetsforkyndelse med – består i, at Grundtvig lægger mindst lige så stor vægt på treheden som på enheden. Han begynder, som Bibelen selv gør, med de tre personer frem for med det ene guddommelige "væsen". Dermed står han nærmere ved de græske kirkefædre end ved de latinske. Det kommer særlig klart for dagen i det eftertryk, han lægger på ideen om Faderen som Guddommens eneste kilde.

Faderen er altings ophav, Guddommens hjerte og afgrund. Men Sønnen er kun underordnet Faderen i sin egenskab af Søn. I alt andet er han Faderens lige. Det ligger i sagens natur, thi Faderen kan kun være Fader, hvis han har en Søn fra evighed. Om Helligånden hedder det, at han fremgår evigt fra Faderen. Han sendes af Sønnen, men kommer fra Faderen. Grundtvig taler ikke, som den vestlige tradition gør, om en "dobbelt udgang", fra Faderen og Sønnen. Ej heller kan man hos ham finde den ligeledes vestlige idé om Ånden som den kærlighed, der forbinder Faderen og Sønnen. Det er højst bemærkelsesværdigt, at Grundtvig, når talen er om at bruge ordet kærlighed om én bestemt af personerne – det passer selvsagt på alle tre – finder, det må være Faderen: Han er det yderste ophav til kærlighed såvel som til væren.

Grundtvig vil naturligvis ikke på nogen måde skille Ånden fra Sønnen. Såvel i sine prædikener som i salmerne bruger han Irenæus' billede af Sønnen og Ånden som "Guds to hænder", og han taler bestandig om et gensidighedsforhold mellem de to. Men han insisterer på Åndens ægte personkarakter og bekæmper enhver tendens til at anskue Ånden som en upersonlig magt, om hvilken man skal bruge stedordet "den".

Det irenæiske, før-nikænske præg, der hviler over Grundtvigs forståelse af Treenigheden, er et gennemgående træk i hans værk. Ganske vist rettes der ikke i prædikenerne, og endda ikke i *Den christelige Børnelærdom*, nogen direkte og udtrykkelig kritik mod Augustin og den øvrige vestlige teologi, og Grundtvigs insisteren på den Apostolske Trosbekendelse frem for den Nikænske medfører, at problemet om den "dobbelte udgang" forbigås i tavshed. Men det er tydeligt, at han følger sin egen kurs. Midt i den vestlige kristenhed, som præst i en kirke af markant vestligt præg, hævder han en trinitetstro, som i mange henseender er føraugustinsk. Vi står altså over for endnu et stærkt – omend måske ubevidst – vidnesbyrd om, hvor meget den fundamentale enhed af østlig og vestlig tradition betyder for ham.

II

Som vi skal se, gør Grundtvig i sine prædikener gældende, at den kundskab om Treenigheden, som skænkes enhver af os i vor dåb, er noget, som er bestemt til at fordybes og vokse gennem vedholdende deltagelse i kirkens liv. Men det, som således gælder enhver enkeltperson, gælder også i en vis forstand kirkens liv som helhed; også dér er der vækst. Grundtvig har et dynamisk syn på kirkens historie og på den menneskeslægt, i hvilken Gud den dag i dag er virksom gennem en videre udfoldelse af den åbenbaring, som én gang for alle blev givet med Kristus. Der er faste punkter i hans anskuelse, men der er rigtignok også et stort og uafgrænset potentiale for ekspansion.

For ham er alle Treenighedens personer handlende til stede fra skabelsens første øjeblik indtil alle tings opfyldelse. Ordet, som er Gud, men er blevet menneske for os ved jomfru Maria, korsfæstet og opstanden, til stede hos os i fonten og på alteret, er den samme Herre, som har skabt alting i begyndelsen og os i sit billede. Den Hellige Ånd, ved hvem Jesus blev undfanget, og som dalede ned over ham ved hans dåb, den Ånd, i hvem han hengav sig til Faderen, og som steg ned til den unge kirke ved Pinsefesten, er den samme Ånd, som rørte sig over skabelsens vande, og som nu er til stede overalt, inspirerer til al menneskelig kærlighed og kundskab, og er livet i alt, hvad der har liv. Gennem hele Grundtvigs tænkning går som en rød tråd denne hævdelse af "vekselvirkning" mellem skabelse og genløsning, mellem det universelle og det specielle. Vi ville ikke kunne se Guds handlen overalt i verden, hvis vi ikke var blevet kaldt ud fra død til liv ved Kristi frelsesværk; men vi ville ikke kunne høre hans ord, hvis ikke der fandtes noget i os, som var skabt for Gud, og som, selv om synden har formørket og såret det, næsten til døde, dog endnu kan svare på Åndens handling. At menneskeheden er skabt i Guds billede og lighed, er for Grundtvig, som vi skal se, måske den vigtigste af alle troens artikler. Menneskehjertet er skabt til at modtage og svare på den kærlighed, som kommer fra Guds eget hjerte.

Alle disse temaer, som udfoldes i prædikenerne, gennemspilles i en noget mere systematisk form i "Børnelærdommen". Under sin udredning af ideen om gudsbilledet konstaterer Grundtvig en uopløselig forbindelse mellem "hjerte", "mund" og "hånd" på guddommeligt såvel som på menneskeligt plan. De mødes i begrebet "ord". Det ord, som er et levende ord og ikke bare tom snak, kommer fra hjertet, udtales af munden og fører til handling, vore hænders værk. Denne formel, som Grundtvig bruger meget ofte, udtrykker en sammenføjning af følelse, forstand og vilje: kærlighed i hjertet, sandhed i munden, livskraft i hænderne. Det er også en sammenføjning af det, der er skjult, med det, der forkyndes, og det, der legemliggøres i handling. I denne anskuelse foregår der en bestandig dynamisk vekselvirkning mellem det indre og det ydre, det subjektive og det objektive, det personlige og det kollektive. Grundtvig sigter her, som så ofte, mod et helhedssyn på, hvad det vil sige at være menneske som person.

På det guddommelige plan, i skabelsens og genløsningens sammenhæng, gælder, at Faderens kærlighed stedse bliver åbenbar i Sønnen – Ordet, der taler – og at den igen bliver virksom i Ånden, der giver liv og lader kærligheden blive kød. Mund og hånd tilsammen åbenbarer Guds hjertes hemmeligheder. Det trefoldige mønster lyser frem fra Gud og reflekteres i menneskeheden. At den menneskelige person er skabt i Guds billede betyder netop, at også den har et hjerte, der kan tale sandhedens ord og lade ordene blive til handling. Den guddommelige sandhed, som meddeles os ved Åndens kraft, bliver "Kristuslivet" i os og blandt os.

I sin lærerige afhandling om Grundtvigs treenighedslære skriver Regin Prenter:

> Hvad forstår Grundtvig ved "Kristus-livet"? Det er selvsagt først Jesu Kristi historiske menneskeliv. Men det er meget mere end det, når det betegnes som den sande kristelighed, nemlig Kristi liv, meddelt de genfødte som deres "kristelige, åndelige og evige liv", som Grundtvig kalder det i dåben genfødte menneskeliv ...[54]

Ordet "åndelig" skal her forstås i sin trinitariske betydning, thi det liv, Grundtvig taler om, er et liv i Helligånden, den Ånd, som ikke er nogen immateriel, overnaturlig kraft, men Gud og Herre, en person i Treenigheden, Skaber og Levendegører af kød såvel som ånd. Et liv i Ånden er altid legemliggjort liv, ganske som livet i Ordet er det.

Dette "Kristusliv" skænkes os i troens, håbets og kærlighedens form. Det begynder med tro, vokser ved håb, og når sin fuldendelse i kærlighed. I kirken gives dette liv i form af genfødselen som Guds børn i dåben, den handling, hvorved vi bliver "sønner" i Sønnen. Livet vokser ved at vi i fællesskab modtager evangeliet som håbets ord: det ord, som høres forkyndt i menighedens gudstjeneste og styrkes gennem vedholdende bøn og lovprisning. Og sin fuldendelse finder livet i nadverens sakramente, fejret i Åndens kraft, det sakramente, som er Faderens kærligheds fest.

Det samme forhold kan udtrykkes på en anden måde, således at der kommer stærkere eftertryk på den enkelte guddommelige persons rolle som giver af liv: Det guddommelige liv fødes i os gennem den troshandling, som vi ved Åndens gave sættes i stand til at øve ved dåben. Det vokser i håbet gennem stadig brug af Fadervor, den bøn, som vi beder i Kristus; som Kristus beder i os; og i hvilken Ånden gennem os giver ord til skabningens uudsigelige længsel. Det kommer til sin fulde udfoldelse i en kærlighed, som bærer os ud over os selv til lovprisningens og takkens sange – det lovprisningsoffer, som er hjertet i kirkens nadverfejring; som bringes i Åndens kraft gennem Jesus Kristus vor Herre; og som fører os ind i Faderens rige. Det når også sin fuldendelse i en kærlighed, som bærer os ud over os selv til glad tjeneste for vort medmenneske og for den skabte verden. I kærligheden får vi allerede her og nu, i rummets og tidens liv, skænket en forsmag på det liv, som skal blive vort i Gudsrigets fest, den glæde, som er hos Faderen fra evighed til evighed. Grundtvig giver atter og atter, både i prædikener og i salmer, udtryk for den overvældende kraft i den glæde, som kan klargøre og forvandle denne verdens sorger og mørke med sit lægende og rensende lys.

Der kunne siges meget om denne sakramentale vision af det Kristusliv, som vokser i os. Et af de mest betagende træk ved det er anskuelsen af Fadervor som indbegrebet af al kristen bøn. Der er mange fortilfælde hos kirkefædrene for denne koncentration om de ord, Jesus selv gav sine disciple at bede, og det er interessant, at ordet for bøn i nogle af kristenhedens sprog simpelthen er: "Fader". I al sin enkelhed leverer denne tekst mønsteret og substansen i kristen bøn. Den er henvendelse til Gud; den beder om noget; den er rodfæstet i rum- og tidsverdenens daglige realiteter: brød og tilgivelse, og den bæres af visionen om Gudsrigets komme og vor indtræden i det gennem den sidste tids prøvelser. Grundtvig siger ikke alt dette med rene ord; han synes at forudsætte det som noget, der allerede er forstået.

Hvis hele denne tankegang gør et voldsomt "liturgisk" indtryk, må det huskes, at Grundtvig ville have insisteret på, at det liv, der skænkes i menighedens gudstjeneste, skal finde krop og praktiseres i kærlighedens daglige gerninger. Søndagens lys skal skinne over alle ugens hverdage. Selve "Kristuslivet" reflekteres i de mange enkle og ligefremme medfølelses- og kærlighedshandlinger, som kendetegner evangeliernes Jesus.

Det må også huskes, at for Grundtvig er det liturgiske, det, der foregår synligt i menigheden, altid tillige noget intimt personligt, noget, som finder sted i hjertets skjulthed ved Helligåndens kraft. Erik Krebs Jensen skriver:

> Når præsten korstegner barnet, letter tågen over Guds skaberhensigt … Præstens hånd eller finger er ikke et sløret, men et klart billede af Guds skaberhensigt, som virker efter Guds ord i dåbsbefalingen.[55]

Men denne ydre handling gøres levende og virksom indadtil ved Åndens skjulte handling:

> Åndens ildtunge brænder med korstegnet Jesu navn på hjertet. Således møder hjertet den prægeform, der svarer til gudbilledet i hjertedybet. Korstegnelsen er en forjættelse eller et "Himmel-Brev" på genskabelsens virkninger: tro, fred, håb og trøst, kærlighed og fryd. Den er i sin grund en forjættelse af Jesu stadige nærvær i navnet på hjertet, hvorfra Ånden altid i troens ord kan fare op til Gud.

Hele dette menneskeligt-guddommelige drama – denne udveksling – muliggøres ved skabelsen af mennesket i Guds billede og lighed. "*Gienløsningen*", skriver Grundtvig,

er vistnok en dyb *Hemmelighed*, men slet ikke dybere end *Skabelsen* i Guds *Billede*, og naar Mennesket kun, trods Syndefaldet, beholdt den væsenlige *Lighed* med Gud, som ligger i *Ordet*, da var ikke blot en vedvarende guddommelig *Aabenbaring* for *Mennesket* muelig, men da kunde Guds eenbaarne Søn ogsaa blive et *virkeligt Menneske*, født af en *Kvinde*, uden derfor mindre at være *Guds* Søn, thi *Guds-Ordet* og *Menneske-Ordet*, som oprindelig er eensartede, behøvede kun at sammensmelte, for at *Guds Søn* tillige var *Menneskens Søn*, og *Menneskens Søn Guds Søn*. (GVU VI,115)

Et andet sted betoner han endnu stærkere det forhold, at kroppen selv har del i Gudbilledligheden:

Hvad der nu først maa lynslaae os, naar *Troens* og *Troes-Bekiendelsens Aand* hviler paa os, det er, at for at Vorherre *Jesus Christus*, som vi tror og bekiender, *kan* være *Gud-Faders* eenbaarne *Søn*, født af *Marie-Mø*, da maa baade *Mennesket*, som skrevet staaer, være skabt i *Guds Billede*, og være skabt *saaledes* deri, at den *guddommelige* Natur lod sig *forene* med den *menneskelige* Natur, og kunde giennem Menneske-Legemet aabenbare Guddoms-Herligheden, og at denne levende *Billed-Lighed*, hvormeget den saa end ved Syndefaldet maa have lidt, dog umuelig kunde være udslettet, naar *Guds Søns Menneske-Liv* skabdes i *Maries Modersliv*, saa han fik Kiød af hendes Kiød og Been af hendes Been, ligesom Eva fik af *Adams*. (GVU VI,125)

Som Prenter skriver:

Da både Gudsordet og menneskeordet, begge levende udtryk for kærlighed, sandhed og livskraft og således 'oprindelig ensartede', bærer den guddommelige treenigheds mærke, er muligheden for deres sammensmeltning til stede …[56]

Prenter understreger, at denne sammensmeltning ikke skal opfattes, som om der var tale om en blandet person, halvt menneskelig og halvt guddommelig, og ej heller som en forening, i hvilken det menneskelige opsluges af det guddommelige. Den idé om en gensidig "iboen", som er så vigtig for forståelsen af Treenighedens indre væsen, er ikke mindre vigtig, når talen er om Kristi to naturer. Her foregår en dynamisk og total vekselvirkning mellem guddommeligt og menneskeligt. Forholdet kan illustreres gennem henvisning til en person med dobbelt nationalitet, som siger: Jeg er ikke halvt spanier og halvt inder; jeg er helt og fuldt spanier og helt og fuldt inder.

Prenter fortsætter,

Det ses deraf, at Guds Søns, Jesu Kristi, manddom udtrykker den *guddommelige* kærlighed, sandhed og kraft med et *menneskeligt* hjerte, en *menneske*mund og en *menneske*hånd. Hans menneskehjerte huser den guddommelige kærlighed, hans menneskemund udtaler (på Jesu modersmål) den guddommelige sandhed og hans menneskehånd udfører den guddommelige krafts gerninger. Dermed udlægger han endegyldigt og uovertræffeligt den bibelske billedtale, der tilskriver Gud hjerte, mund og hånd. Vor Herres Jesu Kristi manddom udtrykker med hjerte, mund og hånd *levende* den guddommelige kærlighed, sandhed og kraft. Den trinitariske baggrund for Grundtvigs opfattelse af inkarnationen og dermed af Jesu menneskelighed må ikke overses.

Grundtvig går videre og insisterer på, at hver af Treenighedens personer er personligt virksom på en særlig måde i arbejdet på at helbrede menneskeslægten og udvirke dens vækst hen imod det guddommelige livs fylde. Men her skal der tages et vigtigt forbehold for at sikre enheden i guddommelig handling såvel som dens egenskab af trefoldig handling. De guddommelige personer er "gennemskuelige" for hverandre på en måde, som er vanskelig for os at forestille os. I vor faldne tilstand kender vi kun menneskelige personer som selvcentrede individer, der ikke bare er skelnelige fra hverandre, men adskilte, indbyrdes uigennemskuelige, og ofte i indbyrdes krig. Den ægte personkarakter, derimod, er kendetegnet ved, at den nok indebærer forskellighed, men ikke adskillelse. De tre guddommelige personer er således på én gang totalt skelnelige og totalt forenede.

Som vi skal se i Grundtvigs prædikener, får vi gennem Sønnens selvfornedrelse i inkarnationen et glimt af det selvforglemmende i den kærlighed, som i al evighed forener Guddommens tre personer. Således ser jo deres gensidige "iboen" ud, den "kærlighedens dans", i hvilken den ene føjer sig efter den anden, giver plads for den anden, bytter plads med den anden. Dette guddommelige personmønster åbenbares i Kristi selvhengivende kærlighed og angiver, hvad en menneskelig person skal være. Vor selvcentrethed, som forvrænger og vansirer vor sande menneskelighed, forhindrer os i at se det guddommelige livs sande mønster. Alt dette skal vi senere se Grundtvig gøre detaljeret rede for i sine tre adventsprædikener fra 1837.

Således indebærer "Kristuslivet" i os og blandt os et kald til kamp mod selvtilstrækkelighed og selvisk vilje. Det er et kald til vækst hen imod at opdage vor afhængighed af hverandre og af Gud, vor åbenhed og sårbarhed over for hverandre og over for Gud. Således vil vi få blik for vort sande væsen og næsteforhold i Kristus og holde op med at søge vort liv i den illusionsbefængte selvcentrethed, som kun kan føre til isolation i hovmod, mørke og død. Vor opdagelse af os selv som uforvekslelige personer – den Guds gave til hver enkelt af os, som ingen anden kan have del i eller kende; "den hvide sten med et nyt navn på" (Åb 2,17) – er samtidig en opdagelse af vor totale forbundethed med og henvisthed til hinanden. Tilværelsens to dimensioner, den vertikale og den horisontale: henvendtheden mod Gud og den mod medmennesker, er til syvende og sidst kun én eneste; det er to facetter af én virkelighed, *det* ene mysterium, som vi tænker på med ordet "person". At opdage dette er at genvinde den barndommens ægte enfold, som Grundtvig så ofte insisterer på, og den sande menneskelighed, som kom til syne i Jesus, ham, gennem hvem Faderens herlighed lyser.

Grundtvig skriver:

> Da det nu igien er *Troes-Ordet* ved Daaben, hvorigiennem den Helligaand, som den guddommelige Ordfører og Talsmand, *personlig* virker den tilsvarende Christen-Tro, saa maa det være *Sønnen*, som, skjult i Aanden, *personlig* virker *Haabet* giennem *Daabs*-Ordet og hans egen Bøn "*Fadervor*" i *Menighedens* Mund, og det maa være *Faderen*, skjult med Sønnen i Aanden, som giennem *Nadver-Ordet personlig* medvirker til den *guddommelige* Kiærligheds Opkomst og Væxt, som skrevet staaer: dersom Nogen elsker mig, da fastholder han mit Ord, og da skal min *Fader* elske ham, og vi skal (begge) komme til ham og bygge og boe hos ham, og atter: jeg bøier mine Knæ for Vorherres *Jesu Christi Fader*, af hvem al *Faderlighed* i Himlen og paa Jorden bærer Navn, for at *Christus* ved Troen *maa boe* i Eders Hjerter, og I, rodfæstede og grundfæstede i *Kiærlighed*, mægte med alle de Hellige at fatte det Lange og det Brede, det Dybe og det Høie, og lære at kiende *Christi* overstrømmende Kundskabs-Kiærlighed, saa I kan fuldelig føies til hele *Guds-Fylden*! (GVU VI,152-53)

Hvis Grundtvig er typisk vestlig i sin uvilje mod at bruge det græske udtryk "guddommeliggørelse", så er han ikke desto mindre typisk østlig hvad angår hovedsagen af, hvad han siger her. Uanset at han ikke argumenterer med ordene i Andet Petersbrev om at vi "får del i guddommelig natur", står det lysende klart, at han her bruger Paulus' og Johannes' sprog til at formulere en vision af frelsen, som går ud på, at vi, på grundlag af Guds laden sig ned til os for at dele vor lod, kaldes til at vokse ind i Guds billede og lighed ved Åndens gave. Det vil sige at vokse fra tro gennem håb til kærlighedens fylde, den, som er Guds egen. – Der er, i forbigående sagt, grund til nærmere studium af disse tanker, ikke mindst i betragtning af den stigende interesse for tilsvarende tanker hos Luther, således som den er kommet til udtryk hos finske teologer på baggrund af luthersk-østortodokse kontakter.

Især i sine senere år tager Grundtvig ikke i betænkning at bruge ordet "sammensmeltning" om denne forening af guddommeligt og menneskeligt. Det på én gang enkle og mangeartede kompleks af doktriner: Treenighed, inkarnation, "guddommeliggørelse", som ligger helt inde ved hjertet af de første kristne århundreders tro og teologi i Vest såvel som i Øst, og som forblev central i den østlige ortodoksi, er også central for Grundtvig i det 19. århundredes Danmark. At dette er tilfældet, er ikke uden forbindelse med hans personligheds tætte sammenføjning af "hjerte", "mund" og "hånd"; af tanke, tale, sang, vilje og handling.

III

I slutningen af sin ovenfor omtalte artikel peger Prenter på tre fundamentalt karakteristiske træk i Grundtvigs teologiske tænkning – ja, hans tænkning som helhed. Det første er, at for Grundtvig hænger alting sammen. Denne konsistens i hans anskuelse af tingene er ikke en logisk enhed, en intellektuel konstruktion som den Hegelske. Den rummer modsætninger i sig, mellem liv og død, sandhed og løgn, lys og mørke. Elementet af kamp og konflikt er altid til stede i Grundtvigs anskuelse af menneskelivet og af denne verdens ting:

> Alt 'hænger sammen' i Grundtvigs tænkning. Det betyder ikke, som vi har set, at der ikke sondres og påpeges modsætninger i denne tænkning. Tværtimod! Grundtvigs 'sammenhæng' er ikke af logisk art. Han er ikke Hegelianer. 'Mein Gegensatz ist Leben und Tod', sagde han til den hegelianske theolog Marheineke. Men det betyder, at alt, hvad der i denne grundmodsætning hører til på livets side, hører sammen og dybest set holdes sammen af den treenige Gud, både i skabelsens og genløsningens 'økonomi'. Denne sammenhæng, som ikke er logisk enhed, men samhørighed i en guddommelig-menneskelig historie, får man ikke øje på, før man ser den i lyset af den treenige Gud og hans åbenbaring.[57]

Denne sammenhæng kan ikke brydes ned i et antal forskellige afdelinger eller sfærer. Dens vigtigste kendetegn er – med et Grundtvigsk nøgleord – "vekselvirkning" mellem virkelighedens mangeartede aspekter og alle de forskellige områder af menneskelig tænkning og handling:

> Livet, lyset og sandheden kan ikke spaltes op i flere af hinanden uafhængige 'provinser'. F.eks. kan kristendom og menneskeliv, menneskeliv og folkeliv, så forskellige de er, ikke anbringes i hver sin 'provins'. For på begge områder skabes liv ved ord, hvis *art* i menneskeliv og kristenliv, i menighedsliv og folkeliv, er den samme treenighed af kærlighed, sandhed og livskraft.

Prenter hævder, at dette også gælder, når talen er om forskellen mellem

> det uforløste, under faldets vilkår, d.v.s. under dødens herredømme, levede menneskeliv og det i Kristus genfødte og til evighed oprejste menneskeliv …

Også her skaber det levende ord en levende vekselvirkning mellem menneskeligt og kristent, helligt og profant.

Ganske vist erkendte Grundtvig i sine senere skrifter, at der måtte drages et større skel mellem guddommeligt og menneskeligt, helligt og profant, end han tidligere havde været tilbøjelig til. For ham at se forudsatte et fuldt og ægte menneskeliv, at det blev levet i frihed, og frihed indebar nødvendigvis, at forskellige synspunkter og interesser mødtes. Han anerkendte det politiske livs behov for frihed til at manøvrere og til at indlade sig i konflikt. Og i kirken var det vigtigt at skelne mellem den trosbekendelse, som alle kristne er enige om, og de teologiske diskussioner, som nødvendigvis må føres i frihed og forskellighed. Kun gennem frit samspil mellem holdninger kan fremskridt finde sted. Men der er ikke tale om en fuldstændig adskillelse mellem bekendelsens og teologiens sfærer. Det er kun, fordi der i forvejen består en given trosenhed, at diskussioner og konflikter kan virke frugtbart og skabende, det vil sige: føre i retning af liv og helhed, ikke opløsning og død. Men Grundtvig forstod bedre end før, at disse sammenhænge måtte anskues i åbenhedens og tålsomhedens ånd.

Grunden til den fundamentale sammenhæng er at finde i det andet grundelement i Grundtvigs tænkning, og – kan vi tilføje – hans liv som helhed. Som Prenter gør gældende, er Gud sigtepunkt og hjertepunkt i hele Grundtvigs tænkning. Tænker man Treenigheden bort fra den, falder det hele fra hinanden, og vidt forskellige systemer og "ismer" kan konstrueres af stumperne: så kan man lave en verdslig Grundtvig, en økologisk Grundtvig, en feministisk Grundtvig, en romantiker, en konservativ, en marxistisk, en eksklusivt nordisk og ultranationalistisk Grundtvig, og endda – i yderste konsekvens af denne fremgangsmåde – en nazistisk Grundtvig: det var der faktisk nogle "Tyske Kristne" der forsøgte sig med i begyndelsen af 1930'erne. Der er utvivlsomt noget at lære af alle disse tolkninger, men ingen af dem kan blive mere end i bedste fald partialtolkninger, og nogle af dem er vildledende indtil det perverse.

Den grundtvigske tankeverdens Gud-centrerethed er funderet i Guds åbenbaring i Kristus gennem Helligåndens liv i kirken. Her har vi det tredje af de tre grundelementer, Prenter peger på.

> Erkendelsen af den treenige Gud – og dermed strengt taget *al* erkendelse – er forankret i den kristne menigheds nådemidler, dåben, forkyndelsen af evangeliet, nadveren. I Grundtvigs levetid var der mange, især blandt den store Hegels disciple, der 'spekulerede' over treenigheden. Grundtvigs treenighedslære er ikke en sådan i menneskefornuften selv hvilende spekulation. Den er et lys, der falder over alt, over menneskelivet og over Gud, dets herre, fra det bestemte sted, hvor Gud er kommet mennesker nær og ved bestemte ord har sluttet pagt med dem: dåbspagten, fadervor, nadverens kærlighedserklæring. Begyndende dèr og blivende dèr så Grundtvig under flittig brug af Den hellige Skrift, menighedens mageløse oplysningsbog, og med stadig hensyntagen til menighedens livserfaring et stadig klarere lys falde over den guddommelige treenighed og over alt andet i ovenlyset derfra.

Det kan være nyttigt at understrege, at denne forankring i den givne virkelighed, som udgøres af kirkens sakramentale gudstjenesteliv, ikke betyder, at tænkningen derfor er statisk og fikseret. Selve sakramenterne er jo ikke statiske, men dynamiske; de er ikke eksklusive, men inklusive og viser altid hen til noget uden for sig selv. Selv om dåben og nadveren fejres inden for menighedens fællesskab, har de deres mening og mål i relationen til menneskelivet som helhed, således som det klart fremgår af Grundtvigs prædikener såvel som af hans salmer. Herren giver sig selv hen for verdens liv.

Dåbens og nadverens inderste væsen er bevægelse, overgang fra død til liv, fra tiden til evigheden. Som Luther siger, er nadveren et skib, en dør, en vej, der fører til den kommende verden. Fadervor, indbegrebet af kristen bøn, er fuldt af længsel og håb derom. Det er en bøn om, at Guds vilje må ske og hans rige komme i hele skabningen, nu og ved altings ende. Den udtrykker spændingen mellem det, som allerede er givet, og det, som skal komme. Men den ser frem gennem endetidens prøvelser til den endelige helligelse af Guds navn. Den er en bøn, som kun kan bedes ret ved Helligåndens kraft, den Ånd, som udtaler ikke bare menneskehedens, men hele skabningens "uudsigelige længsel". Det er længselen efter genfødsel i en ny skabning, den store kærlighedshandling, som Treenigheden vil øve på den sidste dag.

Kirkens takkende og lovprisende råb – en i ordets bogstavelige forstand ek-statisk handling – kommer til storslået udtryk i de Grundtvigsalmer, som bærer os ud af os selv, ind i forventningen om den kommende fest:

> Ja, lad saa virke dit *Bad* og dit *Bord*
> Med de indviede Tunger,
> At det kan høre, din Aand og dit Ord
> Er det, som taler og sjunger!
> Lad os det føle og smage:
> *Aanden* er bedre end Kiød og Blod,
> *Herren* er liflig og eiegod,
> Christne har kronede Dage! (GSV 1,305)

Det er Ordet og Ånden, som taler i kirkens sakramenter. I deres lovprisning og bøn bringes kristne ind i det guddommelige samkvem, som ligger bag alt menneskeligt liv og bærer det oppe. Ved at finde Gud og blive fundet af ham finder vi også hele hans skaberværk, og bliver fundet af det.

Prenters artikel slutter med spørgsmålet, om ikke der skulle være noget at lære her for nutidens teologer, og for andre?[58]

IV

Denne vision har to sider, som begge er vigtige for vor forståelse af Grundtvig. Den ene findes i den måde, hvorpå hele hans liv og tænkning er funderet i Guds åbenbaring, sådan som den giver sig til kende i menighedens gudstjeneste. Den anden viser sig i, at formålet og hensigten med denne samling af alting om gudstjenesten er inklusiv, ikke eksklusiv. Den Gud, som åbenbarer sig, er ham, for hvem og hen imod hvem alting eksisterer. For Grundtvig er begge påstande afgørende, og de afslører begge to hans indforståede forhold til de første kristne århundreders liv og tradition. Som vi har set, mente Martensen, at Grundtvig skyldte den katolske oldkirke mere end reformationskirken. For så vidt som Martensen her taler polemisk og antyder, at Grundtvig ikke var rigtig lutheraner – sådan som Martensen selv – er der grund til skepsis over for denne bedømmelse. Om det var Martensen eller Grundtvig, der stod nærmest ved Luther, er noget, lutheranere og Lutherkendere vil vide at udtale sig om. Men for så vidt som Martensen meddeler sit eget forbavsede indtryk af, hvor vigtige de første århundreder var for Grundtvig, er der grund til at tage ham særdeles alvorligt. Irenæus, og ikke blot han, var af afgørende betydning for Grundtvigs åndelige udvikling, og hos Irenæus finder vi netop bevidstheden om den fulde kosmiske rækkevidde af Faderens åbenbaring af sig selv i Kristus og Helligånden.

Ved den første af disse to aspekter betones altså gudstjenestens centralitet i kirkens liv og tro fra begyndelsen indtil i dag. Som Jakob Balling siger om oldkirken og dens karakteristiske sammenhæng mellem bøn og tro:

> 'Bønnens lov er troens lov', sagde man i den gamle kirke. Dermed menes, at alt, hvad der skal tænkes om Gud og menneske, udspringer af det, der opleves som virkelighed i gudstjenesten, og at kun det, der betyder noget dér, kan få relevans i tænkningen.[59]

Men som Balling straks tilføjer, gælder denne påstand ikke absolut og uden forbehold. Kirkens liv og tænkning er ikke alene bestemt indefra. Der er også påvirkninger udefra, med følger for dens udvikling:

> Oldtidens kristne havde flere ideer om historien, Kristus og kirken end gudstjenesten direkte gav anledning til, og det, der gjorde disse emner til aktuelle teologiske problemer, var ikke sjældent impulser og udfordringer udefra. Men udgangspunktet for den refleksion, man mødte udfordringerne med, var mere end noget andet netop *den* frelseshistorie, *den* nærværende Herre og *det* lovsyngende, bedende og lærende folk, der kommer til aktuelt udtryk i gudstjenesten.

Hvad mere er: dette perspektiv og denne overbevisning hører ikke bare de første kristne århundreder til. Det er noget, som i vidt omfang genfindes som fælles overbevisning i alle store kristne traditioner ned til det 18. århundrede. Og som Balling påpeger, er det noget, som på helt særlig måde kendetegner østlig kristendom:

Hermed har vi berørt det, som kendetegner ortodoks kristendom mere end noget andet: gudstjenestens forrang og dens betydning for alle andre kristne livsytringer. I gudstjenesten bliver efter almen ortodoks overbevisning den himmelske verden synlig på jorden; her samles fortid og fremtid i nutid; her afsløres de teoretiske påstandes mening i tiltalens og tilbedelsens praksis.[60]

Grundtvigs forståelse af den Treenige Guds mysterium, åbenbaret og meddelt i gudstjenesten, og især i fejringen af sakramenterne – "mysterierne", som de hed på græsk – er central for hans forståelse af verden og menneskeslægten. Det er den, som frem for noget andet giver ham en plads i hjertet af *den* fælles kristne tradition, som forbinder ham med Etiopien og Armenien, med Rumænien og Rusland, ikke mindre end med Rom og Canterbury, Wittenberg og Genève. Det kan måske endda være, at den forbinder ham tættere med dem, der er geografisk og historisk længst borte fra ham selv end med mange af dem, der er nærmest.

Men her melder sig det andet aspekt igen – og det er afgørende for enhver blot tilnærmelsesvis fyldestgørende forståelse af hans liv og værk. Den tilsyneladende snævre samling af alting om kirkens gudstjeneste – "Kun ved Badet og ved Bordet / Hører vi *Guds Ord til os*" (GSV 5,385) – er forbundet med en åbenhed ud mod hele skabningen. Den Gud, som frelser, og den Gud, der skaber, er jo én og den samme. Det Ord, som tager menneskelig skikkelse i Jesus, er "det sande lys, der oplyser ethvert menneske". Ånden, som stiger ned i Pinsen, er den Ånd, som nu og i begyndelsen ruger over skabninges elementer og gør dem frugtbare til liv.

Grundtvigs stadige omtanke for sit folks fælles liv i alle dets afskygninger, hans lidenskabelige overbevisning om, at Guds Ånd og Guds Ord er virksomt på færde altid og overalt, viser, at hans tænkning ingenlunde er begrænset til historien om Guds folk, som den er fortalt i Skriften og fortsat i kirken. Guds handlende kraft i historien kommer ikke blot til syne i de særlige frelsesakter, men i tingenes og hændelsernes hele underliggende struktur og væsen. Et trinitarisk mønster – et mønster af "væren til stede hos" –, en bevægelse hen imod fællesskab, er indbygget i verdens og historiens strukturer. Alt menneskeligt liv, ja hele den skabte orden, skal drages ind i Faderens rige. Også her, i dette begær efter åbenhed over for alt, hvad der er godt i skabningen, finder vi noget, som forbinder Grundtvig med karakteristiske træk i den tidligste kristne tradition; og det er just treenighedstroen, der udtrykkes deri.

Niende kapitel

Jorden, skabt i Guds billede

Straks ved første bekendtskab med Grundtvigs teologi opdager man, at læren om skabelsen – verdens og menneskets – har en særlig betydning for ham. Kun i lys af vor forståelse af Guds *skaber*handling kan det guddommelige *frelses*værk forstås rigtigt. Ikke mindre vigtig for ham er læren om Helligåndens person og virksomhed, i den troendes liv, men endnu mere i hele det kristne fællesskab: kirken gennem tiderne. Ligesom genløsningsværket er af universel betydning, med virkninger bagud i tiden såvel som fremad, er Åndens handling ikke begrænset til den særlige historie, der begynder med Pinse. I begyndelsen var Ånden virksom i skaberværket; og gennem hele historien ses Ånden som livgiver og fremmer af liv for alle ting, hen imod fuldendelsens dag i Guds rige. Åndens handling er altomfattende; den øves i begge "riger": naturens og historiens.

Som vi har set ved mange lejligheder, var teologen Grundtvig altid i strid på to fronter. På den ene side bekæmpede han en tysk teologi, der var under udarbejdelse i hans egen samtid. Han betragtede den som en spekulativ og virkelighedsfjern konstruktion, i hvilken hverken læren om Treenigheden eller læren om skabelsen i Guds billede havde nogen egentlig betydning. Det var dogmer, som af disse teologer, ligesom ofte ellers i liberal protestantisme, sås som unyttige oldkirkelige påfund. På den anden side tog han afstand fra vigtige sider af ældre luthersk ortodoksi, især dens radikale pessimisme i synet på syndefaldet og dens forståelse af Kristi død i strengt juridiske og offerpræstelige kategorier. Men samtidig med at han var stærkt kritisk over for nogle elementer af den klassiske lutherske position, tog han store dele af den for givne, især dens energiske hævdelse af oldkirkens treenighedslære og dens lære om den guddommelige og menneskelige naturs forening i Kristi person.

I sine prædikener og salmer ville Grundtvig bringe en tredje mulighed til veje. Dens centrale påstand går ud på, at mennesker er skabt i Guds billede og er kaldet til at få del i guddommeligt liv; men den omfatter også ideen om, at Ordet og Ånden virker gennem naturens orden som helhed, for at bringe den guddommelige plan til opfyldelse i det, som Grundtvig kalder den yderste "forklarelse" af alle ting, dvs. på én gang deres forklaring og deres omskabelse: den proces, der fører dem ind i herlighedsriget. Denne teologi er på én gang en trinitets- og en inkarnationsteologi. Den ser altings mål i ægteskabet mellem himmel og jord, det gudddommeliges delagtighed i det menneskelige og det menneskeliges i det guddommelige.

For Grundtvig er mennesket fra første begyndelse et stort og mageløst vidunder, en gåde, et mysterium, et eksperiment. Alle disse ord er nødvendige, hvis man skal gøre sig hans holdning klar. Der er noget forundrende og forbavsende ved blandingen af lidenhed og storhed i kaldet til at være menneske. Vi er jordklumper, formet af støv, og alligevel stræber vi mod det guddommelige. Menneskets liv er en gåde, som aldrig fuldt ud kan løses, og det er aldrig frit for konflikt og spænding. Blandingen af visdom og dårskab, selvopofrelse og selvisk stræben, følelsesvarme og følelseskulde – det er altsammen ting, som mennesker ikke på egen hånd kan forklare, gøre gennemskuelige, endsige omskabe. Det beror på Guds indgriben.

Men mennesket er ikke bare en gåde; det er også et mysterium, fordi der, inde ved hjertet af konflikterne og forvirringen, findes en dyb, og ofte dybt begravet, længsel efter det guddommelige, en anelse om kærlighedens almægtige kraft, et genskin i den skabte orden af den kærlighed, som er den Treenige Guddoms inderste væsen. Kvinder og mænd har et hjerte, der kan give svar til Guds hjerte, og i det svar kan alting samles til en enhed.

I

Måske er det i anskuelsen af mennesket som et eksperiment, Grundtvigs originalitet kommer klarest for dagen. Udtrykket forekommer i hans berømte ord i indledningen til *Nordens Mythologi* 1832:

> Mennesket er ingen Abekat, bestemt til først at efterabe de andre Dyr, og siden sig selv til Verdens Ende, men han er en mageløs, underfuld Skabning, i hvem Guddommelige Kræfter skal kundgiøre, udvikle og klare sig giennem tusinde Slægter, som et Guddommeligt Experiment, der viser, hvordan Aand og Støv kan giennemtrænge hinanden, og forklares i en fælles guddommelig Bevidsthed. (GVU IV,32)

I disse ord hører vi Grundtvigs stedse gentagne overbevisning om kødets og åndens indbyrdes gennemtrængning og vekselvirkning i historien. Der er intet statisk ved dette syn. Han ser menneskeheden udvikle sig gennem historiens omskiftelser; han er klar over, at han selv lever i en tid med radikale ændringer i den menneskelige situation, indre såvel som ydre.

Men udviklingen og ustadigheden i menneskelige anliggender er ikke kun resultat af historiens – så at sige – egne iboende bevægelser. Det er de ganske vist også, og Grundtvig blev efterhånden mere tilbøjelig til at anerkende deres selvstændige betydning. Men endnu mere er de resultat af, at Gud har åndet sit eget liv ind i mennesket fra begyndelsen: at han har gjort sig et billede af sig selv ud af jordens støv. Hvis menneskeheden hverken kan forstå sig selv eller magter at nå de mål, den sætter sig, men bestandig skuffes i sine forsøg på livsopfyldelse, så skyldes det, at det formål, mennesket blev skabt for, ligger i et mål hinsides vore mål: intet mindre end himlens og jordens forening, indoptagelsen af alle ting i en ny og uforudset harmoni. Dette mål kan kun Gud selv åbenbare og bringe os frem til.

Skal det ske, må menneskeheden altså bie på Guds handlende indgreb, det, som allerede er kommet for dagen og gjort nærværende i rummets og tidens verden ved Ordets inkarnation og den livgivende Ånd. Evangeliets begivenheder markerer et vendepunkt i menneskehistorien og peger frem mod altings mål. I kirkens gudstjeneste fejrer vi dette mål i frydefuld forventning, med gåder og symboler. Selv om målet ikke er nået, er det dét, vi finder vej til gennem vore kampe og katastrofer, gennem alt det, vi lykkes med, og alt det, vi bærer på skyld for.

Denne anskuelse indebærer også et syn på hele den materielle skabning som noget, der i sig selv er "egnet for Gud". Det kan man se i Grundtvigs brug af naturbilleder i salmerne – en praksis, som bunder langt dybere end litterær konvention. Det er en måde at hævde hele skabningens "slægtskab" med Gud på. Roden til denne synsmåde findes i det Gamle Testamente, ikke bare i Davidssalmerne, men på de mange steder, hvor Guds pagt med alskabningen fejres – f.eks. Jeremias 31,35-36; 35,25-26; Hoseas 2,18. Den kommer til udtryk i liturgiske tekster fra Øst og Vest, hvoraf Grundtvig selv oversatte mange. Man kan eksempelvis tænke på Johannes af Damaskus' påskehymner fra det ottende århundredes østkirke, eller Notker Balbulus' Halleluja-sekvens fra det tiende århundrede i Vesten. Hele skabningen priser Gud, thi hele skabningen er fuld af Gud. Som sagt af Maximos Bekenderen: "Guds Ord, som er Gud, vil udvirke sin legemliggørelses mysterium i alle ting".

Denne sans for hele skabningens delagtighed i lovprisningen af Guds værk giver Grundtvig udtryk for i en række prædikener på fjerde søndag efter Trinitatis. Her griber han lejligheden til ikke blot at udlægge dagens evangelium, men også epistelen, som er taget fra Romerbrevets ottende kapitel. Det er interessant, at ikke færre end tre af disse tekster stammer fra 1860'erne: det er et tema, som Grundtvig udfoldede med stigende styrke i sine sidste årtier. Hans fundamentale overbevisning kommer klart for dagen i prædikenen fra 1866 med dens insisteren på, at hele den guddommelige plan, fra begyndelsen til enden, skal ses i lyset af Guds oprindelige skabervilje: Det er den, som udgør den væsentlige sammenhængs- og kontinuitetslinie i hele forløbet. Efter at have talt om legemets opstandelse og indføjningen af vore legemer i Kristi legeme fortsætter han:

Og se, kristne Venner, skjønt dette vist nok, som Apostelen skriver, er en stor, for os her nede ubegribelig Hemmelighed, saa er det dog aabenbar kun en Del af den store Hemmelighed, som Guds hele underfulde Skabelse er af Himmel og Jord, der skal ældes og opslides som et Klædebon, men skal dog fornyes til at vare evindelig, fordi den ejegode, almægtige, alvidende Gud, som vil glæde sig ved alle sine Gjerninger, han kunde og vilde ikke skabe det synlige af det usynlige, det timelige af det evige, til sørgelig Ødelæggelse og Undergang, men kun til Forklaring og fuld Aabenbarelse af hans Herlighed og af hans Salighed i den fuldkomne Kjærlighed, som hellere vil give end tage; og det følger af sig selv, af Rigdoms-Dybet i den levende Guds Visdom og Kundskab, at hans uransagelige Raad med Verden og Mennesket ej kunde forstyrres af Synd og Død, men at ogsaa de maa tjene til at forherlige ham og sætte hans Visdom saa vel som hans Kjærlighed i det klareste Lys. (GSP 1,588-89)

Alt, fra begyndelsen til enden, rummes i Guds formål, han, som ser alt, hvad han har skabt, og ser, at det er såre godt. Han vil ikke lade sin skabning gå tabt. Liv, ikke død og ødelæggelse, er hans yderste mål. Han vil føre alting til visdommens og kærlighedens opfyldelse.

Dette tema havde Grundtvig behandlet i større udførlighed i en prædiken næsten tredive år tidligere, på samme søndag, i 1838. Dér begynder han med at sige, at teksten fra Romerbrevets kapitel 8 om skabningens længsel ofte betragtes som dunkel og vanskelig. Som han siger, skyldes dette delvis uklarheden i den gamle danske oversættelse, men når vi forstår, at teksten skal lyde: "Naturen venter længselsfuld paa Guds Børns Aabenbarelse",

da finde vi intet andet Dunkelt deri, end hvad der ligger i Sagens Natur, i vort Legems dunkle men visse Sammenhæng med hele Naturen; thi saalænge denne Sammenhæng ei er blevet os klar, kan vi heller ingen klar Forestilling have om, hvad det vil sige at hele Naturen deler vor Vaande og sukker med os over den Døds og Forkrænkeligheds Lov, som alt det Legemlige er underkastet, fra Blomsten, der fødes i Dag og døer i Morgen, til de straalende Himmel-Legemer, der vel synes uforkrænkelige og æredes derfor af de blinde Hedninger som Guder, men skal dog efter vore Propheters og Apostlers Oplysning, ældes som et Klædebon og opløses ligesom vore Legemer hensmuldre, og som Malmene opløses og smelte ved Ilden. (GP 11,254)

Denne bemærkelsesværdige passage er højst karakteristisk for Grundtvig. Den taler ud af en erfaring af menneskets kropslighed og dens indfældethed i hele den materielle natur. Grundtvig føler i sit kød og blod, at han på én gang hører sammen med de mindste og hastigst forgængelige livsformer og med de lysende himmellegemer, der ser så bestandige ud, men dog er underkastet forandring og forgængelighed. Han har, så at sige, en kropslig bevidsthed om sit slægtskab med hele skabningen. Måske er der tale om en specifikt poetisk evne – som hos John Keats eller hos Frans af Assisi.

På den baggrund er det ikke mærkeligt, at vor opstandelse, i samfund med Kristus, indbefatter alskabningens; thi når vi ser,

at den Natur-Lov, hvorunder vi sukke er ikke, som Verdens Vise tænke, evig og uforanderlig, men kun en timelig Trældom, der skal afskaffes, og sætte hele Naturen i Frihed tilligemed os, naar vi see det, da lysner det besynderlig over Graven, over al Død og Opløsning, skiøndt en staaende Klarhed over disse Ting er i Støvet umueligt. (sst. 255)

Vi er ofte foruroligede og bange, når verden proklamerer naturens uforanderlige love. Men det skal ikke mere skræmme os, når vi

blive fortroelige med Apostelens Tanke-Gang, hvorefter det er ganske rigtig en Natur-Lov, der staaer vort Legems Forløsning, Frihed og Udødelighed iveien, men at denne Natur-Lov, til hele Naturens evige Fryd skal visselig afskaffes ved Hans Kraft som beviiste baade at Han kunde og at han vilde, da Han opreiste vor Herre Jesus Christus fra de Døde, og gav os sin Aand som vidner med vor Aand, at vi er Hans Børn og Arvinger, Jesu Christi Medarvinger til Guddoms-Fylden, som, efter Faderens behagelige Villie, boer legemlig i Ham. (sst. 255-56)

Alt dette hører med til Grundtvigs fuldt udviklede forståelse af troen og skabelsen. Det betyder, at vi ikke som vore Fædre skal betragte Naturen i os og omkring os, som Fiendens Eiendom, men som Guds Gierning ... i os og omkring os, der ingenlunde skal hades, mishandles og tilintetgiøres, men elskes, renses, helbredes og herliggiøres ja deeltage i den samme Herlighed, som vi i Aanden alt fryde os ved, i den Frihed og salige Uforkrænkelighed, hvorefter, som Apostelen siger, hele Naturen såvelsom vort Hjerte sukker, og hele Naturen længes med et vidunderligt Haab. I ingen Henseende skal vi da sætte *Natur* og *Aabenbaring* imod hinanden som uforligelige ting, men kalde Aabenbaringen Naturens Lys og Redning, ligesom vor Herre Jesus Christus selv kalder sig Verdens Lys og Verdens Frelser, uden at bryde os om, at de Vantroe misbruge vore Udtryk, ligesom de misbruge Herrens og fordreie dem efter deres egen daarlige Indbildning, som om vi enten sagde eller meende, at Naturen kunde oplyse, helbrede og frelse sig selv ... (sst. 256-57)

Således hævder Grundtvig højt og tydeligt, at medens åbenbaringen og frelsen altid er Guds frie gave, står de ingenlunde i noget modsætningsforhold til hans opholdende og livgivende værk i sin skabning. Åbenbaring og natur hører sammen. Naturen inden i os og omkring os skal æres og elskes som Guds gave. Det er indlysende, at denne indsigt rummer stof til videregående psykologiske og økologiske overvejelser.

Tekstens pointe kunne fortjene at blive yderligere udforsket i henseende til dens lighed med karakteristiske træk i "primitive" religioner. Grundtvig er så forvisset om den kristne tros karakter af noget enestående, at han ingen betænkelighed har ved at anerkende de træk, den har fælles med andre og ældre religiøse traditioner. Det gælder deres respekt og undren over for naturen, sansen for slægtskabet med alt levende og for menneskers bundethed til hinanden, bevidstheden om at være båret oppe af tidligere generationer. Frem for alt ser Grundtvig nødvendigheden af at foretage, hvad der er blevet kaldt "den hellige rejse fra hoved til hjerte".

II

Det, som her er sagt i almindelighed om nådens og naturens indbyrdes forhold, siger han mere specifikt, nemlig i forbindelse med nadveren, i en prædiken på Septuagesima søndag i 1834. Den frembyder endnu et eksempel på konsistensen og sammenhængen i hans anskuelse. Hans teologi er rigtignok ikke i formel forstand systematisk. Det er den alt for fri og levende til. Men når vi betragter den i detaljer og i konkrete manifestationer, forbavses vi ofte over den måde, hvorpå det, han siger i én kontekst, bekræfter og illustrerer, hvad han siger i en anden, ofte på lang tids afstand.

Prædikenens tekst: "Vinen fylder et Menneskes Hjerte saa han opklares", er taget fra Salme 104, den gammeltestamentlige skabelseshymne, som Grundtvig holdt særlig meget af. Bønnen, før teksten læses, bringer os allerede midt ind i emnet:

> Vi takke Dig, Du store Vingaards-Mand, som var, førend Bjergene blev og Du dannede Jorden i Dit Billede, efter Din Lignelse, vi takke Dig i Jesu Navn for den herlige Viin-Gaard, Du skabde og indhegnede, dyrkede og bevogtede midt i Ørken og for Dit Naade-Kald til os, som stode længe ledige, men fik ogsaa Deel i det Helligdags-Arbejde, Du underlig deler med Menneskens Børn … (GP 7,103)

Jorden selv er skabt i Guds billede. Gud har selv plantet sin vingård midt i den og kalder sine menneskelige skabninger til at arbejde i den. Med henblik på nærmere forståelse heraf vender prædikanten sig straks til nadveren og især til den plads, vinstokkens frugt indtager i den.

Den vesterlandske teologi har ikke reflekteret meget over den særlige betydning, der tilkommer brugen af vin i sakramentet. Det skyldtes, at lægfolket i middelalderen ikke længere modtog andet end brødet, og at teologerne følgelig så sig nødsaget til at udarbejde en teori, ifølge hvilken vinen ikke var nødvendig for menigheden: Kristus var jo fuldt ud til stede i hvert af elementerne.

Forholdet havde ganske vist været et andet i Østen. Her vedblev lægfolket at modtage nadveren under begge skikkelser, og den østlige praksis med at lægge brødet i kalken, og således uddele begge elementer samtidig, bevirkede naturligt nok, at kalken og dens indhold blev genstand for langt større andagtsmæssig og teologisk refleksion end i Vesten.

Dertil kom, at også Helligåndens rolle i nadverfejringen hævdedes stærkere i Øst end i Vest. Nadveren anskuedes ikke alene som Kristi døds og opstandelses nærvær, men også som en gentagen fornyelse af Pinsebegivenheden. Naturligt nok førte dette til ideen om tilstedeværelsen af ild i nadveren: ild, der daler ned og fylder kalken. Pinsens ildflamme kroner kirkens bøn og offer. Ordene, der siges i den østlige liturgi i det øjeblik, lige før kommunionen, hvor der hældes varmt vand i kalken, er oplysende: "troens glød, fuld af Helligånd". Ligesom sakramentets brudte brød angiver Kristi sønderbrudte legeme og vort tilhørsforhold dertil, viser vinen i kalken hen til den glæde – den "gåen ud over sig selv" – som Ånden bringer til kirken og til hvert af dens medlemmer. Vi behøver ikke at forudsætte, at Grundtvig kendte noget videre til disse østlige fænomener. Som så ofte ellers synes han på egen hånd at have bevæget sig i forbavsende analog retning:

Vinen fryder et Menneskes Hjerte, saa hans Aasyn opklares, siger Psalmisten, og skiøndt Drikke-Viserne sige det Samme, bliver Psalmen dog derved ligesaa lidt til en Drikke-Vise, som Drikke-Viserne blive til Psalmer, saa det beviser kun, at den Aand, som drev Psalmisten med alle Herrens Propheter og Apostler, forstaaer at tale yndelig og at vælge Billederne paa sig og sin guddommelige Virksomhed, der hvor de virkelig findes og ere dertil forordnede fra Verdens Begyndelse. Ja, mine Venner! vi giøre vel, om vi give Agt derpaa som paa Guds Lampe i Nattens Mørke, at det er ikke blot Psalmisten, der priser Ham, som skabde Vinen der fryder Menneske-Hjertet, og ei blot Propheterne, som ligne Guds Plantning i Israel ved en Vingaard, ja, det er ikke dermed nok, at Herren selv i Dagens Evangelium fortsætter den Prophetiske Lignelse, saa den naaer til Dagenes Ende, ei dermed nok, at han en anden Gang ligner sig selv ved Vin-Stokken, og sin Fader ved en Vingaards-Mand, nei, ligesom han virkelig forvandlede Vand til Viin ved Brylluppet i Cana i Galilæa, saaledes har han jo virkelig helliget og velsignet Vinen med Brødet paa sit Bord, saa Velsignelsens Kalk, som vi velsigne er Christi Blods Samfund. Uagtet vi derfor alle Dage som Christne maae vel ihukomme Apostelens Formaning: drikker eder ikke drukne i Vin i hvilket er Overdaadighed, men bliver fulde i Aanden, saa er det dog ligefuldt sandt, at ved Herrens Bord giælder det baade legemlig og aandelig som Psalmisten synger, at Vinen fryder og Brødet styrker Menneskets Hjerte, fordi der er Brødet og Vinen ikke blot Billeder paa Herrens Legeme og Blod, hvori vi aandelig deelagtigiøres, men de ere indlemmede og optagne deri ved Hans Ord som siger: tager hen og æder det, drikker alle heraf! Derfor sagde de Gamle med Rette, at Herren i Nadveren tilegnede sig den første Skabning og beseiglede sit Ord, at han var ikke kommet for at opløse, men for at fuldkomme, ligesom han udsendte sine Tjenere ikke for at nedbryde, men for at opbygge. (sst. 104)

Prædikenen formulerer således straks fra begyndelsen et bemærkelsesværdigt udsagn om vekselvirkningen og gensidigheden mellem helligt og profant, menneskeligt og guddommeligt. Drikkeviser er ikke salmer, og salmer er ikke drikkeviser. De må ikke sammenblandes, men de to verdener er i slægt med hinanden. Verdslige sange – ord såvel som melodier – er jo også ofte blevet tilpasset gudstjenstlig brug, ligesom det omvendte er forekommet og stadig gør det.

Helligånden bruger naturbilleder til at tale om, hvad der er Guds, fordi naturen selv kommer fra Guds hånd. I dette tilfælde er der tale om mere end det. Ligesom vandet ved brylluppet i Kana virkelig blev til vin, således velsignes og indvies brødet og vinen her således, at de bliver til delagtighed i Kristi legeme og blod. Det sker ikke fordi Kristus – så at sige – kommer ned til de jordiske elementer og legemliggøres i dem; men fordi de jordiske gaver tages op og indføjes i Kristi legemes og blods himmelske virkelighed.

I sine tidligere skrifter reagerer Grundtvig skarpt imod den klassiske lutherske lære om Kristi virkelige tilstedeværelse "i, med og under" brød og vin. For ham indebar den en slags restriktion og begrænsning af Guds handling. For ham involverer mysteriet, at elementerne tages op og inkorporeres i den himmelske realitet, som de altid selv har været en forudspejling af. For ham står det klart, at den kristne lære om sakramenterne, og brugen af materielle elementer til at repræsentere guddommelige realiteter, forudsætter, at disse elementer fra begyndelsen besidder et sakramentalt og guddommeligt potentiale. Gud "beseigler" sit ord, skabelsens ord, i hvilket alskabningens endemål allerede er forudspejlet. I gudstjenestens øjeblik – realpræsensens øjeblik – mødes det, som var i begyndelsen, og det, der skal være til sidst, og smeltes sammen til ét.

Ved slutningen af det 19. århundrede citerede Francis Paget Irenæus:

> Ligesom brød fra jorden, som Gud påkaldes over, ikke længere er almindeligt brød, men nadverbrødet, bestående af to ting: noget jordisk og noget himmelsk, således er vore legemer, når de modtager nadveren, ikke længere forgængelige; thi de har opstandelsens håb.

– Og han fortsatte:

> I os såvel som i sakramentet trænger den kommende verdens kræfter ind og virker hen mod den sejr, som skal komme.[61]

En sådan tankegang havde svært ved at blive forstået i det 19. århundrede, hvor en kløft havde åbnet sig mellem ånd og materie, og hvor ordet "ånd" almindeligvis blev forstået som gående på noget abstrakt eller immaterielt. Her, som andetsteds, finder Grundtvig sig drevet til protest mod, hvad han betragter som helt utilfredsstillende og vildledende i samtidens ideer om "det åndelige":

> Verden kan vist nok slet ikke lide at høre Dette, thi dens Forestillinger om Aand er saa fine og tomme, at det allermindste aabenbar Virkelige, der forbindes med Aanden, synes for Verdens Vise at være noget Grovt eller Krast, som de sige, der ikke blot betynger og vanærer men bortkyser og fordriver Aanden! Dette kommer imidlertid blot deraf, at Verden, som Herren siger, slet ikke kiender Sandheds Aand og kan ikke annamme ham, men bedrages og forblindes af sin egen Aand, som er Luftens, altsaa Blændværkets og den inderlige Tomheds Aand. Vi Christne derimod, som ere døbte i den Hellig-Aands Navn, det vil sige: nedsænkede og rodfæstede i Hans guddommelige Personlighed, saavelsom i Faderens og Sønnens, vi skal naturligviis kun smile ad Verdens Overtro paa et Spøgelse under Navn af Aand. (GP 7,104-05)

Igennem hele prædikenen udtrykker Grundtvig således den overbevisning, at Guds hensigt og plan er én og den samme gennem alle omskiftelser i hans forhold til den verden, han har skabt. Fra skabelsens øjeblik og gennem alt, hvad der følger efter, tabes altings fuldbyrdelse i Guds rige aldrig af syne. Dette er Treenighedens værk, med Helligåndens virksomhed som den særlig tydelige.

På den anden side erfarer vi også noget om dette forholds konsekvenser for menneskelivet her og nu. Legemets opstandelse og verdens nyskabelse eller forklarelse er ikke blot mysterier, hvis mening skal åbenbares ved altings afslutning. De er virksomme allerede, og giver sig til kende. Ganske som de måltider, Jesus på sine vandringer i Galilæa og Judæa delte med upassende og ildeberygtede personer, forudgreb festen i Guds rige, således kan vore måltider nu – ikke blot de sakramentale, men vor dagligdags delen med hverandre rundt om et bord – give os et glimt af fremtidig herlighed. Selv her og nu finder vi, at vinen glæder menneskets hjerte og sind.

Denne nadverens nutidige og dennesidige betydning som forudgriben af en fest, der først vil komme til fuldbyrdelse hinsides denne rummets og tidens verden, får et smukt udtryk i en salme fra Sangværkets første bind. I den fører Grundtvig sakramentale temaer sammen med tanker om landbrugsarbejde og ressourcefordeling på måder, som forekommer mærkeligt relevante for den verden, vi lever i nu, med dens bekymringer for miljøet og dens følelse af magtesløshed over for de problemer, en retfærdig fordeling af planetens ressourcer frembyder.

Som det også andetsteds er tilfældet, dækker Grundtvigs ordforråd her en meget bred betydningsskala. Ordet “Leve-Brød” i første strofe er et betegnende eksempel. Det er netop levebrød i dets egenskab af det arbejde, vi skaffer os brødet ved, som bæres ind i Ordets telt og lægges på et evigt og himmelsk bord. Et sådant ordvalg er med til at formidle digtets mærkelige blanding af det sælsomme og det jordnære.

Denne salme, med dens fremmanelse af pløjning og vindyrkning, ser samtidig frem til fuldbyrdelsen af alting ved tidernes ende. Den er på én gang økologisk og eskatologisk. To gange bruger Grundtvig ordet "sammensmelte", et udtryk, som næsten altid indebærer tanken om kødets og åndens endelige møde, jordens med himlen, menneskets hjerte, hånd og tunges med Guds livgivende Ånd:

Vingaards-Røgt og Ager-Dyrkning
Skaffe Mennesker paa Jord
Leve-Brød og Hjerte-Styrkning
Fremforalt paa Herrens Bord;
Thi hvor under Ordets Telte
Jord og Himmel sammensmelte,
Hvo paa *Ordet*, som det *lyder*,
Herren tager, salig nyder
Nektar og Ambrosia!

Hvede-Kornet og *Vin-Ranken*
Selv sig kalder Herre min,
Saa med Flid Han fører Tanken
Hen til Bordets *Brød* og *Viin*,
Hvor det Himmelske i Aanden,
Og det Jordiske i Haanden,
Sammensmelte, Eet i Grunden,
Som i Ordet, saa i Munden,
Til vor *Sjæls* og *Legems* Tarv!

Hvede-Kagen, Drue-Saften,
Findes paa hver Konges Bord,
Men paa Herrens kun med Kraften,
Som er i Guds Aand og Ord!
Ikkun der, ved Kirke-Mødet,
Eviggiøres Leve-Brødet!
Ikkun der har Drue-Saften
Himmel-Smag og Guddoms-Kraften,
Virker salig Hjertens-Fryd! (GSV 1,325-26)

III

I sine senere prædikener dvæler Grundtvig mere og mere ved tanken om himlens og jordens ægteskab, foreningen af guddommeligt og menneskeligt, som det mål, alting skabtes for i begyndelsen. Det var ikke nye temaer i hans forkyndelse. Allerede i 1832 havde han, på Mariæ Bebudelses dag, sagt, at fædrene havde fejlet ved at tænke mere på,

> hvad de dog ei kunde udgrunde, hvorledes den Guddommelige og Menneskelige Natur var forenet i Christo, end paa, hvad vi kan og skal indse ... (GP 5,121-22),

nemlig hvordan Gud og menneskeheden også i os og for os skal mødes i en lige så glædelig og vidunderlig forening, ved Kristi Aand, som føder os til et nyt liv som grene på det sande vintræ og som lemmer på den Enbårnes legeme.

Men som årene går, får disse temaer forøget eftertryk. På særdeles karakteristisk måde ser Grundtvig, at den forening af guddommeligt og menneskeligt i Kristus, som finder sted i Jesu liv i Galilæa og Judæa, kun er begyndelsen på en historie, som vil fortsætte fra nu af og indtil endetiden – en historie, i løbet af hvilken menneskeligt og guddommeligt atter og atter bringes til at mødes gennem den livgivende Helligånds nærvær og kraft. Som gammel mand tager Grundtvig ikke i betænkning at bruge billeder fra førkristen mytologi til at gøre klart, hvad han vil sige om historiens endelige fuldbyrdelse. Også her indoptages og oplyses det, der har været fra begyndelsen, af det, der skal komme.

Således erklærer han i sin prædiken på nittende søndag efter Trinitatis 1862:

> Naar saaledes Grækerne vilde fortælle os deres Poeters stolteste Drømmesyn, hvorefter det første guddommelige Ægteskab var Ægteskabet mellem Himmel og Jord, da svarede vi: ja ganske rigtig, thi dette guddommelige Ægteskab er baade det første og det sidste, men hvad I ikke veed, det kan vi Sions-Børn lære eder, og det er, hvordan dette guddommelige Ægteskabsbaand først blev knyttet, derpaa sønderrevet, og endelig paa ny sammenknyttet for Tid og Evighed; thi dette guddommelige Ægteskab mellem Himmel og Jord blev stiftet, da Gud med sit Ord skabte Mennesket af Jordens Støv i sit Billede, og indblæste Støvet sin himmelske Aande; og paa Syndefaldet fulgte vel nødvendig Skilsmissen mellem Himmel og Jord, som mellem Aand og Kjød, som skrevet staar: samler du din Aande fra dem, da opgiver de Aanden og synker sammen i deres

Støv; men da Gud tog det syndige Menneske til Naade, da fornyedes det guddommelige Ægteskab, som skrevet staar: udsender du din Aand, da skabes de, og du fornyr Jordens Skikkelse; og saaledes har nu Gud Fader udsendt sin Aand i sin enbaarne Søns Vorherres Jesu Kristi Navn til hans troende Menighed, som derfor med rette aandelig kaldes hans Brud og hans Legeme. (GSP 1,207-08)

Det er slående, at Grundtvig, for at formulere sit budskab om menneskets fald og genoprettelse, her igen gør brug af Salme 104. Det er en salme, som frem for alt handler om Guds omsorg for hele skabningen, og i hvilken menneskehedens kald anskues i sammenhæng med hele den levende verden. I en sådan vision forstås menneskeslægtens genoprettelse ved Åndens komme som det centrale element i fornyelsen af skabningen som helhed, en fornyelse, hvorved den føres ud over det, den var.

Atter her ser Grundtvig to aspekter af fuldendelsen: Det ene er eskatologisk, dybt og uudgrundeligt for os, mens vi lever i tidens verden; det andet er allerede klart og åbenbart for os nu. Dette andet aspekt udgøres af vekselvirkningen mellem guddommeligt og menneskeligt, evighed og tid, sådan som vi ser den skildret i evangelierne, og sådan som vi kender den som en virkelighed af egen erfaring. Allerede nu, midt i alt det ufuldkomne og stykkevise ved vort liv i tiden, er Guds liv til stede iblandt os ved Helligåndens kraft:

Ja, kristne Venner, dette guddommelige Ægteskab mellem Himmel og Jord, mellem Herren og hans Menighed, som mellem Ordet og Troen, det er det evige Livs, Kjærlighedens og Salighedens dybe Hemmelighed, som vi ej maa forlange skulde blive os klart her nede; men Hemmeligheden har dog i Troen paa Jesus Kristus, Gud Faders enbaarne Søn, Vorherre, avlet af den Helligaand og født af Jomfru Marie, en klar Side at betragtes fra; thi paa ham, der udkom fra Faderen og kom til Verden, som en af os i alle Maader, kun uden Synd, og forlod Verden og foer til Himmels med et Legeme af Kjød og Ben, – paa ham har jo den Helligaand bevist, at han i Mennesket baade kan og vil gøre alt himmelsk jordisk og alt jordisk himmelsk, ikke saa det ene paa papistisk forvandles til det andet, men saa [at] de hjærtelig sammensmelte med hinanden i Kjærlighed, ligesom Sjæl og Legeme hos Vorherre Jesus Kristus, den Guds og Menneskens Søn, hos hvem det himmelske i Sandhed blev jordisk, og det jordiske blev himmelsk, det evige blev timeligt og det timelige evigt, som det er sket og skal ske i hele hans troende Menighed, der paa Jorden timelig bærer det evige Liv i sig og skal i Himlen evig føre sit timelige Liv med sig … (sst. 208)

Disse påstande udarbejder Grundtvig nøjere gennem en omtale af Jesu virksomhed i Galilæa og Judæa. I en prædiken fra fyrrerne havde han erklæret:

Og naar vi nu troe, at denne Jesus af Nazaret var Gudfaders eenbaarne Søn, hvem al Magt var givet i Himlen og paa Jorden, da kan vi umuelig betragte denne Hans forunderlige Ydmyghed og Venlighed, Hans Omgængelighed med de Ringeste blandt Folket, Hans Omhu for deres timelige Næring og Hans Deltagelse i deres ringe Sysler uden at see et Glimt af Paradiset, hvor Gud taler med Mennesket Ansigt til Ansigt og omgaaes ham som sin Næste. (GVP 61)

I denne Jesu enkle og tilgængelige optræden kommer Gud selv nær til os. Den er et billede på det fællesskab mellem Gud og menneske, som var i begyndelsen, og som skal være der til sidst. Når evangeliefortællingerne læses med troens øjne, siger de os mere om Guds nærhed ved sin skabning end mange bind teologi. For Grundtvig er den nærhed evangeliets inderste mening:

Ja, m. V., man kan læse mange lærde Værker og gruble mange Aar over den Guddommelige og Menneskelige Naturs Forening i Jesus Christus uden at faae saa tydelig og levende en Forestilling derom, som ved at betragte Ham efter Dagens Evangelium ved den Galilæiske Sø, hvor Han taler Guds Ord, som er Liv og Aand for Sjæl og Hjerte, og taler et Almagts-Ord, naar Han siger til Fiskerne: drag en Dræt! men er i Øvrigt ei blot saa menneskelig som En af os, men jævnere, naturligere og mere folkelig end Nogen af os. – I saadanne Øieblikke føle vi det ret, at det er ikke Afstanden mellem Jord og Himmel, ei heller den store Forskiel mellem Støv og Aand, Skabning og Skaber, men, som skrevet staaer, kun vore Synder, som giør Skilsmisse mellem Gud og os og hindrer Ham fra, hvad Han ellers baade kunde og gierne vilde, at opslaae sit Paulun iblandt Menneskens Børn og, naar de ret fik Lyst dertil, tage dem op med sig til de evige Boliger. (sst. 61-62)

Det var ikke blot i prædikenerne, Grundtvig formidlede denne sans for det intime og enkle i forholdet mellem guddommeligt og menneskeligt. Hele hans måde at være til på vidner derom, og det kom til at præge hele den grundtvigske bevægelse og gjorde praktiske projekter – hedeopdyrkning, plantning af frugttræer, reformer af agerbrugsmetoder, udbredelse af undervisning til kvinder og bønder, fejring af mærkedage med sang og dans – til begivenheder med evighed i sig. Himlen og jorden var ikke fjernt fra hinanden.

I de senere prædikener er Mariaskikkelsen aldrig helt glemt. Hun er til stede i et eskatologisk perspektiv, men også som en stadig påmindelse om evangeliets konkrete kendsgerninger og om, at kvinden, ikke mindre end manden, er en vitalt virksom del af hele den guddommelig-menneskelige proces. I en prædiken fra tresserne siger Grundtvig:

Adam kaldte sin Hustrus Navn Eva, d. e. Livet, fordi hun blev alle levendes legemlige Moder, og vor Stamfader kaldte aabenbar sin Hustru med sit rette Navn; thi trods al den Forstyrrelse, Synden har gjort i Menneske-Naturens oprindelige Orden, saa var det dog hos en Evas Datter, Marie Mø, at Guds enbaarne Søn søgte og fandt det jordiske Menneskeliv, da han fornedrede sig til at bære den jordiskes Billede, for at vi kunde ophøjes til at bære den himmelskes Billede ... (GSP 1,431)

Og i en anden, endnu senere prædiken, giver han i stærke billeder udtryk for den tro, at noget paradisisk har overlevet helt inde ved hjertet af menneskelivet igennem hele historien:

... skjønt det faldne Menneske var udjaget af Paradis, for at de ikke skulde æde af Livs-Træet og leve evindelig, saa var der dog Udvej til, at Livs-Træet aandelig kunde blomstre og bære Frugt paa Jorden til Menneskegavn, fordi der var bevaret en Haandfuld Paradis-Jord i Menneske-Hjærtet, hvori Livs-Træet kunde slaa Rødder. (GSP 2,85)

Selv i de mørkeste tider "glemtes Guds-Haven dog ikke aldeles",

... men hist og her røbede Paradis-Rosen, voxende vildt, ved den søde Duft sin moderlige Jordbund ... (sst. 86)

Selv i de mørkeste tider i menneskeslægtens historie giver et uforklarligt potentiale for godhed, et totalt uforudset glimt af skønhed sig til kende og forkynder, at der stadig ligger en håndfuld af paradisets jord i menneskehjertet – den jord, som er bærer af Guds billede og lighed. Det er en moderlig jord, den er vor Moder Jord, siger Grundtvig, og minder os således om, at det var i alt levendes moder, livets træ slog rod.

Den kristne tradition har ikke altid været ødsel med anerkendelse af de godhedens og skønhedens gaver, som har vist sig uden for dens egne grænser. Alt for ofte er hedningernes dyder blevet betragtet som "skinnende laster". Grundtvig søger, under anvendelse af det Gamle Testamentes og de første kristne århundreders billedsprog, at få bugt med denne småtskårne holdning. Selv når tingene ser mest håbløse ud, selv når Gud synes at have vendt skabningen ryggen, sætter den dybt rodfæstede længsel efter godhed sig igennem på ny. Vi kender det fra, hvad forfattere i vort eget århundrede, måske især Alexander Solsjenitsin, har berettet om, hvordan der pludselig i koncentrationslejrens ørken er spiret venlighedshandlinger og lindringsindsatser frem. Vi kan også tænke på et digt som Edwin Muirs vision af "Den gode mand i helvede", om det gode menneske, som ved en bureaukratisk fejl i de højere regioner er blevet fordømt til helvede, men som ved sit selvhengivende tålmod har tændt en gnist af håb i helvedes afgrund og dermed har begyndt at underminere det ondes stivfrosne ubevægelighed.[62]

Det er, som Grundtvig har sagt, i hjertet, den lille håndfuld paradisjord er at finde. Vi har set nok af hans billedsprog til at vide, at for ham er dette noget mere end en retorisk floskel. Hans anskuelse af menneskelighed som hjertets sag er rodfæstet i jorden. Her hævdes hele skabningens sammenhæng påny.

Men det er nødvendigt at dvæle lidt længere ved dette billede af en håndfuld paradisjord. Det vidner om, hvordan Grundtvig ved slutningen af sit liv har bevaret sin evne til sammenskuen og til at gøre liv og mening gældende hvor glemsel og død havde hersket. Han fornyer her et tema, som havde levet i de første kristne århundreders tænkning og bøn, frem for alt i syrisk kristendom.

I den syriske tradition blev den bibelske historie om syndefaldet ikke så meget forstået som en katastrofal enkeltbegivenhed, men som en gradvis proces, under hvilken fremmedgørelsen af menneskeslægten fra Gud og fra paradiset fandt sted lidt efter lidt. Ét aspekt af dette gradvise fald fra nådens og herlighedens stand er den gradvise fjernelse fra det jordiske paradis selv. Efter faldet er havens porte rigtignok lukkede, og englen står med sit flammesværd foran dem; men ikke al forbindelse er brudt. Adam og Eva bliver ved med at bo på paradisbjergets lavere skråninger:

> Boende nær ved paradiset og stadig fulde af minder om det sted kunne Adam og Eva stadig fortsætte en slags paradisisk liv. Til trods for deres synd blev de retfærdiges slægt bevaret; velsignelsen blev nedarvet til Seth.[63]

Disse fortællinger om menneskeslægtens nærhed ved paradis i tiden før syndfloden giver de største syriske teologer, især Afrahat og Efraim, anledning til en mere almen overvejelse. Ifølge dem vidner fortællingerne om de forbindelser mellem Gud og hans skabning, som er blevet opretholdt efter syndefaldet.

Der er her tale om noget mere end et nostalgisk minde om noget svundent. Selv om paradis ikke kan genvindes på jorden, vækker dets nærhed ønsket om et fremtidigt paradis.

Dermed befinder syrerne sig i god overensstemmelse med deres syn på Gud. For dem er hans nåde altid modvægten til hans retfærdighed, og menneskeslægten gemmer i sig ikke bare syndefaldets, men også velsignelsesløftets tegn.

Alt dette fremmaner på slående vis erindringer om passager i Grundtvigs skrifter. Også for ham er paradiset meget nært; det er altid lige ved at komme til syne i denne verden, men virkeliggøres dog aldrig som andet end en uopfyldt længsel. For ham at se har minder om det jordiske paradis overlevet inde ved hjertet af menneskers liv og erfaring. I lyset af en sådan teologisk overbevisning får hans beskrivelser af Danmark som et lille paradis – tekster, som nemt kan forekomme sentimentale, og som ofte får nutidsdanskere til at føle sig utilpasse – en seriøs mening.

Allerede her og nu gives der undertiden en glæde, som ikke kan rummes i denne verden, og som derfor viser os hen til en verden hinsides denne. Grundtvig taler om en vekselvirkning mellem menneskeligt og guddommeligt i kirkens liv, en, der bærer evigt liv i sig her på jorden, og som i himlen evigt skal bære sit tidslige liv i sig. Ad veje som disse tager Guds billede, som verden er skabt i, undertiden skikkelse af en lysende lighed.

Tiende kapitel

Et jævnt og muntert, virksomt liv på jord

I det foregående kapitel har vi set, hvordan Grundtvig anskuer menneskehedens historie i et eskatologisk perspektiv, med begyndelse og ende i Gud; og vi har også set, hvordan historien, når den betragtes på denne måde, ikke kan skilles fra skabningens historie som helhed.

Men hvad har han at sige, når talen bliver om at se nøjere på menneskeligt samfund og menneskers forhold til hverandre? Atter her vil vi finde, at begreberne om et virksomt indbyrdes afhængighedsforhold og en levende vekselvirkning er af afgørende betydning. Også her er hans syn på menneskenaturen markant personalistisk, ikke individualistisk. Personer kan ifølge ham kun forstås i deres indbyrdes forhold. Som en kender af Grundtvigs ideer om opdragelse og samfund, den tidligere Askov-forstander Hans Henningsen har sagt:

> Grundtvig var ude af stand til at tænke individualistisk. Virkeligheden består overalt af relationer. Frihed må derfor, mente han, hvile på gensidighed. Enhver, der vil være fri, må også indrømme sin nabo frihed. Hverken individer eller samfundsklasser kan befri sig selv på bekostning af andre uden at friheden ender med at gå tabt.[64]

Det er vanskeligt at overdrive betydningen af dette, hvis man vil forstå Grundtvigs holdning til sociale, politiske og pædagogiske problemer. Vi erindrer os først, at denne holdning skal ses i sammenhæng med en holdning til verden og virkelighed i videre forstand, og frem for alt, at den hidrører fra et syn på den Gud, som er Tre såvel som En. Derefter bemærker vi, at en sådan anskuelse indebærer en radikal kritik, både af den marxistiske teori om klassekampens nødvendighed og af den kapitalistiske om det enkeltstående individs og den uhæmmede konkurrences ret.

Som en anden fremstående kender, K.E. Bugge, gør gældende:

Det er karakteristisk for Grundtvigs uafhængige tænkemåde, at han ikke accepterede liberalismens grundsætninger ukritisk … Som positivt alternativ til den franske revolutions frihedsbegreb, og til den britiske økonomiske liberalismeteori, gjorde Grundtvig sig til talsmand for, hvad han kaldte 'et nordisk frihedsbegreb'. Derom skriver han: 'Jeg ved af personlig erfaring, at det kan være meget vanskeligt … at lade sig nøje med det mål af frihed, som også giver min nabo nogen frihed'. Den frihed, Grundtvig talte for, er derfor en frihed, som er inddæmmet af ansvaret over for medmennesket.[65]

Dette bånd på individets umiddelbare frihed, politisk og økonomisk, udgør, når alt kommer til alt, ikke nogen hindring for ægte menneskelig frihed og udvikling. Tværtimod fremmes den deraf, thi begrænsningen er begrundet i en idé om, hvad samfundet og endda virkeligheden som helhed er. "Virkeligheden består overalt af relationer. Friheden må derfor altid hvile på gensidighed" – tænker man sådan, er man ikke ude efter hurtige og umiddelbare resultater, men ser på de længere perspektiver i socialt og nationalt liv og historie. Det er sådanne præmisser, der ligger til grund for den senere nordiske og især danske samfundsudvikling.

Disse sociale og politiske udviklinger har langt fra altid været udtrykkeligt eller direkte begrundet med henvisning til den kristne tros fundamentalpåstande. Især i dette århundrede har man ignoreret eller direkte fornægtet det teologiske grundlag, som Grundtvig fandt i læren om Gud som Treenighed, med "indbygget" socialitet. For Grundtvig kan det guddommelige og det menneskelige ikke holdes adskilt. For ham er mønsteret for al menneskelig historie den virksomhed, som Sønnen og Ånden øver i verden og menneskeheden som skabt i Guds billede.

For Grundtvig at se, forudsætter muligheden af et samfund med disse præmisser imidlertid tilstedeværelsen af et historisk rodfæstet nationalt fællesskab. For ham er nationen et fællesskab af mennesker, som hen over alle forskelle er bundet sammen af fælles erindring, fælles sprog, fælles nedarvet landområde.

Grundtvigs syn på samfund og opdragelse er, som han selv bestandig påpeger, både "historisk" og "poetisk". Det giver plads for objektive faktorer: geografiske, historiske og økonomiske; men også for de subjektive, al den stund forståelse og påskønnelse af, hvad historie og geografi betyder, ikke kan vindes uden at fantasien vækkes. Hvis vi skal blive virksomme og ansvarlige medlemmer af det folk, vi tilhører, har vi lige så stærkt brug for at *føle* vort indbyrdes afhængighedsforhold som for at erkende det med forstanden.

Den vision af personlig og national genfødsel og fornyelse, som Grundtvig formulerede i det 19. århundredes Danmark, er indtil nu den eneste del af hans tænkning, som har vakt en vis international genklang. På mange forskellige steder, i Bangladesh, Filippinerne, Nigeria og Japan, er mennesker blevet optaget af et grundtvigsk ideal om en "opdragelse for livet", som tilskynder folk til at blive bevidste om deres egne latente ressourcer for tænkning og handling.[66]

Hvor godt Grundtvigs ideer er blevet forstået under de kulturmøder, der har fundet sted på den måde, er ikke altid lige tydeligt. I to artikler har en kender af forholdene, Holger Bernt Hansen, undersøgt de mange forskellige måder, ideerne er blevet opfattet og praktiseret på.[67] Én ting synes at stå fast, nemlig at Grundtvigs kombination af tradition med radikalitet, det folkelige og praktiske med det visionære og åndelige, har vist sig at rumme en stærk appel til folk uden for Vesteuropa og Nordamerika. Det er folk, som ofte har følt sig nedslåede og utilpasse ved de herskende vestlige måder at gøre tingene på, og især ved vestlig pædagogik. Grundtvig åbner mulighed for en alternativ eller tredje vej at gå.

Allerede i 1930'erne var der en fremtrædende kinesisk tænker og reformmand, Liang Shuming, som – på grundlag af et noget idealiseret billede af Danmark – mente her at have fundet noget forfriskende forskelligt fra, hvad han havde set i den vestlige verden i almindelighed. Som han knapt og kontant sagde til nogle danske gæster: "Vi føler ofte, at der er for megen konkurrence mellem vesterlændinge, og for lidt venskab". Han var tiltrukket af det Grundtvigske ideal om at holde hoved og hjerte sammen og søge en samarbejds- snarere end en konkurrencemodel for samfundet.[68]

De emotionelle og intuitive aspekter af kundskabserhvervelsen er nødvendige som komplement til de rationelle og objektive. For Grundtvig at se bliver vi ikke kloge uden først at elske. Han udtrykker ofte sin tilgang til denne enhed af kundskab og kærlighed med bibelske og poetiske billeder snarere end med abstrakte begreber. Det gælder om treheden af "hjerte, mund og hånd". Det, som rører sig i hjertets dyb, skal komme til klarhed ved at udtrykkes i ydre ord. Derefter må det talte legemliggøres i hændernes værk, i handling.

Kærligheden har primat i hans tænkning. Siger man, at man kun véd og forstår det, man først har elsket, har man gjort klart, hvordan opdragelse skal finde sted. Vi lærer det, vi er tiltrukket af, det, der tænder vor fantasi. Hvis den påstand tages blot nogenlunde alvorligt, betyder det en omvæltning i mange af de præmisser, vor samfundsordning bygger på. Påstanden formidler ikke bare et holistisk, men et mærkeligt optimistisk syn på menneskenaturen, højst forskelligt fra den hårdhed og pessimisme, som er kommet til at kendetegne meget af det sene 20. århundredes liv.

En sådan vision af menneskenaturen er personalistisk og helhedsorienteret; og opdragelsesprocessen involverer alle helhedens elementer, ikke bare intellektet. Derfor har folkehøjskolerne altid sigtet mod at være fællesskaber, i hvilke en levende vekselvirkning og gensidig belæring kan finde sted mellem lærer og elev, altsammen inden for rammen af et fælles liv, fælles måltider, sang og leg såvel som undervisning og læsning. Således kan man nå til forståelse af hårde realiteter og vanskelige emner på en måde, som ikke er helt og holdent isoleret fra, hvad hjertet dybest set længes efter. Der er håb at hente i en sådan praksis.

I

Denne Grundtvigs vision kommer til udtryk i et digt, han i 1839 skrev til sine to ældste sønner i anledning af deres konfirmation. Det rummer nogle af hans bedst kendte og mest yndede linjer.

> Et jævnt og muntert, virksomt Liv paa Jord,
> Som det, jeg vilde ei med Kongers bytte,
> Opklaret Gang i ædle Fædres Spor,
> Med lige Værdighed i Borg og Hytte,
> Med Øiet, som det skabdes, himmelvendt,
> Lysvaagent for alt Skiønt og Stort herneden,
> Men, med de dybe Længsler vel bekiendt,
> Kun fyldestgjort af Glands fra Evigheden;
> Et saadant Liv jeg ønsked al min Æt,
> Og pønsed paa med Flid at forberede,
> Og naar min Sjæl blev af sin Grublen træt,
> Den hviled sig ved "Fadervor" at bede.
> Da følde jeg den Trøst af Sandheds Aand,
> At Lykken svæver over Urtegaarden,
> Naar Støvet lægges i sin Skabers Haand,
> Og Alting ventes i Naturens Orden ..." (GVU VIII,146)

Teksten gør ved første øjekast et såre enkelt indtryk; men den viser sig senere at være noget mere kompliceret. Den enhed, der beskrives, er mangfoldig, den har mange facetter eller dimensioner. Talen er om et ligevægtigt, virksomt, muntert liv på jorden, og om lige værdighed for alle i samfundet, men i et samfund, som er sig bevidst at stå i en ædel gammel tradition. Det taler om menneskeøjet som skabt med et blik mod himlen og dog med en glad bevidsthed om alt det store og gode hernede. Måske skal det antydes, at det netop er den dybe længsel efter evighed, den, der kun kan stilles ved den evige herlighed selv, som sætter os i stand til at se og glædes ved de gaver, tidens og rummets verden skænker. Der er ingen modsætning her mellem tid og evighed, snarere en mysteriøs vekselvirkning.

Grundtvig taler videre i digtet om det liv, han ønsker for sin efterslægt. Det er et liv, i hvilket virksomt arbejde forenes med bøn og betragtning. Atter her får vi et slående indtryk af vekselvirkning mellem de "aktive" og de "passive" elementer i menneskelig erfaring. Visionen er humanistisk og religiøs på én gang. Det kan måske siges, at hvad der udfoldes her, er en teocentrisk humanisme; thi det er bemærkelsesværdigt, at den bøn, digteren beder i en sammenhæng, der ikke umiddelbart er religiøs, tydeligvis bærer et trinitarisk præg lige under sin overflade. Det er en sønlig bøn til Faderen, ledet af sandhedens Ånd.

Vi bliver igen mindet om, at livet skal leves i harmoni med tingene som de er, men også i en forventning, som finder, at alting til sidst vil blive givet os "i Naturens Orden", når vi lægger vort støv i Faderens hånd. Når dertil føjes de følgende linjers billede af den gradvise vækst til modenhed – skildret i naturmetaforer – bliver det klart, hvordan digtet søger at lade alle tilværelsens dimensioner vederfares retfærdighed, samtidig med at dens tilgrundliggende enhed kommer for dagen.

Det er ikke overraskende, at nogle af Grundtvigs samtidige, og især blandt de yngre folk, som i en eller anden forstand blev hans disciple, følte sig mere tiltrukket af én side af billedet og andre af en anden. Grundtvig selv var så mangfoldig en person, at der uundgåeligt efter hans død viste sig forskelle i fortolkningen af ham, og at der opstod modsætninger mellem forskellige grupper af tilhængere. Nogle bevægede sig mod venstre og blev politiske aktivister, nogle blev teologer, dybt optagne af gudstjenestespørgsmål og undertiden politisk højreorienterede. Frem for alt var der dem, som tog føringen i højskolebevægelsen og søgte at praktisere hans ideer i et arbejde for menneskelig udvikling og vækst hen imod et samfund, alle medlemmer havde lod og del i.

II

Det er et af de mange paradokser i Grundtvigs liv og værk, at akkurat den side deraf, som blev internationalt kendt, nemlig folkehøjskolerne, var noget, han ikke selv havde iværksat. Ganske vist var det fra ham, bevægelsen hentede ideer og inspiration, men virkeliggørelsen skyldtes en gruppe yngre mænd, som satte en ny slags undervisning i gang på små kostskoler for unge voksne, hovedsagelig folk, som ikke havde udsigt til at komme på universitetet. Alle de første højskolers ledere var disciple af Grundtvig, om end ingen af dem var ukritiske eller uselvstændige. En af dem rager op over de andre. Han var rigtignok ikke så kompliceret og mangesidig som Grundtvig; men han var en mand af højst bemærkelsesværdigt pædagogisk talent.

Christen Kold (1816-70) var søn af en nordjysk skomager. Som ung blev han omvendt til en levende kristentro under indflydelse fra en lægprædikant af grundtvigsk observans. Han opdagede, at kristendommen var en livets og glædens, ikke en angstens og dødens religion. "Tidligere troede jeg", sagde han, "at Gud var en Politimester, en streng Skolemester, som passede paa naar vi gjorde Ondt, for at han kunde give os et godt Ørefigen".[69] Opdagelsen af, at Gud elskede ham, kom totalt overrumplende for ham:

> Jeg har aldrig kjendt Mage til det Liv, den Lyst, Kraft og Drift, der da opstod hos mig, jeg var saa glad, at jeg ikke vidste, paa hvilket Been jeg skulde staae, over den Opdagelse, jeg havde gjort.

En landsbydreng som Kold havde naturligvis ingen chance for at komme på universitetet. Han tog et arbejde op i vækkelsesbevægelsen, arbejdede som lærer, og tilbragte fem år i Smyrna som assistent for en dansk missionær. I 1851 vendte han som femogtrediveårig hjem og fik held til at besøge Grundtvig, som fik så stærkt et indtryk af ham, at han gav ham økonomisk og moralsk støtte. På grundlag deraf, og ved hjælp af egne sammensparede midler, lykkedes det ham at åbne sin første skole i november samme år. Der kom fjorten elever det første år og seksten det andet.

Kolds skoler var berømte for mange ting, ikke mindst deres spartanske levevis. Hovedparten af de tidlige folkehøjskoler besøgtes af gårdmandssønner; Kold derimod tog imod de fattigste. Lærere og elever boede og levede sammen, sov i samme rum, spiste grød af samme fad, gik med træsko og i hjemmevævet tøj. Under de vilkår begyndte Kold at afprøve sine pædagogiske metoder. De unge mænd kom i vintermånederne, da der var mindre at lave på gårdene; og om sommeren holdtes der helt fra begyndelsen kurser for unge piger. Der undervistes i læsning, skrivning og regning, fag, der betragtedes som nyttige redskaber, men ingenlunde var hovedsagen, og som ofte varetoges af Kolds assistent. Kold selv så sin opgave som den at muntre sine elever op, bringe dem til live. Han skildres således af Ludvig Schrøder, forstander på Askov:

Det er en slags Sokrates der sidder i sin stol i kredsen af en mængde bønder og bønderpiger som kommer langvejs fra for at gæste skolen. Og hele dagen – på den tid nær han holder foredrag i skolen – taler han med alle disse mennesker på en sådan måde at han altid vækker noget hos dem. Han er rig på livserfaring og på fortællinger, og med disse skatte beriger han sine tilhørere, idet han navnlig lægger an på at fremme virkelysten hos dem. Det er børne-friskoler de skal oprette rundt omkring i sognene. Til lærere lader han dem få sine gamle elever, men bønderne skal sørge for lærernes ophold og anse det for en lykke at kunne ofre noget for en god sag. Foredrag holder han en time eller halvanden hver formiddag, og da er skolestuen fuld af elever og gæster. Det er da gerne verdenshistorien han tager et stykke af, men hovedsagen er den praktiske anvendelse på livet som han har et sært godt greb på. Det han vil vække er ... at vi må åbne hjerterne for det åndelige, så at dette kan komme til at betjene sig af os som villige redskaber til at fremme hvad der er vort folks og hele menneskehedens opgave.[70]

Åndens verden skal komme til os og bruge os i tjenesten for det almene vel, hjemme og ude. Skønt det ikke altid blev sagt med rene ord, var tanken om den inspirerende og styrkende Helligånd aldrig fjern i dette budskab.

Opmuntring og oplivelse var Kolds store nådegave. Grundtvig havde talt om skolerne som en kilde til "oplysning", det gængse 18. århundredes-ord. For Kold synes ordet "oplive" at have spillet den afgørende rolle. Nogle af højskolerne, sagde han engang, søgte at bekæmpe standsprivilegier, andre det tyske pres i Sønderjylland, og

Saa er der *min Skole*; den Fjende, jeg har rejst Kampen imod, er Døden, og den Fjende er os nærmere end baade Tyskere og Herremænd, for den bor i vort Hjerte, Side om Side med Livet. Al anden Strid taber sig som Bølgeslag i Tiden, men denne Strid varer altid, og at ruste sig til den, derom er det, det gælder.[71]

Her lyser det frem, hvor dybt Kold var beslægtet med Grundtvig. Også for Grundtvig var livets kamp med døden det ledende tema gennem alle hans lange livs omskiftelser. Ordene i tredje vers af hans version af *Agnus Dei* ("O, Du Guds Lam"): "Vor Død til Trods / Opliv Du os" sammenfatter, hvad det frem for alt andet kom an på for ham. I Kolds pædagogiske virksomhed kan vi konstatere en praktisk udmøntning af Grundtvigs stærke optagethed af Kristi nedfart til dødsriget – noget, vi senere skal se nærmere på under vor betragtning af hans påskeprædikener.

Et andet udtryk for slægtskabet med Grundtvig foreligger i den overbevisning hos Kold, at børneskolen har forsømt følelse og især fantasi til fordel for forstanden.[72]

Det var hans påstand, at både børn og unge havde fået alt for meget af den slags boglærdom, som gjorde deres hoveder og hjerter døde og sløve og gjorde dem til fjender af alt, hvad der vedrørte det at lære noget og gå i skole. Det, de behøvede, sagde han, var en mundtlig belæring, der kunne live dem op og give dem sans for den verden, de levede i. Grundtvigs egen forkærlighed for "det levende ord", og for en undervisning, der indebærer gensidighed og vekselvirkning mellem parterne, blev praktisk virkelighed i Kolds skoler. Det er en bemærkelsesværdig kendsgerning, at det er tilfældet endnu i dag i de forskelligste former for danske højskoler.

III

Vi har set på en af de mest markante figurer i den første generation af højskolefolk. Vi vender os nu til en senere skikkelse, en kvinde, som på sin måde var lige så vigtig og lige så repræsentativ for bevægelsen. Ingeborg Appel (1868-1948) var datter af Askovs første forstander, den Ludvig Schrøder, hvis beskrivelse af Kolds sokratiske metode vi lige har gjort os bekendt med. Eftersom hun giftede sig med sin fars efterfølger, Jacob Appel, var Ingeborgs lange liv i udpræget grad identificeret med skolens. En af dens lærere, Holger Kjær, opholder sig ved dette i sine mindeord efter hendes død.[73] Hun havde undervist på skolen i halvtreds år og havde stået for den på egen hånd i de perioder, hvor manden var minister. Hun havde opdraget sine børn midt i skolens fællesskab. Hun var tydeligvis sin familie dybt hengiven, men ikke på nogen ureflekteret måde, thi eftersom familien levede i så tæt forbindelse med skolen, havde det krævet megen omtanke at holde de to ting sammen uden at blande dem sammen. Med hendes død, siger Kjær, gik en hel epoke i graven, thi hendes erindring rakte tilbage til den første generations store skikkelser: Trier, Nørregaard, la Cour og Flor; og via hendes forældre rakte de tilbage til Grundtvig selv.[74]

I sine mindeord fortæller Kjær, hvor stærk en autoritet hun udstrålede i sin modne alder. Hun var en formidabel skikkelse, som ingen skulle løbe om hjørner med, "mandig", siger han, "i sin dybe Kvindelighed", altså et menneske, i hvem indbyrdes komplementære kræfter virkede sammen og modsætninger forsonedes. Eftersom han taler ud af en grundtvigsk, "historisk-poetisk", sammenhæng, er det naturligt for Kjær at søge efter paralleller i fortiden og se hende som en nordisk sagakvinde, sanddru og standhaftig som Bergthora, Njals hustru i den største af de islandske fortællinger.

Men, indrømmer han, når alt kommer til alt er denne sammenligning ikke fyldestgørende. Den formidler ikke hendes livs dybt kristne karakter, og dets præg af kompleksitet. I hende forenedes og forsonedes lys og mørke, styrke med svaghed, tro med frygt og bæven. Og det var til dels angsterfaringen, siger han, som havde givet hende den mærkelige blanding af styrke og følsomhed.

> Det er denne Frygt og Bæven, der er Forklaringen paa hendes Myndighed. Hun havde Myndighed ogsaa af Natur, men dybest bundede den i noget andet. Den, som ikke kender til Frygt og Bæven i Forhold til Kaldet, frygter alt muligt menneskeligt; men den, som kender den sande Frygt, finder i den Modet til at overvinde den Menneskefrygt, vi alle maa kæmpe med; Modet til at bære Ansvaret og – om det skal være – tage Stødet. Det kunde Fru Appel.[75]

Den ægte gudsfrygt driver al anden frygt ud. Derfor søger Kjær i den kristne højmiddelalder efter en sammenlignelig skikkelse. Han finder hende i Birgitta af Vadstena, pavernes kritiker og rådgiver.

Og det er i den benediktinske klosterregel, han finder de kategorier og udtryk, han behøver for at indfange essensen af fru Ingeborgs liv. Hun er et lysende eksempel på *stabilitas loci*, den hengivne trofasthed mod et bestemt sted, hvorved en dyb og frugtbar livssammenhæng fremelskes.

Klostermunken har forpligtet sig til at forblive tro mod ét bestemt sted og mod det hverv, han har taget på sig. Ingeborg Appel vidste besked om den "samlethed", som dette kan føre til. Det benediktinske livs andet princip: *Conversio morum*, den daglige omvendelse, havde hun øvet sig i ved dag efter dag at vende sig til Gud med en undertiden næsten skræmmende intensitet. Der var ikke meget, munkene kunne have lært hende om selvdisciplin og regelmæssighed. Og *obedientia*, lydigheden, den anspændte lytten til kaldet og efterlevelse af det, havde hun aldrig forsømt.

Hun var således, lader Kjær os forstå, en mor for unge og gamle: for sine børn og børnebørn, for generation efter generation af elever, ja for hele højskoleverdenen. Han giver os en række glimt af enkeltheder i hendes liv: hvordan hun fortalte for sine børn, hvordan hun besøgte gamle og syge, lyttede til dem, lod dem læsse af, hvad der tyngede dem, og sang for dem, når enden nærmede sig. Grundtvigs salmer, men også Jakob Knudsens, udtrykte det, hun inderst inde levede af.

Det er et i mange henseender førmoderne billede, der tegnes her – med dets fremmanelse af Benedikts regel, Birgitta og Bergthora – men det viser også i en meget reel forstand fremad. Det viser os en autoritet, der kan sætte i frihed, en evne til at holde de stridende arketyper: mandligt og kvindeligt, gift og ugift stand, sammen i en spændingsrig, men frugtbar harmoni. Det viser en måde at være moder på, en livgivers måde. Det giver os anledning til at overveje spørgsmålet om, hvor vi skal placere den grundtvigske bevægelse i det store spektrum af vækkelsesbevægelser, som er så karakteristiske for det 18. og 19. århundredes protestantisme både i Nordeuropa og i den engelsktalende verden.

Grundtvigianismen har tydeligvis meget tilfælles med de forskellige pietistiske og evangelikale vækkelser. Det fremgår af dens intense alvor, dens uvilje mod enhver form for udvendighed og pomp, dens forkærlighed for enkelhed og nøjsomhed i livsførelsen, dens stærke bevidsthed om personligt ansvar. Men medens der i mange, hvis ikke de fleste, evangelikale og pietistiske retninger råder en dybtliggende mistænksomhed over for intellektets og fantasiens verdener, så hilses de her velkomne og modtages som Guds gaver. Nye tankelinjer, nye studieemner, nye undervisningsmetoder tages op. Musik, dans og skuespil opmuntres og dyrkes. På Askov spillede Ingeborg Appel en pionerrolle i udviklingen af kvindegymnastikken. De unge mænd skulle ikke have eneret her, selv om de to køn – som naturligt var på den tid – øvede sig under streng adskillelse. Der er noget her, som minder om den åndelige vidde, som har kendetegnet kvækerne, og som har gjort deres skoler så nyskabende og oplivende.

Fornyelsesgejsten, viljen til at tilegne sig nye ideer, kom til udfoldelse i det 19. århundredes danske landbosamfund. Folkehøjskolen gav bønderne en ny tillid til deres egne evner til at sætte nye metoder i værk og etablere nye former for kooperativ virksomhed. I deres gårde kunne man finde en forbavsende mangfoldighed af bøger, ikke bare om religiøse emner. Medens en pietistisk familie ville have et harmonium stående til at ledsage salmesangen, stod der et klaver i det Grundtvigske hjem. Der ville rigtignok blive sunget salmer dér, men var Schumanns og Brahms' musik ikke også værd at dyrke?

Grundtvig havde søgt at fremme en livsform, som ville påskønne denne verdens ting fordi himmelske ting kunne skimtes igennem dem. Igennem mere end en generation efter hans død blev denne livsform en virkelighed for mange danskere. Den satte sit præg på store områder af dansk liv og gør det til dels endnu. Der er, som vi har set, tale om en dybt menneskelig anskuelse af tilværelsen, men den er også en vision, der har sit midtpunkt i Gud. Det giver stof til eftertanke, at Benediktinerregelen kan ses taget i brug midt i det lutherske Danmark som et middel til tolkning og forståelse af denne bevægelse og af en person som Ingeborg Appel. Der er jo her tale om den klassiske vestlige klostertradition, som selv er rodfæstet i den dåbspagt, som Grundtvig mediterede så dybt over. Den udgør én måde at sammenknytte arketyper som kvindeligt og mandligt og sammenskue guddommeligt og menneskeligt på. Den er, ligesom altså den grundtvigsk inspirerede livsform, et forsøg på at virkeliggøre en teocentrisk humanisme midt i kødets og blodets skrøbeligheder og ufuldkommenheder.

Tredje del
Troen i gudstjenesten

Indledning

I de to foregående hoveddele har vi måttet gå meget selektivt til værks, i betragtning af hvor enormt det materiale er, som Grundtvig har efterladt sig. I dette tredje hovedafsnit, hvor vi skal betragte den kristne tros hovedartikler, således som han bringer dem til udtryk i løbet af kirkeåret, får vi mulighed for en mere fyldestgørende dækning. Hvis der er noget originalt i denne bog, ligger det for en del i, at den, så vidt jeg ved, er den første, som udnytter det nylig offentliggjorte korpus af prædikener til at udfylde billedet af Grundtvigs forståelse af den kristne tro som en helhed.

Efter en præliminær betragtning af vekselvirkningen mellem evighed og tid begynder vi med Advent, og ser på tre prædikener fra 1836, som ikke blot demonstrerer Grundtvigs forkyndelses trinitariske karakter, men også hans insisteren på, at kristen tro og bøn ikke blot ender med Gud, men begynder med ham. Gud kommer til os, før vi kommer til ham. To ting vil fremgå af det følgende som de fundamentale påstande i Grundtvigs fremlæggelse af, hvad kristen tro og gudstjeneste er. For det første: Gud er stor; han er nær; han er god, og hans barmhjertighed varer evigt. For det andet: Fortiden er kun vigtig for os for nutidens og fremtidens skyld.

Juleprædikenerne viser på en særlig måde, hvor vitalt betydningsfuld barndommen er i Grundtvigs anskuelse af menneskelivet. De viser os også, hvordan folkelig fromhed og høj dogmatik er permanent forbundne i hans fremlæggelse af troen. Vi ser ligeledes, hvordan den tidsbegrænsede begivenhed, fødslen i Betlehem, for ham har en universel betydning: den afslører noget af den måde, hvorpå al tid, i Guds hænder, er på vej til at gå over fra mørke til lys.

Det vil måske forundre nogle læsere, at det næste kapitel – "Bebudelsen" – er længere end kapitlet om julen. Det forholder sig imidlertid sådan, at en af de ting, som gør Grundtvig mest original, og som har mest at sige til nutidige læsere, er hans vision af kvindens plads i frelsesplanen. Derfor betragter vi her ikke blot de prædikener, som direkte taler om Jesu moder, men også dem, der i bredere forstand vedrører kvindernes rolle i den bibelske fortælling, og især i evangelierne. I centrum står imidlertid ideen om hele kirkens kald til – så at sige – at være en Jomfru Maria.

De to efterfølgende kapitler, som taler om Kristi sejr over døden ved sin død, og Åndens komme ved Pinse, bliver naturligt nok afsnittets længste og mest udtømmende, selv om Grundtvigs vidunderlige opfindsomhed kun kan komme antydningsvis til orde. I kapitlet om Påsken nærlæser vi to indbyrdes kontrasterende prædikener fra det vigtige år 1837, som hver på sin måde bærer spor af det arbejde med oversættelse af græske salmer, som Grundtvig var i færd med på den tid. Noget af det mest slående ved denne periodes prædikener såvel som salmer er, at de østlige påvirkninger ikke føles som noget nyt eller fremmed, men som noget, der styrker og fordyber tankegange og intuitioner, som var der i forvejen.

Pinseprædikenerne vidner på ny om mangfoldigheden i hans anskuelse. Pinsens glæde er for ham rodfæstet i hans folks liv og historie. Den er opfyldelsen af hjertets skjulte og dybeste længsler. Den er også en frisættende kraft, som giver stumme tunger mæle og forbinder de mange sprog, Gud har skænket menneskeheden. Men når prædikanten er i en anden stemning, fremstilles Pinsen som det tidspunkt, hvor vi skal stå stille og stirre ind i den guddommelige kærligheds bundløse dyb, den som er "baade Kilden til vor Saliggiørelse og Saligheden selv, baade Livets Kilde og Livets Flod" (GP 11,228). Endelig: det er ved pinsetid, vi husker på Helligåndens gave, som er skænket i alle kirkehistoriens århundreder, og hvor vi med glæde mindes dem, der har bragt troen til os, såvel som dem, der hører verden som helhed til.

De to korte kapitler, der følger derefter, vedrører fester, som ikke figurerer i den danske kirkes kalender: Helligkorsfesten og St Mikkels og Alle Engles fest. Men der er gode grunde til at medtage dem her. Grundtvig ser sig i kirkeårets løb ofte tilskyndet til at prædike om korset i dets egenskab af vor frelses centrale mysterium og udtryk for den betydning, der tilkommer ydre tegn og gestus, når troens indre liv skal komme for dagen i gudstjenesten. Og hvad englene angår, er det et tema, han ofte vender tilbage til i forskellige sammenhænge. Deres festdag blev holdt i den danske kirke indtil 1770, og den må have været husket endnu i hans drengeår. Men vigtigere er, at han tænker på englene som dem, der ledsager både Herren og os og giver sig til kende i ydre og indre forstand. Her som så ofte viser Grundtvig sig på én gang som en "gammeltroende" og som en original tænker. Den kombination af tro og indbildningskraft, som præger disse prædikener, har en sælsomt dragende virkning.

Ellevte kapitel

Evighed i tid

I

Det vil være naturligt at bruge kirkeåret som ordningsprincip for vor betragtning af det, Grundtvigs prædikener og salmer lærer os om hans forståelse af den kristne tro. Prædikenerne blev holdt søndag efter søndag i menighedens forsamling til fejring af Herrens død og opstandelse ved lovsang, forkyndelse, dåb og nadver. Og salmerne blev skrevet, for at de skulle tjene som led af gudstjenesten og muliggøre menighedens fulde deltagelse deri.

Men for Grundtvig bliver denne ugentlige fejring af troens mysterium fordybet og styrket ved den årlige festligholdelse af særlige øjeblikke i Guds historie med sit folk: Frelserens fødsel, død og opstandelse, og Helligåndens komme. Jul, Påske og Pinse afgiver det væsentligste mønster for tro og forkyndelse, og omkring dem grupperer sig andre fester, bl.a. Bebudelsen og Skærtorsdag, som i øvrigt har en særlig betydning i Grundtvigs eget liv. Denne reformatoriske festkalender er stærkt forenklet i forhold til den katolske middelalders. Fjernelsen af en mængde mindre fester har betydet, at systemets kristologiske og trinitariske karakter aftegner sig klart. Det er netop i den ånd, Grundtvig ser på den kristne gudstjeneste.

Den årligt gentagne festkreds er en del af, hvad der for Grundtvig er den uproblematisk givne ramme for kristen tro og bøn. Den står i bestandig vekselvirkning med naturens år, dets skiftende tider og sindsstemninger. For Grundtvig består der ingen radikal adskillelse eller modsætning mellem nåden og naturen, skabelsen og frelsen. De står i indbyrdes vekselvirkningsforhold. Evigheden og tiden gennemtrænger hinanden, på glædelig eller smertelig vis, men uden nogensinde at skilles. Det er grunden til, at naturbilleder og årstidstemaer i de store festsalmer optræder jævnsides med bibelske og liturgiske på en måde, som der næppe er noget sidestykke til uden for Danmark, i hvert fald ikke i den engelsktalende verden. Derimod er de litterært beslægtede med de første kristne århundreders hymnedigtning i øst og vest, hvor natur- og bibelske billeder er bestandigt sammenflettede.

For Grundtvig bærer Guds evighed tiden i sig, og den menneskelige tid ses som fuld af evighedens muligheder. Evigheden genløser og "forklarer" eller transfigurerer tiden, medens tidens realiteter på deres side giver farve og følelse til evighedens mysterier. De store begivenheder, kristendommens hjertepunkter, hører ifølge deres natur til i tiden, og dog er de fulde af evighed, lige fra bebudelsen i Nazaret til Åndens komme på Pinsedagen. Disse realiteter, som kommer fra himlen og vender tilbage dertil, rører ved rummets og tidens verden i særlige øjeblikke, hvor lys kastes bagud i tiden såvel som fremad, således at fortid og fremtid samles ind i et evigt øjeblik, en tidens fylde. Det er øjeblikke, i hvilke tidens verden forvandles én gang for alle. Som Christian Thodberg udtrykker det: "Guds store gerninger binder alle tider sammen. Fortid, nutid og fremtid smelter sammen til Guds tid".[76]

Disse øjeblikke, som forvandler historiens verden, er også øjeblikke, i hvilke naturens verden afsløres for os i sit sande væsen. Grundtvig er ikke en af den slags romantiske digtere, som forkynder en sentimental naturreligion og udpynter den med bibelske og lutherske billeder. Han er en teolog og profet, som fremsætter langt mærkeligere og mere udfordrende påstande end som så. For ham er det Ordets inkarnation, og frem for alt Kristi opstandelse fra de døde, som afgiver grundlag og bestemmer retning for både menneskehistoriens og alnaturens verden.

Som Foraars-Solen morgenrød,
Stod *Jesus* op af Jordens Skiød,
Med Liv og Lys tillige!
Derfor, saalænge Verden staaer,
Nu efter Vinter kommer Vaar
Livsalig i Guds Rige! (GSV 2,250)

På gådefuld måde går frelsens begivenheder forud for skabelsens, eller "forklarer" dem i hvert fald. I julenatten ser vi, hvorfor lys følger på mørke hver eneste dag; hvorfor mørke har retning mod lys. Det er Jul, Påske og Pinse, som leverer grundlaget og rammen for vor menneskelige erfaring af tid. Disse skæringspunkter mellem det tidløse og det tidsbundne afslører mening og formål med de forudgående tidsaldre. Vor menneskelige erfaring af tid er skrøbelig og stykkevis, fuld af frustrationer og af længsel efter en evighed, som synes uopnåelig. Derfor skal evighedens mysterier komme langsomt og gradvis til bevidsthed i løbet af menneskehedens historie og i løbet af hvert enkelt menneskes historie; men de er allerede på færde inden i os og omkring os.

Således bliver – så at sige – årstiderne i deres gentagne skiften åbne for evighedens rigdomme i og med kirkens år, den årligt gentagne fejring af troens mysterier. Det tidsbundne menneskelivs skrøbelige, flygtende øjeblikke bliver taget ind i evighedsrigets herlighed. Årstiderne selv er Guds gave i skabningen, således som det fremgår af Bibelens historie om den pagt, Gud stiftede mellem sig og menneskeheden efter syndfloden: "Så længe jorden står, skal såtid og høsttid, kulde og varme, sommer og vinter, dag og nat ikke ophøre" (1. Mos 8,22). Forårets livsglade farver, efterårets glansfulde sårethed, vinterens mørke og kulde, sommerens varme og lys – det er altsammen del af Guds løfte til alle levende ting. Alle menneskelige samfund har fejret årstidernes gang med fortællinger, sange og digtning, med drama og dans. Nådens værk ødelægger ikke tingenes naturlige orden; det udfylder og fuldkommengør den.

I det 19. århundredes Danmark afsløres noget af denne vision i guldalderens landskabsmaleres kærlige omsorg for årstidernes skiftende stemninger. Disse maleres arbejder udtrykker en særlig form for fordybelse eller kontemplation: den, der har Guds gaver i skabningen som genstand – de græske kirkefædre ville kalde den *physike theoria.* Den indebærer et detaljeret studium af de mindste ting, af dagligdags scener og genstande, som det 18. århundredes klassiske kunst ikke havde fundet det værd at beskæftige sig med. Den ser Gud i det, som er småt og uanseligt.[77]

Denne malerkunst var del af den kultursammenhæng og den måde at opfatte verden på, som kendetegnede det samfund, Grundtvig bevægede sig i. Den fordrede et vedholdende blik for forandringer og forskelle og samtidig en stadig årvågenhed for det *ene* lys, der skinner i mangfoldigheden af ting. Verden er endeløst mangfoldig. Som Constable, tidens største engelske landskabsmaler, udtrykte det:

> Verden er stor; ikke to dage er ens, ikke engang to timer; og der var heller aldrig fra verdens skabelse to blade på et træ, der var ens; og ligesom naturens frembringelser er ægte kunstværker allesammen forskellige indbyrdes.

Men Constable gik videre end det. I foråret 1819 skrev han til sin kone:

> Alt synes fuldt af blomster, og ved hvert skridt jeg tager, ved alt, hvad jeg ser på, synes det mig, som om Skriftens sublime ord: 'Jeg er opstandelsen og livet' bliver sagt ganske tæt ved mig.[78]

Enhver årstid taler til Grundtvig om en side af evigheden. Undertiden er det efteråret og høsten, som taler til ham om indsamlingen af alle ting i himlens glæde. Til andre tider er det forårets klarhed, der viser hen til Gudsrigets evige nyhed – den stedsevarende vår på den ottende dag, som vor verdens syv dage af tid og forandring vil åbne sig imod. Undertiden er det højsommeren, som taler klarest til ham om disse ting: den årstid, hvor natten er næsten opslugt, og hvor skumring og daggry kommer hinanden ganske nær. Og paradoksalt nok har også midvinteren sin egen uerstattelige gave at give.

Vinterens glæde har en helt særlig plads i billedet. Det er en glæde, der kan trives sammen med kulden og mørket. Den er lidenhedens og begyndelsens glæde, Julens og barndommens. Den taler om en tæt vekselvirkning mellem glæde og bekymring – tæt forbundne som de jo er i barndommens erfaring, og vedbliver dermed så længe vi har barndommens åbenhed og sårbarhed i behold.

Evighedens realitet er så meget rigere end tidens, at vi har brug for at samle alle årstidernes gaver sammen for blot at begynde at nærme os den glæde, som er til stede i selve himlens hjerte. Det er et tema, som Grundtvig udfolder i en prædiken, han holdt på tredje søndag efter Påske 1838, over teksten fra Johannesevangeliets kapitel 16, vers 22: "Eders Hjerte skal glædes og Ingen skal tage eders Glæde fra eder!".Selv om den hører hjemme i Påsketiden, vidner den om, at Julen aldrig var langt borte fra hans sind. De evige realiteter kuldkaster tidens mål:

> Dette er en velsignet Spaadom, hvortil alle Herrens Disipler, som hørde Ham, nødvendig maatte sige Amen i deres Hjerte, thi det giør vi Alle, som troe paa Herren, saasnart det slaaer os, at Hans Ord er ingen Lov men et Evangelium, intet Herrebud om, at vi, trods alt det Sørgelige, der møder og omringer os, dog skal være glade, men den gode Tidende og guddommelige Forsikring, at vor Bedrøvelse skal forvandles til Glæde, af Ham, som gjorde Vand til Viin, og at den Glæde, Han giver og skiænker Sine er saa dyb og stadig, at Ingen kan tage den fra dem, Intet kan berøve dem den. (GP 11,195)

Den glæde er ren gave, ganske som evangeliet er det. Den er lige så uforudset som Jesu opstandelse fra de døde. Den er et møde mellem menneskeligt og guddommeligt i Helligåndens kraft. Den kan være til stede i tider med den dybeste sorg og bedrøvelse; men til sidst overvinder den dem:

Ja, ogsaa derfor blev Frelseren i Davids Stad født om Natten og under Vinters Hjerte, for at vi end ikke i mørke Timer og under den kolde Gysen skulde være trøstesløse, men dog altid i det Mindste have et godt Haab i en klar Tanke, der som en Engel fra Himlen forkynder en stor Glæde vi har i Vente, som Morgen-Haabet, der naturlig besøger os naar det lyder: nu skrider Natten sorte og Dagen stunder til og som Vintertrøsten ved den grønne Vintersæd, der, selv under Sneen spaaer om Høsten.

Ja, mine Venner! ligesom i det naturlige Liv, Vinter-Glæden er een, Foraarsglæden en Anden, Sommerglæden en Tredie og atter Høstglæden en Fjerde, saaledes er der ogsaa i det Christelige Liv Glæde over Glæde og Glæde under Sorg, og hver har sin egen Farve og der er Forskiel paa Graderne, og Fuldkommenheden er ikke det Første, men netop det Sidste, og Høstglæden er ikke her, men hist, hvor Hveden samles i Lade, og der gaaer Sæd med Graad for Høst med Frydesang, men hvad vore aarlige Høitider betegne, det finde vi virkelig i Herrens Huus: Vinter, Vaar og Sommerglæde, og det ei blot, som Verden, for et Øieblik, ei blot i Jul og Paaske og Pindsedagene, men varig Glæde, som ei skifter med Nat og Dag, med Aarstider eller Leve-Alder, men stiger og daler kun efter Hans Villie, som kiender vor Skabning, kommer ihu, vi er Støv, og giver os altid, hvad der tjener os bedst, maaskee Sommer i Dag og Vinter i Morgen, eller omvendt, men helst og tiest *Foraar*, fordi det passer bedst for os, er i Christendommen ligesom i Naturen herneden sædvanlig de høieste, varigste, til kraftig Stræben opmuntrende Glæders Tid. (GP 11,196-97)

Der er en modsætning her mellem livet i verden og livet i Herrens hus, mellem de jordiske årstiders glæde og den årstidsglæde, som helt er i Herrens hånd. Modstiller Grundtvig her jorden med himlen, står "Herrens Huus" for evighedens rige, eller sammenligner han livet uden bevidsthed om Guds nærvær med livet i samfund med Gud her og nu – livet i forudgriben af evigheden, fordi den allerede er givet i kirkens liv og gudstjeneste? Læser vi længere frem, synes det at være den sidste mulighed, der tænkes på; thi Herren er hos os allerede her og nu, og bringer sin glæde med sig. Det er en glæde, som går ud over alle forventninger; verden kan hverken give den eller tage den væk. Intet menneskeligt håb – så dristigt det end måtte være – kan stå mål dermed. Men det, som således er givet fra første færd i potentiel fylde, er noget, vi har brug for at tilegne os gradvis; gennem årstidernes skiften sætter Gud os i stand til at vokse. Frem for alt lader han vintererfaringen hjælpe os til at genvinde den åbenhed, sårbarhed og tillidsfuldhed, som er betingelsen for vækst:

Naar nemlig Herren giver os Vinter, giør det koldt og mørkt omkring os, saa Sorgen naturlig hjemsøger os, da er det kun fordi Han ikke anderledes kan faae os tilbage til Barne-Tiden, hvor Sorrig og Glæde ret øiensynlig vandre tilhobe, det lære vi, saasnart vi ydmyge os og blive som Børn igien, thi da finde vi strax den christelige Barneglæde, Nat og Vinterglæden, Juleglæden ved Barnet, født i Bethlehem. (GP 11,197)

Det er en glæde, som ikke blot fødes i vinterens kulde og mørke; den fødes ud af kulden og mørket. Grundtvig glemmer aldrig saligprisningens ord: "Salige er de, som sørger, for de skal trøstes". Den glæde, han taler om, er aldrig noget overfladisk eller rodløst. Den slår rod dybt i bekymringens og ængstelsens mørke. Som han siger i en prædiken, han holdt femten år tidligere, i 1823:

Den Sorg, den Angest, den Frygt, mine Venner! som udpresser os de høie Skrig, de dybe Suk, den avles jo kun om Natten, naar Mørket forfærder, om Vinteren, naar Kulden knuger og ryster os, og da det nu er disse Jordens Suk til Himlen, hvorved den haarde Skorpe giennembrydes og smuldrer, hvorved den ene kan beredes til at annamme Duggen og Regnen, Lyset og Varmen fra Oven, saa kan vi vel forstaae, hvi Sæden i Grunden voxer mest om Natten og om Vinteren, skiøndt det er først ved Dagens Lys og i Skiærsommer, og henimod Høsten vi see det. (GP 1,437)

Under den erfaring af mørke og tab, som bereder os til på ny at modtage Guds nåde, når den kommer, lever den skjulte glæde og venter på at komme for dagen, efterhånden som tiderne og årstiderne skifter.

Således kan Grundtvig, i den ovenfor citerede prædiken fra 1838 om glædens mange former, fortsætte:

… og oppebie da trøstig den velbekiendte, allerkiæreste Foraarsglæde, naar Fuglene de sjunge og Alt aabenbarer en Livskraft, for hvilken kun Død er urimelig, og Evighed det rette Element. Kun saaledes skifter Glæden Farve og Aarstider for de Christne, og forlader dem aldrig, kan ikke forlade dem, naar de blive hos Herren, thi Han selv, Herren er vor Glæde, som borttager alle vore Sorger, naar vi kaste dem paa Ham, ved at klage vor Nød for Ham og bede Ham trøstig, som Han har lovet, at forvandle vor Bedrøvelse til Glæde og det til en Glæde, som Ingen, hverken Sorgen eller Verden, hverken Døden eller Djævelen kan tage fra os. (GP 11,197)

Denne vished om glæde har vi fra de ord, Herren taler direkte til os i sakramenterne, hvori han er til stede hos os. Den har sin rod i fødslen i Betlehem, og før den i bebudelsen i Nazaret, i det lidenhedens øjeblik, hvor det utrolige, totalt nye gudgivne liv undfanges ved at det lille menneskelige ord: "Det ske" svarer på det store ord, Guds: "Det ske". Den Gud, som kan skabe verdener ved et ord af sin mund, kan ikke og vil ikke genskabe dem uden sin skabnings frie gensvarende ord. Livet og glæden, som evangeliet bringer, er et liv og en glæde, som bliver til i troens og lydighedens frie og personlige svar – som Marias svar i hendes møde med budbringeren, og som den udveksling, der finder sted i dåbens sakramente, hvor Guds løfte igen modtages med frivillig tro og lydighed.

Gennem et ord af Herrens egen mund i dåben, siger Grundtvig, har han

antaget os til sine Disipler, indlemmet os i sit Folk og givet os Ret til at glædes med Hans Folks Glæde, altsaa, da Herren ikke vandrer synlig iblandt os, ved et Ord, som, med gyldigt Vidnesbyrd, blev virkelig, aabenlydt talt til os i Herrens Navn, som det der er talt til os Alle i Daaben, hvor vi gjorde Pagt med Ham, at vi vilde være Hans Folk og Han vilde være vor Gud, til at boe i os og vandre i os til at være vor Lyst og Glæde vor Livskraft, vort Lys og vor Salighed. Dette er derfor Barne-Troen, som avler Vinterglæden, Juleglæden, dunkel, men dyb, hvoraf al Glæde i Herren udspringer, det er Barnetroen, hvortil vi daglig skal vende tilbage, som til Kilden, for at Flodens Bække, som glæde Guds Stad, ei skal udtørres hos os, det er Glædens Moder, som vi aldrig i mørke Timer og Sorgens Dage skal forgiæves tye hen til, thi med Troen paa det lille Ord af Herrens Mund, paa Hans Velkommen, ved Engelen, som siger hil dig Benaadede, du har fundet Naade hos Gud, dermed gienfødes Frimodigheden, den barnlige Dristighed, hvormed Hjertet tilegner sig alle Herrens gode Ord og deri den Glæde, som Ingen kan berøve os. (GP 11,198)

I et digt fra 1851 om Guds initiativ og vort svar, slutter Grundtvig med linjerne:

Det store Ord os aabenbarer,
At Himmerig er Jorden nær,
Det lille Ord i Muldet svarer:
Guds Paradis jo nu er her! (GPS VII,536)

Poul Borum kommenterer:

Fire af de allermindste ord på det danske sprog stilles klos op ad hinanden: 'jo' og 'nu' og 'er' og 'her'. Bekræftelse (og indforståethedens fællesskab) plus tid (nutid/altid) plus væren (grundordet 'er', som i sin sanskrit-rod udtrykker åndedraget) plus sted (her, Danmark, verden, livet): alt dette er 'Guds paradis'. Således er Grundtvigs billed-syn, et billede af sandheden.[79]

II

Vekselvirkningen mellem nåde og natur, deres indbyrdes gennemtrængning, giver sig ikke blot til kende i prædikenernes og salmernes indhold, men også i deres form. Det er særlig tydeligt i salmerne. I Danmark er det, langt mere end for eksempel i England, vanskeligt at definere forskellen mellem et "digt" og en "salme". Skillelinjen er ikke klar. Eftersom salmer er så fast placeret i den danske litterære tradition som helhed, er det naturligt, at en stor salme har større poetisk tæthed og er teknisk mere fuldkommen, mere kompliceret i sit billedsprog, end en i øvrigt sammenlignelig engelsk salme vil være. Det gælder selvsagt ikke alle salmer. Men det gælder en række af Grundtvigs største.

Men i Grundtvigs forfatterskab finder vi også en hel verden af sange, hvoraf nogle uden videre kan gå ind i den gudstjenstlige sammenhæng såvel som i den verdslige, i god overensstemmelse med den danske tradition for uklare – for udlændinge overraskende eller forvirrende – kombinationer af og overgange mellem genrer og kategorier: det højstemte og det komiske, hverdag og fest.[80]

Som et eksempel på et digt, som ved første blik er et "digt", men som mod slutningen bliver til en slags "salme", skal vi se på nogle vers med overskriften *Efteraaret* (GVU VIII,254-55). Stillet over for et sådant værk spørger man: Skal det læses eller synges? Er det privat eller offentligt? Var det engelsk, kunne de sidste tre vers måske passere som salme, men næppe de seks første. Men det er de sidste tre vers, der rummer pointen med det hele. I sin første del handler teksten om den menneskelige erfaring af tiden i dens forgængelighed og følelsen af tab. Kun i sidste del gøres troens fortrøstning over for evigheden klar. Men hele vejen igennem fejrer vi, i trods mod den uundgåelige død, i hvert fald muligheden af, at liv og mening kan holdes oppe og bæres over kløfterne mellem slægtled og århundreder:

Skyerne graaner, og Løvet falder,
Fuglene synger ei meer,
Vinteren truer, og Natten kalder,
Blomsterne sukke: det sneer!
Og dog bære Blus vi med Glæde!

Vinteren kommer, og Sneen falder,
Blomsterne visner i Muld,
Isen optøes ei af Graad for Balder,
Taarerne stivne af Kuld!
Og dog bære Blus vi med Glæde!

De første to vers fortæller i de enklest mulige udtryk om altings død om efteråret. Selv tårerne stivner og dør. Selv hjertets medfølelse er frosset. Flammen, som bæres gennem vinternatten, har mange betydninger. Den måske mest bogstavelige er faklerne og tællelysene, som blev båret gennem skumringen til juleaftensgudstjenesten, og som derefter tjente til at gøre kirkerummet festligt. Denne skik, som synes at have været almindeligt udbredt i det førindustrielle Europa,[81] var af stor betydning for Grundtvig.

De to næste vers lyder:

Soelhverven kommer og Bladet vendes,
Dagene længes paany,
Soelskinnet voxer, og Vintren endes,
Lærkerne synge i Sky;
Derfor bære Blus vi med Glæde!

Aarene skifter af Gru for Ælde.
Skjaldene give dem Ret,
Fuglene alle hvert Aar maae fælde,
Ellers de fløi ei saa let;
Derfor bære Blus vi med Glæde!

Forårets genkomst bringer løftet om nyt liv med sig, men den ubekymrede lykke svinder hurtigt. Dette liv i tiden er fanget i en stadig cyklus af fødsel og død. Vi haster af sted under trykket af den forestående alderdom. Digterne er bittert bevidste om tingenes forgængelige væsen. Som fuglene fælder, skal vi bestandig lade noget bag os, hvis vi skal leve videre.

Så følger digtets midterste vers, det som hævder og fejrer digternes rolle:

Fuglene flyve som Vind paa Vinger
Let over vildende Hav,
Skjaldene flyve, som Rimet klinger,
Glat over Slægternes Grav.
Derfor bære Blus vi med Glæde!

Digteren bærer flammen gennem tidsaldrene, knytter århundrederne sammen med forståelsens og kærlighedens levende bånd. "Nøgleordet", siger Andreas Haarder, "er sammenhæng".[82] Kun det, der giver genklang hos medmennesket, kan bæres over årenes afgrund. Her taler Grundtvig ud af sin egen erfaring som oversætter, sit arbejde på at bringe oldnordiske og middelalderlige tekster til live for sine ofte uinteresserede landsmænd og på at gøre de græske, latinske og angelsaksiske hymner til levende led af almindelige danske menigheders gudstjeneste. Men alt dette er jo skrøbeligt. Påstande kan fremsættes, lys kan gøres gældende i mørket; men det sker aldrig uden ængstelse og usikkerhed:

Hjerterne vakle, naar høit de banke,
Drages til Fuglenes Spor,
Lyset dog seirer, den mørke Tanke
Flygtende synker i Jord;
Derfor bære Blus vi med Glæde!

Men så bliver stemningen pludselig en anden. Vi er ikke længere alene eller i selskab med nogle få venner på den nordlige havbred om vinteren, med sneen, der falder, og natten, der falder på. Rigtignok er det stadig vinter og nat, men nu i mørkets hjerte ses lyset at skinne klart fra kirken. Vi hører klokkernes klang og sangen derindefra:

Psalmerne klinge, og Klokker kime,
Spotte med Sneen ved Jul,
Vinteren maa sig med Vaaren rime,
Smelte for Solen i Skjul.
Derfor bære Blus vi med Glæde!

Kirken er ikke blot foran os som det varme, lyse og sangfyldte rum. Vi drages ind i den. Dermed går vi ind i en anden verden, hvor solen, skjult bag skyerne – Sønnens guddom skjult i kødet – smelter vinterens is og bringer vinter til at rime med vår. Tidens gang bliver forløst. De to følgende vers taler om hjerter, der er gået ind i troens mysterium:

Troende Hjerter i Vinterløbet
Føde den liflige Vaar,
Trykke den til sig i Barne-Svøbet
Med et lyksaligt Nytaar.
Derfor bære Blus vi med Glæde!

Bethlehems-Barnet i Krybbe-Rummet,
Det er den evige Vaar,
Troende Hjerter det har fornummet:
Jul giør lyksaligt Nytaar.
Derfor bære Blus vi med Glæde!

"Jul giør lyksaligt Nytaar": Man kan dårligt tænke sig et bedre eksempel på Grundtvigs forbavsende evne til at fylde de enkleste, mest hverdagsagtige ord med uoverskuelig mening. Sprogets daglige brød bliver bærer af guddommelig sandhed og liv. Det er Kristusbarnets fødsel i vinterens mørke, som gør vort nye år til en glædens kilde. Det evige Ords fødsel på tidens lavpunkt overvinder til sidst tidens og dødens jernhårde lov og skaber en evig vår midt i vor verden. Som Grundtvig siger et andet sted: Enhver af os har sin egen fødselsdag til bekymring og besvær, nederlag, og til sidst død; men den fødsel, som skete Julenat, er for enhver af os vor fødsel til evigt liv; og det er Ordets opstandelse fra graven, der for enhver af os er det øjeblik, hvor vi træder ind i det liv.

Dette digt lærer os ikke blot noget om, hvordan Grundtvig kombinerer naturligt og liturgisk billedsprog og lader dem virke sammen; men også om den måde, hvorpå et meget personligt udtryk for blandingen af glæde og bekymring under tidens vilkår smeltes sammen med et meget direkte udtryk for hele det kristne folks fælles erfaring. Den ensomme digter, der kæmper med tilværelsens gåder, opdager, at ord og betydninger kan bæres over tidens skranker og bringes til at rime på tværs af århundreder. Gennem denne erfaring finder han, at hans egen historie er del af en længere historie, en, der fremdeles er i gang: historien om troen og håbet, der bevæger sig imod Betlehem og så åbner sig mod

Guds fremtid. Den glæde, som har sin rod deri, opretter, hvad tiden har nedbrudt, og skaber således ikke én gang, men for bestandig et "lyksaligt Nytaar".

Tolvte kapitel

Advent

Vi har set, hvordan for Grundtvig tid og evighed befinder sig i en stadig vekselvirkning, under hvilken Kristi mysterier bliver nærværende og virksomme i hans folks liv. Vi vender os nu mod tre prædikener, han holdt i Advent 1836 ved begyndelsen af kirkens år. De demonstrerer på frapperende vis hans overbevisning om Gudshandlingens absolutte prioritet. De vidner om den bydende nødvendighed af at anskue kirkeåret i strengt teologiske kategorier, ikke primært i naturlige eller rent menneskelige. Alting skal ses i lyset af det yderste formål, som det ifølge Guds rådslutning og plan sigter imod.

Denne insisteren på Gudshandlingens prioritet er særlig slående i betragtning af, at Grundtvig, sådan som vi lige har set, giver plads for mange dimensioner i kirkens gudstjenesteliv: skabelsens og frelsens orden, naturens verden, menneskehedens historie. Men alt dette beror på én eneste ting: Guds kærligheds uudgrundelige initiativ, den Treeniges handlende nærvær.

De to første prædikener følger et indbyrdes analogt mønster. De begynder begge med en drøftelse af den pågældende søndags evangelietekst. I intet af tilfældene er tekstvalget uden videre indlysende. Grundtvig spørger, hvad fædrene mon tænkte på dermed. På den første søndag er det Jesu indtog i Jerusalem, den tekst, der også læses på Palmesøndag. Det kunne have syntes mere passende at begynde kirkeåret med begyndelsen af Jesu historie: fødslen i Betlehem eller bebudelsen til Maria. I størstedelen af kirkeåret er det mønster, der følges, jo netop Jesu historie, som den forløber fra begyndelsen.

Som prædikanten ser det, er det kronologiske mønster særlig værdifuldt for de barnlige og enfoldige sind. Men det fører os ikke til sagens kerne. Den ligger i, hvad første Adventssøndag forkynder: Guds handlende nærvær nu og her, midt i sit folk. Det kristne år rummer rigtignok et element af historisk erindring, men det er ikke hele sagen, og ikke det primære. Grundtvig sammenfatter sin anskuelse i ordene: "… det Forbigangne er os kun vigtigt for det Nærværende og Tilkommendes Skyld" (GP 10,88). Således bliver den første af prædikenerne et stærkt udtryk for troen på Helligåndens nærvær som det grundlag, kristen gudstjeneste skal hvile på.

Evangeliet til anden søndag i Advent er ikke mindre overraskende, når man anlægger den historiske erindrings synspunkt. Det er teksten fra Lukasevangeliets 21. kapitel, som taler om Menneskesønnens "Komme i Skyerne med stor Kraft og megen Herlighed". Her betragter vi alting ud fra afslutningen. Ligesom i den første prædiken tager Grundtvig det bibelske stof og giver det en overraskende ny fortolkning. Kristi komme ved alle tings ende er nok et komme til dom; men frem for alt andet er det Kristi sejrende indgang i Faderens rige. Det er den ultimative opfyldelses øjeblik. Her ligger den indre, evige betydning af den historie om indtoget i Jerusalem, som læstes søndagen før.

Hvor den første prædikens opmærksomhed havde været samlet om Helligåndens person og gerning, koncentrerer den anden sig om Sønnen, ham, som bor i os som håbet om den kommende herlighed – atter her er blikket vendt mod fremtiden. Det er herefter ikke vanskeligt at gætte, hvor den tredje prædiken vil føre os hen: det trinitariske mønster ser jo sådan ud: i Helligånden, ved Sønnen, til Faderen. Denne tredje prædiken er fuld af tanken om evigheden. Den er en lang meditation over det, alting har sit udspring i: Faderens kærlighed. I Grundtvigs forståelse gælder ordene "Gud er kærlighed" altid Faderen; og det er en kærlighed, vi får del i her og nu. Prædikenen slutter med ordene: "Og her ved Herrens Bord annamme vi af Faderen den Christi Kiærlighed som evig forener os med Ham". Tilsammen formidler disse tre prædikener et stærkt udsagn om meningen med troen på den Treenige Gud og på Guds handling som en realitet her og nu.

I

Den første prædiken begynder med disse ord: "Hosianna for Davids Søn! Velsignet være Han, som kommer i Herrens Navn! Hosianna i det Høie!". Og den fortsætter:

Denne *Folke-Stemme* for *Jesus* af *Nazareth* veed vi nok hørdes mellem Olie-Bjerget og Jerusalem, og giennem Hoved-Stadens Gader lige op til Templet, og i Templet selv af Barne-Tunger, dengang *Jesus* sidste Gang ved Paaske-Tid drog op til *Jerusalem*, vel som *Lukas* skriver, for at optages, ja for at ophøies til en Fyrste og Frelser ved Guds høire Haand, men dog først og nærmest, som Han selv sagde til Apostlerne for at falde i Synderes, ja i Djævles Hænder, for at forraades til de ypperste Præster og Skriftkloge, dømmes til Døde og overleveres Hedningerne til at bespottes, hudstryges og korsfæstes. Derfor oplæses Dagens Evangelium ogsaa paa den Herrens Dag som endnu, til Minde om Palmerne, Folket strøede på den tornede Konge-Vei, endnu kaldes Palme-Søndag.

Ved første Øiekast synes det derfor urimeligt, at Fædrene ogsaa begyndte deres Kirke-Aar med denne Læsning, men netop fordi det Sære er saa iøinefaldende, at det umuelig kunde undgaae deres Opmærksomhed, netop derfor kan vi være visse paa, de havde dertil deres gode Grunde, om vi end ikke kan indsee dem, ja, om de end selv ikke kunde give andre Grunde, end at de syndes, det maatte saa være! Det er nemlig blandt os Christne slet ikke Spørgsmaalet, hvormeget eller hvorlidt Enhver af os veed og forstaaer og kan klart udtrykke, men om Hjertets skjulte Menneske, som Apostelen skriver, og den Hellig-Aand vidner, er kostelig og dyrebar for Gud, og at dette skjulte Hjerte-Menneske, som fældte Taarer, hvergang Det levende mindedes, hvad Herren maatte lide for vor Skyld og saae paa Palme-Søndag ei til Palmerne for Herrens Fødder, men til Korset over Hans Hoved, dette skjulte Hjerte-Menneske har under alle Himmel-Egne, og ei mindst i vores Vang og Vænge, lukt med Bølgen blaa, utallige Gange ret inderlig frydet sig ved det store Hosianna, hvormed Kirke-Aaret begyndte og bebudede Julen med al sin Himmel-Glæde for det troende Barne-Hjerte. Jeg kommer derfor dunkelt ihu, hvor deilig det endnu i min Barndom klang paa første Advents-Søndag, hvor de sang: Fryd dig, du Christi Brud! med det velsignede Omkvæd: Hosianna, Hæder og Ære skal denne vor Konning være! – Heraf følger nu vist nok ikke, at de Christne til Verdens Ende skal begynde deres Kirke-Aar med den samme Læsning, thi Christus giør Ingen til Trælle, Han løser netop alle Sjælens Baand, uden dem Hjertet elsker, og hos os læses der ved den offenlige Guds-Tjeneste meget for Lidt af den Hellige Skrift, saa det maa blive anderledes, men jeg formoder, at selv da vil Menigheden, for de velsignede Minders Skyld, det vækker, selv ønske at begynde Kirke-Aaret med den gamle Læsning, … (GP 10,77-78)

Det er Grundtvigs synspunkt, at kristne under alle omstændigheder vil ønske at bruge denne tekst, før de kommer til den kronologiske skildring af Jesu liv, eftersom den rummer så stærk en påmindelse om, at alt, hvad Jesus gjorde for os i fortiden, skal blive levende for os i nutiden gennem Helligåndens handling og gave:

Og naar det nu er denne Christelige Grund-Sandhed, Kilde-Grunden til alle de levende Vand-Spring vi paa den første Herrens Dag i Kirke-Aaret vil uforglemmelig indprænte de Troende, der ei endnu har fattet den, oplive og styrke hos dem, der alt besidde den, da kan der umuelig findes noget Ord i hele vor hellige

Skrift vi heller skulde bede den Hellig-Aand oplive og indskrive som Guds Finger paa Hjerte-Tavlerne, end det store Hosianna for Davids Søn! velsignet være Han som kommer i Herrens Navn, Hosianna i det Høie! (GP 10,79)

Hvorfor er disse ord så afgørende, og hvorfor har de fået så central en plads i kirkens gudstjeneste? Hosianna betyder på hebraisk: "Frels nu", og som dette ord fortæller os, handler kristen gudstjeneste om frelse, og frelse nu. Den drejer sig om Guds eget handlende nærvær i sit folk i dette nu. Kirkens gudstjeneste har sin rod i fortiden, men den lever nu med retning mod fremtiden. Som Grundtvig siger i en følgende prædiken: "... det Forbigangne er os kun vigtigt for det Nærværende og Tilkommendes Skyld" (GP 10,88). Det er i kirkens gudstjeneste, den opstandne Kristus kommer og møder sit folk, og det er dér, folket bliver samtidigt med evangeliernes begivenheder. Det er her, den kløft mellem fortid og nutid, som føltes så dyb af det 19. århundredes teologer og har gjort det lige siden, overstiges ved Åndens kraft, så at fortid bliver nutid, både for menighedens forsamling og for den enkelte.

Her, som så ofte, taler han ikke bare ud af sin barndoms erfaringer, men ud af kirkens erfaringer gennem tiderne. Thi i alle den delte kristenheds forskellige former for nadverfejring er der nogle ting, der forbliver bemærkelsesværdigt konstante, i særdeleshed den centrale rolle, der spilles af englenes trefoldige hymne: "Hellig, hellig, hellig" og det følgende hyldestråb: "Hosianna i det højeste, velsignet være han, som kommer i Herrens navn". Hvordan kan det være, at disse elementer er så permanente, når så meget andet forandres? De taler til os om sandheder, der er så fundamentale, at de ofte overses. Hosianna-råbet er et udsagn om Guds handling som noget, der sker nu; det er et råb fra hjertet til Gud Helligånd om at give sit nærvær til kende i menighedens midte.

Det, Grundtvig understreger her, er derfor, at påkaldelse – epiklese – er central i kirkens gudstjeneste, men også i hele dens liv. Atter her viser han sig på uventet vis at være tæt ved den østlige kristenheds tradition.

Hvor meget Grundtvig kan have været klar over den specielt østlige gudstjenstlige Helligåndsteologi, er svært at sige; men dens fundamentale princip står ham tydeligvis klart. Påkaldelsen gav ham mulighed for at udtrykke den overvældende sans for den guddommelige nærhed i kirkens og menneskehedens liv, som er et af de mest slående kendetegn for hans teologi.

Han fortsætter da, lidt senere:

... hvad er det da Andet end det Raab om Frelse til Guds og Maries Søn, vor Konge ved Faderens høire Haand, som alle Herrens Dage skal opfylde Hans Huus, alle Øieblikke gienlyde i Hjertets Løn-Kammer, Raabet ikke som [i] Fortvivlelse men med barnlig Tro og Tillid, dagligdags frydefuldt, og roligt selv i Angest, fordi Hjertet føler, Han er almægtig, Han er nær, Han er god og Hans Miskundhed varer evindelig, og hvad er det, som giør, at vort Hjerte kan troe dette Hosianna for Davids Søn, sætte denne faste, urokkelige, barnlige Tillid til Hans Frelse nu og i al Evighed, hvad, ja *Hvem* er det, som giør det, uden Han, den Velsignede, der kommer i Herrens Navn, med vor Fader Davids, med Guds elskelige Søns Rige. Og, Christne Venner! Hvem er denne Velsignede, som kommer i Herrens Navn? (GP 10,79-80)

Han er Helligånden.

Det er således for Grundtvig Helligånden, der personligt udvirker alt dette midt i det kristne folk. Ord, som sædvanligvis opfattes som gældende Kristus, anvendes her om Treenighedens tredje person, som kommer i Herrens navn.

Hvem er denne Velsignede, som kommer i Herrens Navn? Er det i Grunden Nogen af os, om vi end komme til eder, som Ordet lydige Tjenere med Troens Ord og Fredens Evangelium, og vil ikke vide af Andet iblandt Eder end Jesus Christus, den Lovbaarne den Krybbelagde, den Korsfæstede, ... (GP 10,80)

Nej, det er ikke et menneske, der bringer denne fylde af velsignelse. Det må være Helligånden selv,

... der kommer i Herrens Navn med Hans Evangeliums Velsignelses Fylde ja, kommer med Guds Rige, som er Retfærdighed, Fred og Glæde i *den Hellig-Aand!* Ja, her nævnede vi Ham med Hans egne Ord, med den ydmyge Beskrivelse Han giver af sig selv, ikke med Verdens falske Ydmyghed, saa Han skulde fornægte sin Kraft og lade, som Han formaaede slet Intet, men med den sande guddommelige Ydmyghed, Han haver lært af Sønnen, som søgde ikke sin egen Ære men Faderens, som Ham udsendte, thi saaledes søger Aanden heller ikke sin egen Ære, men Herrens og Frelserens, som Ham udsendte, og saaledes vil Faderen i Hans Riges evige Dage ei heller søge sin egen Ære men byde alle Engle og Stammer og Tunge-Maal evindelig at prise Hans elskelige Søn, i Hvem Han finder Velbehag og Hans Hellig-Aand, ved Hvem Han har virket alle Ting i Alle. Saaledes kommer den Hellig-Aand guddommelig ydmyg til os ikke i sit eget Navn, men i Herrens, ligesom Herren kom i Faderens Navn, og naar Han vil beskrive Guds Rige, da begynder Han ikke med sig selv, skiøndt det er Ham, der skaber det i os, men Han begynder med Riget som Retfærdighedens, Fredens og Glædens Hjem, og nævner sig kun til Slutning, for at vi kan vide, hos Hvem vi skal søge og finde det; … (GP 10,80)

Ved begyndelsen af kirkens år har vi da dette markante stykke treenighedsteologi. Det er et stykke levende tænkning, i hvilken de guddommelige personers vekselvirkning beskrives som en ydmyg given plads for hverandre – en selvhengivelse, ud fra hvilken vi forstår deres "iboen" i os og vor i dem.

Den gamle lære om de tre personers gensidige iboen kommer til live i denne måde at skildre den på. Den ydmyghed, vi ser i Menneskesønnens person, ham, som nedlader sig til en tjeners skikkelse, afslører på enestående og særlig måde noget af det, som gælder i Guddommens indbyrdes relationer.

I enkle ord viser Grundtvig os noget, der gælder personlig – i modsætning til individuel – eksistens på alle planer. Han viser os, hvordan personer er indfældet i hinanden og gør plads for hinanden, og han gør klart, at dette gælder på det guddommelige plan såvel som på det menneskelige. Ganske som de guddommelige personer lever i gensidig udveksling og kærlighed, således er vi kaldede til at leve sammen i Kristus og Helligånden, i kirkens kærlighedsfællesskab. Sådan skal, i en særlig forstand, kirkens præster optræde: gennemskueligt og uselvisk. At det ikke altid er sådan nu og ikke altid har været det, er indlysende; men det er sådan, det bør være:

Det er derfor ingenlunde nok at vi i vor Tale-Maade give den Hellig-Aand Æren for Alt hvad vi udrette, thi Han vil ingenlunde have Skammen med, som er det Meste og som ene tilhører os, nei vi skal skaffe Ham Hans Ære igien, og tage Skammen og Skylden paa os, i det vi lære Menigheden at kiende Velsignelsen, Han bringer alle Dage, saa de kan skille den fra Alt hvad vi giør paa vor egen Haand. Det er derfor ikke nok, vi indskiærpe, at det ene er den Hellig-Aand, der som det store Sende-Bud i Herrens Navn kan bringe eder Guds Rige, som er R[etfærdighed], F[red] o[g] G[læde], men vi maae sige eder hvor og hvordan Han bringer det – Herrens Liv i den hellige Daab. Herrens Lys i Indvielsen, Herren selv i den hellige Nadvere i Jesu navn Amen! (GP 10,81)

Grundtvig erklærer her, at prædikanten må forklare menigheden, hvor og hvordan Helligånden selv kommer som Kristi budbringer. Han gør det meget kort, men med stor afgjorthed, ved at pege på kirkens sakramenter, dåb og nadver – noget, han i øvrigt vender tilbage til i den tredje prædiken. Det er ikke tilfældigt, at han her føjer en tredje ritus, ordinationen, til de to store evangeliske hellighandlinger. Det er rigtignok ikke hans sædvanlige praksis. Sædvanligvis er det bønnen, i særdeleshed Fadervor, der står på den midterste plads i treheden. Men her synes han at tænke på ordinationen som en handling, der i sig selv er en Helligåndens gave – en, som vi måske har lov at kalde en gave af sakramental karakter, under alle omstændigheder en gave, som kræver at blive modtaget i uselviskhedens og gensidighedens ånd.

II

Begyndelsen af prædikenen til anden søndag i Advent gør disse ting gældende med endnu større klarhed. Det er, som om der i de mellemliggende dage er sket en meget hurtig udvikling i Grundtvigs overvejelser over, hvordan kirkens år skal indledes.

Oldkirken, siger han, gjorde vel i at organisere kirkeåret sådan, at hovedparten af det kom til at følge Jesu liv i dets historiske forløb. Men den gjorde endnu mere vel i ikke at begynde rent historisk, med Zakarias i templet eller bebudelsen til Maria; men med Herrens indtog i Jerusalem.

Vi er således blevet sat i stand, siger han, til at se Jesu indtog i den hellige by fra to forskellige sider, den ene tidslig, den anden evig, den ene sorgfuld, fordi vi véd, at han var på vej til sin lidelse, den anden glædelig, fordi vi ser ham drage ind i det evige rige, som Faderen bereder for ham. Grundtvig insisterer på, at det er den sidste betydning, der er den afgørende.

Det er Helligånden selv, der står bag valget af denne tekst:

> Ja, vi vil i Dag tilføie, at denne Følelse ei blot var rigtig, men saa dyb, at den neppe blev levende fordi en Engel bevægede Vandet, men kun naar den Aand som randsagede Guds Dybheder rørde Menneske-Hjertets, saa det er mig et af de store Beviser paa, vel ikke at vore Søndags-Evangelier, som vi nu har dem, var Kirke-Læsning fra Begyndelsen, men at de dog er en dyrebar Levning af den offenlige Gudstjeneste fra Apostlernes Dage, ... (GP 10,83)

Grundtvig har næppe ret i sin historiske påstand her; men det er væsentligt mindre interessant end hans overbevisning om, at den kristne gudstjenestes traditionelle mønstre rummer indsigter, som går tilbage til den første begyndelse.

Evangeliet til anden søndag i Advent er da igen en tekst, som taler om Kristi komme til sit rige. Denne tekst – om Herrens komme på skyerne ved altings afslutning (Luk 21,25-36) – er, hævder han, ikke mindre passende end den foregående. Her gøres det endnu klarere, at vi skal se alting fra enden og ikke fra begyndelsen:

– Ligesaa naturligt, ja, aandelig nødvendigt, som det er, at Christen-Folket begynder sit Aar med Lov-Sang til Christi guddommelige Stat-Holder paa Jorden, der ikke blot trøster os under Kongens Fraværelse, men lader os glade føle, at Fraværelsen er dog i Grunden kun tilsyneladende aldenstund vi har Hans Aand med guddommelig Fuldmagt, Aanden som kan og vil forbinde os baade med Faderen og Søn[nen], med Hvem Han selv er og giør guddommelig Eet, men ligesaa naturligt og aandelig nødvendigt er det dog ogsaa ved hvert Aars Begyndelse med et levende Haab om Kongens aabenlyse, høitidelige Hjemkomst med stor Kraft og megen Herlighed, med Skyen til sin Triumph-Vogn og alle Engle til sine Tjenere og alle Helgene til sit Følge. Det er nemlig ikke i Christi Rige, som i Rigerne af denne Verden, at Man over den nærværende Statholder glemmer den fraværende Konge, saa det skedte kun i Christenheden, da Man prøvede paa at skaffe Herren et Rige af denne Verden og gav ham en Statholder derefter, thi den Stat-Holder, Han selv har indsat, kan som Sandhedens Aand umuelig enten lyve eller prale og kan som Kærlighedens Aand, der udgaaer fra Faderen ikke udstaae dem, der glemme Sønnen, om de end overvælde ham, overvælde Aanden med de mest smigrende Lovtaler! (GP 10,83-84)

Af den grund er det ret og rimeligt, at vi, efter at have fejret Åndens komme og den forening, Ånden hidfører mellem os og Faderen og Sønnen, nu holder en forventningens fest, hvor vi ser frem til Kristi komme som den konge, vi ved skal komme, om end vi ikke ved hvornår.

Vi så i den første prædiken, hvordan Grundtvig tog de kendte ord: "velsignet være Han, som kommer i Herrens Navn" og gav dem en helt ny mening ved at lade dem gå på Helligånden snarere end på Kristus. Her bærer han sig ad på lignende måde. Han tager den evangelietekst, som taler om Menneskesønnens komme til dom og lader den handle om hans sejrende indgang i sit rige. Han viser os, at vi ikke skal tænke på den sidste dag som i første række en dommedag, endnu mindre som en fordømmelsens dag, selv om den må være det, og fremtræde som sådan, for den vantro verden. For kirken, Kristi folk, må den sidste dag ses som en opfyldelsens dag: kongens indtog i sit rige. Dette er den evige og glædelige side af den begivenhed, vi fejrer på denne søndag. Ligesom søndagen forinden var en troens dag og havde Helligåndens værk og nærvær som sit samlingspunkt, således er denne søndag en håbets søndag, fordi dens midtpunkt er Kristus, han, som selv er vort håb (Kol 1,27). Det er kun i kraft af den første søndag – det vil sige: i Helligåndens kraft – at vi kan gå videre til den anden.

Grundtvig fortsætter med at sige, at i kristen tro og kristent liv kommer troen altid først og følges af håbet. Han insisterer da igen på, at det ville være en total misforståelse at se den sidste dag som en blot og bar dommedag. Det er den rigtignok, siger han,

> for den vantro Verden men ingenlunde for Christne, hvis store hvis evige Triumph det netop er, at Herren kommer igien at dømme Levende og Døde, hvorfor Herren ogsaa siger: naar dette begynder at skee, da slaaer Øinene op og reiser Hovedet, thi da stunder eders Forløsning til.

Og længere fremme:

> Ja, da, naar vort Liv, som er skjult med Christus i Gud, skal aabenbares med Ham, da skal der være Glæde baade som den er om Sommeren og om Høsten, thi ligesom Korn og Blomster mylrer op af Jorden og skjuler den, saaledes skal de Døde opstaae som bølgende Marker efter Sæde-Kornet der raadnede i Graven, hvad der saaedes i Vanære, opstaae i Herlighed, og da er Høst-Folkene tilrede, da høste Englene og age Hveden ind paa Herrens Sky-Vogne i Stjerne-Laden, og da høste vi Frugterne af Livets Træ i Guds Paradis! (GP 10,85)

Frygten for dommen er blevet forvandlet til en frydefuld forventning om et evigt forårs og en evig høsts komme. Man kan ikke undgå at mindes de dommedagsengle, som optræder på en af den store russiske maler Rublevs fresker: afklaret glade skikkelser, med et udseende, som var de foråret selv.

Grundtvig indrømmer, at Herrens komme til dom ikke kan imødeses helt uden frygt, for det er kun den fuldkomne kærlighed, der driver frygten fuldkomment ud:

> … og vor Frygt for Domme-Dagen er meget større end den skulde være, fordi Kiærligheden er meget mindre, men vi vil takke Gud, og med Ham, vore Fædre og Mødre i deres Grav og i deres usynlige Herberge hos Herren, fordi Guds Herligheds Haab ei aldeles har tabt sig i Frygt og Skræk for Domme-Dagen, medens Verden baade loe og fnøs ad begge Dele – Ja, mine Venner! Skriften lærer os, at Guds Herligheds Haab i den ny Pagts Dage er Christus selv, som Han aandelig ved Daaben fødes og daglig voxer i sine Troende, … (GP 10,85)

Fra en søndag, som fejrer troens gave og samler sig om Helligånden, er vi således nået til en, der foregriber Kristi indgang i sit herlighedsrige, og som følgelig er samlet om håbets gave. Vi takker Gud, og vi takker vore fædre og mødre i deres grave: dem, som har levet i Gud og stadig gør det, og i hvem Gud lever – vi takker dem for, at denne håbets gave aldrig er druknet i dommedagsfrygt.

III

Medens begyndelsen af den første prædiken var tøvende, og begyndelsen af den anden var fuld af fast overbevisning, er den tredjes begyndelse en mærkelig blanding af begge dele. Evangeliet til denne søndag skulle motivere en prædiken om Johannes Døberen, for i den står de ord, hvormed Johannes vidner om Jesus. Men det er tydeligt, at den indre udvikling i Grundtvigs tænkning leder ham andetsteds hen, til den endelige formulering af hans forståelse af den kristne gudstjenestes grundlag: den Treenige Guds handling nu. Døberen leverer derfor Grundtvig et afsæt, men ikke mere. For han går straks videre fra menneskets vidnesbyrd til Guds og ser igen på, hvordan Treenighedens personer bærer vidne om hverandre i Guddommens indre liv. Her som andetsteds bekræfter han Skriftens ord med et folkeligt ordsprog. Det er en af hans karakteristiske strategier:

Er det selv i Verden blevet til et Ordsprog, at alle gode Ting er tre, da maa det meget mere bruges og følges som et saadant i Herrens Huus og Christi Kirke, ikke blot er de saakaldte store Høitider tre, men De er Tre, som vidne i Himlen: Faderen, Ordet og den Hellig-Aand, skiøndt disse Tre ere Eet, og de ere Tre som vidne hos os paa Jorden: Aanden og Vandet og Blodet, og skiøndt de virke alle sammen til eet Maal, saa er deres Virkninger paa Jorden dog ogsaa tre, nemlig: Tro, Haab og Kiærlighed, der først, naar det Fuldkomne aabenbares sammensmelte i Eet, nemlig i Kiærlighed som er det Eneste, der aldrig ophører. Ja, hos os er tilvisse alle gode Ting Tre, og derfor bør ogsaa ved Kirke-Aarets Begyndelse ei blot To men Tre Herrens Dage være høitidelige Undtagelser fra den historiske Orden, vore Betragtninger ellers mellem Høitiderne med Rette følge, thi disse Tre, som er endnu, og udgiøre til Dagenes Ende al vor Christelige Kraft og Lykke, beredende os til en salig Evighed: *Tro, Haab* og *Kiærlighed*, de ikke blot fortjene, hver paa sin Dag med Flid at ihukommes og indpræntes Menigheden, som den eneste sande og levende Christendom, men deres glade Ihukommelse maa med hvert nyt Kirke-Aar nødvendig blive lys og levende og

> stærk hos os i samme Grad, som Livet og Lyset voxer i os, thi des dybere maae vi føle og des klarere maae vi indsee, at endskiøndt Grunden til al vor christelige Lykke i Tid og Evighed blev lagt i gamle Dage da Ordet blev Kiød og boede iblandt os, og Kilden til vort evige Liv blev opladt, da Herren opstod fra de Døde, opfoer til Himmels og udsendte sin Faders Aand, som giør levende, saa kan det dog hverken nytte eller glæde os, dersom ikke Tro, Haab og Kiærlighed giør os levende deelagtige i Livet og Lykken, ja, at alt det Forbigangne er dødt og magtesløst for os med de hensovne Fædre, med mindre vi har den Aand, som giør levende og den Herre med Ham, som opvækker af Døde Alt hvad Han vil.
>
> Men naar vi nu tale om Tro og Haab og Kiærlighed, da er vi ikke som de der slaae i Veiret, thi hverken indbilde vi os at kunne gribe dem af Luften, ikke heller er det luftige, i det Ubestemte svæve[n]de Skygger vi under disse store Navne, ihukomme, prise og anbefale, nei, det er den bestemte Christne Tro, som vi Alle bekiende, det er det evige Livs og Guds Herligheds deraf udspringende Haab, og det er Kiærligheden til Ham, som elskede os først og til Alt hvad som er født af Ham, Kiærlighed til den Himmelske Fader, som elskede Verden saa, at Han hengav sin eenbaarne Søn, for at hver den, som troer paa Ham, skal ikke fortabes men have det evige Liv, og for denne Tro, Haab og Kiærlighed, som er de levende Udtryk for vor christelige Barndom, Ungdom og Manddom, takke vi naturligviis nærmest de tre Vidner paa Jorden: Aanden, Vandet og Blodet, men ikke som Noget, vi udtyde paa vor egen Haand efter eget Tykke, men henføre til den levende Ihukommelse af sine underlige Gierninger i fordums Tid og de uforanderlige Naade-Midler til den gode Giernings Fuldendelse, som Herren i sin Kirke stiftede paa Jorden, saa disse tre Vidner: Aanden, Vandet og Blodet er for os den levende Forkyndelse af vor Herres Jesu Christi Evangelium, vor Daab med Vand og Aand og vor Deelagtighed i det ene Brød og Velsignelsens Kalk ved Herrens Bord, som Jesu sande Legems og sande Blods Samfund. (GP 10,88-89)

I denne prædiken insisterer Grundtvig således igen på, at trehederne: tro, håb og kærlighed; Ånden, vandet og blodet; Faderen, Sønnen og Helligånden, er alt andet end noget abstrakt eller ubestemt. Han taler ikke i den spekulative filosofis, men i det historiske kristne vidnesbyrds og den kristne erfarings kategorier. Det er næsten sikkert, at der er et element af polemik her mod enhver form for filosofisk teologi, som den var gængs i det 19. århundredes Tyskland – en teologi, som gjorde treenighedslæren til toppunktet af en menneskelig spekulation. For Grundtvig er treenighedslæren forankret i den historiske kristne kirke, i troen på den inkarnerede Kristus, og i sakramenterne. Det er en tro, som er rodfæstet i dåben og fuldbyrdet i nadveren.

See, heraf følger, at naar vi skal begynde baade vort christelige Liv og vor christelige Oplysning fra den rette Ende, da maae vi begynde med Ham som kom i Herrens Navn, med den Hellig-Aand, som forkynder Evangelium, og taler ikke af sig selv, men minder om alle Herrens Ord og søger ikke sin Ære, men Herrens som Ham udsendte, og naar vi af denne Aand have annammet Troen, som den lyder i vor Bekiendelse, da fører Han os til Herren i *Daaben*, hvor vi annamme Guds Herligheds Haab, og flyve dermed til Verdens Ende, da Han skal komme igien at dømme Levende og Døde, men føres da af Ham til Faderen, i Hvis Navn Han kom, i Hvis Sted Han dømmer, i Hvis Huus Han har beredt os Plads og bænker os ved Bordet med Abraham Isak og Jakob. Og her ved Herrens Bord annamme vi af Faderen den Christi Kiærlighed som evig forener os med Ham Amen! i Jesu Navn. (GP 10,91)

I den første af prædikenerne havde Grundtvig talt om Helligåndens komme som nøglen til kristen gudstjeneste. Alt, hvad der i kirkens år sker af ihukommelse af Kristus, fra Bebudelsen til Åndens komme, skal ikke bare, eller ikke i første række, forstås som fortidsbegivenheder. Det er de rigtignok. Men det, som betyder mest for mennesker, der lever nu, er, at de også er nærværende og evige realiteter i kirkens og den enkeltes liv. I den anden prædiken så vi, hvordan det, kristen gudstjeneste viser hen til, ikke bare er nutiden og fortiden, men også fremtiden. Det, vi foretager os i gudstjenesten, hjælper os til at vokse i erkendelsen og forståelsen af, at Kristus selv fødes i os, og at Kristus i os er håbet om en kommende herlighed. Derfor er vor gudstjeneste også fremadrettet. Den er en forudgriben af Kristi hjemkomst og altings afslutning, den, der betyder hans jordiske folks og hele hans skabnings indgang i riget.

Disse to søndage, med henholdsvis Ånden og Sønnen i centrum leder os da hen til en tredje. Her rekapituleres og bekræftes meget af, hvad der var sagt tidligere; men hovedsigtet er bevægelsen hen mod Faderen. Ånden leder os i Sønnen til Faderen. Det er Faderens kærlighed, som drager alting ind til sig. Det er i kærligheden, tro og håb finder deres fuldbyrdelse. Den klare trinitariske struktur i den første prædiken, med dens tale om de tre personers uselviske "gøren plads for" hverandre og om Guds selvhengivelse i genløsningsværket – alt dette udarbejdes mere udførligt her og sættes direkte i forbindelse med kirkens sakramentale liv og praksis. Flere gange i denne prædiken understreger Grundtvig, over for enhver form for spekulativ forståelse af Treenigheden, at han ikke taler om en hvilken som helst Ånd eller en hvilken som helst Kristus. Det er den Kristus, som blev menneske ved Maria i Betlehem; det er den Ånd, som blev givet apostlene i Jerusalem på Pinsedagen, som hele den kristne tradition bærer vidne om. Det er den Kristus, som taler og handler gennem sin Ånd og fører os til Faderen.

I nadveren næres og fuldbyrdes det liv, som blev skænket i dåben; det vokser i kirkens forventningsfulde bøn, og det vejledes af dem, der har modtaget Åndens lys i ordinationen. På højst bemærkelsesværdig måde slutter Grundtvig sin tredje prædiken med at vise os, hvordan Helligånden fører os til Kristus i dåben, og hvordan Kristus fører os gennem vort kristenliv til Faderens hus, hvor han har beredt os plads og sætter os til bords med Abraham, Isak og Jakob. Han slutter så det hele med det enkle, men alt omfattende udsagn: "Og her ved Herrens Bord annamme vi af Faderen den Christi Kiærlighed som evig forener os med Ham Amen! i Jesu Navn".

Herrens bord er her og nu. Allerede her og nu føres vi på forudgribende vis ind til festen, der er beredt for alle, når alle ting bringes til deres fuldendelse, når himmel og jord, menneskelige og guddommelige ting føres sammen og smelter sammen i kærlighed. "Guds Paradis jo nu er her!"

IV

Disse tre Adventsprædikeners overvældende budskab handler om Guds nærvær hos os nu. Han er mægtig, han er god, og hans barmhjertighed varer evigt. Som svar på hjertets og alskabningens råb: Hosianna, frels nu! kommer vor Gud. Under vor genkaldelse af fortidens store gerninger opdager vi, at Guds gerninger er evige og nærværende. Fortiden er kun vigtig for os for nutidens og fremtidens skyld. I glæde over dette Guds handlende nærvær nu ser vi frem mod en fremtid, hvor vort liv, som nu er skjult i Kristus, skal blive åbenbart i ham. Da skal der blive glæde, sommerens og høstens glæde.

Endnu stærkere, og i hvert fald mere koncist, udtrykker Grundtvig disse visheder i salmerne. Blandt dem er der salmer, der er bearbejdelser af førreformatorisk stof. Det gælder den første af dem, vi skal se på her: Den giver genklang af en nytårsvise om folkets håb til året, som kommer. Der er også salmer, der – som den anden og længere tekst, vi skal citere – er dybere og mere umiddelbart rodfæstede i Bibelen. Denne tekst, en af de største søndagssalmer, udnytter den gammeltestamentlige salmists begejstrede ord i et af Grundtvigs mest ekstatiske udsagn.

Disse salmer var ikke skrevet af en verdensfjern visionær eller drømmer, ukendt med det almindelige livs byrder. De skyldtes en mand, som netop på samme tid, i 1830'erne, var fuldt engageret i en national bestræbelse for at finde nye veje i pædagogikken med henblik på at gøre folket egnet til ansvarsbevidst demokratisk handling, og i en kamp for at opretholde en lille nations identitet over for en stor og ekspansiv nabo. Det er under disse omstændigheder, Grundtvig kan se på nutid og fremtid med håb, og udtrykke håbet i en form, som ikke taler for ham selv alene, men for mange andre. Det kan han gøre, fordi han i årets gang, fest efter fest, søndag efter søndag, time for time, ser Guds komme:

Vær velkommen Herrens Aar og velkommen herhid!
Julenat, da vor Herre blev fød,
Da tændte sig Lyset i Mørkets Skiød!
Velkommen Nytaar og velkommen her!

Vær velkommen Herrens Aar og velkommen herhid!
Paaskemorgen, da Herren opstod,
Da Livstræet fæsted i Graven Rod!
Velkommen Nytaar og velkommen her!

Vær velkommen Herrens Aar og velkommen herhid!
Pindsedag, da Guds Aand kom herned,
Da straaled hans Kraft i vor Skrøbelighed!
Velkommen Nytaar og velkommen her!

Vær velkommen Herrens Aar og velkommen herhid!
Herrens Aar med vor Guds Velbehag
Nu bringer os Glæde hver Herrens Dag!
Velkommen Nytaar og velkommen her! (GSV 4,247)

I denne salme ser vi i meget enkel form, hvordan evighedens indgang i tiden sætter os i stand til at leve tillidsfuldt og glad med tidens gang. Hvert år fejrer kirken de tre store fester: Julen, som bringer lys ind i mørket, Påsken, som bringer liv ud af døden, Pinsen, som bringer styrke til vor svaghed. Men denne trefoldige festcyklus gentages uge efter uge, når vi holder søndag, den første dag i ugen. Og dén nye dag er ikke bare en af syv; den vælder over, ud i tidens strøm som helhed.

Den anden salme: *Denne er Dagen, som Herren har gjort*, hævder det samme på mere detaljeret og mere intrikat måde. Den er som sagt en af Grundtvigs største søndagssalmer. Uden på nogen måde at være en blot og bar transkription af den 118. Davidssalmes sidste elleve vers følger den dette forlæg tæt, især for så vidt angår dets påstand: at dette er dagen, Herren har gjort, og dens jubelråb: "Hosianna", "Frels nu". Den lyder sådan:

Denne er Dagen, som Herren har gjort!
Den skal Hans Tjenere fryde,
Op Han i Dag lukked Himmerigs Port,
Saa skal hver Søndag det lyde;
Thi i dens hellige Timer
Herlig af Graven opstod *Guds Ord*,
Naadig fra Himlen *Guds Aand* nedfoer!
Veed I nu, hvorfor det kimer?

Frels da nu, Herre, giv Lykke og Held!
Værket i Dag er dit eget!
Lad Millioner dig takke i Kveld,
For Du dem har vederkvæget!
Ja, lad dem prise med Glæde
Aanden, som taler og trøster frit,
Folket velsigner i Navnet dit,
Viser, din Fred er tilstæde!

Herre, vor Gud, ja besøg os i Glands,
Hvor i din Kirke vi mødes!
Tungerne binde dig Krands over Krands,
Alt som vort Hjerte opglødes!
Høitiden voxe med Dagen!
Paaske og *Pindse* udsprang af *Juul*,
Saa lad og Glæden af Tro i Skjul
Spørge forgæves om Magen!

Ja, lad saa virke dit *Bad* og dit *Bord*,
Med de indviede Tunger,
At det kan høres, din Aand og dit Ord
Er det, som taler og sjunger!
Lad os det føle og smage:
Aanden er bedre end Kiød og Blod,
Herren er liflig og eiegod,
Christne har kronede Dage! (GSV 1,304-05)

Naturligvis er Grundtvigsalmen helt og holdent kristologisk og trinitarisk. For ham, som for hele den kristne tradition lige til hans tid, afsløres og tydeliggøres meningen i den Gamle Pagt først i den Nye. Åbningen af portene i Jerusalems tempel (Sl 118,19-20), således at gudstjenesteforsamlingen kunne gå ind til det Hellige, stedet for Guds nærvær, forstås her som Guds egen handling i Kristus, hvorved porten til himlen, Guds fulde nærværs sted, åbnes for alle, som tror på ham. Kuldkastelsen af alle menneskelige planer og synsmåder ved at den sten, bygmestrene forkastede, er blevet templets hovedhjørnesten (Sl 118,22), henviser hos Grundtvig til Guds Ords ophøjelse på Langfredag og Påskedag. Ideen om, at dette er dagen, hvor Gud har handlet, fylder hele anden strofe af Grundtvigs salme og udarbejdes i detaljer. Gud handler på søndagen; hans folk i deres millioner hviler og oplives, netop fordi dets rolle på denne dag kun er den modtagendes og svarendes. Initiativet er Guds, og værket er hans (jf. Sl 118,24).[83] I kirkens gudstjeneste, i ordets forkyndelse, i lovsangen, er det Ånden, der taler og styrker Guds folk med fredens velsignelse.

Denne pointe gøres gældende igen, på mere indtrængende måde, i salmens sidste vers. Sakramenterne – "dit Bad og dit Bord" – er virksomme på en sådan måde, at Guds folk forstår og erfarer, at det er Ordet og Ånden, Gud selv, der taler og synger. Det, som er væsentligt i kristen bøn og liturgi, er Guds værk og ikke vor menneskelige aktivitet. Vi har del i den, en nødvendig del, men vor del består kun i at give svar, et svar, som fremkaldes og bæres oppe af Guds forudgående handling i Kristus og Helligånden. Disse påstande, som jo er centrale i hele den kristne bøns- og gudstjenestetradition fra det Nye Testamente og fremefter, fremsættes her på ny med uforlignelig styrke.

Men der er én passus, vi endnu ikke har kommenteret: ordene "de indviede Tunger". De kan betegne hele det kristne folks tunger, indviede, som de er, til Gud i deres dåb. Men måske er denne betydning ikke totalt fyldestgørende. Der kan også være tænkt på de ordineredes tunger:

Af mange grunde – og ikke mindst fordi han så en fatal vildfarelse i, at Oxfordbevægelsen lod kirken bero på embedet og ikke embedet på kirken – udtalte teologen Grundtvig sig i løbet af trediverne og fyrrerne sjældnere og sjældnere om embedets rolle i kirken. Følgelig har der udviklet sig en kuriøs form for kirkebegreb, i hvilket sakramentfejringen bestemmes som absolut afgørende for det kristne fællesskabs eksistens, men hvor intet siges om det embede, der forvalter sakramenterne. Det synes, som om Grundtvig her i salmen tænker noget anderledes. I det mindste lige nu ser han på, hvilken plads der tilkommer det ordinerede embede i kirkens gudstjenesteliv. Som han siger i den første af Adventsprædikenerne: Helligånden bringer os Gudsriget ad tre veje: Den giver os "Herrens Liv i den hellige Daab. Herrens Lys i Indvielsen, Herren selv i den hellige Nadvere ..." (GP 10,81).

Som vi allerede har bemærket, er en sådan henvisning til ordinationen, placeret som den er mellem de to evangeliske sakramenter, højst usædvanlig hos Grundtvig. Den skal måske ses i forbindelse med salmen, som blev skrevet i samme periode som prædikenen. Det er netop gennem den gave, som det ordinerede embede er, at vi – når embedet forstås og udøves som et tjenerembede, ikke et herskerembede – opdager, at det ikke er os selv, men Ånden og Ordet, der taler og handler i kirkens gudstjeneste. De ordinerede har deres nødvendige rolle at spille, når hele Guds folk skal sættes i stand til at skelne mellem, hvad der er menneskeligt, og hvad der er guddommeligt.

Dette er i en vis forstand en, om end ikke betydningsløs, detalje. Hovedsubstansen af, hvad Grundtvig siger, er imidlertid klar. Det kan naturligvis være, at det er noget vrøvl, han siger. Det vil vort verdslige samfund sige, det er, og det vil måske endda sige, at det er potentielt farligt, al den stund Grundtvig her i de to sidste strofer af salmen sætter alle sine – ikke ubetydelige – digteriske evner ind for den påstand, at menneskelivet finder sin fuldbyrdelse i ekstatisk lovprisning. Ek-statisk i ordets oprindelige mening: Lovprisningen bringer os ud af os selv, ind i et liv, som er evigt og guddommeligt. Kun i denne ekstatiske bevægelse opdager menneskelivet sit sande formål og sine sande muligheder.

Trettende kapitel

Jul

Julen var, og er fremdeles i Danmark såvel som i andre nordeuropæiske lande, den mest elskede af de kristne højtider. Ja, den er den eneste, som i vor sækulariserede og kommercialiserede tid stadigvæk er en stor offentlig begivenhed. Den blander helligt og verdsligt på en mangfoldighed af måder. Den er en børnefest. Og den er en sangfest, hvor traditionelle salmer og sange bringer fortiden til live.

For Grundtvig vakte Julen stærke minder om hans barndom i Udby. Som vi ved, var barndommen for ham en særlig betydningsfuld tid i menneskets liv. Det er ikke mærkeligt, at nogle af hans mest yndede salmer er julesalmer, og blandt dem især salmerne for og om børn, hvoraf en af de bedst kendte – *Deilig er den Himmel blaa* – blev skrevet så tidligt som 1810. Livet igennem var Julen vigtig for ham.

Han var ikke ubevidst om en tendens, som allerede var mærkbar på hans tid, til at trivialisere Julen. Måske kan begyndelsen af hans første juleprædiken i Præstø i 1821 ses som en reaktion imod denne tendens. Det er i hvert fald et højtideligt og stærkt teologisk udsagn om, hvad meningen med festen er. Grundtvig taler ikke ned til sin menighed. Han vil formidle begivenhedens hele vægt og herlighed. Vi begynder med bønnen før prædikenen og mærker os dens omhyggeligt udarbejdede trinitariske struktur:

Halleluja! Himmelske Fader, Du, af Hvem al Faderlighed haver Navn, i Himlen og paa Jorden, og som elskede os saa vidunderlig høit, at Du gav din Eenbaarne, for at hver den, som troer paa Ham, skal ikke fortabes; men have det evige Liv; udgyd nu og i Jesu Navn, din Hellig-Aand i vore Hjerter saa vi lære at skiønne paa din usigelige Naade, ære og takke og prise Dig for den i Tid og Evighed! Ja, skiænk os ham, din *Sandheds Aand*, at han maa oplyse os til at kiende dit levende Ord og din evige Sandhed i Barnet i Krybben, skue Guddoms-Klarheden i vor Herres Jesu Christi dit Billedes Aasyn! skiænk os Ham i vort Hjerte Naadens og Trøstens, Fredens og Glædens Aand, saa vi, gienfødte til dine kiære Børn i Christo Jesu med Barne-Troe og Haab og Jule-Glæde, efterkvæde Engle-Skarens Ære vær Gud i det Høie og vandre syngende den Livets Vei, din Søn har banet os til Helligdommen, til det ved Ham igien opladte

Paradiis, indtil vi der evindelig med Engle-Tunger skal istemme for din Throne den nye Sang, du selv vil lægge i vor Mund til din Kiærligheds Priis, til vor Saligheds Tolk i dit Samfund vor Gud, som du er: Fader, Søn og Hellig-Aand, høilovet i al Evighed, Halleluja! Halleluja!! (GPP 2,114)

Allerede denne bøn fortæller os meget. I Julen fejrer vi inkarnationens mysterium. Ordet, som er Gud, bliver kød ved jomfru Maria. En ny pagt indvarsles, et nyt forhold mellem Gud og mennesker, ja hele skabningen. Denne begivenhed, eller rettere: denne række af begivenheder, er ikke en isoleret fortidshændelse. Den er begyndelsen til noget radikalt nyt, som finder sted nu: vor antagelse som Guds børn, vor nye fødsel i Kristus ved Helligåndens gerning. Den sætter os i stand til at leve som Guds børn nu. Vi kan leve vort liv i barnlig tillid til Faderen; og det indebærer, at vi allerede her i tidens verden kan have del i evighedens liv. Her i vort jordiske liv står paradiset altid åbent for os. Dette tema: den forudgrebne fuldendelse er et af de hyppigst tilbagevendende i Grundtvigs forkyndelse.

I

Selve prædikenen begynder med, at prædikanten læser alle de tre sidste gammeltestamentlige salmer højt for menigheden. Det er tekster, som betoner den kosmiske betydning af den begivenhed, der fejres. Alle himle, hele jorden forener sig i lovprisning. Efter oplæsningen begynder da selve prædikenen:

O Venner hertil svarede Englene i Dagens Evangelium Ære være Gud i det Høie men ogsaa vi opmuntres med Himmel-Toner fra Davids-Harpen til, i Samfund med hele Skabningen, i Chor med Alt hvad som aander at love Herren for Hans underlige Gierninger og for Hans Frelse paa Jorden og naar, mine Venner! skulde vi føle os mere opvakte og stemte til i hellig Lovsang at prise vor Saligheds Gud, end i Dag paa Jule-Dagen, som fra Slægt til Slægt er helliget til et høitideligt Minde om den behagelige Tid og om Salighedens Dag, om den store, velsignede Stund da Himlene bogstavelig fra Jorden forkyndte Guds Ære, der Natten blev som Dagen, Mørket som Lys, da himmelske Aander i Lysets Klædebon nedsteeg for med jublende Røst at forkynde det store, livsalige Budskab, hvorom Dage skal tale med Dage til Jorderigs Ender, ja hvoraf Evigheden selv skal salig gienlyde, det underfulde Evangelium at Jomfruen fødte en Søn, hvis navn er Immanuel det er Gud med os, ... (GPP 2,115)

Festens universelle karakter kunne næppe understreges tydeligere end det sker her. Denne fødsel involverer hele skabningen. Det er med åbenbar fryd, Grundtvig dvæler ved englenes rolle i julehistorien. For ham er de himmelske hærskarer en vital del af det kristne verdensbillede; vor forbundethed med dem er tegn på, at vejen til paradiset åbnes her og nu, thi som han et andet sted siger: "Et Paradis uden Engle er som en Skov uden Fugle, eller en deilig Psalme, som Ingen synger eller hører"(GVP 75; jf. nedenfor s. 286). Det er også betydningsfuldt for ham, at fødslen finder sted ved nattetid, i mørke. Dette er øjeblikket, hvor natten bliver til dag, hvor mørket vender sig mod lyset. Ja det er den nye skabelses øjeblik, det, hvor Gud siger: "Der blive lys!". Og det er en begivenhed, hvis betydning vokser; den giver genklang gennem tidsaldrene fra slægtled til slægtled, frem for alt i lovprisningens stadigt gentagne sange.

Betragtet på denne baggrund er der noget overraskende ved det følgende års juleprædiken. Uanset at den blev holdt i København, for en menighed, som man kunne forstille sig var mere sofistikeret end den i Præstø, synes Grundtvig at ville samle sig om festens folkelige, uformelle karakter, dens spontane spænding og glæde. Her begynder han ikke med de tre Davidssalmer, men med den folkelige julehilsens traditionelle ord:

Glædelig Fest! glædelig Fest! en glædelig Juul og et velsignet Nytaar! Det er Ord, som vi har sagtens Alle hørt og sagt fuldofte, men det er med disse, som med alle Ord: de kiendes, som de klinge, hvorfor ogsaa Ethan synger: lyksaligt det Folk, der forstaaer sig paa Klangen, (Ps. 89) Herre! de skal vandre i dit Ansigts Lys, de skal fryde sig i dit Navn den ganske Dag. De dybeste og herligste Ord, som ere allerbedst skikkede til at udtrykke aandelige Ting og levendegiøre Tanken derom hos Tilhørerne, miste deres Liv og Kraft, naar de maae savne deres rette Klang og Tone; thi Lyd er Ordets Liv, og Klang er Lydens Kraft, som aabenbarer Aanden.

Det klinger maaskee Mange sært, skiøndt det er, hvad vi alle veed, er lutter velbekiendte Ting, som kun kan klinge sært, fordi vi, desværre, kun samle saa lidet af hvad vi har nemmet, ændse saa lidt, hvad vi sige. Hvem veed det ikke, naar vi tale sammen, at Tonen er det Vigtigste, at den kan give Ord en Mening, de ellers aldrig have, at den kan giøre de udtrykkeligste Lovtaler til Haan og Spot, at den er Talens Liv og Sjæl, og er den det i det Smaa i Talen om jordiske og synlige Ting hvormeget meer da ikke i det Store, i Talen om det Aandelige, Usynlige, som Ordene kun skyggeviis betegne, og som da nødvendig maa falde til Jorden, naar de ei ved Klang og Tone, som paa Aandens Vinger, hæves mod Himlen. (GP 1,82)

Det er bemærkelsesværdigt, at denne overvejelse over ordenes skrøbelighed og over deres evne til at betyde forskellige ting alt efter sammenhæng og tonefald også spiller en central rolle i Kebles og Puseys tænkning. Her er et af de steder, hvor Grundtvig og i særdeleshed Keble synes at være fælles om en poetisk følsomhed over for den aura, ord kan være omgivet af. Begge de to er – fra et nutidssynspunkt – næsten naivt overbeviste om ordenes evne til at formidle mening og etablere følgeslutninger i guddommelige såvel som menneskelige sager. Men de kommer ikke desto mindre stedvis langt nærmere til vor tid gennem deres anerkendelse af forskelle og modsigelser i ordenes betydninger og gennem deres bevidsthed om, hvor meget forståelsen af ordene afhænger af kontekst og tonefald i sang såvel som tale; og til syvende og sidst om, hvor meget det betyder, hvem det er, der taler eller synger dem.[84]

Grundtvig går videre til en overvejelse over, hvilken nyskabelsens friskhed den gængse julehilsens ord må have haft oprindelig. Og han hævder, at det netop var styrken i deres oprindelige brug, der siden gjorde dem til konventionelle udtryk, som nedarves fra slægt til slægt. – Og så kommer et af disse forbavsende øjeblikke af personlig erindring, der bevirker, at vi pludselig befinder os i en sjællandsk landsby i 1780'erne og ser nogle jævne mennesker tilkendegive deres glæde ved at mødes uden for kirken på vej hjem ved juletid, deres glæden sig til julemiddagen, deres hilsener og omfavnelser. Og vi ser også den lille dreng, der forbavses over mængden af mennesker og overvældes af deres larmende snak. Følgerigtigt nok går Grundtvig fra denne mindelse om landsbyfestlighed videre til tanken om, hvordan de henfarne slægter stadig hilser os på tværs af århundrederne gennem deres julesalmer og viser.

Teksten lyder:

Glædelig Fest, glædelig Jul og velsignet Nytaar, disse dybe, deilige Ord de er derfor nu næsten altid kun Mundheld, hvormed der kun siges, Man veed, hvad vi skriver, og veed hvad det er Skik paa visse Tider at begynde Talen med. Saa er det, mine Venner! men det var ei altid saa; thi vi [veed] i det Mindste, at Den som først forbandt de Ord til høitidelig Hilsen, han fulgde ingen Skik, det var af Aandens Drift og Hjertets Overflødighed han talde, og at det siden blev Skik fra Slægt til Slægt blandt Millioner at hilse hinanden med de samme Ord, det vidner om i hvilken Tone, med hvor liflig Klang, de taldes først, hvor sød en Gienlyd de maa have fundet i Tilhørernes Hjerter og paa deres Tunger.

Altsaa, mine Venner! det er vist, der var en Tid, da naar Skarerne mødtes om Jule-Morgen, Man kappedes om at tilraabe hianden Glædelig Fest, og da alle Ansigter opklaredes, alt som Ordet gientoges, som Klangen fik Magt og stemde alle Hjerter til et høit Halleluja! Det er saameget desvissere, som de forbigangne Slægter i Aand og Sandhed tilraabe os en saadan glædelig Fest med liflig Klang i deres Jule-Sang og Psalmer om Barnet født i Bethlehem til Glæde for Jerusalem. Dog, at høre denne Fortids-Hilsen, at føle, hvor sødt dens Efterklang bevæger Hjertet det lære vi seent, hvis det ei har giennemtonet os i hine Dage, da Hjertet stemmes. Men har det været saa, da vel os! saasandt vi savne hvad vi tabde, de slumrende Toner skal vaagne igien og udbryde med liflig Klang paa [vore Læber] det skal høres paa vor Hilsen, at Hjertet tager levende Deel i den glædelige Fest vi forkynde –. (GP 1,82-83)

Grundtvig viser os her noget af sin forståelse af den kristne traditions folkelige karakter. Den tidslige sammenhæng i kirkens liv og gudstjeneste skal ikke kun, eller måske ikke engang i første række, søges i den regelmæssige tjeneste eller i evangeliets systematiske forkyndelse. Den findes ogå udtrykt på mere demokratisk vis i de lovsange, som hører hele det kristne folk til, og som giver genlyd på tværs af århundreder og slægter. Der formidles her en ny indsigt i salmesangens betydning: Det er tydeligvis vigtigt for Grundtvig, at den folkelige lovsang er noget, som knytter kirkens historie sammen trods alle skel. Den kan høres hen over Reformationens kløft og alle de følgende århundreders teologiske forskelligheder.

Grundtvigs bearbejdelser af folkelige førreformatoriske salmer og sange har en særlig vægt og betydning ved juletid. En af dem – *Et Barn er født i Bethlehem* – blev skrevet i 1820, men kom først til live som menighedssang 25 år senere i Vartov, hvor den udløste betydeligt røre i forsamlingen, efterhånden som flere og flere fik fat på melodien og sluttede sig til hallelujaerne ved slutningen af hvert vers.

Denne salme og de lige citerede prædikener stammer fra først i tyverne. Som vi har set, var det et årti med hastige forandringer i Grundtvigs liv og tænkning, en periode, som blandt andet kendetegnedes ved offentliggørelsen af et af hans største og mest originale digte og hans uden sammenligning mest kontroversielle lejlighedsskrift. Det var også i den periode, han digtede en julesalme – *Velkommen igien, Guds Engle smaa* – som lige siden har været en af de mest yndede tekster i hele hans forfatterskab (GSV 1,405-06). Ved første blik er den fuld af barnlig glæde. Kun til allersidst gør vi os noget af dens dybde og mørke klart. Digteren har genfundet barnets juleglæde; men han har ikke glemt den voksnes sorg og længsel. De to ting er blevet forsonet hos ham.

Fortolkningen støder på vanskeligheder af særlig art. Hvad skal vi stille op med de små engle, som spiller så central en rolle i digtet? For så vidt som engle overhovedet har nogen plads i en kristen forestillingsverden i dag – og det er under ingen omstændigheder nogen stor plads – går man vel i retning af at tænke sig dem som store, imponerende væsener. Den katolske modreformationskunsts *putti* er næsten det eneste, vi kender til af små engle, men de er mildt sagt ikke nemme at passe ind i vores billede af det danske bondeland ved midvinter. Religionshistorikeren Edvard Lehmann tolkede digtets små engle som kristnede versioner af de afdødes ånder, der undertiden antoges at besøge husene ved juletid i det middelalderlige Norden. Andre har foreslået, at baggrunden skulle søges i troen på de nisser, der kommer til Jul og viser os velvilje, hvis vi behandler dem godt og giver dem grød, fløde og smør.

Den rolle, Grundtvig lader dem spille, passer vel bedst – eller mindst dårligt – til den sidstnævnte tolkning. Der kan naturligvis ikke være tale om, at de hos ham bare er overfladisk kristianiserede nisser. Her som overalt er englenes rolle på jorden den at forkynde paradisets nærhed. Men det er ikke udelukket, at tanken på venlige jordvæsener eller -ånder leverer en del af forståelsesbaggrunden for versene.

Hvordan det end måtte forholde sig hermed, så er dette et digt, som fejrer genvindelsen af en tro på himlens og jordens, Guds og menneskenes forening i Betlehemsbarnets fødsel. Men det sker uden prisgivelse af de erfaringer, den voksne har gjort om tilværelsen.

Velkommen igien, Guds Engle smaa,
Fra høie Himmel-Sale,
Med deilige Solskins-Klæder paa,
I Jordens Skygge-Dale!
Trods klingrende Frost godt Aar I spaae
For Fugl og Sæd i Dvale!

Velmødt under Sky paa Kirke-Sti,
Paa Sne ved Midnats-Tide!
Udbære vor Jul ei nænner I,
Derpaa tør nok vi lide,
O ganger dog ei vor Dør forbi,
Os volder ei den Kvide!

Vor Hytte er lav og saa vor Dør,
Kun Armod er derinde,
Men giæstet I har en Hytte før,
Det drages vi til Minde,
Er Kruset af Leer og Kagen tør,
Deri sig Engle finde!

Med venlige Øine himmelblaa,
I Vugger og i Senge,
Vi Rollinger har i hver en Vraa,
Som Blomster groe i Enge;
O, synger for dem, som Lærker slaae,
Som hørt de har ei længe!

Saa drømme de sødt om *Bethlehem*,
Og er det end forblummet,
De drømme dog sandt om Barnets Hjem,
Som laae i Krybbe-Rummet,
I Drømme de lege Jul med dem,
Hvis Sang de har fornummet!

Saa vaagne de mildt i Morgen-Gry,
Og tælle meer ei Timer.
Da nynne de Jule-Sang paany,
Der sig med Hjertet rimer,
Da klinger det sødt fra Morgen-Sky,
Naar Kirke-Klokken kimer!

Men så letter digteren pludselig fra jorden. Himlens og jordens harmoni, når Julen fejres, fører til at forstå Jakobs stige, hvor englene går op og ned, som en forudspejling af inkarnationen, Guds Søns komme i kødet. Inkarnationen figurerer mange steder i Grundtvigs prædikener som et mysterium, englene hilser velkomment. Her bliver Jakobsstigen en stige af salmens toner. Englene går op og ned på den stige, som er kirkens gudstjeneste; de går op med vor lovprisning og ned med Guds budskab. Ved stigens top står himlens port åben; Herren selv venter os med sin fredshilsen. Gudsriget kommer på jorden som i himlen, himmel og jord er ét. Det sidste vers er endelig en direkte bøn om, at vi må erfare denne glæde her i livet, og at vor sorg må blive opslugt i den:

Da vandre Guds Engle op og ned
Paa Psalmens Tone-Stige.
Da siger vor Herre Selv 'Guds Fred'
Til dem, den efterhige,
Da aabner sig Himlens Borge-Led,
Da kommer ret Guds Rige!

O, maatte vi kun den Glæde see,
Før vore Øine lukkes!
Da skal, som en Barne-Moders Vee,
Vor Smerte sødt bortvugges!
Vor Fader i Himlen! lad det skee!
Lad Jule-Sorgen slukkes!

II

Julesalmen ender med bønnen om, at sorgen må blive overvundet, at veerne må vendes til fødselens glæde. Denne bevægelse fra mørke til lys, fra sorg til glæde, er et mønster, som Grundtvig ser overalt i skabningen, og han reflekterer over det i en prædiken på juledag 1832 over ordene fra 1. Mosebog: "Det blev Aften og det blev Morgen den første Dag". Han begynder sådan:

Saa staaer det skrevet i Skabelses-Bogen, og der kan vi læse det tusinde Gange uden at tænke andet derved, end at det var dog sært, det blev ikke Morgen først, og saa Aften, men giemme vi, som Herrens Moder, Ordet i vort Hjerte, og det da engang opstiger levende derfra i vor Mund, da synes det os klart, at vi har aldrig hørt et Ord saa sært og dog saa sandt saa simpelt og dybt, saa kort og fyndigt til at udtrykke hele Guds Naades Husholdning og Kiærligheds-Gierning paa Jorden som netop dette lille Ord, det blev Aften og det blev Morgen, og det slaaer os fremforalt, at vi dog aldrig mere levende end med det kan udtrykke hvad der skedte i den store Jule-Nat da vor Frelser han blev født, den underlige Nat som Herrens Engel kaldte Dag, sigende til Hyrderne see, jeg forkynder eder en stor Glæde thi eder er idag en Frelser født, den Herre Christus i Davids Stad. Ja, her forsone vi os med Natten og med alt Mørke hvori der skinner en Stjerne, med alt undtagen det yderste Mørke, hvor der er Graad og Tænders Gnidsel, thi her blev det i alle Maader Aften og det blev Nat, den sorteste Nat, der har ruget over Jorden, men det blev Morgen midt om Natten da

Frelseren fødtes og hans Engel stod for Hyrderne og hans Herlighed skinnede om dem, ... (GP 6,72-73)

Her møder vi en af Grundtvigs dybeste overbevisninger om Julen, altså om inkarnationens mysterium. Gud kommer og fødes i rummets og tidens verden, som et menneske blandt mennesker, i nattens mørke og i vinterens hjerte. Dette er for ham en universel kendsgerning, som forsoner os med natten, mørket, kulden og selve døden. Den bringer bud om et stort lys, som mørket aldrig får bugt med. Kun det yderste mørke, afgrundens, er undtaget fra denne store påstand. Her som overalt anerkender Grundtvig muligheden af helvede, ja han hævder dets realitet. Han ved besked med en situation, som ligger hinsides lysets og mørkets skiften; men det er en yderste grænsesituation. Inden for de menneskelige valgmuligheders verden skal mørket ikke blot ikke skys, det skal accepteres, fordi det gemmer løftet om lys i sig.

Grundtvig genkalder sig tankesproget: "I Mørkningen er Barnet gladest." Videre siger han:

Og ligesom vi da maae sige om vort Levnets-Løb hidindtil det blev Aften og det blev Morgen, saaledes er det jo ogsaa Alt hvad vi kan ønske der med Sandhed skal kunne siges om os, naar vi er vandrede herfra thi naar vort Liv paa Jorden er lysest og glædeligst da er det dog, aandelig talt, kun som en Hellig-Aften da vi glæde os i Forventningen om hvad der skal komme, fryde os i Haabet om at see Guds Herlighed som vi have troet paa, saa det er vor Triumph, naar det engang lyder fra Herrens Mund over os: det blev Aften og det blev Morgen for disse, de frydede sig ved det Prophetiske Ord om min Dag som i Nat-Lampens Skin indtil Dagen gryede og Morgen-Røden oprandt i deres Hjerter. (GP 6,73)

Grundtvig udnytter her nogle ord fra 2. Petersbrev, som i brevet følger umiddelbart efter den passage, i hvilken forfatteren taler om forklarelsen, den guddommelige herlighed, der stråler fra Kristi person. Grundtvig vil understrege, at det, der er tale om her, er en evig herlighed ved tidernes ende. Vort liv på jorden er kort og skrøbeligt, men siden Jul har det haft den egenskab, at det altid ser fremad og bevæger sig hen imod en evig dag, en yderste løfteopfyldelse, som endnu ikke er fuldtud kendt. Verdens tid løber ud i mørke og død, den kristnes tid går imod fremtiden med dens løfte om nyt liv. Julen ser frem mod Påsken; den taler allerede om død og opstandelse.

Videre i denne prædiken når Grundtvig uundgåeligt til tanken om opstandelsen og søndagen, en ny uges første dag:

Saaledes svæver Ordet: det blev Aften og det blev Morgen ei blot over Jule-Natten men over alle vore Dage, saamange som Herren kaldte fra Mørket til sit underlige Lys, saa det er intet Under at det lyder over hele Herrens Menighed i Tidens Løb, eller for at samle Alt under Eet, at det ret egenlig giælder om Herrens Dag, om Søndagen som jo er den første i Ugen: det blev Aften og det blev Morgen, den første Dag. (GP 6,74)

III

Vi har set på nogle af de forskellige former, Grundtvigs juleforkyndelse tog. Der er højstemte læremæssige erklæringer; der er folkesang og landsbyglæde; der er overvejelser over den lov, at i Guds handling med sit folk følger lys på mørke, glæde på sorg. Men han kan også opholde sig ganske enkelt ved fortællingen selv og de mennesker, der optræder i den. Som vi skal se i større udførlighed, når vi kommer til prædikenerne til Mariæ Bebudelses dag, er han levende optaget af Jesu moders person og af hendes rolle i mysteriet. Denne fascination kommer undertiden også til orde i hans juledagsprædikener. Det er ikke mindst tilfældet i 1845, det år, hvor, som vi har set, *Et Barn er født i Bethlehem* blev sunget første gang under stor opstandelse i Vartov. I prædikenen på den dag hedder det:

Alle Slægter skal prise mig salig, sagde Jomfru *Marie* i sin Lovsang, før hun endnu saae Opfyldelsen af Guds Forjættelse. Og saa salig, som et skrøbeligt, dødeligt Menneske kan føle sig paa Jorden, maatte nødvendig Herrens Moder være, da Morgenrøden fra det Høie hvilede i hendes Skiød, han som skulde være Israels Glands og alle Hedningers Lys, skulde som Herrernes Herre og Kongernes Konge beklæde sin Faders Throne evindelig. – En større Glæde paa Jorden lader sig ei tænke, og hvilende paa evig Sandhed, hvorledes skulde den igrunden kunne borttages? Og naar vi derfor læse om alt, hvad der enten udtrykkelig siges, gav Herrens Moder Sorg og Bedrøvelse, ligefra den Nat, da Joseph stod hurtig op, tog hende og Barnet og flygtede for Morder-Engelen, indtil den Nat ved Middagstide, da hun stod under Korset med et Hjertesaar, der ikke blødte mindre, fordi det var skjult for Verdens Øine, naar vi læse om alt Dette, hvor kan vi da noget Øieblik tvivle om, at Glæden, *Marie* følde, enten da Gud ved sin Engel kaldte sin landflygtige Søn fra Ægypten, eller da *Jesus* ved Brylluppet i Cana aabenbarede sin Herlighed, saa hans Disipler troede paa ham, eller endelig hendes seierrige Glæde, da hun saae den Korsfæstede opstanden, saae ham, hun fordum svøbde og lagde i Krybben, fare op over alle Himle til sin Faders Huus, at berede hende og alle hans Troende Plads i de liflige Værelser, – ja, hvem kan tvivle om, at den fuldkomne Glæde, hvormed hun i Guds Time indgik til sin Søns og sin Herres Glæde, at det var igrunden den samme Glæde, hvormed hun annammede Engelens Bebudelse, og hvormed hun omfavnede den Nyfødte, svøbde ham og lagde ham i Krybben, den samme Glæde, kun mangfoldig prøvet, tit fordunklet, men hvergang derved luttret og klaret, eengang vel død og borte, men kun en liden Stund, for at opstaae uforkrænkelig til det evige Liv, altsaa kun de samme Vilkaar underkastet som Alt, hvad der klædes i Støv, som han selv, der havde Herlighed hos Faderen, før Verdens Grundvold blev lagt, da han fornedrede sig, og blev som vi i alle Maader, kun uden Synd!

Og som det nu var med Marias Moderglæde, saaledes er det nu og alle Dage med Herrens Fødselsglæde, med Juleglæden hos de Smaa og hos de Store, naar de kun bevare Troen og ei falde fra i Fristelsens Tid, altsaa, efter Herrens Oplysning, naar Jorden i Hjertet er dyb nok til, at det glade Budskab, som en himmelsk Sæd, kan fæste Rod deri. Ja, da skal al Sorg og Mismod, der synes at borttage Juleglæden, kun være som Skyer for Solen, og naar de leire sig tættest, som da Solen sortnede over Korset, dog snart give Plads for den fuldkomne Glæde, for Paaske-Glæden, der opstaaer af Graven, som den gyldne Soel frembryder giennem den kulsorte Sky og sin Straaleglands udskyder, medens Mulm og Mørke flye. (GVP 133-34)

Atter her er Grundtvig optaget af tanken om, hvordan menighedssalmerne bevarer kirkens levende tradition og genlyder af det kristne folks glæde og tak gennem tiderne, således at forbindelsen knyttes mellem vor menighed nu og hyrderne på marken ved Betlehem. Og han søger her som så ofte at vise, hvordan den glæde, der vækkes, når Guds nærhed og vilje afsløres, ikke ødelægges af sorgerne, der følger efter, men til syvende og sidst kun fordybes, gennemlyses og styrkes ved erfaringerne af mørke og tab.

Han insisterer på, at der findes en fundamental enhed i ethvert menneskelivs vækst, ganske som der er det i kirkens og i hele menneskehedens historie. Den glæde, som Maria føler ved sin søns opstandelse, er den samme som den, hun følte ved hans undfangelse. Den lange, og i en vis forstand klodsede, sætning, han udtrykker denne tanke med i prædikenen, kan i sig selv ses som en måde at statuere påstanden om den underliggende enhed af mange forskellige omstændigheder på. Det er hans hensigt, at form og indhold skal følges ad her. Glæden er noget evigt, en gave fra himlen; men den skal nødvendigvis prøves og udfyldes gennem tiden og de møder med sorg og tab, tiden bringer. Kun i den fuldkomne enhed af guddommeligt og menneskeligt, som er nærværende og virksom i Jesus Kristus, kan vort liv nå sin fuldbyrdelse. For Grundtvig var dette ikke nogen intellektuel spekulation, men en levende overbevisning, grundet i hans egen vanskelige og undertiden belastende erfaring af lys og mørke, glæde og sorg.

Det er ofte blevet sagt, at Grundtvig, psykologisk sagt, led af en tendens til maniodepressivitet. Hans prædikener – men også hans liv – viser, at han havde anseligt held med at holde sammen på sin konfliktfyldte natur. Således viste det i manges øjne endegyldige sammenbrud på Palmesøndag 1867 sig blot at være en episode. Som vi har set, blev efter blot et par måneders forløb de modstridende kræfter, som ved den lejlighed havde raset i ham, forsonet som ved en mærkeligt lægende indre kraft.

Fjortende kapitel

Bebudelsen

Vi har set, at forkastelsen af et rent abstrakt syn på menneskenaturen var et tilbagevendende tema i Grundtvigs forkyndelse. Det er et af de punkter, hvor han er mest på kant med Oplysningstidens ånd. Han anerkender selvsagt, at der er en enhed i menneskeslægten. Men det, han eftersporer, er indbyrdes uforvekslelige mennesker af kød og blod: *den* mand, *den* kvinde under *den* og *den* tids omstændigheder. Deraf kommer hans undertiden noget forlegenhedsskabende insisteren på national identitet. Mennesker lever og udvikler sig i bestemte historisk formede fællesskaber med deres eget særlige sprog som det redskab, hvormed deres identitetsfølelse og deres fortidserindring formidles. For ham er sproget en afgørende del af det, som udgør vor menneskelighed; for det er kun som samfundsmennesker, i indbyrdes relationer, vi overhovedet kan eksistere som menneskelige væsener. Sproglige forskelle viser derfor hen til permanente forskelle mellem folk og kulturer.

Men det, som gælder nationale forskelle, gælder i endnu dybere forstand forskellen mellem mænd og kvinder. I en grad, som ikke er sædvanlig i traditionel teologi, ser Grundtvig menneskeligheden som noget, der tager konkret skikkelse enten som mand eller som kvinde. For ham står det fast, ikke bare, at mand og kvinde har hver sit kald i livet, men også, at de har forskellige måder at forholde sig til Gud på. Som vi skal se, viser han sig ofte tilbøjelig til at mene, at kvinder har et mere direkte gudsforhold end mænd. Naturligvis hører Grundtvigs holdning hjemme i hans egen tid. Selv om der er nogle sider af den, som kan appellere til nutidig feminisme, er der andre, som vil forekomme mindre acceptable. Men det er hævet over diskussion, at han tilskrev spørgsmålet om mænd og kvinder og deres indbyrdes forhold en betydning, som var helt usædvanlig i samtidens teologi. Det førte ham ind på områder, som sjældent udforskedes af teologerne, og det har måske stadig noget at sige os i dag trods alle forskelle i synsvinkler.

Grundtvig var dybt præget af det samfund, han levede i, og af sit eget højst personlige gemyt. Når han finder det naturligt at forbinde kvinden med hjertet frem for med hovedet, må det huskes, at han levede i en verden, hvor det var praktisk talt umuligt for en kvinde at være professionel videnskabsdyrker eller skribent. De vesteuropæiske universiteter havde aldrig været åbne for kvinder, og de snævre muligheder for et liv i lærdom, som ordensvæsenet havde frembudt, blev der lukket af for ved Reformationen. Det var ikke tilfældigt, at Grundtvig i sine senere år blev fortaler for kvinders uddannelse. Næsten fra første færd var folkehøjskolerne åbne for unge kvinder såvel som for mænd.

Hvad hans personlige karakter angår, er det klart, at han hele sit liv igennem var stærkt tiltrukket af kvinder. Hans kønsdrift og følelsesliv var stærke, og han fandt en stadig inspiration i kvindelig skønhed. Men hvad mere er: han synes at have stået i unormalt stærk forbindelse med den kvindelige side af sin egen natur. Denne kombination af mandlige og kvindelige elementer i ham selv var måske en af årsagerne til hans forbavsende produktivitet. Sammensmeltningen af mandligt og kvindeligt i ham viste sig frugtbar.

Vor betragtning af dette emne i Grundtvigs prædikener og salmer vil bevæge sig fra det almene til det specielle. Jeg ser først på hans diskussion af forholdet mellem mandligt og kvindeligt i menneskeheden og skabningen som helhed, og til sidst på hans holdning til den kvinde, som stod Jesus nærmest, ved hans død såvel som i hans fødestund.

I

Den danske kirkes bebudelsesfejring på den søndag, der ligger nærmest ved 25. marts, gav Grundtvig en årligt tilbagevendende lejlighed til at befatte sig med disse temaer. I 1836 begynder han med en sammenfatning af den Apostolske Trosbekendelse, og fortsætter så:

Dette, mine Venner! er i en kort Sum Alt hvad vi troe til Salighed, til sand Livsalighed, baade her og hisset, thi det er den Tro, vi Alle døbtes paa til at leve ved Sønnen, som Han lever ved Faderen, ja til, som Apostelen, med Ord, som ikke Mande-Vid, men den Hellig-Aand lærde ham, har forklaret det at leve ikke meer vort eget Liv, men Hans, som er død og opstanden ikke for sig selv, men for os. Dette er det Guds Rigdoms og Vidskabs og Kundskabs Dyb, som Ingen kan udgrunde, uden den Aand, som udgrunder Alt ogsaa Guds Dybheder, ogsaa Guddoms-Dybet, den evige, mageløse *Faderlighed*, der kun har sit levende Billede på Jorden i Moderligheden, som er det menneskelige Rigdoms-Dyb, der ogsaa hører guddommelig Vidskab og Kundskab til at udgrunde, ... (GP 9,156)

Her ved begyndelsen erklærer Grundtvig, at menneskeheden ser sig selv som kvinde og moder over for Skaberen, der åbenbarer sig som Fader. Den opdager også, at ligesom den guddommelige natur i sig selv er uudgrundelig og evig, således er der i vor menneskelighed, skabt i Guds billede, et bundløst dyb. For Grundtvig er det kærligheden, som forener de to og gør dem hinanden lig:

…, fordi den Himmelske Faderlighed og den Jordiske Moderlighed har et fælles Navn, hvori de levende sammensmelte, og Navnet er *Kiærlighed*, det for Mandevid aabenbar uudgrundelige Hjerte-Dyb, som hos os er sig selv en Gaade, der vel kan forklare os alt Andet men er selv uforklarlig. Derfor var det Herren priiste de Umyndige lykkelige, hvem Faderen aabenbarede hvad Han skjulde for de Lærde og Kloge, Rigdoms-Dybet nemlig, som Man har mere Gavn af, jo mere uudgrundelig Man finder det, naar Man kun troer paa det og holder sig nær til det paa den Maade, Herren har forordnet; thi det gaaer med Guds Rigdoms-Dyb ligesom med Menneskets, ja, ligesom med al Rigdom, at det er netop Dyden derved at Man aldrig i Tidens Løb kommer til Bunden deraf, aldrig udtømmer Skat-Kamret. (GP 9,156)

Denne hævdelse af et mysteriøst dyb i menneskenaturen, som afspejler den guddommelige naturs evighed, er typisk grundtvigsk. Ved første blik er det ikke nemt at se, hvad de andre menneskelige rigdomme er, som der henvises til i sidste sætning. Nøglen skal måske søges i Grundtvigs antydning af, at vi skal holde os tæt ved det mysterium, som det er, at Gud henvender sig til de enfoldige og ulærde frem for til de vise og kloge. Menneskelig selvtilstrækkelighed er altid i sidste ende fattig. De, der kender deres egen fattigdom og sårbarhed, opdager, at de er rige i deres åbenhed for Guds handling med dem. Som vi skal se, er det sådan, han forstår Maria. Han betoner hendes lidenhed og ydmyghed og ser samtidig i hende "Menneske-Hjertets forunderlige Dyb saa himmelsk som det kan findes paa den faldne Jord, …" – som det hedder i en bebudelsesprædiken fra det følgende år (GP 10,153).

Grundtvig fortsætter:

Men, kiære Christne Venner! heri ligger og heraf flyder, som et baade himmelsk og jordisk Rigdoms-Dyb, langt, langt mere end Man sædvanlig ændser, saa jeg vilde ret inderlig ønske, jeg kunde lægge alle mine Tilhørere det uforglemmelig paa Hjerte. (GP 9,156)

Ud af denne fornemmelse for det gådefulde dyb i tingene springer der en overvejelse over futiliteten i teologisk kontrovers. Den er ikke umiddelbart typisk for Grundtvig. Som vi har set, indlod han sig tit på stridigheder. Hans medfødte kampgejst, hans undertiden lidt naive tillid til sine egne argumenters tvingende logik kunne nemt lokke ham til kontroverser, som han nok hellere skulle have undgået. Her i prædikenen ser han mysteriet som noget, der må føre os til at vælge ja frem for nej:

Hvad heraf nemlig øiensynlig følger, at naar Man har christelig Tro og ret Forstand, da befatter Man sig aldrig med paa egen Haand at udgrunde Guds Dybheder, det er saa ligefrem at baade jeg og Ordets ældre Tjenere har gjentaget det meget for tit og indskiærpet det meget for stærk, deels fordi det er unødvendigt og især fordi det nærer den ulyksalige Lyst vi af Naturen har til heller at rive ned paa Andre end opbygge os selv og hinanden, et Uvæsen der har naaet sin høieste Spidse, naar vi endog søge og sætte vor Opbyggelse i Andres Nedrivelse, som om vi kunde faae os et Huus paa Klippen ved at laste og spotte dem der bygge paa Sand, eller som om vi kunde blive rige, ved at skamme Tyvene ud. (sst.)

I denne prædiken taler Grundtvig om Gud som Fader og Jorden med menneskeheden som moder; men det er tydeligt, at han ikke ønsker, at vi skal strabadsere disse betegnelser. Hans insisteren på det bundløse dyb i menneskenaturen såvel som i Gud indebærer en advarsel mod en overdrevent spekulativ udarbejdelse af temaet. Det tilkommer ikke os at lodde dybderne med vores selvsikre teologi. Der lyder måske et ekko her af en ældre luthersk tilbageholdenhed vedrørende læren om Guds forudbestemmelse, og en nyere tids uvilje mod højtflyvende hegelsk dialektik. Én ting, som i hvert fald synes at være på færde i teksten, er ønsket om at se menneskehedens og hele skabningens rolle som den at svare på Guds handling. Guds hjerte kalder på verdens hjerte, og det er et kald til gensvarende kærlighed.

II

Dette tema kommer til stærkt udtryk i en lang salme i femte bind af Sangværket (s. 337-40). Her spiller mand-kvinde-temaet en sekundær rolle, eftersom det primære billede er: ordet og dets genklang. Men det er ikke helt fraværende. Ordets fødsel i kødet kræver en moder såvel som en fader, og menneskehedens svar er derfor nødvendigvis et moderligt svar:

I Begyndelsen var Ordet
Var guddommeligt hos Gud
Gik med Aandens Kraft omgjordet
I Guds Røst fra Hjertet ud,
Skabde alt med Guddoms-Evne
I det Høie paa det Jævne
Skabde Lys og Liv forvist
Gienlyds-Ordet allersidst
I sit eget Billed!

I Begyndelsen var Ordet,
Gienlyds-Ordet i vort Bryst,
Ei begravet, men dog jordet,
Himmelfødt med jordisk Røst,
Mægtede kun alt at nævne,
Havde ingen Skaber-Evne
Kunde dog med ydmyg Bøn
Hos Guds-Ordet hos Guds Søn
Lys og Liv sig laane!

I skabelsen udgår Ordet fra Guds hjerte. Som altid hos Grundtvig er det Faderen, der først og fremmest tænkes som kærlighed. Fra Guds hjerte går Ordet ud, i Åndens kraft. Alle ting skabes af Ordet ved Ånden, og det gælder til syvende og sidst også menneskehjertets svar, dets genklangsord – "himmelfødt med jordisk Røst". Dette ords skabende evne er ikke ubegrænset. Det kan give tingene navn, men det kan ikke skabe dem af intet. Dets eget liv beror på dets forhold til Gud, dets bedende afhængighed af Sønnen. I tredje vers ser vi, at det svarende ord mister sin skabende kraft, når dette afhængighedsforhold brydes. Det reduceres til et suk, et kvindeligt suk. Det er Evas tårer, der hentydes til her: tårer, som først blev tørret ved Kristi opstandelse. Ikke desto mindre: Så længe blot en svag erindring om Guds røst i paradiset bevares, er ikke al retningssans gået tabt. Og som vi ser i fjerde vers, fører det inkarnerede Ords komme til, at nye skabende kræfter lægges på støvtungen. Ved bebudelsen svarer Maria med sit frie og lydige "Det ske" på ordet, som Gud taler til hende. Ved Jesu liv og forkyndelse, hans død og opstandelse, bringes lys og liv tilbage til dødens og mørkets verden:

I Vildfarelse afskares
Gienlyds-Ordet fra sin Rod
Yttred kun hvad aabenbares
Kan igiennem Kiød og Blod
Blev en Bold for alle Vinde
Hvor ei til et dunkelt Minde
Om Guds Røst i Paradis
Med et Suk paa Kvinde-Viis
Fattigt det sig fæsted.

Men Guds Ord i Tidens Fylde
Selv blev Kiød og Blod paa Jord
Lod sig af Guds Engle hylde
Svøbt i Støvets Gienlyds-Ord
Lagde Skabe-Kræfter unge,
Underlig paa Støvets Tunge,
Saa med dem det gamle 'Bliv!'
Tændte Lys og aanded Liv
Midt i Død og Mørke.

Da oprandt for Ordets Gaade
Som kun løse kan Guds Aand
Nytaars-Tiden af Guds Naade,
Da i Kiærlighedens Baand
Guddoms-Ordet fra det Høie
Ydmyg sig vil sammenføie
I et Himmerig paa Jord
Med det matte Gienlyds-Ord
Paa Jordklimpens Tunge!

I de afsluttende vers taler Grundtvig om, hvordan Pinsen betyder, at Guds Ord går frem igen, nu med Åndens kraft i dens fylde. I kirken og dens sakramenter virker Ånden og Ordet altid sammen. Sønnen og Ånden kommer og tager bolig i den genløste menneskeheds hjerte. Men kirkens historie er ikke entydig. Mørke følger på lys. Ordet sættes i fængsel og kvæles næsten i jord, men til sidst sættes det fri ved Guds gave. I de sidste vers ser Grundtvig fornyelse af kirkens liv som noget, der begynder med hans egen tjeneste og bevæger sig fremad mod sin fuldbyrdelse i Guds rige. Men kun når ordet modtages og høres ved fonten og alteret, og kun når det bevares i hjertet, vil det blive klart, at Gud har taget bolig på jorden.

I denne salme finder vi en hel teologi om kaldet til menneskeheden om at blive Guds medskaber i afhængighed af ham. Den evne til svar, som mænd og kvinder har modtaget ved skabelsen, fornyes og forøges ved inkarnationen. Nye skabende kræfter lægges på støvets tunge. Blandt dem er de fantasiens kræfter, som Grundtvig betragtede som afspejlinger af Skaberens Ord. Her får de nye evner, så at menneskeheden kan synge Herren en ny sang.

III

Det er ikke blot på Bebudelsessøndagen, Grundtvig udvikler sine tanker om kvindens særlige rolle i frelsesplanen. Han griber lejligheden til at tage temaet op, når en kvinde optræder i søndagsevangeliet. Nogle af hans stærkeste prædikener blev holdt år efter år på sekstende søndag efter Trinitatis, hvor teksten var den om opvækkelsen af enkens søn i Nain. Han elsker at dvæle ved de ord, Jesus taler dér: "Græd ikke!". Det er kraftige ord, som gælder os, her og nu. En anden årligt tilbagevendende lejlighed er anden søndag i fasten, hvor evangeliet er fortællingen om den kanaanæiske kvinde, der kommer og beder om helbredelse af sin datter, og hvor Jesus siger til hende: "Kvinde, din tro er stor". Også det er et ord, han udlægger med glæde. For ham er troen frem for alt Guds gave til kvinderne. Og hvis tro og kærlighed hører hjertet til, og hvis hjertet er, hvad der særlig kendetegner kvinden, hvad bliver der så tilbage til mændene? På denne søndag i 1837 siger han:

Betænke vi nemlig, hvad Aanden vidner, at *Tro, Haab* og *Kiærlighed* er de tre Ting, som indslutte alt ægte Christeligt i sig, da vil det snart slaae os, at de to Tredie-Dele af Christendommen, nemlig *Tro og Kiærlighed*, er kvindelige, og at da nu igien Tro er det Første og Kiærlighed det Ypperste, saa bliver *Haabet*, som er det Mandlige der midt imellem, nødvendig en tom, aandelig død og magtesløs Indbildning, naar det Kvindelige fattes, medens det Kvindelige, som er *Tro og Kiærlighed*, uden nogen Mands Hjelp, vil undfange og føde et levende Haab, ligesom Jomfru Marie undfangede og fødte Ham, der vil være Herlighedens Haab i os alle. Dette Christne Venner! er den dybe Grund hvorfor Christi Menighed paa Jorden kaldes *"Bruden"* og Kirken vor Moder, thi som Tro staaer Kvindeligheden i et moderligt Forhold til os, og som Kiærlighed staaer den i et ægteskabeligt Forhold til Herren, hvad vel som Apostelen Paulus minder os om, er en stor Hemmelighed, og Erfaring lærer kan paa det Skammeligste fordreies og misbruges, men vedbliver derfor ligefuldt at være en guddommelig Sandhed hvoraf vort Christelige Liv udspringer og hvorved det næres og voxer. (GP 10,137-38)

Sandheden er – gør Grundtvig her gældende – at alle kristne, mænd såvel som kvinder, har brug for at vokse i tro, håb og kærlighed, for at finde måder, hvorpå deres indre evne til at genfødes og selv at føde kan fornyes. Alle skal opdage, hvad det betyder at føde, og eftersom alle er medlemmer af den kirke, som er Kristi brud, skal alle have del i de dyder og holdninger, som er kvinders særlige kendetegn. Vi møder her en synsmåde, som er ganske forskellig fra den, der har domineret kristendomshistorien igennem, hvor kvinderne er blevet stiltiende indlemmet i en religion, der tænker og taler i næsten udelukkende mandlige kategorier, og hvor den del af traditionen, som ser anderledes på tingene, er blevet næsten helt glemt. Her hos Grundtvig skal mænd tilegne sig kvindelige egenskaber. Disse hjertets egenskaber: tro, kærlighed, ydmyghed, er nødvendige for mænds såvel som for kvinders vækst som mennesker og som kristne. Men det er egenskaber, som normalt foragtes i en civilisation som det 19. århundredes, stolt som den er af kvaliteter, som den anser for primært maskuline: fornuft og selvhævdelse. Som Grundtvig allerede havde sagt tidligere i prædikenen:

Vi trænge Allesammen høilig til at mindes herom, fordi vi efter det naturlige Menneske leve i Forstands-Tiden, da Man idelig fristes til at ringeagte Hjertets dybeste og bedste Følelser, deels fordi de er *dunkle* og endnu meer fordi de er *ydmygende*, som Kvindens i Evangeliet, da hun sagde: smaa Hunde æde dog af de Smuler, som falde fra deres Herrers Bord! Ja Selv-Klogskab og Storagtighed er nuomstunder de herskende Laster i Verden, saa Alt hvad der naturlig skal finde Naade for vor Øine maa synes os soleklart og stille vor egen dyrebare Person i et gunstigt Lys, ... (GP 10,137)

Kvinders måder at se verden på er "dunkle" og "ydmygende". De taler til menneskenaturens skjulte, ubevidste side. De står i forbindelse med jorden og kroppen, med det, der ser småt og ubetydeligt ud; med den dunkle, men livgivende side af tingene, som Grundtvig talte om til Jul. Ud af de lave og skjulte ting kan komme en sandere oplevelse af lys og liv, for Gud glæder sig ved at åbenbare sig for de enfoldige og ulærde.

Mere centrale end disse almene overvejelser over forholdet mellem kvinder og mænd – og måske mere umiddelbart betydningsfulde i hans teologiske arbejde – er de emner, som rejser sig direkte af det Nye Testamentes tekst. Grundtvig er fængslet af kvindernes rolle i evangeliefortællingerne. I den bemærkelsesværdige passage, der afslutter hans fasteprædiken i 1837 siger han:

Lade vi nu fremdeles Øiet følge Herren paa Hans mageløse Præste-Bane, da finde vi ikke blot bestandig Kvinder i Hans Selskab, men vi finde det udtrykkelig bemærket, at det var Kvinder fra Galilæa, som tjende Ham med deres Gods, sørgede for Hans Nødtørft, som de fleste Mænd selv blandt Hans bedste Tilhørere sikkert sjelden eller aldrig tænkde paa, fordi de fattedes Kvindens Kiærlighed. – Spørge vi atter hvem der var Hans allerbedste Tilhører, da maatte vi vel tænke, det var den Discipel, Herren elskede, men dog var det kun en Tilhørerinde, Marthas og Lazari Syster Marie, som vi læse om, at hun sad ved Hans Fødder og vogtede paa Hans Læber og havde efter Hans eget Vidnesbyrd, valgt den gode Deel, som hun aldrig skulde miste. – Gaae vi et Skridt videre, til Korset og til Graven, da finde vi ikke blot under Korset Herrens Moder ved Siden af Discipelen, Han elskede, men med den ene Mand et heelt Selskab Galilæiske Kvinder, som ikke blot blev hos ham, til de saae ham opgive Aanden og hans Legeme lagt i Graven, men blev ved at tænke paa Ham alene, saa skiøndt de vidste, han var salvet af Joseph og Nikodemus, saa hindrede dog kun Sabbaten dem fra, ogsaa strax at give ham deres Salve med i Graven, og Søndag Morgen mens det endnu var mørkt, ilede de hen at bevise ham den sidste Ære, ja En af dem, Marie Magdalene, kunde ei engang slaae sig til Ro ved Engle-Sangen: Han er opstanden, men salvde den tomme Grav med sine Taarer, da Hun ikke fandt Hans Legeme. – Derfor saae ogsaa Kvinderne Engle ved Graven, hvor selv Peder og Johannes kun saa Jordetøi og Marie Magdalene var den Første som saae den Opstandne, saa ligesom Herren fødtes af en Kvinde, saaledes fødte ogsaa Kvinde-Læber det store Evangelium om den Korsfæstede igien Opstandne, medens Apostlerne endnu tvivlede – leve de troende Kvinder! Amen! i Jesu Navn Amen! (GP 10,140)

IV

At fastetiden i 1837 var en tid, hvor Grundtvigs tanker ofte beskæftigede sig med spørgsmålet om kvindernes plads i evangeliefortællingerne, og især opstandelsesteksterne, kan ikke være uden forbindelse med, at han på den tid var i færd med at oversætte byzantinske liturgiske hymner. Blandt dem fandt han adskillige tekster med lovprisning af de kvinder, som kom til graven med salver på Påskemorgen. Men han var samtidig optaget af spørgsmålet om Marias rolle i frelseshistorien; og bebudelsesprædikenen fra det år rummer en af hans bedste refleksioner over det emne.

Så vidt jeg ved, skriver Grundtvig mere om Maria og hendes plads i tro og liv end nogen anden protestant i det 19. århundrede. Han finder det selvsagt nødvendigt at distancere sig skarpt fra Rom, hvad dette tema angår. Han levede på en tid, hvor kristne stadig fandt det nødvendigt at gøre deres egen stilling klar gennem stærke undsigelser af andre traditioner. Det var en æressag for protestanter at hævde, at det romerske syn på Maria var en grov vildfarelse. Havde Rom ikke gjort hende til en gudinde? Var dyrkelsen af hende andet end afguderi? Der var, synes det, nogen sandhed i denne påstand; men dermed er ikke sagt, at Mariakultens overdrivelser nogensinde helt havde overskygget det væsentlige.

Selv om dette er et felt, hvor kristne af forskellige traditioner stadig ligger i strid med hinanden, er det næppe sandsynligt, at anklager som de nævnte vil blive rejst i dag, eller i hvert fald ikke af folk, som har ulejliget sig med at undersøge sagen. Men vor situation er også helt forskellig fra den, der herskede for 150 år siden. Det er vigtigt at huske på, at det indtil den første del af det 20. århundrede var sjældent, at katolske og protestantiske europæiske teologer overhovedet mødte hinanden, endsige satte sig ned til en fredelig drøftelse af deres mellemværender. Det er blevet anderledes siden. Efter at sådanne møder er kommet i stand, har mange deltagere opdaget, at forskellene var mindre absolutte og endegyldige end de havde troet.

Jeg anfører dette, fordi jeg ikke finder grund til at dvæle ved Grundtvigs undertiden noget rutinemæssige undsigelser af Rom. Han havde sandsynligvis aldrig mødt en romersk-katolsk teolog og havde i hvert fald aldrig haft lejlighed til at tale med en, der tilnærmelsesvis var hans ligemand. Hvorom alting er: Det står fast, at der på dette punkt er forskelle i teologisk vægtlægning mellem ham og Rom såvel som mellem Ortodoksien og ham; men om de er dybtgående nok til at berøre hovedsagen i den apostolske tro, som han forstod den, er et andet spørgsmål.

Grundtvig tager sin tekst fra englen Gabriels hilsen til Maria: "Hil være dig, du Benådede! Herren være med dig, du Velsignede blandt Kvinderne!"; og prædikenen begynder således:

Christne Venner! naar vi troe, at en Guds Engel, at Gabriel, som staaer evindelig for Guds Aasyn, virkelig har bragt denne Hilsen fra Himmel-Thronen til en

Jomfru paa Jorden, da maatte vi jo prise hende lyksalig, om vi end ikke vidste, hvad Følgen blev af den Høiestes udmærkede Yndest, thi Livet, det evige Liv er jo i Hans Velbehagelighed og der er megen Glæde for Hans Ansigt, saa der kan intet Menneske være født paa Jorden, hvis evige Glæde og Salighed skulde være os vissere, end den Jomfrues, hvem Han der ei vil smigre og ei kan lyve, kalder den Velsignede. (GP 10,151-52)

Som vi har set, er Guds nærvær hos os noget aldeles afgørende for Grundtvig i liv såvel som lære. Men han er alt for god en teolog til at glemme, at Gud ikke blot er tilgængelig, men også transcendent. Således minder han her, hvor han skal til at fejre himlens og jordens forening, stilfærdigt om den afstand, der adskiller de to riger. Englen, der bringer budskabet, står for Guds åsyn i himlen, dér, hvor glædens fylde er.

Men naturligvis er englens hilsen kun en begyndelse. Sagens kerne ligger i det følgende:

Men naar vi nu tillige troe, at den Hellig-Aand kom over og den Høiestes Kraft overskyggede saaledes denne Jomfru af Davids Huus, at hun virkelig blev Moder til Verdens Frelser, Guds eenbaarne Søn, Kongen af Davids Huus evindelig, da er det jo dog soleklart, at alle christne Slægter, maa, som det lyder i hendes Lovsang, prise hende salig, da det slet ikke lader sig tænke, at Man troende og taknemmelig kan dvæle ved Ihukommelsen af Guds Søn, født af en Kvinde, uden med stor Forundring at prise det Liv, der bar Ham og de Bryster, Han diede lykkelige, og dette er saameget vissere, som Ingen af os kan mindes sin Daabs Pagt og den fælles Christne Tro, uden at Jomfru *Marie* strax staaer for os som den der fødte Guds eenbaarne Søn til Verden, thi vi bekiende jo Alle Tro paa den Jesus Christus, Gud-Faders eenbaarne Søn, som er født af *Jomfru Marie*. (GP 10,152)

Som så ofte i begyndelsen af sine prædikener vælger Grundtvig her sine ord med særlig omhu og præcision. Det teologiske grundlag for Mariafromheden i østlig såvel som vestlig kristendom kunne næppe formuleres på mere balanceret vis end det sker her. Det er, siger Grundtvig, umuligt at grunde over inkarnationens mysterium med tro og tak uden at lovprise den unge kvindes tro og tapperhed, som fødte den menneskesøn, som er Guds Søn. Ja, når han siger, at "der kan intet Menneske være født paa Jorden, hvis evige Salighed skulde være os vissere", må man spørge, om han ikke har ramt det punkt, hvorfra de to mest omstridte katolske Mariadogmer er vokset frem: det om Marias "ubesmittede undfangelse" og det om hendes "optagelse til himlen". Jeg drømmer ikke om at antyde, at Grundtvig tænkte sig disse konsekvenser da han holdt sin prædiken, men det synes i det mindste at være muligt at betragte dem som – i en vis forstand – implicit tilstedeværende.

Hvis Marias rolle er så vigtig, fortsætter han, skulle man tro, at de førreformatoriske overdrivelser var at foretrække for den protestantiske nutids tavshed om emnet. Men det vil han ikke gå med til, thi det

> … har Erfaring lært, at der i de sidste Aarhundreder dog uden Sammenligning var langt mere sand og levende Christendom, hvor Man var nær ved aldeles at glemme Herrens Moder, end hvor Man blev ved at forgude hende, … (sst. 152)

Og det er, siger han, hvad Rom har gjort, og intet ville have forfærdet jomfru Maria mere end det,

> …, da hvad der gjorde hende behagelig for Gud, netop var hendes Tro og Haab paa Ham alene og den dybe, ydmyge Følelse af sin egen Ringhed, ja, sit eget Intet ved Siden ad den Høieste. (GP 10,153)

Essensen af den romerske vildfarelse, som han ser den, ligger i at isolere Maria fra hendes medmennesker og hæve hende alene op til noget, der ligner guddommelig status. Skal vi forstå Mariamysteriet ret, skal vi ikke blot tage hensyn til det, som adskiller hende fra andre mennesker, men også det, der forener hende med dem, nemlig "Menneske-Hjertets forunderlige Dyb saa himmelsk som det kan findes paa den faldne Jord". I sin evne til kærlighed står Maria solidarisk med hele skabningen og afslører dens sande muligheder. På et andet sted taler Grundtvig om Maria som hjertets dronning, og sammenligner hende med Abraham, troens fader, og med Johannes Døberen, håbets helt. Det er indlysende ud fra sammenhængen, at titlen er alt andet end sentimentalt ment. Den skal forstås teologisk. Det er fra "hjertet", menneskehedens svar på Guds hjertes handling kommer: et kærlighedens svar på et kærlighedens initiativ.

> …, saa hvad der gjorde Jomfru Marie behagelig for Gud og gjorde det mueligt at hun kunde blive Moder til den Høiestes Søn, var ene og alene det skjulte Hjerte-Menneske, som den Hellig-Aand vidner, findes hos alle fromme, troende Kvinder og er saare dyrebart for Gud! Dette giør vist nok ikke den store Gudfrygtigheds Hemmelighed, at Gud er aabenbaret i Kiød og Guds eenbaarne Søn født af en Kvinde, begribelig for os, men det lærer os, at deri ikke stikker nogen

unaturlig Hemmelighed, men at det har sin Grund i hele den dybe, hemmelige Forbindelse, der nødvendig maa være mellem Skaberen og Skabningen i Hans Billede og efter Hans Lignelse, en Forbindelse, det er soleklart, vi selv maatte være Gud, for at begribe –. (GP 10,153-54)

Når vi forstår, hvad Maria har tilfælles med alle andre medlemmer af den menneskelige familie og ikke ser hende i isolation, men som en, der er identificeret med menneskehedens håb og længsler, og især hendes eget folks tro og forventning, bliver vi i stand til at se hendes plads i kristent liv og bøn i dag. Det, at vi ser hende som en af os, betyder ikke, at vi glemmer, hvad der er særligt og enestående ved hende. Det sætter os i stand til at forstå, at hun havde Guds velbehag "fordi hun havde det ydmygeste, gudeligste, frommeste og kiærligste Kvinde-Hjerte, der har banket paa Jorden". Det lærer os, siger Grundtvig, at værdsætte alt, hvad der er himmelsk ved Maria uden at forfalde til afgudsdyrkelse. Frem for alt betyder det, at vi kan

... lære langt bedre at kiende og følge Guds Vei paa Jorden og Hans Saliggiørelses Orden blandt alle Folk; lære igien at skatte Hjertet og især det fromme Kvinde-Hjerte efter sit Værd, hvorved det ene bliver muehgt, at Christus ret kan faae sin Skikkelse hos os; thi uagtet Han vil være med os alle Dage og vil gienfødes i hver Troende, som døbes, saa vil det dog altid kun være i samme Grad, som vore Mødre og den hele Menighed har Hjerte tilfælles med *Jomfru Marie*, hvad kun er det Samme, som naar vi med tørre Ord sige, at det christelige Haab, Guds Herligheds Haab, som er Christus i os, vil altid findes dødt eller levende, svagere eller stærkere, eftersom vor Tro er mere eller mindre hjertelig og barnlig, ydmyg og kiærlig –. (sst. 154)

Det kunne vanskeligt gøres mere klart, end det sker her, hvorfor mennesker i de kirker, hvor Maria elskes og æres udtrykkeligt, ikke føler, at dette er en slags tilgift til deres religion, noget, de kan tage eller lade ligge. De ser det snarere som noget, der på mysteriøs måde berører deres tros inderste mening. Hvis Kristus skal fødes i os, hvis han skal leve i os, må vi i en eller anden forstand blive som Maria. Hvad enten vi er mænd eller kvinder, skal vi fejre de egenskaber, vi ser i hende, og opdage vore egne, hidtil uanede, muligheder for selv at give liv.

Det lyder traditionelt, ja katolsk, når noget sådant siges. Det er Grundtvig selv klar over. Han indrømmer, at når han siger

…, at vi aldrig levende kan udtrykke det Hjertelag, der maa herske i Christi Menighed, for at Han aandelig kan fødes og voxe der, end ved at sige, Kirken maa være en *Jomfru Marie*, …" (sst.)

så synes det at retfærdiggøre det romerske syn på sagen. Men han hævder, at sådan forholder det sig ikke, og at forsøgene på at bruge Irenæus og de apostolske fædre til forsvar for den romerske position er frugtesløse.

Han insisterer længere henne i prædikenen på, at protestanter ikke altid har forholdt sig så negativt som de gør i det 19. århundrede. Han mener at måtte skelne mellem en tidlig og en sen periode i de efterreformatoriske århundreder, og han foretrækker tydeligvis den tidligere:

Men, kunde Man med Føie spørge, hvis det virkelig er saa, at Jomfru Marie, som Herrens Moder, maa idelig velsignes og prises salig i Herrens Menighed, og denne Menighed maa i hende see Mønsteret, den maa ligne, for at kunne efterligne Gud og hendes Søn, hvorledes kunde da vore Lutherske Fædre, der hverken fattedes Ydmyghed, Tro eller Kiærlighed, være blinde derfor – Dertil er imidlertid Svaret simpelt: de var heller ingenlunde blinde og endnu mindre ufølsomme derfor, som vi see af den Lutherske Psalme: *Marie* hun er en *Jomfru* reen og især hos os af mange Psalmer, endnu saa seent som *Thomas Kingo*, hvis Psalme paa Bebudelses-Dagen: Nu kom her Bud fra Engle-Chor ene vilde være Nok til at vise, hvor fortrolige, *vore* Lutherske Fædre var med den Følelse, at Jomfru Marie blev Herrens Moder ved det samme Hjerte-Lag, som ogsaa maa findes hos os, naar Herren skal aandelig fødes og voxe iblandt os –. (GP 10,155)

De sidste to vers i den Kingosalme, der hentydes til, lyder:

O søde Jesu, lad din Aand
Mig Kraftig overskygge,
Bereed mit hierte ved din Haand,
At du der i kand bygge,
At jeg kan ogsaa Aandelig
Undfange dig,
Og aldrig fra dig rygge

Saa skal din Himmel i mig her
Ved din Aands Kraft begynde,
Mit hierte, Siæl og ald begier
Sig op til Gud skal skynde,
Indtil jeg blifver Engle-liig
I Himmerrig,
Og aldrig meer skal Synde.[85]

Årsagen til, at denne forståelse er svundet, søger Grundtvig i det 18. århundredes rationalisme. I den følgende paragraf møder vi et typisk signalement af de ting, han bestandig reagerer imod i Oplysningstidens teologi:

– Jomfru Marie forsvandt da kun af Prædiken og Psalmer hos os, med det Samme og af samme Grund, som al Tale om Kirken som et levende Samfund, om Menigheden som Zions Daatter og Christi Brud, om Herren, som vor Broder, om os som Lemmer paa Hans Legeme forsvandt, altsaa kun i samme Grad og af samme Grund som den levende Tale om Christus i os og den Hellig-Aand med os forstummede og uddøde, nemlig i samme Grad som den barnlige og hjertelige Tro paa Guds Ord forgik, og deraf følger nødvendig, at i samme Grad, som denne Tro igien lever op og voxer hos os, i samme Grad maa ogsaa vor Tale og Sang udtrykke de Gamle Christnes Tanke-Gang og Følelse, og vi kan da umuelig blive staaende ved Reformationen, som jo ingenlunde er Troens Fødsel eller Kirkens Skabelse, men kun det første Skridt efter Aarhundreders Vildfarelser paa Hjemveien til den Apostoliske Kirke, hvor den Hellig-Aand i Sandhed er Præsten og Jesus Christus Hyrden og Biskoppen, ikke langt borte, men Alle nær, som Ham paakalde, Herren i hvem vi christelig leve, røres og ere –. (GP 10,155-56)

I denne prædiken har Grundtvig givet stærkt og klart udtryk for den tro, at hvis Kristus skal leve i os, må han fødes og vokse i os; og hvis det skal ske, må vort hjerte blive et elskende og troende hjerte. Det vil sige, at vort inderste væsen, det, der kendetegner os som mennesker og som personer, må være åbent for det guddommeliges komme og villigt til at lade sig forvandle derved. Det er en forvandling, vi ikke kan sætte nogen grænse for. Men samtidig betyder dette, at vi erkender vor lidenhed, og især at vi erkender, hvor lidt selv de klogeste iblandt os véd om mysterierne i os og i verden omkring os, for ikke at tale om dem, der hører den hinsidige verden til. Det involverer en vilje til at forbavses og til at vokse og lære livet igennem. Tankegangen indebærer, at evnen til vækst og forandring er noget grundlæggende i livet som person. I den menneskelige person er der en evne til at gå ud over sig selv; og i den ligger nøglen til at forstå, hvad et menneske er.

Den tro på Kristi fødsel i menneskets hjerte eller sjæl, som er underforstået i Paulus' breve og klart udtrykt i Origenes' skrifter, har haft en lang historie i kristen religiøsitet. Det lå Grundtvig på sinde at genoplive og forny denne overbevisning om det menneskeliges og det guddommeliges indbyrdes gennemtrængning og vekselvirkning, og om jordisk menneskelivs uanede muligheder. Han længtes efter at gøre disse ting virkelige for almindelige medlemmer af hans menighed i København. Som Eckhart i det 14. århundredes Rhinland veg han ikke tilbage fra at konfrontere menigheden med den kristne læres inderste hemmeligheder. Vi kan vel slutte, at for ham var denne forkyndelse ikke bare noget abstrakt. Han selv synes at have haft en bemærkelsesværdig evne til at fortsætte med at vokse indtil sin sidste stund.

V

Men hvis Kristus fødes og lever i os, fødes og lever vi også i ham. Begge bevægelser: han i os og vi i ham, har deres udspring i det Nye Testamentes vidnesbyrd, både i de paulinske og de johannæiske skrifter; og den anden bevægelse er ikke mindre vigtig for Grundtvig end den første. Medens vi i den første kaldes til at virkeliggøre vor lighed med Maria ved selv at føde Kristus i os, så finder vi i den anden vor lighed med Kristus ved at blive født med ham og finde, at vi har samme moder som han.

Denne side af mysteriet udfoldes af Grundtvig i en salme fra samme periode i 1830'erne. Den begynder med en hentydning til Esajasbogens 66. kapitel, i hvilket det hedder, at Sion i ét eneste nu føder et helt folk. Derefter kommer hos profeten en passage, i hvilken overfloden af moderbilleder kan minde os om, at Grundtvig ikke går ubibelsk til værks, når han bruger sådanne billeder til at beskrive Gudshandlingens mysterium. Særlig slående er brugen af barnet, der vugges på moderens knæ. Det billede af moderens skød, som Grundtvig ofte bruger, har ikke noget nøjagtigt sidestykke i Bibelen, men det ligner det, der siges hos Esajas.

Grundtvigsalmen (GSV 1,418-21) begynder sådan:

Alle *Christne* Fødsels-Dag
har med *Christus* sammen,
Derfor i Hans Venne-Lag
Stor er *Julens* Gammen,
Ja, det hele Folke-Færd,
Nyt og Gammelt, fjern og nær,
Fødtes med sin Konge!

Esaias! nu er skeet
Hvad i gamle Dage
Kun Propheter havde seet:
Under uden Mage!
Zion, fik man nu at see,
Fødte uden Fødsels-Vee
Børn som Stjerner mange!

Salmen er en julesalme. Den fejrer Kristi fødsel og repræsenterer en videre udvikling af temaer, vi har lært at kende i det foregående kapitel. Julen er en glædens tid. Nu er endelig menneskehedens fælles bestemmelse fuldbyrdet og menneskeligt fællesskab genoprettet. Denne bestemmelse var blevet forpurret ved syndefaldet, som med alle dets følger havde holdt alle slægtled fangne i frygt og fare, indbyrdes strid og forglemmelse af deres fælles udspring. Kaldet til Maria og hendes svar derpå ses i sammenhæng med hele denne lange trældoms- og ødelæggelseshistorie:

Fordum vel med *Noah* fød
Blev fuldstor en Skare,
Dem dog immer Synd og Død
Holdt i Frygt og Fare,
Og fra *Babels* Dag til nu
Ei sin fælles Byrd ihu
Meer kom Noa-Folket!

Derpå følger et af den slags vers, i hvilke det lykkes Grundtvig at sige rigtig mange ting med jævne og enfoldige ord. Det virker så meget mere bevægende, som det taler ud af et livs erfaring af smerte så vel som glæde. Enhver af os har sin egen fødselsdag, en dag, som fører til skuffelse, nederlag, smerte, og til sidst en ensom død. Men i Julen får vi del i en anden fødsel, en som fører os ud af døden til livet, ud af ensomheden til fællesskab, så vi igen husker på vor fælles arv:

Hver af os sin Fødsels-Dag
Har til Verdens-Møden,
Har til Kamp og Nederlag,
Først og sidst til Døden,
Men til Liv og Fred og Fryd
Jule-Nat med Engle-Lyd
Er vor Fødsels-Time!

De følgende tre vers priser Maria, som i Kristus er vores alles moder. Brugen af tre gammeltestamentlige billeder i vers 7 har en lang historie bag sig i kristen lovprisningstradition. Grundtvig tager dem op og fornyer dem.[86] I vers 8 genkender vi et tema fra 1837-prædikenen. Maria er velsignet frem for alle, ved at hun er den, som troede, den, som hørte Guds ord og bevarede det. Det er i sin tro, hun føder. I den forstand kan det siges, at troen selv er den store moder:

Derfor, efter Herrens Ord,
Som vor Tvilling-Broder,
Fader ei vi har paa Jord,
Men, som Han, *kun Moder,*
Kun Hans Moder, Jomfru skiær,
Underlig Gud-Fader kiær,
Frugtbar af Hans Naade!

Hun er som den lette Sky,
Skiønt til Dugg udsmeltet,
Hun i Ørken er paany
Ark med Himmel-Teltet,
Hun er Tempel-Porten skiøn,
Aaben kun for Davids Søn,
Som er Guds tillige!

Haanlige er *Vantroes* Ord
Om den faure Kvinde,
Overtro deraf paa Jord
Skaber en Gudinde,
Troen bær taalmodig Spot,
Trøster sig ved Naadens Drot,
Er den store Moder!

Ved at blive født af en kvinde, sådan som enhver af os bliver, deler Kristus vor menneskelighed, vor skabningseksistens, vor endelighed. Han har det troende hjerte fælles med os, det, som aldrig fra første begyndelse har ophørt med at slå, trods syndefald og formørkelse. I inkarnationens øjeblik opfyldes alle Israels folks moderlige forventninger. Disse forventninger er i sig selv blot brændpunktet for den rådløse længsel, som har kendetegnet hele menneskeslægten til alle tider. Uden dette spor af guddommelig længsel – underforstår Grundtvig – kunne menneskeslægten næppe have overlevet. Vi ville være gået til af fortvivlelse:

Brat nu klarer sig den Sag,
Som var dunkel længe,
At vor Herre Fødsels-Dag
Har med Blomst i Enge,
Har med os, som Frelser huld,
Moder sin i Støv og Muld,
Evas Kvinde-Hjerte!

Hjerte ømt, som *troer* Gud,
Er fra Skaber-Dage
Konge-Moder, Keiser-Brud,
Dronning uden Mage,
Jomfru skiær i Bethlehem,
Zion og Jerusalem,
Alles vores Moder!

Det er tydeligt, at Grundtvig ikke vil tillade os at se Maria i isolation fra alle andre mødre, og at han vil minde os om, at det er ved troen alene, hun træder ind i sit moderlige kald. Men samtidig taber han ikke det særlige og enestående af syne. Det er ikke abstrakte principper, han priser, men en levende person af kød og blod: en, som gav et uforvekseligt personligt svar på Guds initiativ:

Høiest *Hjertet* slog paa Jord,
Himmelvendt, og blødte,
Da fra Himlen med *Guds Ord*
Gabriel det mødte,
Da undfanged det i Løn
Baade Guds og Davids Søn,
Aandelig trolovet!

I salmens sidste tre vers, som vi ikke gengiver her, er det kirken, der ses som alles moder. Grundtvig ser enhver troende moder i kirken som en repræsentativ person, ved hvem Kristusbarnet fødes igen i ethvert barn, der bæres til dåben og derved indlemmes i Kristus. Men i det sidste vers bliver vi igen påmindet om det enestående såvel som det alment repræsentative i Marias moderskab. Det ømme moderhjerte, hedder det, som er til stede i større eller mindre grad hos enhver, der føder sit barn og bærer det til dåben, er "berømt" på jorden "hardtad" som Maria. Marias rolle er og bliver enestående.

Betragter vi denne salme i sammenhæng med prædikenen af 1837, har vi en fyldig og balanceret redegørelse for Marias plads i frelsesplanen, og for, hvordan vi skal forholde os til hende, som et forbillede, når vi skal lade Kristus fødes i os, og som en moder, når vi skal lade hele vort liv, vor fødsel og vor død, blive optaget i hans. Hele vejen har Grundtvig undgået enhver tendens til at isolere Maria fra hendes søn eller fra Israels folk eller fra hele den menneskelige familie. Hendes rolle ses som den, der svarer med tro, lydighed og kærlighed på Guds foregribende handling. Det betyder, at hun altid ses i forhold til andre og større mysterier end det, hun selv er, og ofte synes hun næsten at forsvinde. Men hendes nærvær og hendes skikkelse er ikke desto mindre konstaterbar; hun er nærværende i sin tavshed, sin trofasthed og sin kærlighed. Der må ligge muligheder her for en fremtidig dialog mellem Rom, de ortodokse og reformationskirkerne.

Charles Moeller, en indflydelsesrig romersk-katolsk teolog, som ikke var ukendt med de tendenser til overdrivelse og proportionsforvrængning, som havde gjort sig gældende i katolsk mariologi, skrev engang i begyndelsen af 1960'erne:

> Alting begynder med Guds initiativ i Jesus Kristus. Men det gælder ikke desto mindre, at uden Maria kunne Ordet ikke blive inkarneret. Guds kærligheds uudgrundelige mysterium respekterer og genskaber sin skabning på en sådan måde, at han, så at sige, behøver Marias 'Det ske' for at inkarnationen kan finde sted.[87]

De ord tror jeg ikke, Grundtvig ville have fundet det påkrævet at protestere imod.

Femtende kapitel

Påske

I

Troen på Jesu Kristi opstandelse fra de døde, hans tilintetgørelse af døden ved sin død, er så central i Grundtvigs liv og tænkning, at det kan være vanskeligt at behandle den som et tema for sig. Dens spor kan findes overalt i hans skrifter. Jeg har valgt at undersøge emnet i lys af tre prædikener fra 1820'erne og 30'erne: påskeprædikener, som kaster et særligt lys over Grundtvigs forståelse af Kristi død og opstandelse og hans vision af den Opstandne som kraftcentret i kirkens liv i tiden.

Den første prædiken, som er taget fra et bind, han offentliggjorde i 1830, er baseret på en, han havde holdt Påskedag 1825. Den afslører de nye indsigter vedrørende dette hovedpunkt i kristentroen, som han det år vandt ved den "mageløse opdagelse", som vi betragtede i første kapitel af denne bogs anden hoveddel. Prædikenen rummer et element af polemik, for så vidt som den insisterer på, at kirkens grundlag ikke er Bibelen, men den levende Kristus, sådan som han er til stede i Åndens kraft i kirkens sakramentale gudstjeneste. Den rummer også en skarp kritik af fladheden i den rationalistiske forståelse af kristendommen, sådan som han fandt den udtrykt i *Evangelisk-kristelig Psalmebog* fra 1798, og en mindre skarp, men ikke mindre tydelig afstandtagen fra den prædikentradition, som havde været herskende i den lutherske ortodoksis og pietismens tid. De to andre prædikener stammer fra påsken 1837, altså fra den tid, hvor han arbejdede med oversættelse af byzantinske hymner og blev mere og mere bevidst om slægtskabet mellem hans egen tænkning og Østkirkens.

Alle tre tekster viser, hvordan salmerne danner en afgørende vigtig baggrund for hans prædiken. Det er særlig tydeligt i den første af de prædikener, vi skal se på, den, der blev offentliggjort i 1830 (GSB, 2. udg., 3,254-73). I dette som i nogle andre af de tilfælde, hvor Grundtvig sigtede mod offentliggørelse på tryk, betjener han sig af en mere udarbejdet og mere litterær stil end sædvanligt. Nogle passager har karakter af en slags prosadigte. Det forholder sig i øvrigt sådan, at også de enklere prædikener er noget nær lige så poetiske i deres form. Og det er interessant, og måske ikke egentlig overraskende, at Grundtvig i denne prædiken finder det påkrævet at forsvare sig mod anklager for at overdrive det poetiske præg.

I alle tre prædikener genfinder vi den idé, som vi allerede mødte i juleteksterne, at det er gennem kirkens gudstjenesteliv, den levende trosoverlevering finder sted. Salmesangen giver genklang frem og tilbage gennem århundrederne; de stammer fra den ene Ånd, som gør den ene Herre nærværende. Samtidig genfinder vi også den overbevisning, at kirkens gudstjeneste ikke er en blot og bar erindring om en fortidig begivenhed; i gudstjenesten finder begivenheden sted her og nu. Interessantest af alt er måske den totale afvisning af enhver adskillelse mellem kors og opstandelse. Den sejr over døden, som opstandelsen er, er indvarslet ved døden på korset. Det element af kamp med og sejr over døden, som stod så stærkt i de gammellutherske salmer, Grundtvig henviser til i prædikenen fra 1825, gør sig ikke mindre tydeligt gældende i de græske salmer, han appellerer til i prædikenerne fra 1837. Denne kamp og sejr er ikke blot udkæmpet og vundet ved én afgrænset lejlighed; den er noget universelt gyldigt; dens kraft og dens betydning rækker tilbage til fortiden og fremad til fremtiden.

Grundtvig havde selvsagt aldrig været til stede ved den ortodokse påskenatsgudstjeneste med dens overvældende udsagn om livets sejr over døden. Men et vers, som atter og atter gentages ved den lejlighed, fremsætter tre enkle og klare påstande, som alle er helt centrale i Grundtvigs påskeforkyndelse. Det lyder:

Kristus er opstået fra de døde,
Ved sin død har han trådt døden under fode,
Til dem i gravene giver han liv.

II

Ikke blot havde Grundtvig aldrig deltaget i den ortodokse kirkes gudstjeneste. Bortset fra nogle ikke særlig glædelige lejligheder på Englandsrejserne var hans erfaringer med gudstjeneste begrænset til den danske kirke. Det var i fædrelandets landsbykirker, og frem for alt i barndommens og ungdommens Udby og Thyregod, han havde lært Kristusmysteriet at kende. Derfor rummer prædikenen fra 1825 mange hentydninger til påskesalmerne fra Kingos salmebog – den, der havde været brugt før den nye af 1798, som Grundtvig afskyede. Han havde kendt den gamle bog i Udby såvel som i Thyregod. Men nu var det kun i Jylland, man kunne høre sang efter den. Den vækkelsesbevægelse, der gik under navnet "De stærke Jyder", nægtede at bruge nogen anden salmebog end den gamle fra 1699. Det er en af dens salmer, Grundtvig begynder sin prædiken med at citere fra:

'I Døden Jesus blunded,
I Graven lagdes ned,
Har nu dog overvundet
Al Dødens Bitterhed;
Nu rinder op saa klar
Den Sol med Lys og Glæde,
Som i sit Jorde-Klæde
Saa slet formørket var'!

Vel er det nu kun paa *Jyllands* Heder, de Christne iblandt os ret med Sandhed kan sige, at *saaledes* toner Fædrenes deilige Paaske-Morgenpsalme til dem, thi kun *der* toner den endnu i Forsamlingen, efterat den, med samt sine Sødskende, allerede snart i en heel Menneske-Alder har været forstummet hos os, som dog boe op til de yndige Skove, hvor Nattergalen slaaer i Kor med Lærken, og hvor man skulde meent, at slige søde, oplivende Toner i Paaske-Morgenrøden, eengang hørte, kunde aldrig glemmes, men maatte nødvendig forplante sig selv fra Mund til Mund og fra Slægt til Slægt, saalænge der i Lunden var Øie for Maien og Øre for Sang, og Hjerte for Længselen efter det evige Liv i Guds Have!

Ja, christne Venner! hvem der i Barne-Dagene, ligesom med Moders-Mælken, har inddrukket Sødmen af dette Glædens Bæger, og det har jeg, baade mellem grønne Bøge og paa den brune Hede, kan umuelig uden Suk og uden en med Harme blandet Smerte mindes, hvilke Paaske-Psalmer vi have arvet efter vore Fædre, og ombyttet, som Israel sin Herlighed, med hvad der, mildest talt, kunde aldrig gavne, aldrig oplive nogen christen Sjæl, aldrig glæde noget troende Hjerte! Stod derfor den gjorte Gierning ikke her til Ændring, var vi og vore Børn fordømte til at miste, hvad vi i Vildelse har vraget, og at nøies med, hvad vi i Søvne udvalgde, da vilde jeg for min Part sige Lunden Farvel, og bygge min Rede mellem Pors og Lyng, eller mellem Norges Klipper, hvor det endnu gienlyder Paaske-Morgen:

'Bort, du beseiglet Steen,
Som giemde *Jesu* Been!
Du kanst ham ei indlukke,
Guds Søn ei saa vil bukke,
Du og hans Kraft maa lære!
Hans Navn velsignet være!' (GSB 3,255-56)

Efter at have citeret dette vers, som stammer fra en lang Kingosalme, bryder Grundtvig ud i et glædesråb, i hvilket en række Bibelcitater og -allusioner leder hen til en genkaldelse af den nordiske midsommer, hvor mørket næsten helt opsluges af lyset:

Men Held os, vi har en Gud af megen Miskundhed, ja, saare megen, han plager og bedrøver ei Menneskens Børn af sit Hjerte (Jer.Bgr.3,33), men det er Hans Lyst at glemme Overtrædelser:

Retfærdighed og Dom er Hans Thrones Støtter, men Naade og Sandhed gaae frem for hans Aasyn, saa lykkeligt er Folket med Øre for Seiers-Sangen og for Jubel-Tonen, de skal vandre i Hans Aasyns Lys! Ja, vor Gud er en Gud til megen Frelsning, og hos den Herre, Herre, er Udvei fra Døden, kun et Øieblik varer Hans Vrede, men med Hans Yndest følger det evige Liv, en Nattes Tid kan Graaden vare, men Morgenen kommer med Fryde-Sang! Vi ere Børn af Hans Elskelige: den Kongernes Konge, i hvis Rige Sol gaaer aldrig ned, thi Natten er der, som hos os i Skiær-Sommer, naar Aften og Morgen kysses, og Morgenrøden udspringer af Efter-Skinnet, som en Søn med Rosen-Kinder fra Skiødet af en bleg, bedaget Moder, ja, som Sara fødte Isak under de graa Haar, og med Solen staae Fuglene op, hvor kort end Blundet var, saa Morgen-Psalmen udvikler sig ogsaa af Aften-Sangens Efterklang: Aften-Lærken slumrer sødelig ind, som Barnet i Moder-Skiød, ved det første Slag af Sommernats-Fuglen, og ved det sidste vaagner Morgen-Lærken! Saadanne Kaar har Christi Rige, som ikke blot har en lykkelig Stjerne, men en Konge, der byder over Sol og Maane og alle Stjerner, thi *der* gaaer altid Naade for Ret, og *der* voxe Lægedoms-Urter for Hel-Sot, *der* udspringer et forklaret Liv af Opløsningen, og *der* forynges det forældede Folk som Ørnen!

Jeg veed det, kiære Venner! saadan Tale klinger æventyrlig, og er ei den uliig, hvormed Hedning-Skjalde baade fordum og nu har smigret graahærdede Afguder og kildret blødagtige Frænders Øren i dorske, vanslægtede Tider; men jeg har derfor ingenlunde glemt hvad der sømmer sig mine alt graanende Haar, og hvor langt det tomme Kling-Klang med de forfængelige Haab skal være fra Herrens Huus: fra Sandheds Tempel og den dybe Alvors høie Stade. Nei, hvad jeg her udsagde, var en Sandhed, som Fortiden saa kraftig har bevidnet, at Fremtiden umuelig kan fornægte den, det er Psalmistens gamle Spaadom (Ps. 89) om Guds naadige Førelser med sit Folk og Aabenbarelsen af Hans Fader-Ømhed, en Spaadom, hvorpaa tre Aartusinder have kastet saa glædeligt et Lys, at dens fuldkomne Forklaring, i en fuldstændig Opfyldelse, er saa vis, som vi alt saae den! Hele denne Guds Naades Huusholdning i en syndig Verden maa naturligviis være endnu langt forunderligere, end Aandens alt noksom forunderlige Løbe-Bane i Støvet vilde været giennem en ufalden Menneske-Slægt; thi selv det mindste Straale-Glimt af Kiærlighedens Sol er noget Fremmed i Synderes Land, hvor, efter Naturens Love, kun Vredens Lyn skulde giennemfare Mørket, og ei blot Lærkens og Nattergalens Slag, men Spurvens Kvidder, er et Mirakel *der*, hvor kun Lovens evig rullende Torden skulde overdøve Sukket og Graaden og Tændernes Gnidsel. Derfor, Venner, see vi let, det er ei mere umueligt at være *Christen* uden Tro paa Herrens Opstandelse fra de Døde, end at tale levende om Paaske-Psalmen: om Hjerte-Fuglens glade Lov-Sang i Morgenrøden, der opsteg fra Nattens skumle Dyb, uden at Talen maa klinge endnu mere æventyrlig end de vildeste Æventyr, Indbildnings-Kraften avlede; thi hvad Aanden taler til Menigheden om den store Opstandelse, der gjaldt for hele Guds adspredte Folk paa Jorden og under Jorden, og i det Muelighedernes Rige, som først blev virkeligt med ufødte Slægter: om Herrens Opstandelse, som var for dem Alle, for hele den faldne, i Dødens bundløse Afgrund nedsjunkne Menneske-Slægt, en *Opreisning* i Skaberens Billede, til Himmelfart paa Due-Vinger, til Konge-Kaar i de Levendes Land; hvad Aanden derom aabenbarede Herrens Apostler og os med dem, hvad Faderen har skiænket os i sin Eenbaarne, og hvad Han har beredt os som sine elskelige Børn i ham, det er jo dog visselig, som skrevet staaer (1. Cor.2,9): hvad intet Øie saae og intet Øre hørde, og heller intet Hjerte drømde om paa Jorden, saa her nedsynker Menneske-Aandens dristigste Tanke-Flugt til en Flagren som Aftenbakkens, her blive de forunderligste Digtninger smaa og hverdags mod den jævne Tidende om, hvad der virkelig skete paa Jorden, da Herrens Engel foer ned fra Himmelen, oplukkende med Kongens Nøgel den forseiglede Dør mellem de Dødes Rige og de Levendes Land, fordi Livets Fyrste, som ved en Feiltagelse, var kommet til at ligge i Dødens Lænker, som da nødvendig maatte sprænges. (sst. 256-59)

Dette er i sandhed et forsøg på at overvinde poesi med poesi! Ligesom Guds åbenbaring rækker hinsides menneskelig fornuft, uden at forkaste den, således overgår den også menneskelig fantasi, den være sig nok så skabende. Prædikenen er rigtignok blændende, men det er vanskeligt at vide, hvor vellykket den er som prædiken, og hvordan vi ville reagere, hvis vi hørte den. Men Grundtvig fortsætter:

Ja, mine Venner, I høre det jo selv, og al Verden har hørt det, at den jævne, troskyldige Fortælling herom, som Tolderen fra Galilæa har beskrevet i Dagens Evangelium, den klinger æventyrligere end noget af al Verdens Helte-Digte, og naar nu hertil kommer, hvad siden er skeet paa Jorden, da flere Stene, end Nogen uden Gud kan tælle, er lettede fra Hjerte-Kammerdørre, ved Troen paa den underfulde Opladelse af Josephs Klippe-Grav, og da et baade langt kraftigere og kiærligere Menneske-Liv, en baade langt klarere og mere omfattende og udbredt Oplysning om himmelske og jordiske Ting, end der var før paa Jorden, er udsprunget af Troen paa den Korsfæstede, men igien Opstandne; saa kan der aabenbar ikke siges noget saa underligt om den Opstandnes Menighed, at det, for *Underlighedens* Skyld, skulde falde utroligt. (sst. 259-60)

Efter sin stærke betoning af den forbavsede undren, som vi må møde opstandelsesbudskabet med, og af, hvordan opstandelsen har muliggjort en ny bevidsthed om menneskelivets dybde og rigdom, begynder Grundtvig at tale mere detaljeret om de foregående århundreders mangel på forståelse deraf. Han kritiserer den lutherske ortodoksi og pietisme. Det er ikke nogen total og ubetinget kritik. De salmer, han citerer, kommer jo fra den tidlige del af den periode. Men han går kritisk til værks mod forgængernes dvælen ved Kristi lidelse og død på bekostning af opstandelsen og himmelfarten. De gjorde også alt for meget ud af bibellæsning – noget, der måske var en god ting for de lærde, men hårdt for kvinder, børn og unge, det store flertal af kirkens medlemmer, hvoraf mange jo ikke engang havde lært at læse. Derefter fortæller han om det ny lys, han i 1825 havde fået over sagen, og udvikler sin forståelse af, hvordan kirken beror på den levende Kristus, nærværende i sit folks tro og gudstjeneste nu og her. Han var kommet til at se opstandelsen ikke blot som en fortidsbegivenhed, men som noget, der sker blandt os og er fuldt af Guds løfte for fremtiden.

Ja, ja, det er dybe Sandheds- og Alvors-Ord, hvordan de end klinge: det har været en, i Sammenligning med det, Verden kan give, vistnok rig og glædelig, men i Sammenligning med, hvad Gud kan give og har givet i *Christus Jesus*, fattig og sørgelig Tid for christne Kvinder og Børn, og da i det Hele for *Menneske-Hjertet*, denne sidste Tid, da Herrens Lidelse og Død var saa at sige hele *Hjertets* Deel, medens Opstandelsen, Aabenbarelsen og Himmelfarten, ja, medens *Herrens* hele *Liv* kun udviklede sin Kraft giennem Tankegangen hos gamle, prøvede, skriftkloge Discipler og enkelte korsfæstede, angergivne Røvere, som Herren selv tog ved Haanden og indførde med sig i Paradis! Jeg veed det vel ikke, om mine Medchristne forstaae mig endnu, men jeg veed, de skal lære at forstaae det, at Kirkens Tilstand i vore lutherske Fædres Dage, da al vor Christendom udledtes af Skrift-Klogskab og henførdes til en fortvivlet Sjæls Gru under Sinai og Trøst under Korset, saa det var kun de Afdøde fra Verden og de Døende paa Sotte-*Sengen*, der følde sig *levende* tiltalte deraf, medens det faldt tungt og dødt, som store Lig-Stene, paa Børnenes, paa Kvindernes, paa den uerfarne Ungdoms og dermed paa Mængdens Hjerter; denne Tilstand var ligesaalidt i christelig som i menneskelig Forstand den naturlige, uden forsaavidt som Døden er Syndens *naturlige* Følge, og Livet i Døden en naturlig Følge af Troen paa ham, der, legemlig død, blev aandelig levende. Vi veed det i Grunden ogsaa godt, alle saa mange som have været christne Børn, at hvad der tiltalde os, det var ingenlunde *Forklaringen* eller *Lære-Bogen*, men kun den bibelske Historie, Høitids-Psalmerne, og i det Høieste vore tre Troes-Artikler, med Morten Luthers barnlige Anmærkninger, og derfor maatte nødvendig alt Glimt af et *levende* Kirke-Samfund iblandt os forsvinde, da Bibel-Historien blev forkvaklet, Luthers Cathechismus tilsidesat og Høitids-Psalmerne afskaffede. Ja, mine Venner! hvem der har hørt min Prædiken enten for ti eller for tyve Aar siden, vil mindes det, hvorledes derfor især de gamle Høitids-Psalmer var bestandig i min Mund og i mit Hjerte, og den høieste Yttring af et levende Samfund i Kirken, jeg som Præst har været Vidne til, det var ogsaa, naar i min Ungdom Psalmerne og Børne-Lærdommen blev glødende paa mine Læber, og gienlød da saa høit, giennemstrømmede da saa liflig de *graahærdede* Mænds og Kvinders Hjerte, at deres Øine tindrede, deres Læber istemmede lydelig, eller de hulkede som Børn, medens Hjertet smeltede i mit Liv, og Herren ligesom opstod for mine Øine! Det er derfor hverken idag eller igaar, jeg har begyndt at betragte vore Fædres Paaske-Psalmer langt mere som prophetiske Sange om den Opstandelse, vi forvente, end som historiske om vore Fædres Følelse af Livet i Christus, men det var dog først i den senere Tid, under min sidste tunge Embeds-Førelse i en mere fremmed Kreds, under de sidste christne Oldingers og Oldemødres Liigbegængelse, at der opgik et Lys for mig over Grunden til alt dette. Ja, det var et nyt Lys af den gamle Sol, der opgik for mit Øie over det *levende Ord, hvoraf* al *Skrift*, selv den helligste, er kun en *Skygge*, og fremfor alt over *Ordet* ved *Daaben*, som skaber vort Samfund: skaber det Kirke-Legeme, som Aanden besjæler og opliver, men som er dødsens for os, naar vi ikke vil have det skabt giennem det levende, sikkre, mundtlige, lydelige Ord, som Aanden taler til Menigheden, men igiennem det døde, uvisse, skrevne, stumme Tegn i Bogen! Kun dette Lys var mig nyt, og med den høieste Forundring saae jeg nu *Kirke-Legemets Opstandelse*, paa hvilken jeg vel altid havde troet, men som jeg aldrig havde kunnet forestille mig, uden under de mest æventyrlige Skikkelser, den saae jeg nu times paa en i Christi Rige saa naturlig og simpel Maade, at nu var det ikke længer *Opstandelsen*, men *Døden*, der forundrede mig. Hvorledes nemlig de

Christne nogensinde havde kunnet glemme, at det *ikke* var *Skriften, men Daaben,* der *gjorde* dem til *Christne,* at den *hele Menigheds* levende, høitidelige Vidnesbyrd ved Daaben, om den *Tro,* vi skal alle dele og bekiende, er langt sikkrere, end hvad der staaer i al Verdens Bøger, ..." (sst. 263-65)

Denne overbevisning om det levende ord i evangelieforkyndelse og sakramenter ligger jo helt inde ved hjertet af Grundtvigs nyopdagelse af kirkens væsen. Det er bemærkelsesværdigt, så tidligt han ansætter dens oprindelse. Den lå, lader han os forstå, i hans første præsteårs udlægning af de gamle festsalmer og i hans erfaring af en måde at forkynde den opstandne på, som var rodfæstet i dåbens sakramente. Han udvikler dette videre:

...og at hvad *der* end staaer, eller hvad man end vil finde i *Bibelen,* saa maae vi dog nødvendig, saalænge vi vil blive ved at være *Christne,* ubrødelig *holde vor Daabs-Pagt,* og udlede hele vort christelige Liv, baade her og hisset, fra vor *Gienfødelse* i Daaben, ved det *levende* Guds *Ord,* som varer evindelig, slides ikke op som alle Bøger, og krymper sig end ikke, naar Himlene sammenrulles som en Bog; hvorledes de Christne nogensinde kunde glemme *denne apostoliske Børne-Lærdom,* der desuden tydelig nok indskærpes dem giennem alle Apostel-Brevene, det var mig da den store Gaade og er saa endnu. Hvad jeg imidlertid endnu maa finde langt urimeligere, er det, at Fleste af mine Medchristne langt fra at fryde sig i dette Lys, lukke Øinene derfor, og vil med Magt have Kirke-Legemet til at blive liggende i Skrift-Graven, og jeg maa sige frit, det kommer af, at de har ikke troet paa *Propheterne,* eller dog ikke havt Øie for *Barne-Engelen,* som baade *Morten Luther* og alle de barnlig Troende altid saae ved Indgangen til Graven og lod sig lede af og vise, hvor Herren havde ligget; thi det var denne Engel, som for mine Øine bortvæltede Stenen fra Kirke-Graven og satte sig paa den, ja, det var ham, som blæste Taagen bort fra mit Øie, saa jeg opdagede, som en stor Hemmelighed, hvad et Barn kan see og forstaae: at naar Kirken skal staae kiendelig og klippefast *for os,* da maae vi lade den *blive staaende* paa den *Grundvold,* som Herren og Apostlerne virkelig har lagt, da de grundede den, *ikke* med *Pen* og *Blæk,* men med *deres mundlige Ord,* som var *Liv* og *Aand,* og byggede den, ligesaa lidt af Papir som af Kalk og Steen, men af lyslevende Mennesker, som *troede* hvad *Herren vilde,* og *døbdes derpaa,* i Navnet Faderens og Sønnens og den Hellig-Aands, førend endnu nogen Apostel havde sat Pen til Papir, og saae Menneskens Søn staae ved Guds høire Haand, medens *han,* hvis *Breve* man vil grunde Kirken paa: medens Apostelen *Paulus* endnu var den *fnysende Saulus* mod Herrens Discipler og vilde tvinge dem til at bryde deres *Daabs-Pagt* og fornægte Herren. Ja, mine Venner, det Mirakel veed jeg,

Barne-Troens Engel giør paa alle dem, der elske ham, at de see, det er *Ordet ved Daaben*, der har *baaret Kirken* og *skabt Samfundet*, fra Slægt til Slægt, og at det altsaa er en Daarlighed at tilskrive nogetsomhelst Andet Æren derfor, saa det var intet Under, at Samfundet blev dødt, da man vilde have det skabt af en Pen, intet Under, at Kirken syndes faldefærdig, da man vilde grundfæste den paa en Bog, intet Under, at Samfundet hos os er hardtad aldeles opløst, da man ikke blot miskiender og ringeagter Daab og Daabs-Pagt, men forandrer *Ordet*, hvorpaa Alt beroer, efter eget Tykke. (sst. 265-67)

Grundtvig slutter sin prædiken med en næsten ekstatisk lovprisning af opstandelsens mysterium:

Hvor maae ikke Fædrenes Paaske-Psalmer blive søde i vor Mund, naar vi føle det opfyldt paa os, hvad der kun svævede for dem, naar vi smage Sødmen i den Herres Kalk, hvoraf Fædrene for det Meste kun smagde Bitterheden, ja, naar vi vandre som levende Beviser paa, hvorledes han, som er Naaden og Sandheden selv, giver altid Naade for Naade! O, hvordan skal vi takke ham værdig, hvor skal vi finde paa Ord til en Psalme, ja, til tusinde Psalmer og Lov-Sange og aandelige Viser, som svare til den Paaske-Morgen, da Marie Magdalene stod ved den hellige Grav og saaede Taarer, men høstede Fryde-Sang, da Taarerne alt i Øiet forvandledes til smilende Engle, og blev i Graven til et speilklart Hav, hvoraf *Morgenrøden* fra det Høie frembrød, med Ordet "*Marie*" fra Frelserens Læber! Ja, som Synerne overvælde mig i denne hellige Morgen-Stund, saa skal Forundringens og Glædens og Taknemmelighedens kiærlige Følelser overvælde Folket, som nu skabes til at love Herren, og til at see Lys i *alle Grave*, see smilende Engle ved Hoved-Giærdet og Been-Enden i *Ordets* den hellige Grav, som vor *hellige Skrift* i Sandhed er, og ei blot see dem, men høre dem synge: han er ikke her, han er opstanden, men kommer kun og seer, hvor han har ligget! og høre saa Aanden tale til Menigheden netop *det Samme*, kun *levende* og *forklaret*, som de saae korsfæstet, afsjælet, indhyllet i Dødens Mulm og lagt i Graven! O, hvilke *Herrens Dage*, naar det Troens Ord, vi prædike, saaledes vandrer lyslevende paa *Aandens* saavelsom paa Veirets Vinger, og kundgiør *Hans* Nærværelse midt iblandt os, som selv er *Guddoms-Ordet* fra Evighed, *det levende Ord*, hvis Liv er Menneskets Lys! Da skal det kiendes, at det er intet Hjerne-Spind uden af den Hellig-Aand, og ingens Taler-Blomst uden Hans, hvis Ord er alle Liv og Aand, hvad vi have forkyndt, at Herren gientager sit Levnets-Løb med alle sine underlige Gierninger for vore Øine; thi det levende Guds-Ord fremstiller det for os, og det aandelig Tilsvarende i vort Inderste enten mindes vi som oplevet, eller opleve det under Ordets Hørelse, eller see det i Møde i Aandens Lys, og med den guddommelige Vished, som Han indgyder,

der nævner de Ufødte ved Navn, og taler om det Ublevne som det Nærværende! Ei vil jeg tale her om *Hverdags-Synerne*, naar alle Sprog-Grave oplades med det Samme, og *Folke-Stammerne* i det levende Ord gientage deres Levnets-Løb for vore Øine; men det skal alle Christne see, selv i denne Morgen-Stund, at allerede her er godt at være, som hos Herren og Moses og Elias paa det hellige Bjerg, ja, som i Paradis, naar vi kun levende tilegne os Apostel-Ordet, sigende: den Gud som er rig paa Barmhjertighed, Han har, af sin store Kiærlighed, hvormed Han elskede os, ogsaa gjort os, som vare døde i Overtrædelser, *levende* med Christus, har i og med Jesus Christus ogsaa opreist os og skikket os til Sæde i Himlene, for i Godheden mod os at vise de kommende Tider sin Naades overstrømmende Rigdom; thi af Naade er Frelsen ved Troen, en Guds Gave, uforskyldt, saa Ingen skal kunne bramme, thi vi er Hans Værk, skabte i Christus Jesus til de gode Gierninger, som Gud og fordum dannede os til, at vi skal vandre i dem (Eph.2,4-10)! Derfor lad os holde Paaske, ikke med den gamle Suurdei, ikke heller med Ondskabs og Argheds Suurdei, men med Skiærheds og Sandheds usyrede Brød, istemmende Fædrenes deilige Psalme:

O, kiæreste Sjæl, op at vaage!
Thi Dødens og Helvedes Taage
Ved Jesu Død alt er forsvundet,
Og Seieren evig er vundet!
Amen! ja, Amen! i Jesu Navn, Amen! (sst. 270-73)

III

Vi har set, hvordan Grundtvigs dybeste overbevisning om kirkens væsen var blevet formet af hans erfaring af dens gudstjeneste, sådan som han havde lært den at kende som barn og i sin første præstetjeneste. Det var fra den erfaring, hele den følgende vækst i tro, indsigt og glæde var kommet.

Nu skal vi imidlertid se på, hvad der skete ved hans direkte møde med en ældre og mere udbredt liturgisk tradition end den danske kirkes, nemlig det ortodokse Østens. Han kendte den ganske vist kun fra bøger, men der er ingen tvivl om, at den gav genklang i ham. De første måneder af 1837 markerer et højdepunkt i hans tilegnelse af græsk patristiske ideer og billeder. I januar det år, under sit arbejde på Sangværket, lånte han fra det Kongelige Bibliotek i København en venetiansk udgave fra det 18. århundrede af nogle af den byzantinske kirkes basale liturgiske tekster. Resultatet af hans arbejde med den bog foreligger i de salmer, han oversatte eller bearbejdede fra græsk. Sangværket indeholder 38 af dem. Læsningen bar også frugt i hans egne salmer fra denne tid og, som vi skal se, også i hans prædikener fra det år. Som så ofte ellers stimulerede arbejdet med salmerne hans prædikenforkyndelse, og prædikenerne kan undertiden ses at berede vej for nye salmer.

Hans stærke optagethed af og beundring for de græske fædres tro og for de ortodokse hymner udstrakte sig ikke til hans samtids græske kirke. Det var hans klare indtryk, siger han i den prædiken, vi skal se på om lidt, at "Troen paa den Opstandne nu vel ingensteds i Christenheden er dødere end hos Grækerne".

Hans kampglade natur, hans smag for diskussion og kontrovers, forledte ham ofte til lovlig flotte og ikke altid velbegrundede domme over mennesker og ting. Det er, hvad der skete her.[88] Ganske vist var 1830'erne, efter fire århundreders græsk undertrykkelse, ikke i udvortes forstand nogen blomstringstid for den græske kirke. Det osmanniske imperiums kristne befolkninger havde i al den tid levet et ghettoagtigt liv som andenklasses borgere. De tyrkiske myndigheder praktiserede et system af indirekte styre: De brugte den kristne gejstlighed, især biskopperne, som mellemmænd i forhold til menighederne og gjorde dem ansvarlige for disses gode opførsel. Det førte til talløse problemer i kirken. For eksempel blandede regeringen sig ufravigeligt i patriarkvalget og opkrævede store bestikkelsessummer ved indsættelsen af den valgte.

Den lange periode med undertrykkelse og lejlighedsvis forfølgelse kunne ikke undgå at virke skadeligt på kirkens liv og arbejde. Mange udvortes kompromisser måtte indgås, og meget af det indre liv lammedes eller indsnævredes. For eksempel var det i disse århundreder umuligt for kirken at drive lærdomsanstalter eller endog at trykke bøger i Grækenland. Bøger måtte udgives andetsteds, ofte i Venedig. Situationen mindede på mange måder om den skæbne, der blev de ortodokse kirker til del under kommunistisk styre i det 20. århundrede. Sådanne vilkår kan medføre dybtgående skader for en hvilken som helst kirke.

Men som vi ved af nutidig erfaring, kan en sådan lidelsesperiode også virke stærkt fremmende på trofasthed og offervilje blandt en forfulgt kirkes medlemmer. Det var, hvad der skete i Grækenland og på Balkan under tyrkisk herredømme. Nogle satte livet til for deres tro. Mands- og kvindeklostre blev kraftcentre for religiøst liv og velgørende aktiviteter. Skoler blev drevet i hemmelighed. Så sent som en generation før 1837 havde en lærd munk på Athosbjerget samlet en omfangsrig antologi af ortodoks spiritualitet, et værk – kaldet *Philokalía* – som nu om dage oversættes flittigt til vesteuropæiske sprog. Og det står fast, at kirken gjorde mere end nogen anden institution for at holde græsk identitetsfølelse og menneskelighed i live i undertrykkelsestiden.

Hele denne historie var næsten ukendt i samtidens Vesterland, og var det også for Grundtvig. En kultiveret vesteuropæer kunne nemt falde for fristelsen til ikke at se længere end de fremmedartede ydre ting i ortodokst kristenliv: skæggene, ikonerne, lysene. John Henry Newman, en mand, der i lighed med Grundtvig ellers var en lidenskabelig elsker af alt, hvad der var græsk, synes på sin Middelhavsrejse i 1832-33 at have set meget lidt af, hvad der lå under overfladen af kirkelivet i de græske områder, han besøgte. Grundtvig selv havde sandsynligvis aldrig mødt et medlem af den ortodokse kirke og havde i hvert fald aldrig haft lejlighed til en rolig samtale med en ortodoks lærd af hans egen kaliber.

I virkeligheden gør Grundtvigs næsten totale ukendskab til samtidig Ortodoksi hans begejstrede reaktion på denne kirkes liturgiske tekster endnu mere bemærkelsesværdig. Tværs over en kløft af mange århundreder fornam han et slægtskab i tro og erfaring. Den påskeprædiken fra 1837, som vi nu skal se på, begynder med et salmevers; men denne gang er det ikke af Kingo:

I dag sukker Helved og klager:
Ak, Adam og hele hans Kiøn
Nu trodsig i Skare uddrager,
Gienløst af den skjulte Guds-Søn;
Jeg sanked dem smaalig med Gammen,
Nu røved Han dem allesammen,
Nu paa den Korsfæstedes Ord
Fra Helved til Himmels de foer!
Ære være Guddoms-Manden,
Korsfæstet og Opstanden!

Grundtvig fortsætter i triumferende tonefald: "Således, Christne Venner! toner Menighedens glade Morgen-Sang til os fra de længst henrundne Tider" (GP 10,171-72). Her fik han bekræftelse fra kirkens fjerne fortid på sine egne inderste overbevisninger om sejren over døden. Han besad ganske vist en stærk sans for historisk forandring og udvikling: Senere i prædikenen taler han om, hvordan mange folk og sprog i den gamle verden var døde og borte. Han så kirkens liv som noget, der bevægede sig mod vest og nord, således at "der er opstaaet en ny Christenhed i Østen, af Skyther og Barbarer". Men i hele den historie ser han den korsfæstede og opstandne Kristus som levende og virksomt til stede, ved den livgivende Helligånds gave;

... ikke blot Slægterne skiftede, men ogsaa Folk, Stammer og Tungemaal, og skiøndt Gaverne var forskiellige, blev dog Aanden, saavelsom Troen og Haabet de samme. (sst. 173)

Det er denne gave, der skaber kirkens enhed gennem rum og tid til trods for de adskillelser, som skyldes menneskelig blindhed og synd. Derfor er det, at Grundtvig, når han taler til sin københavnske menighed, går så varmt ind for den gamle græske vision af opstandelsen. Han er vis på, at den Ånd, der inspirerer ham, og som lever i den kirke, han tjener, er den samme Ånd, der talte gennem apostlene og kirkefædrene. Derfor, siger han,

er det dog jo glædeligt over al Maade, at Menighedens ældgamle Psalmer og Lovsange og aandelige Viser kan finde levende Gienlyd i vore Hjerter og paa vore Læber saa vi føle og bevise, at Helvedes Porte har ikke faaet Magt med Huset paa Klippen, tiden, som ellers fortærer Alt, har ikke kunnet skade det levende Mindes-Mærke, vor Herre *Jesus Christus* efterlod sig hernede, indviet med Hans Velsignelse og besjælet af Faderens Aand, som giør levende! Ja, christne Venner! paa *Opstandelsens* herlige Fest maae vi, som føle Herrens Nærværelse, ret med Flid og Fryd ihukomme til Hans Ære, at Hans Kirkes og Menigheds Liv paa Jorden, Folkets Bestandighed, som dyrker Jesus Christus den Korsfæstede, det er ikke blot hvad Man kalder et Vidnesbyrd om Hans Opstandelse og Himmelfart, men det er en bestandig Gientagelse af Hans seierrige Kamp med Døden og et soleklart Beviis derpaa, at Jesus Christus har Magt til at sætte sit Liv til og Magt til at tage det igien ..." (GP sst. 172)

Her møder vi igen en af Grundtvigs dybeste overbevisninger, i hvert fald siden den store opdagelse i 1825. Kirkens liv og gudstjeneste er ikke bare et vidnesbyrd eller tegn, som peger tilbage mod Kristi død og opstandelse i deres egenskab af fortidsbegivenheder. Dette liv og denne gudstjeneste er en stadig gentagelse af den død og den opstandelse. Det "Mindes-Mærke", som Kristus har efterladt sig, bringes til live som nutidsvirkelighed ved Helligåndens gerning. Kristus gentager således, ved Åndens kraft, gennem alle tidsaldre sit kærlighedsunder i sit folks liv. Han lever i det og det i ham. Hans folk er parthavere i det selvopofrelsens mysterium, som de fejrer i den nye pagts sakramenter, i og med hvilke de ved troen træder ind i det liv, hans ord formidler. Det nye liv, som er deres ved dåb og nadver, skal leves ud i alle hverdagens gøremål. Kirkens søndagsgudstjeneste er dets brændpunkt, men som sådant henter den hverdagen ind i sig.

I vort eget århundrede har der længe været diskussion om, hvorvidt kirkens liv og gudstjeneste især skulle forstås som et tegn, der henviste til Kristusmysteriet, eller som dets håndgribelige virkeliggørelse på jorden, her og nu. Man har ofte ment, at den første opfattelse, den, der ser kirken som en Johannes Døber, der peger hen mod den kommende Kristus, er den typisk protestantiske. Den anden holdning er blevet gjort gældende af katolikker, og frem for alt af ortodokse. Der er ingen tvivl om, hvor Grundtvig står i dette spørgsmål. I hvert fald i sit gudstjenesteliv er kirken virkeliggørelsen af sin opstandne Herres legemlige nærvær.

Denne forståelse af opstandelsen som nutidsvirkelighed kan illustreres ved nogle af de vers, Grundtvig oversatte fra de græske påsketekster. Det er interessant at bemærke, at medens han mange steder oversætter frit, holder han sig her i de tre første vers meget tæt til originalen: Johannes af Damaskus' "kanon" eller hymnerække:

Kom, lad os tømme et Bæger paany,
Ei af det Væld, som udsprang under Staven,
Men af den levende Kilde fra Graven,
Saligheds-Kilden, som springer i Sky:
Jesus, vor Livs-Kraft, som Hjerterne styrker!

Lys overalt nu i Fylde opgaaer,
Himlen og Jorden og Helvede klares,
Alle Tings Grundvold i Hast aabenbares,
Paaske-Fest nu hele Skabningen faaer,
Føler ved *Ordets* Opreisning sig styrket!

Christus, vor Frelser, som Gud saa og Mand!
Med Dig korsfæstet, begravet forleden,
Skal vi opstaae, og som Lys alt herneden
Skinne med Dig i de Levendes Land,
Du for vort Hjerte er Klippen og Styrken!

Pludselig, Herre, blandt Dine Du stod,
Bød dem Guds Fred og gav Trøst dem i Vaanden,
Nyskabde i dem et Tempel for Aanden,
Skiænked dem Livet, hvormed Du opstod!
Stor er din Naade, vort Lys og vor Styrke!

Som Du begyndte, vor Frelser, bliv ved!
Kom og til os giennem Dørrene lukte!
Bliv ved den Skik, Du indførde og brugde:
Lov os din Glæde og giv os din Fred,
Naadig indblæs os dit Liv og din Styrke!

Vige det Gamle da skal for det Ny,
Som Du paa Korset os vandt og har givet,
Saa vi fornyes til Evigheds-Livet,
Vandre derefter og møde i Sky
Dig, som er evig vort Liv og vor Styrke! (GSV 1,444-45)

Som det fremgår, insisterer digteren på, at det, der begyndte Påskemorgen, fortsætter i kirkens liv nu. Påskeunderet fornyes bestandig og knytter de troende sammen hen over århundrederne, hen over det skel, som døden sætter. Men det er en virkelighed, som ikke bare går for sig på historiens plan. Den har kosmiske dimensioner. Vi ser også, hvordan det personlige forenes med det universelle. Begge dele hører med. Påsken fejres som alskabningens og hele menneskehedens fest, men den fejres også som hver enkelt deltagers fest. Alle ting bliver til og holdes fast ved Kristi sejr over døden, thi skabningens trældom under døden varer kun for en tid. Dens sande bestemmelse er liv og evighed i Gud. Kristi opstandelse afslører hele skabningens og alt menneskelivs sande væsen.

Denne kosmiske sejr er også i egentligste forstand personlig. Den opstandne deler sit liv med sine disciple, giver hver og en af dem liv ved sin Ånd. Ethvert menneske bliver Helligåndens tempel, og samtidig bygges hele forsamlingen af alle troende op som et sådant tempel. Alle menneskeslægtens rådløse længsler opfyldes endegyldigt i dette livsfornyelsens øjeblik. Det personliges og det universelles indbyrdes forhold er ikke en blot og bar sameksistens. Hele den guddommelige plan virkeliggøres i hver enkelts liv: På gådefuld måde er han eller hun kaldet til at legemliggøre hele frelsesværket.

Vi kunne ikke ønske os et stærkere udtryk for den tro, at det, som er kristendommens centrum og det kristne fællesskabs inderste pointe, er af universel betydning og virkekraft. Det er på ingen måde begrænset til den udtrykkeligt kristne verden, for Guds handling i Kristus strømmer altid over til hele skabningen. Opstandelsen vækker genklang i hele verdenssammenhængen. Det, som er specifikt kristent, og det, som er universelt menneskeligt, står altid og nødvendigvis i et indbyrdes vekselvirkningsforhold. Netop i de år, hvor Grundtvig skriver disse salmer, er han også i færd med at engagere sig mere og mere i sit folks sociale, økonomiske og kulturelle liv. Det er ikke noget, der finder sted uden sammenhæng med hans fejring af påskens sejr; det sker tværtimod på grund af den. For ham er der ingen modsætning mellem bønnens og gudstjenestens liv på den ene side og livet i et aktivt samfundsmæssigt engagement på den anden side. Begge dele udspringer af troen på og erfaringen af Kristi opstandelse fra de døde.

Kombinationen af det personlige med det universelle og kosmiske er i lige grad karakteristisk for den græske forfatter fra det ottende århundrede og den danske fra det 19. Uagtet deres meget forskellige intellektuelle situationer er de enige om i denne kombination at se en måde at tale om Guds handling i Kristus på. – Selv om det, der synges af salmen i danske kirker, mangler de første tre vers, er det en stærk og bevægende oplevelse at deltage i det møde mellem Øst og Vest, der her finder sted.

For Grundtvig er den fylde af opstandelsesliv, som menigheden deler, noget, den får del i gennem dåben og nadveren, som jo hver for sig formidler liv gennem død i Kristus. Dette kommer særlig klart til udtryk i de salmer, der er oversat fra græsk. I et langt, uregelret vers, som Grundtvig har sat sammen af to græske påskevers, fra henholdsvis Palmesøndag og den følgende mandag, læser vi:

Troende Sjæle!
Kom, lad os dvæle
Fromt ved Forsonerens Lidelses-Minde,
Trøsten at finde!
Ei vil vi Pinen og Døden begræde,
Som os har skiænket det salige Haab,
Men vi vil ære vor Frelser og kvæde:
Tak for den dybe, den hellige Daab,
Hvor vi korsfæstes og døe og begraves
Med Dig, for af Dig med Liv at begaves,
Du, som opstod fra de Døde igien!
Menneske-Ven!

Vi som vor Gud og vor Herre Dig ære,
Evig velsignet, høilovet Du være,
For af Medlidenhed
Døden Du leed,
Vil os af Syndefalds-Døden oplive,
Himmerig give,
Døde for os, saa vi leve med Dig! (GSV 1,432-33)

Ved at dø og opstå med Kristus i dåben bringes vi ind i fællesskabet om den nye pagts måltid, Gudsrigets fest, hvor den opstandne gør os delagtige i den kommende verdens kræfter.

Edvard Lehmann kaldte dette vers et typisk eksempel på Grundtvigs forkærlighed for at anskue frelsen i liv-og-død- frem for synd-og-tilgivelse-kategorier. Han understregede slægtskabet mellem dette syn og det græske, som tenderer mod især at forstå frelsen ud fra synspunktet: fornyelse gennem delagtiggørelse i Kristi udødelige liv.[89] Alt dette er sandt nok. Men deraf kan man ikke slutte, at de græske fædre eller Grundtvig er uvidende om eller undervurderer syndens og tilgivelsens virkelighed. De betoner tværtimod, hver på sin måde, menneskehedens behov for den frihed, tilgivelsen bringer. De ser synd og tilgivelse som noget, der ingenlunde dementeres, men omfattes af de bredere kategorier: liv og død.

Det, de søger at undgå, er en tendens, som blev almindelig i vestlig kristendom, katolsk såvel som protestantisk: tendensen til grådvædet dvælen ved Kristi lidelse, en følelsesfuld og moralistisk koncentration om, hvad den kan lære os. Hvad de derimod lagde hovedvægten på, var vor indlemmelse i Kristus, vor død med ham og vor modtagelse af dens virkninger i os. Det er noget, som indebærer en radikal anger, et selvopgør, en vilje til at lade det gamle menneske dø, så at det nye liv kan blive til som Kristi gave. Det er en forandring, som går dybere end nogen rent moralsk tilgangsmåde ville kunne afstedkomme.

Nadveren kommer ind i billedet i en salme på tre vers, som Grundtvig skrev på grundlag af spredte tekster fra byzantinsk påskeugeliturgi. Her betones Kristi offer i nadveren på en måde, som virker slående, når man betænker, hvor tilbageholdende den lutherske tradition som helhed har været på dette punkt. Her indfører Grundtvig det i salmens første vers. Hver gang nadveren fejres, siger han, går Ypperstepræsten ind i det Hellige, den Gode Hyrde giver på ny sit liv for fårene:

Engle i Skare
Glade nedfare,
Knæle med os omkring Bordet,
Hvergang i *Ordet*
Ypperste-Præsten i Choret indgaaer,
Hyrden opoffrer sig selv for sin Hjord;
Med os istemme da lystelig da:
Gud være lovet! Halleluja!

Troende Sjæle!
Lad os da knæle
Tidig til Maden paa Bordet:
Herren i Ordet,
æde og drikke Hans Kiød og Hans Blod.
Saa vi kan smage at Herren er god!
Alle vi sjunge med Engle da:
Gud være lovet! Halleluja!

Ham vi velsigne,
Salig at ligne,
Altid os ligger paa Tunge
Hvad vi nu sjunge:
Smagt har vi alle at Herren er god,
Drukket vi har af Guds Saligheds Flod,
Alle med Engle vi fare herfra!
Gud være lovet! Halleluja! (GSV 1,604)

Uanset om han er under fremmed påvirkning eller ej, har Grundtvig, overalt hvor han taler om nadveren, den danske gudstjeneste i tankerne: Nadvergæsterne knæler ved alterskranken, præsten står foran dem ved alteret, de ventende står lidt tilbage i koret. Det hører med til hans instinktive accept af sine egne gudstjenesteerfaringer, at han hverken her eller andetsteds ser noget mærkværdigt i, at de himmelske hærskarer knæler med nadvergæsterne ved Guds bord, hvor Herren giver sig selv til dem.

IV

På den påskedagsprædiken fra 1837, som vi lige har set på, følger dagen efter en anden, som på ikke mindre bemærkelsesværdig vis formulerer et omhyggeligt udtænkt anderledesartet udsagn. Atter her begynder Grundtvig med et "græsk" vers, og igen er det et, som forener kosmiske og personlige temaer. Jorden skælvede, hedder det, da Frelseren døde, og det samme gjorde menneskets hjerte. Men nu beroliges og styrkes de begge ved Kristi opstandelse. Så begynder prædikenen:

> Ogsaa dette Udtryk af den milde Paaske-Glæde toner til os fra det gamle Grækenland, hvor i Hedenskabets Dage det ømme Hjerte vel meer end noget andet Steds havde bævet for det dunkle, tause, glædestomme Skygge-Rige, og hvor derfor Udsigten til himmelsk Udødelighed, det evige Livs frydefulde Haab, som udsprang af Jesu Opstandelse, nødvendig maatte giøre det dybeste Indtryk og avle den gladeste Lovsang, og ligesom vi i Gaar priiste Gud, fordi vi kunde dele de gamle Christnes mandige Glæde over Dødens Nederlag og Helvedes Forstyrrelse af Guddoms-Manden, som den himmelske Fader gav os til Kæmpe og Frelser, saaledes vil vi idag prise Ham, fordi vi ikke mindre men vel endnu bedre kan dele deres kvindelige Glæde over Trøsten og Freden, som den første Menneske-Søn, der seierrig opstod fra de Døde bragde Kvinderne, som græd ved Graven, og giennem dem alle de Dødelige, som af Hjertens Grund har Lyst til at leve og see gode Dage, har Længsler for dybe til at føle sig tilfredstillede ved det Spand af Dage og de flygtige Glæder, som er det faldne Menneskes naturlige Lod paa Jorden, Længsler for dybe til det og for megen Alvor og Sandheds-Kiærlighed til at kunne beroliges ved Æventyr og tomme Hjerne-Spind om de Lyksaliges Øer paa hin Side Verdens-Havet ... (GP 10,177)

Grundtvig går derefter over til at udvikle sin dybtfølte ovebevisning, at "der har neppe været noget Folk, som i denne Henseende mere lignede Grækerne end det lille Folk vi naturlig tilhøre" (sst.). For ham har græsk og nordisk mytologi det tilfælles, at de begge udtrykker en intens længsel efter evigt liv og en lidenskabelig protest mod vor jordiske dødelighed. Deres myter og legender, fortællinger og billeder udtrykker alle denne længsel og dette oprør; og til syvende og sidst formår de ikke at tilfredsstille dem.

I den netop citerede byzantinske påskehymne, fortsætter han, hører vi "en Gienlyd af Hjertets Halleluja" (GP 10,178). Englen har ikke blot rullet stenen væk fra graven; han har fjernet den store sten, som lå på menneskets hjerte. Og naar et andet af Grækernes Paaske-Vers udtrykker sig saaledes, at da den opstandne 'Kvindens Sæd' mødte Kvinderne, som kom fra Graven og sagde hil være eder, eller, som Ordet lyder, 'glæder eder', da, men ogsaa først da, holdt Eva, alle de Levendes Moder op at græde, da kan for os intet lysteligere Billede gives af Christi Opstandelses velsignede Virkning, thi ogsaa vi har naturlig den Følelse, at Hjertet er til alle Tider, hvad Eva var i Begyndelsen: de Levendes Moder, fordi som Salomon siger, Livet udspringer deraf, saa det er os en dyb og rørende Sandhed at Eva, paa Aandens og Hjertets Sprog, græd lige fra Faldet i Eden til Opreisningen i de Dødes Have, til *Kvindens Sæd* kom seierrig tilbage fra de Dødes Rige, mødte sin Moder og sagde: glæd dig, jeg har knust Slangens Hoved, jeg har taget Brodden fra Døden og Seiren fra Helvede, du skal ikke døe, men du skal leve og fortælle Herrens Gierninger, thi Jeg mindedes dig i Graven og de takkede mig i Helvede, ja, Jeg gjorde Under-Værker for de Døde, saa Dødninger stod op og takkede mig, min Miskundhed fortaldes i Graven min Sandhed i Forraadnelsen, min Hemmelighed blev kiendt i Mørket og min Retfærdighed i Glemsels Land! (GP 10,178)

I denne storslåede passage, og i det foregående, er der meget, der kalder på vor opmærksomhed. For det første finder vi, straks i begyndelsen af prædikenen, og i modsætning til den foregående dags, et udtryk for Grundtvigs overbevisning om komplementariteten mellem mænd og kvinder. Menneskeslægtens to halvdele skal begge være fuldt og helt med i dens liv; de skal hver for sig give deres særlige svar på åbenbaringen af Guds kærlighed. For det andet er der hans længe nærede overbevisning om det særlige slægtskab mellem Grækenland og Danmark og deres mytologier. De, der føler dødens bitterhed stærkest, er også dem, der dybest føler længselen efter udødelighed. For det tredje møder vi hans lige så gamle idé om noget særligt feminint i græsk og nordisk ånd. Begge steder har hjertets liv en særlig dybde og styrke. Derfor føler begge de to folk dødens rædsel særlig stærkt; og derfor lever der hos dem begge et særligt begær efter at finde tegn på håb om et evigt liv hinsides dødens skillevæg.

Man kan måske finde nogle af disse ideer kunstlede eller overdrevne. Det kan rigtignok betvivles, at disse egenskaber udelukkende findes hos nogle få folk og ikke hos menneskeslægten som helhed. Det ville Grundtvig nok selv anerkende: som vi skal se, når talen bliver om Pinsen, ser han undertiden Åndens virksomhed overalt i menneskelig historie. For nærværende bør vi nøjes med at notere os, hvor vigtige disse anskuelser om Hellas og Danmark er for Grundtvig, og erindre os, at de hviler på et større førstehåndskendskab til kilderne, end ret mange af hans samtidige kunne rose sig af.

Endelig – og især – er der den forbindelse, der udarbejdes mellem kvindernes sorg ved graven og Evas, alt levendes moders, gråd. Her ser det ud, som om Grundtvig har fået øje på den byzantinske versprædiken for anden søndag efter Påske, den, hvis tekst handler om kvinderne, der bar myrra til graven:

> Med din hilsen: 'Glæd jer!' til de myrrabærende kvinder, gjorde du, Kristus vor Gud, ved din opstandelse ende på vor første moder Evas sorg.[90]

Evas sorg ses som hele menneskehedens: alle mødres gråd for deres børn gennem tiderne. Her indoptages et motiv fra den græske mytologi: Demeters sorg over Persefone. Det transformeres og gøres universelt i kvindernes svar på Kristi død og opstandelse. Menneskehjertets ældgamle sorg forvandles ved Kristi døds og opstandelses mysterium, det, hvorved, som det hedder i de græske hymner for Påskelørdag, "alle ting forvandles". Hele menneskeheden sørgede over sin faldne tilstand, sin fremmedgørelse fra Gud, sin trældom under synd og død. Hele menneskehedens sorg stilles i lys af Kristi sejrende opstandelse, den, der gælder alle.

Der findes en bemærkelsesværdig parallel til Grundtvigs vision af Evas vedvarende sorg i en tekst af en stor nutidig ortodoks skribent, Silouan af Athos. Den står i hans meditation: "Adams klage". Her er det Adam, der græder over sit tabte fællesskab med Gud, og hele skabningen græder med ham. I sine bønner identificerer forfatteren sig med Adam og føler sig ét med ham, alles stamfader. I den anskuelses lys er vi allesammen indbefattet i Adam og Eva; de repræsenterer hele menneskeheden. Det er dem, som ses blive draget op af dødsriget på den ortodokse opstandelses-ikon. De får del i Kristi opstigning, ligesom i Grundtvigs version af det gamle angelsaksiske digt om hærgningen af dødsriget: "I Nat blev der banket paa Helvedes Port".[91]

Vi har her et eksempel på, hvordan Grundtvig næsten instinktivt bruger Bibelens og den kristne traditions billedsprog, når han skal gøre rede for sin vision af den kristne tro. I den prædikenpassage, jeg citerede ovenfor, er det betegnende, at snart sagt hver linje rummer et citat fra eller en allusion til det Gamle Testamente. Denne intenst bibelske og traditionelle form for trosudsagn er hos Grundtvig sat ind i en sammenhæng, der er domineret af den samlede menneskeheds længsel og forventning. Denne forventning ser han klarest og rigest udtrykt i det gamle Hellas' mytologi og i sine egne førkristne forfædres fortællinger. Man kan ikke tænke sig et mere slående vidnesbyrd om den altomfattende karakter af Grundtvigs forståelse af Guds handling og af det svar, den kalder frem i mænds og kvinders hjerter i alle folk og alle tidsaldre.

Spørgsmålet om forholdet mellem den kristne tro og menneskehedens øvrige religioner var i det 19. århundrede endnu ikke blevet så påtrængende, som det er nu. Men det er ikke vanskeligt at se, hvordan Grundtvig ville have besvaret det. For ham står det klart, at Gud har været virksomt handlende gennem hele historien, til trods for syndefaldets realitet. Den guddommelige virksomhed kan ses som i et brændpunkt i Israels historie, den, som fører direkte til Messias' komme. Men den er ingenlunde begrænset til *det* særlige historiske forløb. Den kan også ses, måske mindre klart, men undertiden ikke mindre stærkt, i andre folks historie, og især i de folk, som har fået et særligt kald, en særlig rolle at spille i det store drama, som Guds historie med menneskeheden udgør. Endnu en gang ser vi således, hvordan opstandelsens mysterium anskues inklusivt og ikke eksklusivt.

Englens og derefter Kristi egen påskehilsen til kvinderne, der kommer med salver til graven, udgør et tema, som har en fremskudt plads i de ortodokse liturgiske påsketidstekster. Som sagt er én søndag helliget mindet om disse kvinder. Det var tydeligvis en idé som tiltrak, ja fængslede Grundtvig. Det kan illustreres ved endnu to af hans oversættelser fra græsk. Den første er en salme på ét enkelt vers:

Engelen som Lynet,
Frygtelig for Synet,
Havde ord at tale
Alt som Dugg i Dale,
Sagde: Kvinder fromme!
I med Salver komme,
Søge blandt de Døde
Livets Morgen-Røde;
Hulen Han forlod,
Herlig Han opstod!
Døden for Ham rømde,
Gravene Han tømde,
Den Udødelige
I de Dødes Rige!

Siger: det er stort,
Hvad vor Gud har gjort,
Adams faldne Kiøn
Reiste nu Guds Søn! (GSV 1,445)

Den salme, der følger kort efter denne i Sangværket, er mere konventionel i sin form, men dens indhold er lige så tydeligt og ligefremt. Det er en lovprisning af de kvinder, som var de første til at hilse den opstandne Kristus; som gik hen og meldte det til apostlene; og derved blev apostle for dem:

Herrens Veninder!
Apostelinder!
Salige prise vi eder i Dag:
Lys fra Graven,
Rosen fra Dødninge-Haven,
Bragde først I under Sørgehus-Tag!

Gyldneste Tale
Klang da i Sale,
Det var Opstandelsens levende Røst:
Frelser-Manden,
Jesus, vor Ven, er opstanden!
Jubled I lydt til al Jorderigs Trøst!

Engle jer røbed
Glæden i Svøbet,
Selv lagde Herren jer Glæden i Favn,
Den paa Vinge,
Brat til Apostler at bringe:
Glæden fra Grav i den Levendes Navn!

Aldrig vi glemme,
Kvindernes Stemme
Laae paa Apostlernes Tunger til Grund,
Første-Grøde
Var den af Liv fra de Døde,
Kvindefødt er da Opstandelsens Mund!

Herrens Veninder!
Salige Kvinder!
I bad Apostler udraabe paa Stand
Paaske-Dagen,
Smilet ad Sorgen og Klagen,
Vidnesbyrd stort fra Forglemmelsens Land! (GSV 1,446-47)

V

Som anført i begyndelsen af dette kapitel, er temaet: Kristi død og opstandelse allestedsnærværende i Grundtvigs salmer og prædikener. Et tegn derpå er søndagssalmernes stærke påstand: at hver søndag er en Påskedag. Nogle af de bedste af disse salmer stammer fra det samme forbavsende år: 1837. De viser, hvordan deres digter på egen hånd og med sine egne hensigter har udnyttet lutherdommens, det middelalderlige Vesterlands og det ortodokse Østens traditioner. Deres egenskab af "økumeniske" tekster er iøjnespringende. En af salmerne lyder:

Søndag-Morgen fra de Døde
Jesus seierrig opstod!
Hver en Søndags Morgen-Røde
Bringer nu for Døden Bod,
Kalder underfuld tilbage
Alle Herrens Leve-Dage!

Tusindtunget Herrens Tale
Da gienfødes vidt om Land:
Vaagn nu op af Søvn og Dvale
Øre hvert, som høre kan!
Stander, Sjæle, op af Døde!
Hilser Paaske-Morgenrøde!

Hver en Søndag Døden gyser,
Mørket skælver under Jord,
For med Glands da *Christus lyser*,
Kæmpe-Røst har Livets Ord,
Seiersalig de bekrige
Dødens Drot og Mørkets Rige! (GSV 1,303-04)

Sekstende kapitel

Pinse

Som vi har set, er kombinationen af billeder fra Bibelen og naturen et gennemgående træk i Grundtvigs salmer. Det er især tilfældet med pinsesalmerne. Her bliver det særlig klart, at den livgivende Helligånd smelter det indre og det ydre, kødet og ånden, nåden og naturen sammen på nyskabende vis. Atter her finder vi årstidsbilleder anvendt som illustration af væksten i livet under nåden.

Det var karakteristisk for de folkelige vækkelser, som gik hen over Nord- og Vesteuropa i det 18. og 19. århundrede, at de – selv om deres appel især gjaldt den individuelle samvittighed – også havde virkninger for hele samfund, undertiden for hele nationer. For eksempel blev waliserne i det 18. århundrede så stærkt præget af den metodistiske vækkelse, at deres samfund undergik en radikal ændring i løbet af 60-70 år. Vækkelsen resulterede i en livsform og nogle sociale og kulturelle holdninger, som overlevede til langt ind i det 20. århundrede. I en sådan bevægelse kan for en tid himmel og jord, tid og evighed komme så tæt på hinanden, at det kan ende i sværmeri og fanatisme. Men samtidig udløses stærke individuelle og sociale forandringskræfter. Bevægelser, som i deres oprindelige skikkelse er primært "hinsidige", kan have stærkt "dennesidige" virkninger. Bevægelser, som i begyndelsen især appellerer til følelserne, kan give stødet til mange slags intellektuelle initiativer.[92]

Dette var endnu mere tilfældet i Danmark, hvor det budskab, Grundtvig forkyndte, udtrykkelig gjaldt denne verden såvel som den næste og indbefattede nye skoletanker – med alt, hvad det betød for menneskelig udvikling – såvel som en ny idé om kirke og menighed. Naturligvis var de grundtvigske forsamlinger, som der blev flere og flere af fra århundredets midte, ikke de eneste, eller bare de første, tegn på folkelig religiøs vækkelse i Danmark. Der havde været ældre bevægelser i gang i landbefolkningen; og nogle af dem havde deres oprindelse i det foregående århundredes pietisme og bar et stærkt puritansk anstrøg, ikke uligt hvad vi finder i den engelsktalende verden på samme tid. Men den bevægelse, som Grundtvig inspirerede til, havde – trods visse lighedstræk med de andre – sit helt særegne præg: Den værdsatte jordiske ting såvel som himmelske.

Og hvis jord og himmel syntes så nær ved hinanden hos metodisterne, hvad så med grundtvigianerne, i betragtning af, hvad deres lærefader sagde om Guds nærvær hos os her og nu, midt i vort daglige liv, vore almindelige gøremål? Jakob Knudsen, hvis beskrivelse af en Grundtvigsalmes virkning på børn i hjemlig sammenhæng vi allerede har lært at kende, har en lige så levende skildring af, hvordan et barn oplevede en salme ved et møde på landet. Han taler ud af erfaringen af et landbosamfund, hvor folk stadig levede i tæt kontakt med naturen og formedes af årstidernes skiften; og den salme, hvis virkning han beskriver, er *Du, som gaaer ud fra den levende Gud*, en pinsesalme, som selv er fuld af den karakteristisk grundtvigske blanding af temaer og billeder fra naturens og Bibelens verden. Det var som niårig dreng, han havde været med sin far til et møde, hvor to kendte prædikanter skulle tale:

Jeg havde faaet Lov at følge med Fader, vi boede hos Pastor Konradsen i Nautrup. Dèr kom ogsaa de to rejsende Talere hen; det staar for mig, at Sveistrup talte ude paa Kirkegaarden; der var maaske blevet for mange Tilhørere til, at man kunde være inde i Kirken. – Men derefter samledes en Mængde Mennesker inde i Præstegaardens Stuer tilligemed Talerne, – jeg gik udenfor i Gaarden. Og pludselig gav de sig til at synge derinde: “Du, som gaar ud fra den levende Gud, Aandernes Aand i det Høje”. – Ja, hvor mangfoldig og rig var dog ikke den Følelse, som greb mig derved! Mangfoldig: der var noget om en Bikube med i mine Tanker – det var vel de mange Mennesker i dette lille, lave Præstegaards-Stuehus, – det kom maaske ogsaa af Foraarsluften, der let bringer en til at tænke paa Bierne. Aa, men der var ogsaa en Mindelse om Højen, der hæver sig paa røde Pæle – maaske det var den stærke Sang, der bar opad og ligesom kunde løfte Taget af Huset – og om Pintsedags-Ilden, de glødende Tunger, som Salmen selv nævner, – men frem for alt var der Tanken om det vældigt fremfarende Vejr fra Himlen, som fyldte hele Huset, hvor de sad – og atter Foraarsblæsten, der snart, ja, om en ganske kort Stund, skulde blive til Varme og bringe Sommer til Danmark![93]

Selv når man tager i betragtning, at den niårige dreng ikke har kunnet formulere sine indtryk på så artikuleret vis som den voksne skribent fyrre år senere, er det et bemærkelsesværdigt billede, der tegner sig. Skildringen taler to gange om noget rent naturbestemt: den lune forårsbrise med dens løfte om sommer. Men disse ord er fyldt med en sådan mangfoldighed af tankeforbindelser, at den sommer, som skal komme til Danmark, viser sig som noget, der ikke bare er en tilbagevendende årstid, men en universel og forjættet opfyldelsestid.

Ind imellem har Knudsen udfyldt sin skildring, først med tanken om bisværmen og dens kube. Dette billede må, i hvert fald delvis, være inspireret af den ivrigt summende samtale før salmesangen: Der rørte sig noget her i præstegårdens lave rum. Dernæst kommer henvisningen til højen, der rejser sig på gloende pæle, når elverfolkets festivitas når sit højdepunkt og det bliver farligt at nærme sig stedet. I sådanne øjeblikke åbner en verden, der ligger lige under vor dagligdags erfarings overflade, sig pludselig for os med dragende kraft.

Fra dette rent førkristne billede når vi umiddelbart frem til rummet i Jerusalem, hvor den vældige blæst kom over apostlene på den første Pinsedag. Knudsen er en ægte discipel af Grundtvig. Nåden, naturen, folketroen og Bibelen blandes sammen, og det hele bestyrker fornemmelsen af, at sommeren er på vej og næsten kommet. Det er den milde og venlige danske sommer. Men det er også, i antydningens form, en evig sommer, en himmelsk årstid, som aldrig vil få ende. Knudsen fortsætter:

Ja, den Aandens Sommertid i Danmark, som den Gang saa mange gik og ventede paa, – den syntes vel ingen af dem selv, at de virkelig kom til at opleve; der var vel ogsaa noget i den Forventning, som bedre passede paa det evige Himmerig end paa Jordelivet. Men de havde ondt ved at opgive det, ved at gaa ind paa, at det ikke skulde ske allerede her i Verden. – Jeg husker en Morgen tidlig, jeg laa inde i et Værelse ved siden af Faders Studere-Kammer, og han kom derind i sin Stue, hvortil min Dør var lukket, – og han sang, men græd tillige, græd og sang: "Blomstre som en Rosengaard skal de øde Vange". Jeg tror det var af Sorg over at skulle henlægge til det evige Rige saa meget af det, som han havde haabet, og som Grundtvig dog vist ogsaa havde ment, skulde ske allerede her paa Jorden, ja, her i Danmark.

Hvem kan sige, om tårerne ikke var glædestårer såvel som sorgfulde? "Paradis jo nu er her": Det er netop, fordi det både er her og endnu ikke er her, at vi græder, af sorg og af glæde. Hvis paradiset var her helt og fuldt, ville sorgen være væk. Hvis det var helt fraværende, ville vi ikke have nogen erfaring af det og følgelig ingen grund til at sørge over dets fravær. Tårerne er sorgens og glædens tårer: Som det hedder hos William Blake i hans *Auguries of Innocence*: "Joy and woe are woven fine, a clothing for the soul divine".

Som Jakob Knudsen et andet sted bemærker, var det Grundtvigs dybtfølte kærlighed til og viden om sit folk, der muliggjorde alt dette:

Det var gennem denne, at Grundtvig blev Redskabet, ved hvem der for Aar tilbage skabtes en Fryd i den danske Menighed, saa stor, som vist ingen andre Steder i Samtiden, saa folkelig, saa den føltes allerstærkest af Børnene …

Den glæde gav genlyd gennem årene efter dens første frembrud. Den gav dansk festlighed en særlig tone, som er kendelig den dag i dag.

II

Noget af den varme og universalitet, som præger Knudsens skildring, genfinder vi – som det var at vente – i Grundtvigs pinseprædikener. På Pinsedag i det rige år 1837 prædiker han over teksten: "Vi høre dem tale Guds store og underlige Ting med vore Tungemaal" (ApG 2,11), og han begynder:

Et saadant Udraab var i gamle Dage ikke usædvanligt, naar ethvert Folks egne Poeter, opflammede af en usynlig Ild, talede til dem med vingede Ord i Lignelser og Billed-Sprog om dem som boe i Himlene, men nedbøie sig til at betragte Jorden, ja, besøge stundum vidunderlig Menneskens Børn, som deres Slægtninger langt ude, alle forarmede, men dog ikke alle ganske vanslægtede. Det var ikke usædvanligt, siger jeg, thi det skedte ikke blot hos Israel, naar Propheterne talede, det skedte ogsaa blandt alle de Hedninger, som ei ganske havde glemt, at Mennesket oprindelig er i Slægt med sin Skaber, som blæste Livs-Aande i Hans Næse, og lagde ham dermed Ordet i Munden, Ordet om det Usynlige, Tankers og Følelsers vidunderlige Udtryk, og det Guddoms-Stempel, hvorpaa vi er kiendelige fra alle de Umælende …

Altsaa, mine Venner! hvad der skedte paa den store Pindse-Fest, da Apostlerne talde med glødende Tunger om den Korsfæstede, igien Opstandne, himmelfarne Frelser, og hvad der bestandig skal skee i den Kirke, de glødende Tunger skabde, det er vist nok mageløst, men ingenlunde væsentlig forskielligt fra hvad der er skedt utallige Gange, naar Aanden kom over de Begavede, saa de tog til deres Sprog, til Billed-Sproget og talede deri saa levende og saa henrivende om det hemmelige Forhold mellem Himmel og Jord og Gud og Menneske, at Tilhørerne følde sig besøgde af det Guddommelige og kraftelig mindede om, at Mennesket er skabt i Guds Billede og efter hans Lignelse, til at aabenbare Hans Herlighed og fryde sig i Hans Samfund, som alene eier Udødelighed, men vil dele den med os, som sine Hænders Værk og sin Aands Bolig. Nei, kun i Graden er det mageløst hvad Christi Aand virkede den store Pindse-Dag og bliver ved at virke til Herren kommer øiensynlig igien, ligesom

Han opfoer, i Graden, saa Christi Aand virkede og virker ei blot paa et enkelt Folk, men paa alle Folkefærd under Himlen og Han oplivede og opliver dem, som annamme Ham, ikke blot for Øieblikke men for Evigheden, ja oplyser ikke blot til at see et Glimt af Saligheden, men til at vinde den! (GP 10,224-26)

Som man ser, er prædikenens tema et dobbelt. Den omhandler både det særlige og det almene ved Åndens komme i Pinsen. Ja, prædikanten synes at føle en vis spænding mellem de to påstande. Undertiden betoner han det enestående ved begivenheden i Jerusalem, til andre tider insisterer han på, at det kun er et eksempel, om end det højeste, på noget, som har kunnet finde sted overalt i menneskeheden og til alle tider i dens historie.

Når Grundtvig her siger, at alle folk under himlen har haft deres digtere og seere, genkender vi det inklusive i hans vision. Til alle tider og på alle steder har Skaberånden været virksom. Han har talt, ikke bare gennem ét folks profeter, men gennem manges. Han er, som den ortodokse liturgi hævder, "tilstede overalt og fylder alle ting". Men det skal ikke få os til at tro, at Grundtvig lader hånt om de afgørende forskelle i henseende til tid og sted. Ligesom der var noget enestående ved jødefolkets erfaring, noget, der gav det en central plads i hele historien, således, mener han, var der andre særlige folk, som på særlige tidspunkter havde modtaget særlige poetiske gaver og derved var blevet bærere af store historiske bevægelser. Grækerne var et sådant folk; nordboerne et andet. Således ræsonnerer Grundtvig om jødefolket i den første version af sin verdenskrønike fra 1814:

...derom ere dog alle Kyndige enige, at et Folks Vigtighed beroer paa den Indflydelse det har havt i Verden, og dets Hæderlighed paa denne Indflydelses Beskaffenhed, nu kan det jo dog ikke nægtes, at Jøderne har ved deres hellige Bøger og ved Christendommen som opstod imellem dem, havt en Indflydelse saa udbredt og langvarig, som intet andet Folk kan rose sig af, ja at intet enten christeligt, eller muhamedansk Folkefærds Levnet kan forstaaes, uden nøie Kiendskab til Jødernes Historie. (GVK XX-XXI)[94]

Selv om Grundtvig ikke ville nægte noget folk en andel i historiens vision og byrde, var der dog, troede han, folk, der, som for eksempel de afrikanske, endnu ikke var dukket op som parthavere i historien. Deres tid ville måske komme.

Et andet sted i pinseprædikenen lægger han et stærkt eftertryk på inderlighedskarakteren af det forhold mellem menneskeligt og guddommeligt, som Ånden hidfører ved sit komme. Følelsen af slægtskab mellem jord og himmel var, siger han,

> ikke noget Folk aldeles fremmed, som havde et Ord paa deres Moders-Maal, der udtrykde hvad vi kalde *Aand*, thi dette Ord er paa alle Tungemaal udsprunget af den Følelse, at der er en besynderlig, usynlig Kraft, der endnu mindre end vort legemlige *Aande-Dræt* lader sig undersøge eller beskrive, men, som naar den virker, sætter os i en vidunderlig Forbindelse med en anden, høiere Verden, ja, aabner en Saadan i vort eget Inderste, i vor Hjerne og vort Hjerte, saa vi opdage en heel Kreds af nye Tanker og Følelser, ikke som noget Fremmed, men som noget hardt sovende hardtad Dødt, der vaagner i os og begyn der ligesom at drage Aande. – Saaledes gik det da ogsaa Apostlernes Tilhørere paa den store Pindse-Fest, da de forundrede udraabde: vi høre dem tale Guds store og underlige Ting paa vore Tungemaal, saa i denne Henseende vederfores dem ikke noget Fremmed, men noget aldeles menneskeligt, og for at giøre opmærksom paa, at det Overnaturlige i Christi Kirke er paa ingen Maade noget Unaturligt, men kun en guddommelig Velsignelse og Forklaring af den herlige og dybe, men dybt faldne og fordærvede Menneske-Natur, som det behagede vor Himmelske Fader at opreise, gienføde, fornye, velsigne og forklare i sin eenbaarne Søn og Kvindens Sæd, vor Herre *Jesus Christus.* (GP 10,225)

I denne idé om evner, alle mennesker gemmer i sig, ligger oprindelsen til Grundtvigs poetisk-historiske tanker om opdragelse. Der er i mænd og kvinder en skjult og urealiseret evne, som Ånden kan frigøre og føre til vækst. Lærerens opgave er hjælperens. I denne opdragelsesproces er Grundtvigs egne bibelhistoriske og fædrelandshistoriske sange af betydning. Ved at synge dem bliver børnene og de unge delagtige i dannelsen af Guds verdensomspændende folk såvel som i deres eget folks særlige kald. Ved at få del i visionen bliver de også medansvarlige for, at handling følger på syn. Hverken visionen eller ansvaret er noget, der pålægges dem udefra. De er snarere udfoldelser og udtrykkeliggørelser af de muligheder for liv og forståelse, som allerede er til stede inden i dem.[95] Dette at den grundtvigske opdragelsesmetode sigter mod at sætte mennesker i stand til at opdage og virkeliggøre deres egne muligheder, er en af grundene til, at den har appelleret så stærkt til folk i den “tredje verden” i dag. Metoden selv er baseret på en sammenhængende anskuelse af menneskenaturen og af Guds handling med den – den handling, der oprejser og nyskaber, velsigner og “forklarer” menneskehedens faldne natur.

Vi finder her også noget af roden til Grundtvigs ideer om nationalt sprog og identitet. Enhver nation har sit eget sprog. Det sprog er ikke nogen privat ejendel. Sprog lever i fællesskaber, ja, de former eller ligefrem skaber disse fællesskaber. Åndens gave i Pinsen fremdrager og bekræfter menneskelige forskelligheders og særprægs karakter af noget gudgivet. Ethvert folk, ja ethvert enkeltmenneske, har ret til at høre evangeliet på sit eget sprog. Heri ligger der en interessant modvægt til Grundtvigs tilsyneladende noget elitære ideer om førende folk med særlige historiske bestemmelser. I sine prædikener betoner han fra tid til anden de fattiges og de udannedes rettigheder. Det er på tide, siger han, at kvinder og børn hører evangeliet på deres egne præmisser. Fra én side set er denne insisteren en del af hans bestandige og kompromisløse kritik af akademisk dannede præsters lærde prædikener – det være sig dogmatiske, som den lutherske ortodoksis, eller spekulative, som den tysk inspirerede idealistiske teologis. I begge tilfælde er ordene henvendt til intellektet alene og ikke til hele personen. De ord, derimod, som Ånden giver magt, må komme fra hjertet og gå til hjertet. De skal kunne forstås af alle, og de skal bekræfte alle i, at de er noget værd og kan noget.

Det er interessant at se, hvordan en moderne teolog under nogle betragtninger over kirkens mission og over forholdet mellem tro og kultur kan anstille en lignende overvejelse over teksten til Pinsedag. Når John D. Davies taler ud af sin lange erfaring med sprogmøder i det sydlige Afrika og med sammenstødene mellem internationale kulturer på den ene side og lokalafrikanske på den anden, bruger han ord, som kaster lys over grunden til, at Grundtvigs ideer kan appellere til tredjeverdenslande i dag:

> Pinsens under består ikke bare i, at folk sættes i stand til at forstå hverandre … meddelelsen skal komme til dem i deres lokale familie-, egns- og nationssprog, ikke i de mægtiges internationale sprog … den formidles til dem i det fra forældrene arvede, dybtliggende symbolsystem, som disse sprog er. Dette er hjertet i pinseunderet. Hvor ubetydeligt vort eget sprog end er i imperiebyggernes og reklamemagernes øjne, forkyndes det dog at være bærer af det gode budskab … hvis det, du lærer, er begrænset til, hvad du kan lære ved hjælp af en anden persons sprog, på hvilket den anden dikterer spørgsmålene såvel som svarene, så mister du dit menneskeværd. Så er din tro ikke din; den tilhører den autoritet, som laver katekismen … de, som hørte apostlenes ord fik ikke bare information om begivenheder uden for dem selv, de fik forsikring om deres eget værd ved at det sprog, som havde formet deres måde at se verden på, blev bekræftet i sit.[96]

III

Medens den prædiken, vi hidtil har set på, formidler en stærk fornemmelse af sammenhængen i Grundtvigs tænkning i bredere forstand: måden, hvorpå hans tanker om opdragelse og folkesprog er intimt knyttet til hans centrale teologiske udsagn, så afslører den næste prædiken, vi skal betragte, noget af den indre sammenhæng i hans teologi.

Teksten til denne prædiken, holdt på Pinsemandag 1838, er taget fra Johannesevangeliet: "Saa elskede Gud Verden, at Han gav sin Eenbaarne Søn, for at hver den, som troer paa Ham, skal ikke fortabes, men have det evige Liv". Dette er jo et af Bibelens bedst kendte og mest el skede vers, særlig for evangeliske prædikanter af alle afskygninger. Som vi skal se, er det også et vers af højeste vigtighed i Grundtvigs egen forståelse af troen.

Han begynder med denne højstemte passage:

Dette guddommelige Udtog af Aabenbaringen, gjort af Herren selv, af den Eenbaarne selv, som blev givet, hengivet i Døden og efter Opstandelsen overgivet og overladt til os, saa vi, ved at indplantes i Ham, blive Grene paa Livets Træ i Guds Paradis, og ved at æde Hans Kiød og drikke Hans Blod, faae Livet i os selv, saa vi leve ved Ham, ligesom Han lever ved Faderen, dette lille Mesterværk af Ordet, Guddoms-Ordet, som blev Kiød og boede iblandt os, kan vi aldrig noksom beundre, elske og ophøie, thi til den Tale er der aabenbar ikke Mage i denne Verden, saa kort og tydelig, simpel og eenfoldig og dog saa høi og dyb, saa rig og fyndig, hvorfor heller intet *Bibelsprog* har saa klar og livsalig en Historie som dette … (GP 11,225)

Det er værd at bemærke, at Grundtvig her kommer ind på Johannesordets historie. For ham er ord levende ting. De kommer til live og udfylder deres rette funktion når de tales eller synges, altså når de er virksomme i menneskers liv og handlinger og ikke bare hviler passivt på en bogside. Han går straks videre til at tale om, hvordan dette ord gennem alle kirkehistoriens skiftende omstændigheder og på alle steder, hvor evangeliet er nået hen, har bragt løftet med sig om det nye liv i Jesus Kristus og har spillet en central rolle i opbygningen af det kristne fællesskab. Men interessant nok, og måske mærkeligt nok, kommer hans egen prædiken først fuldt ud til live, når han bringer dette store ord af Herren i forbindelse med et andet ord, som han kalder "et deiligt Ordsprog iblandt os": "Kiærlighed er stærkere end Døden". Han kan ikke have glemt, at også dette ord har sin oprindelse i Bibelen, nemlig i Salomons

Højsang (Højs 8,6). Men det er i vekselvirkningen mellem Johannesverset og det folkelige danske ordsprog – ordet fra Bibelen og ordet fra folket – resten af prædikenen udfolder sig:

Ja, mine Venner! det er et deiligt Ordsprog iblandt os, at *Kiærlighed* er *stærkere* end *Døden*, og det er Menneske-Hjertets dybeste naturlige Sorg og Klage, at Erfaringen kun halv stadfæster det, stadfæster kun, at Kiærlighed kan være stærk nok til at trodse Døden, til ei blot, trods den, at elske bestandig hvad vi i levende Live fandt yndigt og elskeligt, men til endog at vove Livet for det inderlig Elskede. Det er, siger jeg, Menneske-Hjertets dybeste naturlige Klage, at Kiærligheden, skiøndt den i visse Maader aabenbar er stærkere end Døden, dog ei virkelig kan overvinde og beseire, afkræfte og tilintetgiøre den, det er Hjertets Sorg og Klage ved sine Kiæres Grave og igien Dets Sorg og Klage i Dødskampen mellem sine kiære Efterlevende, fra hvem det ei kan løsrive sig, og denne Sorg slukkes, denne Klage forstummer kun, naar Hjertet hører og troer det store Evangelium: saa elskede Gud Verden, at Han gav sin eenbaarne Søn, for at hver den, som troer paa Ham, skal ikke fortabes, men have det evige Liv. Dette Guddoms-Ord forkynder nemlig fra Først til Sidst at Kiærlighed er i alle muelige Maader og Betydninger stærkere end Døden, kun at denne almægtige, seierrige, evig triumpherende Kiærlighed er ikke den, hvormed vi naturlig have elsket Gud eller Mennesker, men den hvormed Gud har elsket os og sendt sin Søn til en Forsoner for vore Synder. Ja, christne Venner! det gjorde Gudfader jo ikke, fordi Han elskede eller kunde elske os arme Syndere høiere end sin eenbaarne Søn, men de[t] gjorde, det kunde Han kun giøre, fordi Hans Kiærlighed selv til os faldne, besmittede, vanartede Skabninger virkelig var stærkere end Døden, stærkere i hans og Sønnens Hjerte, saa Døden med al sin Gru og Pine var dem mindre end vor Ulykke og Fortabelse, men tillige stærkere end Døden i Kamp dermed, saa ikke blot kunde Faderens Kiærlighed igien bryde Dødens Lænker for sin Eenbaarne, men Sønnens Kiærlighed, som drev ham i Døden for os, kunde ogsaa udfrie os af Dødens Vold, saa hver den, som troer paa Ham, den Korsfæstede igien Opstandne, skal ikke fortabes men leve evindelig. (GP 11,226-27)

I sit ønske om at understrege, at der ikke er noget unaturligt i Guds værk i verden, synes Grundtvig undertiden at stå i fare for at udviske den afgørende forskel mellem skabt og uskabt, mellem menneskeligt og guddommeligt. I denne tekst er det særdeles tydeligt, at han i virkeligheden aldrig gør sig skyldig i det. Det bliver klart, at på lavpunktet af menneskelig eksistens, ved mødet med døden, den sidste fjende, slår menneskelig kærlighed ikke til. Det gør kun den guddommelige. Vi føler, at kærligheden *kunne* være stærkere end døden, vi længes efter, at den skal være det, og kæmper for, at den bliver det, men til sidst finder vi, at den ikke er det. For Grundtvig er dette et sikkert tegn på, at vi er skabt i Guds billede og lighed, og at det samme gælder vor kærlighed i forhold til den guddommelige. Dens længsel er grænseløs, men dens evne er ikke. Det er kun Guds.

Som skabt kærlighed er vor kærlighed altid begrænset, og som led af den faldne natur er den blevet skæmmet og svækket. Guds kærlighed, derimod, er den uskabte, almægtige kærlighed, som går i kamp med døden og besejrer den, så at Gud og hans skabning forsones. Teksten her viser, at Grundtvigs forståelse af Kristi død og opstandelse som Guds kamp mod og sejr over døden og det onde indebærer en forståelse af forsoningen som en proces, der helt og holdent er begrundet i kærlighed.

I hvert fald siden Augustin, som forbandt enkelte guddommelige kendetegn med enkelte personer i Treenigheden, har det været almindeligt i Vesten at sætte kærligheden specifikt i forbindelse med den tredje person. Hvis Faderen er magt og Sønnen visdom, er Ånden kærlighed – det bånd, der forener Fader og Søn med hinanden og med os. Den udtryksmåde undgår Grundtvig konsekvent. For ham er det især Faderen, der er kærlighed, og Ånden liv, selv om sådanne tilskrivelser og tankeforbindelser aldrig kan blive absolutte. Det, som kendetegner hver af personerne, kendetegner jo dem alle, og omvendt.

Men eftersom kærligheden, for Grundtvig at se, altid kommer fra Faderen, kan vi måske forestille os forholdet sådan, at den kærlighed, som er i Faderens hjerte, og i Sønnens, og som bringer Sønnen til, i overensstemmelse med Faderens vilje, at give sig selv hen i døden for verdens liv, virkelig *er* Ånden, som udgår fra Faderen og sendes af Sønnen. Grundtvig taler ikke udtrykkeligt i sådanne vendinger, men vi kan måske se det som underforstået i de ord, han faktisk bruger. Under alle omstændigheder står det fast, at vi her møder en forståelse af Kristi forsoningsdød, som helt og holdent er bestemt af tanken om den Treenige Gud, hvis kærlighed til hele sin skabning bringer ham til at give sig selv helt og fuldt til den.[97] Det, som Grundtvig direkte siger om Helligånden – og vi husker, at dette er en pinseprædiken – kommer i det følgende afsnit:

Dette er da det første Led af det store Evangelium, den christelige Aabenbaring at den Guds Kiærlighed, hvormed Han haver elsket os er stærkere end Døden, kan og vil ved vor Herres Jesu Christi Tro, trods Døden, skiænke os det evige Liv, og dermed er for det troende Hjerte den store Sorg slukket, og et uforkrænkeligt Haab født til Verden, som himmelsk trøster os ved vore Medchristnes Grave og ved vor egen, men denne Tro paa Guds Kiærligheds Storhed og Magt over Døden vilde dog altid være vaklende og Livshaabet svagt, hvis vi slet ikke herneden kunde lære af Erfaring at kiende den Kiærlighed, som virkelig er stærkere end Døden, saa det andet Led af Evangeliet, den Aabenbaring, at Guds Kiærlighed er udøst i vort Hjerte ved den Helligaand, som os er skiænket, det hører visselig til, som Apostelen siger, for at vort Haab ei skal føle sig beskæmmet, men det ligger ogsaa allerede deri, at hver den som troer, skal have det evige Liv, skal ikke blot haabe men have det, thi vi kan umuelig have det evige Liv uden i en Kiærlighed der er stærkere end Døden, og naar Troen er den eneste Betingelse, da maa jo, naar Guds Ord ikke skal feile, Hans Kiærlighed fødes i hvert troende Hjerte, ikke blot som den naturlige Kiærlighed til vor guddommelige Fader, Frelser og Velgiører, men som den guddommelige Kiærlighed, hvormed Han elsker os, en Kiærlighed, der i os ligesom i Ham, er stærkere end Døden. (GP 11,227)

Derefter følger en passage, som igen viser os, at Grundtvig er digter i prosa såvel som i poesi. Den minder os også om, at hvor megen vægt han end lagde på de sociale, fællesskabsmæssige og dennesidige aspekter af kristendommen – det, som ofte kaldes dens "horisontale dimension" – så tabte han aldrig den "vertikale" af syne. Højden og dybden i menneskelig gudserfaring er til stede i hans anskuelse såvel som længden og bredden:

Og nu, Christne Venner! lad os staae stille i Aanden og stirre ind i Kiærligheds-Dybet baade oppe og nede, som har kun et svagt, men dog et deiligt Billede i det Øiensynlige, naar Himlen hvælver sig dyb og blaa, uden Sky eller Taage over vort Hoved og speiler sig i det blikstille klare, himmelblaa Hav, lad os stirre ind i det velsignede Dyb, der er baade Kilden til vor Saliggiørelse og Saligheden selv, baade Livets Kilde og Livets Flod! Lad os see det, for aldrig at glemme det, at ligesaalidt, som vi ved vore Synder fortjende et Gran af den vidunderlige Kiærlighed, hvormed Faderen elskede os og gav sin Eenbaarne, og hvormed Sønnen elskede os saa Han hengav sig selv til en Gave og et Slagtoffer for os, ligesaalidt kan der være mindste Fortjeneste i, at vi elske Ham igien, som elskede os først, elskede os med den store, ubeskrivelige Kiærlighed, stærkere end Døden, da det er som Herren siger: dersom I elske dem, som elske eder, hvad Løn vil I have for det, giør ikke Toldere det samme, ikke mindste Fortjeneste, men uberegnelig Vinding, fordi denne vor naturlige Gienkiærlighed, denne vor barnlige Taknemmelighed, der ingenlunde kan fylde eller fyldestgjøre Hjertedybet, den aabner og udvider det, den viser vor himmelske Fader en Tomhed han gierne opfylder, en Armod, Han gierne afhjelper, den giør det mueligt, at Gud kan udøse sin Kiærlighed i vore Hjerter ved den Helliggaand, som os i Jesu Navn er skiænket, og denne Guddommelige Kiærlighed, hvormed Faderen elsker sin eenbaarne Søn og os, denne Kiærlighed er det, der, som en evig Livs-Kilde ogsaa i os bliver stærkere end Døden, og lærer os glædelig at kiende den Kiærlighed, hvormed Gud elskede Verden, da Han gav sin eenbaarne Søn, den Kiærlighed, som skiænker alle dem, der troe paa Sønnen, det evige Liv, den Kiærlighed hvormed Frelseren elskede sine Disipler og elsker dem til Enden, og hvormed Han vil elskes igien af sine, saa de vil sætte Livet til for ham og Brødrene, ligesom Han satte Livet til for os! (GP sst. 227-28)

Hvis vi skulle have været fristet til at tro, at Grundtvig er så optaget af den guddommelige kærligheds "længde og bredde", at han glemmer dens "højde og dybde", så vil en passage som denne få os til at tænke om. Den afslører en kontemplativ fryd ved slet og ret at stirre ind i dybderne af den guddommelige kærlighed over os og under os: Faderens hjertes altomfattende mysterium. Tanke og følelse indbydes til at være stille og lade sig drage ind i himlens og havets fuldkomne sommerdagsstilhed. Menneskets svar på Guds grænseløse selvhengivelse – den taknemmelighed og kærlighed, som dets natur sætter det i stand til at vise – er en realitet og fornægtes ikke. Men det gøres klart, at det svar i sig selv ingenlunde slår til. Det formår intet mere end at åbne og udvide menneskehjertet, så at Gud, når han ser dets armod og tomhed, kan overvælde det med sine gaver.

Her går Grundtvig ud over den tale om dødsangst, han har ført i prædikenens første del, og taler i stedet om en følelse af radikalt misforhold mellem Gud og menneske, sådan at forstå, at mennesket altid er fattigt og tomt og kender sin intethed. Det er alle tiders kristne mystikeres foretrukne synsmåde, og den er ofte blevet stillet i modsætning til den, der taler om kampen mellem liv og død og om vor angst for døden. Men begge dele er til stede i evangeliet – man tænke blot på Bjergprædikenens saligprisninger. Måske var det netop rigdommen og mangfoldigheden i Grundtvigs naturlige udrustning, som undertiden gjorde ham bevidst om en indre tomhed, som kun Guds kærlighed kunne fylde.

IV

Vi vender os til en tredje prædiken, som åbenbarer endnu en dimension af Helligåndens gerning, sådan som Grundtvig forstår den. Hvis den skal ses både i menneskelivets vertikale og horisontale dimensioner, skal den også ses i udviklingen i tiden: menneskesamfundets i almindelighed og kirkens i særdeleshed. På Pinsemandag 1832 benyttede Grundtvig lejligheden til at tale om den danske kirkes liv gennem tusind år. Da jubilæet fejredes i 1826, havde han af gode grunde været afskåret fra at markere begivenheden i prædikenform. Nu tager han emnet op og opretter det forsømte.

Han begynder med at sige, at der synes at være stor og iøjnespringende forskel mellem den universelle fest, der fejres på Pinsedag og den højtideligholdelse af en enkelt kirkes liv gennem tusind år, der finder sted dagen efter. På den første dag hører vi om Ånden, der kommer over alle verdens sprog; på den anden er der tale om "et i Verden uændset og hardtad ubekiendt Moders-Maal". Hvis den forskel mellem den første og den anden dag udviklede sig til en slags konkurrence mellem dem, altså: "dersom det vi kalde vor Kirke, vil være en Bygning ved Siden ad den hellige, almindelige Kirke, som Herren grundede paa Klippen", da ville der ikke blot være tale om forskel, men om adskillelse. Men det er Gud ske lov ikke sket; en sådan tankegang

lærde vi ikke af vore Fædre, og det lærde han ei heller dem den fremmede Giæst, som lagde Grund-Stenen til den Danske Kirke, og plantede først Pindse-Lilien paa vore Læber, *Ansgarius*, den Guds Mand, hvis Ihukommelse være velsignet, ja, hvis Ihukommelse herefter skal høitidelig fornyes hver anden Pindse-Dag i disse Lande-Mærker, saalænge den ydmyg bøier sig for den Første, ja, saalænge den Danske Kirke sætter al sin ære i, at være en Udbygning paa den hellige, almindelige Kirke, som længes inderlig efter at tabe sit Navn deri, og derved vinde den Christi Evangelii Velsignelses Fylde, som kun udstrømmer fra de glødende Tunger midt i Jerusalem, indstrømmer kun i de Helliges Samfund, som ei kalder Noget sit eget, men er eet Hjerte og een Sjæl i Christo Jesu vor Herre! Ja, mine Venner! naar jeg siger, at saaledes betragtede han som ene derfor med Rette kaldes Nordens Apostel, saaledes betragtede vor Evangelist Ansgarius sit Værk og Christi Menighed, da er [det] ingen tom Lovtale jeg holder og ingen løse Rygter jeg følger, men det gyldige Vidnesbyrd af hans kiæreste Discipel, af *Rimbert*, som har beskrevet hans aandelige Levnets-Løb saa trohjertig og velsignet, at for saavidt det Smaa og Ufuldkomne kan sammenlignes med det Største og Mageløse, maae vi sammenligne hans Lev-

> nets-Beskrivelse af sin elskede Fader i Christo, med Johannes af Herren selv. Ja, der læse vi endnu, blandt saa mangfoldige andre Vidnesbyrd om, hvilken troende Barne-Sjæl og prøvet Christen, hvilken ydmyg Arbeider i Vingaarden, og dog brændende Beiler til Martyr-Kronen Gud skabde til os, blandt mange Saadanne læse vi, hvordan den Fromme drømde sig ind i Paradiset, hvor Alt sammensmeltede i Straale-Glandsen der udgik fra Jesus Christus som det evige Guddoms-Lys og Morgen-Røden fra det Høie.
>
> Saaledes var det med ham, vor første Fader i Christo, og sandelig, det var ligedan med den Anden, med Morten Luther, den Guds Mand, hvis velsignede Ihukommelse vi herefter altid vil sammenføie med *Ansgars*, fordi Ingen af dem var eller vilde være Andet end Tjenere til Troens Udbredelse og Bestyrkelse, og prædikede ingenlunde dem selv, men Jesum Christum, deres og alles Herre, til Gud Faders [Ære]. De vilde Begge det skulde giælde om dem hvad Paulus siger om sig og Apollos: Ingen af os er korsfæstet for eder, og I ere ikke døbte paa vort Navn, jeg plantede, Apollos vandede, men Gud gav Vext, og den som planter og den som vander, er Intet, men Han er Alt som giver Vext. Ja, naar vi herefter tale om Plantelsen iblandt os, da vil vi sige: Ansgar plantede, Luther vandede, men Herren gav Vext, Ære være Ham i det Høie; thi det er sandt, at ligesom Man fordum engang tilbad *Ansgar* som en Midler mellem Herren og vor Menighed, saaledes var Man engang heller ikke fri for at betragte Luther som en Mellem-Mand mellem sig og Christus, der vel ikke skulde tilbedes, men dog troes paa sit Ord og følges blindt … (GP 5,226-28)

Men det er ikke en fejl, vi behøver at begå, hvis blot vi ser den ene Helligånd som virksom i dem begge.

Denne tekst er interessant af mange grunde. For det første viser den os, hvordan Grundtvig anskuer sammenhængen i kirkens historie gennem tiderne. Han tager ikke i betænkning at jævnstille Ansgars værk med Luthers. Selv de største begivenheder i forløbet, for eksempel Reformationen i det 16. århundrede, er begivenheder inden for denne sammenhæng. Han understreger parallelliteten mellem de to mænd ved at pege på faren for at forlade sig på enkelte apostle og reformatorer snarere end på Herren selv og den Ånd, der kommer fra ham. Som det var at vente, er Grundtvig kritisk over for den middelalderlige helgendyrkelse, men han er det også over for den forherligelse af Luther, som efter hans mening i lige så høj grad har sløret og formørket evangeliets mening. Det er værd at bemærke, at han ikke kritiserer den middelalderlige katolicisme uden også at kritisere den reformationsverden, som lå ham så meget nærmere.

Endnu mere slående er hans værdsættelse af Rimberts levnedsbeskrivelse af Ansgar. På den ene side drager han en meget luthersk distinktion mellem mandens liv og vidnesbyrd på den ene side og evangeliet selv på den anden. Men derefter anerkender han, at den middelalderlige teksts ægte hensigt er at vise, at det er Kristi liv, der lyser frem af hans tjeners liv. Som vi har set under betragtningen af hans brug af den angelsaksiske digtning, havde Grundtvig dyb forståelse og respekt for den tidlige middelalder. På en måde, som er sjælden i det 19. århundrede, tager han disse forfattere fra det første årtusind alvorligt. Grundtvigs præmisser som historiker og som teolog var andre end de gængse.

Men i grundtvigske kredse slog disse tanker an. Det kan ses hos nogle af de historikere, som var inspireret af ham. Og det bevidnes også af den altertavle, Christen Dalsgaard malede i 1872 på bestilling af den grundtvigske frimenighed på Mors.[98] Her ser vi, midt i et skovlandskab, en ung kvinde, der holder sit barn hen over en bæk, så det kan blive døbt af Ansgar, den benediktinske munk, som er billedets hovedfigur. Lige bag ham ses en anden benediktiner, som holder et processionskors hen over scenen.

Valget af emne, og den fremtrædende plads, billedet har i kirken, ville virke overraskende i de fleste protestantiske kirker, og formodentlig også i mange romersk-katolske. I den ortodokse kristenhed ville det være utænkeligt at placere en ikke-bibelsk scene på en så fremskudt plads i kirkebygningen, uanset hvor acceptabel den ville være andetsteds. Her, i en grundtvigsk landmenighed, var der intet upassende ved den. Den sås som udtryk for sammenhængen i kirkens liv gennem rum og tid, et liv, som altid har været levet i Åndens kraft og udfoldet sig på grundlag af dåbens og nadverens sakramenter. Billedet udtrykker på slående vis en forståelse af, at Gud er virksom i en national kirkes og et bestemt folks historie; og af denne histories tætte vekselvirkning mellem evighed og tid.

I de tre prædikener har vi set noget af rigdommen i, hvad Grundtvig havde at sige om Helligåndens gerning. Men eftersom det netop er på dette punkt, han især udmærker sig som salmedigter, må vi vende os fra prædikenerne til to pinsesalmer.

V

Den ene er kort, enkel og dog særdeles typisk:

Kraften fra det Høie,
Alt som en Ild for Øie,
Med alle Tungers Liflighed
Neddaled til Guds Menighed!
Takker alle Gud for hans Gave!

Kraften fra det Høie,
Guds Ånd, os sammenføie
Fra Øst og Vest, fra Syd og Nord,
til Giæster ved Vorherres Bord!
Takker alle Gud for hans Gave!

Kraften fra det Høie
Os i vort Sind fornøie,
Som Herrens Folk med Himlens Fred,
Udvalgte til Guds Salighed!
Takker alle Gud for hans Gave! (GSV 4,252)

Denne salmes versemål er det samme som i den middelalderlige påskesang: *Krist stod op af Døde*, som oprindelig var skrevet på latin, oversat til dansk før Reformationen og ofte nyoversat, til sidst af Grundtvig selv. Efter at denne oversættelse og dens melodi havde slået an, skrev han salmer til Jul og Pinse på samme versemål og til samme melodi. Den foreliggende salme stammer således nok fra midt i det 19. århundrede, men dens form er mange århundreder ældre.

Trods sin enkelhed er salmen indholdsrig. Det første vers peger på festens mysterium. Ånden daler ned i ildtunger på Guds folk, med liflighed på alle tungemål. Hans komme skænker på én gang mangfoldighed og enhed. Ikke blot apostlene, men alle de, der er sammen med dem, modtager samme erfaring. De er alle samlede som kirken, Guds folk.

Det andet vers taler mere udtrykkeligt om dette. Guds folk skal samles fra alle jordens ender. Det Gamle Testamentes profetier skal opfyldes. Samlingen sker ikke på et bestemt sted; den sker i nadverens sakramente, Gudsrigets fest, hvor alle bliver ét legeme, uanset alle indbyrdes forskelligheder.

I tredje vers åbnes blikket for den kommende verden, evighedsriget. Vore sind skal fornyes ved Helligåndens glæde, som bringer den Guds fred, der overgår al menneskelig beregning og lader os se Guds evighed, den, som har givet sig delvist til kende her i denne verden, men først skal erfares fuldt ud i den hinsidige. Vi er udvalgt til den salighed, som er livet i Gud selv.

I al sin korthed rummer salmen på én gang forkyndelse, takkende lovprisning, og påkaldelse. Den vækker minder om den 7-800 år ældre påskesalme, og samtidig fornyer den på vestlig grund den østlige tradition for "epiklese": påkaldelse af Helligånden. Den videregiver en tradition, som er både universel og speciel: den har sin rod på ét sted, men rækker bestandig ud over det.

Den anden salme er meget længere og mere kompleks:

I al sin Glands nu straaler Solen,
Livs-Lyset over Naadestolen,
Nu kom vor Pindselilje-Tid,
Nu har vi Sommer skiær og blid,
Nu spaaer os meer end Englerøst
I *Jesu* Navn en gylden Høst!

I Sommer-Nattens korte Svale
Slaaer høit Fredskovens Nattergale,
Saa alt, hvad Herren kalder sit
Maa slumre sødt og vaagne blidt,
Maa drømme sødt om Paradis,
Og vaagne til Vorherres Pris.

Det aander himmelsk over Støvet,
Det vifter hjemlig giennem Løvet,
Det lufter liflig under Sky
Fra Paradis, opladt paany,
Og yndig risler ved vor Fod
I Engen Bæk af Livets Flod!

Det volder alt den Aand, som daler,
Det virker alt den Aand, som taler
Ei af sig selv, men os til Trøst,
Af Kiærlighed med Sandheds Røst,
I *Ordets* Navn, som her blev Kiød,
Og foer til Himmels hvid og rød!

Opvaagner alle dybe Toner
Til Pris for Menneskets Forsoner!
Forsamles alle Tungemaal
I Takkesangens Offerskaal!
Istemmer over Herrens Bord
Nu Menighedens fulde Kor!

I Jesu Navn da Tungen gløder
Hos Hedninger saavelsom Jøder;
I Jesu-Navnets Offerskaal
Hensmelter alle Modersmaal;
I Jesu Navn udbryder da
Det evige Halleluja!

Vor Gud og Fader uden Lige!
Da blomstrer Rosen i dit Rige,
som Sole vi gaae op og ned
I din Eenbaarnes Herlighed;
Thi du for Hiertet, vi gav Dig,
Gav os med ham dit Himmerig! (GVU X,115-17)

Salmens første tre vers er behersket af naturbilleder, de tre sidste af billedsprog fra Bibelen og gudstjenestetraditionen. Det centrale vers, det fjerde, er relativt enkelt, hvad billedsproget angår; det er en slags åben kundgørelse af det, som de første tre vers har peget hen imod. Her nævnes Helligånden for første gang, selv om alle de tidligere vers har været fulde af Åndens virksomhed.

Disse første tre formidler et levende billede af et dansk sommerlandskab. Den nordiske sommers lyse nat er fuld af dyb betydning for Grundtvig. Medens der ved korsfæstelsen blev mørke midt på dagen, rummer natten her det første løfte om daggry. I det 17. og 18. århundredes poesi, f.eks. hos Brorson,[99] brugtes sommeren ofte som symbol på paradiset – Grundtvig synes at trække på den slags associationer. Det er Paradis, vi drømmer om i sommernatten: paradiset inden i os, de barndomsminder, som Grundtvig var vis på, at vi alle gemmer i os; men også det kommende, hinsidige Paradis, som vor blinde længsel gælder. Der er også en mindelse om det ord fra Højsangen, som var så yndet i middelalderens spiritualitet: "Jeg sov, men mit hjerte var vågent" (Højs 5,2). Når sanserne og intellektet er lagt til hvile, kommer hjertets dybder til live og taler.

Vi husker, hvordan en Grundtvigsalme udløste drengen Jakob Knudsens forventning om, at sommerbrisen indvarslede en kosmisk fuldbyrdelse. Det er, hvad salmens tredje vers udtrykker. Helligånden bliver stadig ikke nævnt, og det er sikkert med overlæg. Treenighedens tredje person er os så nær, han er i den grad vort hjertes hjerte og vort åndedrags åndedrag, at vi ofte slet ikke bemærker ham. Alle de tre første linjer af dette vers taler om sommervinden; men først i den tredje forsøges et mere teologisk udsagn. Brisen kommer til os fra Paradis. Det er ikke mere lukket for os; det er åbent på ny, så at der ikke længere er nogen spærring mellem Guds have og resten af hans verden. Paradiset er genvundet. Naturen forklares, når lyset fra Guds skabende kærlighed skinner frem gennem den. Derfor kan vi se, at bækken ved vore fødder kommer fra livets flod i Eden.

I det fjerde vers kommer så et ligefremt, dristigt udsagn i en mere prosaisk form end i de foregående og følgende vers. Alt dette, siges det, er Åndens værk, han, som ikke taler af sig selv, men i det inkarnerede og himmelfarne Ords navn. Dette vers fører os på vej ind i digtets sidste del, som er lige så fuld af liturgisk sprog som første del var af landskabsbilleder.

I femte vers kaldes alle verdens folk og sprog til lovprisning af Genløseren. Der er en mindelse om det himmelske frydekor, som det skildres i Johannes' Åbenbaring. Men versets centrale udsagn er nadverteologisk. Det er i "offerskålen", alle sprog samles. Det er over Herrens bord, den himmelske og den jordiske kirkes kor skal lyde.

Disse motiver gentages i vers seks, men på endnu mere indtrængende vis. Tre gange siges det, at alt dette gøres i Jesu navn. Det er, som om anonymiteten i de tidligere vers nu pludselig og endegyldigt fjernes. Hidtil er Frelserens navn blevet nævnt én gang, på ret konventionel vis, i salmens første vers. I vers fire nævnes det inkarnerede Ord, i vers fem menneskenes Frelser. Men nu siges tre gange det navn, Jesus, som i sig selv forener de to naturer, den menneskelige og den guddommelige, i én person, Frelseren. I denne mere ekstatiske og eskatologiske sammenhæng siges sprogene ikke længere at blive samlet; de smeltes sammen til ét. Her bruges altså netop det ord, som Grundtvig gerne bruger, når han taler om det menneskeliges og det guddommeliges møde. Sammensmeltningen finder sted i en kærlighed, som på én gang er Guds kærlighed i os og vor i Gud, det vil sige i Helligånden.

Salmen som helhed er selvsagt en Helligåndssalme, men det næstsidste vers er viet Jesus, Sønnen. Som det var at vente, når vi så i det sidste vers frem til Faderen. Fra et litterært synspunkt er dette vers en bedrift. Det kombinerer og forener naturbilledsproget fra første del med den bibelske og liturgiske metaforik i sidste del. Det kan få os til at tænke på Dantes store værk, hvor digteren ser Himlen som en åben rose. Sommer- og solbillederne fra første vers indoptages og bringer salmen til dens afslutning. Her er vi trådt fuldt og helt ind i evighedens verden; men den verden er ikke tom for tid. Tiden tages ind i den: Årstidernes skiften antydes i ordene om, at vi går op og ned som sole. Alle den omskiftelige tids gaver tages op i den himmelske glæde, og det gør også alle menneskelivets og historiens gaver. Alt samles ind i den Enbårnes herlighed, fordi Faderen giver os sin Søn, og med ham alle ting, for det hjerte, vi gav ham.

Hvad indebærer dette: at "give vort hjerte", for Grundtvig? Det er noget, han kommer ind på flere steder, og på særlig veltalende vis i en Præstø-prædiken fra 1822. Ud fra teksten: "Hvorledes skal jeg betale Herren alle Hans Velgierninger imod mig?", siger han:

See, dermed skal vi betale Herren, at vi give Ham vort Hjerte, saa det maa være Ham til en Bolig, Hans Aand til et helligt Værksted for gode Gierninger til Faderens Priis. Ja, høre Ham, vor Frelser til, som Hans Eiendoms-Folk, flittigt til gode Gierninger, det maae vi, dersom ellers Han skal høre os til, som vor Forsoner med Gud, som den Eenbaarne Søn, der vil dele sin Arv og sin Herlighed med sine, men og kun med sine troe og lydige Tjenere. Hver Sjæl, som vil have Deel i Ham, og leve salig med Ham i Hans Rige, maa ogsaa være hans egen, som en synderlig Ting; det er hvad den hellige Povel udtrykkelig [vidner], naar Han siger: I ere dyrekiøbte, I ere ikke eders egne, og i vor Text: Han døde for Alle, paa det at de som leve skal ikke mere leve sig selv, men Ham som er død og opstanden for dem, ja, det er hvad Herren selv siger: bliver i mig og jeg i eder, ligesom Grenen ikke kan bære Frugt, uden den bliver i Viintræet saa I ikke heller, uden I blive i mig, jeg er Viintræet, I ere Grenene, hvo som bliver i mig og jeg i ham, Han bær megen Frugt; thi uden mig kan I slet intet giøre …

At Christus er vores, og at vi ere Hans, at Han som ikke vidste af Synd, blev gjort til Synd for os, paa det vi skulde vorde Guds Retfærdighed i ham, det er det underfulde Ord, som ei er opkommet i noget Menneskes Hjerte, men som Gud aabenbarer dem, der elske Ham, ved sin Aand som randsager alle Ting, ogsaa Guds Dybheder. Det er det Korsens ord, som er Verden en Forargelse og Daarlighed, men os som troe, er det en Guds Kraft til Salighed, det er det Livets Ord som Herren i sin Menighed beseigler ved det høiværdige Alterens Sacramente som er Hans Legemes og Hans Blods vidunderlige Samfund, hvorved Hans Troende blive til Eet med hinanden i Ham, hvis aandelige Legems Lemmer vi i Daaben indviedes til. (GPP 2,317-18)

Alt dette er Åndens værk. Den underfulde udveksling mellem menneskeligt og guddommeligt sker i den Åndens kærlighed, i hvilken Faderen og Sønnen kommer og tager bolig i hjertet af menneskelivet. Det er typisk for Grundtvig således at bruge både johannæisk og paulinsk sprog, når han skal udtrykke troens centrale mysterium. Forkyndelsen af, at Gud tager bolig i hjertet af menneskelivet, er ikke noget esoterisk eller noget, der er fremmed for evangeliets budskab. Den er dets kerne.

Syttende kapitel

Korsets tegn

I

Det kan have undret nogen, at vi på vor vej gennem kirkens fester nåede frem til Påskedag uden at standse ved Langfredag. Det gjorde vi, fordi Langfredag og Påskedag – korset og den tomme grav, døden og opstandelsen – for Grundtvig udgør en ubrydelig enhed. Det kunne dårligt være anderledes, i betragtning af hvor afgørende ideerne om Kristi nedfart til dødsriget, hans kamp og sejr, er for ham. Men det betyder ikke, at korset ikke for ham som for hele den kristne tradition står som noget absolut centralt i tro og liv. Det er ved sin død, Kristus har overvundet døden. Selv om den danske kirke ikke siden Reformationen har fejret Helligkorsfesten 14. september, kan der være god mening i at tage anledning af den til at betragte Grundtvigs korsfromhed, sådan som den giver sig til kende – ikke blot i langfredagsprædikener, men også på 2. Juledag, St Stefans, den første martyrs, festdag. Det er dér, han udvikler et af sine yndlingstemaer: "Guds Søn i Krybben, Menneskesønnen ved Guds højre Haand". I korset er krybben og himmeltronen forenet.

Et af de mange overraskende træk i Grundtvigs liv er hans glæde ved at gøre korsets tegn. Den bønsformel, som er citeret ovenfor i første dels sidste kapitel, og som indgik i husandagten i hans sidste år, rummer mindelser om den bøn om beskyttelse mod det onde ved det hellige korses kraft, som vi finder i tidlig keltisk kristendom, ligesom dens stærke betoning af vor adskillelse fra alle fjendtlige magter indebærer noget af det samme som de gamle formularer for dæmonuddrivelse, exorcisme. Den rummer forvisningen om tegnets kraft, når det bruges med tro og forståelse.

Her er igen et område, hvor Grundtvig var nødt til at slås på to fronter. På den ene side var han, over for alle forsøg på "rationel" forklaring på korsdøden, fast besluttet på at hævde mysteriets fulde bibelske og traditionelle vægt og betydning. På den anden side satte han sig til modværge mod luthersk ortodoksis strengt "juridiske" forståelse af forsoningen, såvel som mod den meditative dvælen ved lidelseshistoriens faser, som i pietismen ligeledes truede med at lade Påskemorgens herlighed fortone sig. Det var fænomener, han var dybt utilpas ved. Noget af denne fornemmelse kommer til udtryk i en langfredagsprædiken fra 1846:

> Ja, mine Venner, hvad enten vi ... seer tilbage paa de Aar, vi selv lagde tilbage i Herrens Huus, eller paa de mange Aarhundreder, Christi Kirke i sin Alderdom har lagt tilbage, da finder vi meget Høitravende og megen uægte Viisdom løbe med under Forkyndelsen af Guds Raad til Synderes Frelse, mange mislykkede Forsøg paa at forklare den store Gudfrygtigheds Hemmelighed om Ordets Kiødspaatagelse, om vor Retfærdiggiørelse ved Troen paa den Eenbaarne, om Guds Søns Liv i os og vor Forsamling til ham; men vi finde dog altid ved Siden, først og sidst, den stadige Bekiendelse og det inderlige Vidnesbyrd, at Saligheden udspringer ingenlunde af vore Forklaringer, vore vise eller daarlige Tanker og Slutninger, men ene og alene af Troen paa Jesus Christus, den Korsfæstede, Hjertets Tro paa ham, virksom i Kiærlighed. Hvormegen Misbrug der end er drevet baade med Korsets Tegn og med Korsets Ord, saa føler dog den hele Menighed, saa indskærper dog Aanden alle Evangeliets troe Prædikanter, at hvem der i Tid og Evighed vil have Gavn og Glæde af Jesus Christus, maa fremfor Alt troe paa ham, bekiende og forkynde ham som den Korsfæstede, som Apostlerne har forestillet os ham, regnet blandt Misdædere, naglet til Korset midt imellem to Røvere, pint til Døde, bespottet og forhaanet ... ligesaavel af de Fornemme, Vise og Skriftkloge som af de Raa og Vankundige. Vi føle alle, det maa være saa, baade fordi Korsets Ord er til alle Tider, ligesom i Pauli Dage, en Forargelse og Daarlighed for Verden, saa derpaa kiendes det især, om vi tør være Jesus Christus bekiendt for Verden, og dernæst fordi vi komme aldrig til at føle den evangeliske Guds Kraft til Salighed, før vi med hjertelig Tro tilegne os Korsets Ord om den Retfærdige, som døde for de Uretfærdige og bar Straffen, paa det vi kunde have Fred, saa vi have faaet Lægedom ved hans Saar. (GKP 51-52)

Forud for og bag ved alle teorier og forklaringer på korsets mening, de være sig dybsindige eller tåbelige, ligger Kristi døds enkle og hårde kendsgerning. Dens paradoksalitet er et mysterium, hvis omrids vi prøver at skelne ved hjælp af det Nye Testamente. Vi skal ikke prøve at bortforklare det. Vi skal overgive os til det i tro uden at interessere os for meget for teorier, som kun alt for ofte har sløret eller formørket dets sande mening.

I Grundtvigs forkyndelse af korset føler vi sommetider tilstedeværelsen af en historiker: en mand, som var bevidst om brud såvel som kontinuiteter i kirkens bevægelse gennem århundrederne, og om de mange og forskellige måder, korset var blevet forkyndt og fejret på gennem tiderne. Særlig interessant i denne henseende er en langfredagsprædiken fra 1855. Her begynder Grundtvig med spørgsmålet om, hvorvidt korstræet endnu eksisterer. Vi venter ikke at høre ham plædere for relikviedyrkelse, og det gør han heller ikke. Men han har fornemmelse for værdien i tidligere tiders fromhed; og som altid er han kritisk over for den fladbundede spot, hvormed det 18. århundrede omgikkes ældre kirkehistorie. Han gør gældende, at selv om korset, ligesom træerne på Oliebjerget og i Getsemane have, nu er forsvundet, så kan vi ingenlunde

> tage Deel i Spotten over den, der fordum med kiærlig Hu gravede dybt paa *Golgatha* for, om mueligt, endnu at finde en Splint af det Kors, hvorpaa Verdens Frelser leed og døde ... (sst. 94).

Hvorfor, spørger han, skulle de, der holder sig til korset, ikke have lov til at lede efter dets rester, når Romerrigets dyrkere roder jorden igennem for at finde de lænker, Rom holdt verden fanget i? Ikke desto mindre: En sådan eftersøgning kan ikke have særlig betydning for os. Selv om vi fandt resterne, eller måske den usømmede kjortel, soldaterne spillede terning om, så ville det være uden betydning for dem, som tilbeder i Ånd og sandhed, og som ikke længere kender Kristus efter kødet. Videre hedder det:

> Komme vi nu fra Korsets Træ til *Korsets Tegn*, da er det allerede noget andet, thi Korsets Tegn er det samme til alle Tider og svæver jo paa Grændsen af det Synlige og Usynlige, af det Kiødelige og det Aandelige, og vi er jo alle mærkede med dette Tegn paa vort Ansigt og paa vort Bryst ved den hellige Daab, saa der kan blandt *Christne* umuelig være Tanke eller Tale om enten at spotte med Korsets Tegn, hvormegen kiødelig Misbrug der end er drevet og endnu drives med det, eller at skye og ringeagte det. (sst. 95)

Der er, siger Grundtvig, noget bevægende ved tanken om, at korsfarere, som kom fra Norden til Middelhavslandene, kunne bevidne, at de var kristne, ved at bruge dette tegn, selv om de ikke havde sprog tilfælles med deres fæller på korstoget. Han siger også, at tegnets vigtighed fremgår af, at det er en døvstum persons eneste måde at bekende troen på. Tegnet er os alle "kiært for hans Skyld, som det betegner". Derfor: Selv om det i sig selv er lige så betydningsløst som vandet, brødet og vinen, betragtet i isolation fra Kristi navn, så skal det æres i sin rette brug. Det bliver kun

> *Christi* Korses Tegn, naar det udtrykkelig siges, som ved Daaben, at derved give vi tilkiende, at vi tilhører den *korsfæstede* Herre *Jesus Christus.* (sst. 96)

Vi mærker os ordene om tegnet som noget, der "svæver ... paa Grændsen af det Synlige og Usynlige". Det er en sætning, vi skal vende tilbage til. Som vi skal se i en salme, skrevet i det følgende tiår, hævder Grundtvig det synlige tegns magt til at forsvare os mod usynlige fjender. Dette synlige tegn med hånden har en usynlig magt, når det forbindes med det troens ord, som kommer fra hjertet. Hånd og mund tilsammen udtrykker hjertets inderste tanker og bevægelser. Det indre og det ydre, det synlige og det usynlige, løber sammen til ét.

II

For en umiddelbar betragtning kan der synes at være noget problematisk ved at lægge den første martyrs festdag lige efter Juledag. Grundtvig er hverken den første eller den sidste, der har gjort sig tanker om det mærkelige deri. Midt i sit drama *Mordet i domkirken* indlægger T.S. Eliot en prædiken, som stykkets hovedperson, Thomas Becket af Canterbury, holder på St Stefans dag 1170. Sidst i denne prædiken peger ærkebiskoppen frem mod sin egen forestående martyrdød og tilbage mod den, hans forgænger St Alphege led. Men hans hovedanliggende er at vise, hvor passende det er, at den første martyrs fest følger lige efter Kristi fødselsfest. Det er, siger han, kun i kirken, vi kan sørge og glæde os på én gang, og af samme grund. Vi sørger over korsfæstelsen af Menneskesønnen og drabet på hans tjenere; men samtidig takker vi og fryder os over Guds kærlighed, som gør lidelsen til midlet for vor frelse.[100]

I Grundtvigs 1830-samling af prædikener er der en til 2. Juledag, som omhandler et lignende tema: "Korset over Krybben og Kronen over Korset" (GSB 2,65-81). Den taler om vejen, der fører os fra Julen gennem Langfredag til den livets krone, som vi fejrer i Påsken. Grundtvig ser disse tre ting som uadskillelige i frelsesplanens helhed. Over alle evangeliets fortællinger hviler skyggen fra korset. Ja, Grundtvig mener, at korsets skygge også er til stede i det naturlige liv, hvor vi jo hele tiden er nødt til at dæmpe vor umiddelbare livsglæde, for at den ikke skal forlede os til blind dårskab.

Imidlertid: Når det er Grundtvig, der taler, fører tanken på korset over krybben uundgåeligt til tanken om barnedåben og om den fremskudte plads, korstegningen indtager i det danske dåbsritual, såvel som i nadverritualet.

På baggrund af hvor vigtigt korstegnet er i hans kirkes ritual for begge de to evangeliske sakramenter, er det ikke mærkeligt, at Grundtvig går videre til en diskussion af tegn i almindelighed og korstegnet i særdeleshed. Ikke overraskende betoner han, at tegnet er værdiløst uden det medfølgende ord. Mere uventet er den parallel, han drager mellem brugen af korstegnet og brugen af bogstaver i Bibelen. Ingen af dem, siger han, har nogen værdi uden det, de betegner. Som altid hos Grundtvig er hånd og mund fælles om at udtrykke hjertets tanker; derfor skal tegnet og ordet være forenede. Ordet udsiger den indre virkelighed på én måde, tegnet på en anden; de to tilsammen bekræfter og styrker hinanden. Og hvis vi giver Helligånden lov, vil han i os skabe både ærefrygt for tegnene og levende brug af dem. Dette er en betydeligt mere positiv vurdering af traditionelle gestus, end man almindeligvis finder i protestantismen. Tegnene, siger Grundtvig, skal ikke blot bevares af historiske grunde. Deres brug og deres betydning skal fornyes ved Helligåndens gave. Som Christian Thodberg har påpeget, havde hvert enkelt element i kirkens ritual, og især dåbsritualet, sin betydning for Grundtvig og finder vej ind i hans salmer og prædikener. Riten var for ham en helhed, i hvilken både det indre og det ydre spiller en afgørende rolle.[101]

I lys af disse overvejelser kan vi gå lidt nærmere på prædikenen på Stefans dag: “Korset over Krybben og Kronen over Korset”:

Det kan ved første Øiekast synes underligt, hvorfor vore Fædre i Menigheden netop paa den glædelige Jule-Fest vilde høitidelig ihukomme det første Herrens pinte Vidne, *Stephanus*, som med sit Blod sin Tro beskrev, alt efter Herrens Spaadom om hans Tjeneres sørgelige Skæbne imellem hans rasende Fiender! Derfor begynder også vor Asaphs [dvs. Kingos] Klage-Maal ved Stephans Grav saa vemodig:

‘Søde Jesu, Festens Fyrste!
Spire ud af Jesse Rod!
Vil man dog saa hastig tørste
Efter dit og Dines Blod!
Vi i Gaar blandt Engle-Lyd
Sang din Fødsel ind med Fryd;
Skal vi hyle nu og græde,
Og i Dag en Lig-Sang kvæde?’

Men vi vil lade samme Sanger svare os med sine yndige Toner:

'Sorrig og Glæde, de vandre tilhobe,
Lykke, Ulykke, de gange paa Rad,
Medgang og Modgang hinanden anraabe,
Solskin og Skyer de følges og ad!'

Herved mindes vi nemlig om den gamle Erfarings-Sandhed, som giør det til Daarskab at lade sig beruse af Øieblikkets Glæde, hvor uskyldig, ja hvor himmelsk den end maatte være, thi Sorgen staaer dog ligefuldt for Dørren, saalænge vi ikke have giennemvandret Dødens Skygge-Dale og ere indgangne i det Huus, hvorfra Suk og Sorg maae evig flye, og aldrig ere vi afmægtigere til at bære Sorgen, end naar den overrasker os midt i Glædens Ruus! Allerede derfor gjorde da Fædrene Ret i at plante Korset over Krybben, thi Børnene, der ere saa inderlig fortrolige med Glæden som med Livet, at de slet ingen Tanke har om Sorgen og Døden, uden i det Øieblik, de græde dem fra sig, Børnene forskrækkes ei ved Korsets Tegn, og i vor Opvext maae vi vænnes til Alt, hvad der siden skal falde os let og naturligt, hvormeget mere da til det naturlig Tungeste af Alt, som er det ene nødvendige i *Jesu* Følge: at fornægte os selv og tage Korset op! …

Under saadanne Omstændigheder bør det da aldrig undre os, at Fædrene paa Jule-Festen have føiet Korsets Ord til den glædelige Tidende, og det var *christeligt* i alle Maader, thi hvorofte bedrøvede ikke Herren selv sine Apostler med Forkyndelsen af, hvad der skulde times *Menneskens Søn* og alle hans trofaste Tjenere! Det var ikke blot i den Nat, da han blev forraadt, eller den Dag, da han græd over Jerusalem, fordi dens Børn ei vilde forstaae, hvad der tjende til deres Fred, ei vilde søge Ly hos ham, der kaldte saa kiærlig paa alle bekymrede Sjæle, som Hønen med Kluk paa sine Smaa, at kure dem ved sit Bryst og vogte dem med sine Vinger; nei ikke blot da beredte Herren Disciplerne med Flid paa Gruen og paa Graaden, som stundede til, men han gjorde ligesaa ved det første glade Udbrud af deres Tro paa ham, som den levende Guds Søn, der havde det evige Livs Ord, han dæmpede med Korsets Ord den overvættes Glæde hos hine, der saae ham forklaret paa Bjerget, og bygde i Tankerne alt en paradisisk Løv-Hytte paa Jorden for hans straalende Ansigt; og da han stod paa Sletten som en Gud for alles Øine, omstraalet af Herlighed, omtonet af Beundring, da sagde han til sine Discipler: til dette Ord skal I laane Øre, at Menneske-Sønnen skal falde i Menneske-Hænder! …

Men, Christne! dette er det *evige Liv*, at vi kiende Gud og Den, som Han udsendte: *Jesus Christus*; og det Christi Kors, som vi skal optage, for at kunne følge ham, er vor Himmel-Stige, som vi opreise, for at komme til ham, hvor han er, den Korsfæstede, men igien Opstandne, Himmelfarne; og naar vi saaledes ophøies over Jorden, da aabner Himlen sig for os, som for *Stephanus*, saa vi see *Menneskens Søn* staaende ved Guds høire Haand, hvor han kiærlig vinker os med Straale-Haanden, at komme op og stikke Fingeren i Nagle-Gabet og evig føle, at denne tids Pinagtighed var ikke værd at regne mod den Herlighed, som skulde aabenbares paa os!

Haver det sig nu saaledes med Korset over Krybben, at Kronen ei alene svæver over det, men udvikler sig deraf, som den maigrønne Krone af Bøgen, hvis Ædel-Stene er sjungende Fugle, er dette Sammenhængen mellem Christi Kors og Livets Krone, o, da er det intet Under, at *Paulus* ei vilde vide af Andet i Kirken, end *Christus*, den Korsfæstede, og intet Under, at Fædrene lod Klage-Sangen over Stephanus sammensmelte med Jule-Psalmen, for at Aanden deraf kunde skabe den ny Sang for de Kiøbte af Jorden, Sangen svarende til Klangen af de gyldne Davids-Harper, Strænge-Legene, som udarbeides under Sveed og Møie her i Støvets dunkle Værk-Sted, til at giennemstraale Himlene og giennemtone Evigheden! (GSB 2, 58-63)

Her ser vi igen, hvor naturligt det falder Grundtvig at glide over i en slags prosapoesi og at gøre kirkefædrenes skriftudlægning til sin egen. Vi bliver også mindet om, hvor tvangfrit det bibelske billedsprog kombineres med billedet af dansk landskab, således at korset bliver til livets træ med “den maigrønne Krone af Bøgen, hvis Ædel-Stene er sjungende Fugle”. – Men han vender tilbage til korset og til forsømmelsen af dets tegn:

Vi have regnet det med til *Papisteriet*, at de Gamle idelig betegnede sig med Korset, havde dets Tegn bestandig for Øie i deres Løn-Kammer og plantede det ved alle deres Veie, og vi have *forsaavidt* Ret, at man sædvanlig indbildte sig, hvad der er Daarskab, at den Gud, vi tilbede, kan tjenes ved Menneske-Hænder, eller at det *Synlige* i sig selv kan være mere end en *Skygge* af det Usynlige, da dog hvem der stoler paa *Handlinger* og tilbeder for *Skygger* er en Afguds-Dyrker; men sandelig, har vi ogsaa regnet *Korset* selv og dets idelige Betragtning og Tilegnelse for Sværmeri, da toge vi mærkelig feil, og det har, desværre! kun alt for meget været Tilfældet, hvad vi alt med Føie kunde slutte af den Ringeagt og Glemsel, hvori *Korsets Tegn* er nedsjunket!

Ja, mine Venner! allerede dette er nok til at lære os hvor dødt og magtesløst *Korsets Ord* var blevet hos os, thi kunde det ei engang frede om sit *Tegn*, hvad skulde det da vel mægte; var endog Skyggen os modbydelig, hvormeget mere da Virkeligheden; eller mon det i Grunden var muligere at elske, ære og uafladelig mindes Korsets Ord, og dog at ringeagte og aflægge Korsets Tegn, end det er at ringeagte og tilsidesætte Bibelens Bogstaver, naar man elsker, hvad de betegne: det levende Guds Ord paa Propheters og Apostlers Tunge! Sandelig, jeg mener Nei, og har vi ved Daaben annammet det hellige Korses Betegnelse paa vort Ansigt og paa vort Bryst til et Vidnesbyrd, at det er paa den *korsfæstede* Herre *Christus* vi skal troe, og var det samme Tegn knyttet til Velsignelsen, der lystes over os, da vi første Gang var Giæster ved Herrens Bord, hvorledes skulde vi da være staaende i vor Daabs Pagt og levende i Herrens Samfund, uden at have dette *Menneske-Sønnens Tegn* uafladelig for Øine, og uden at have det inderlig kiært, som Minde-Tegnet baade om hans Lidelsers Samfund og om hans Opstandelses Kraft!

Uagtet derfor Tegn kan aldrig nytte os, med mindre vi i Aand og Sandhed har og eftertragter, hvad de betegne, og saa uchristelig, ja antichristelig Misbrug der end er drevet med Korsets Tegn, som med Skriftens Bogstav og med alt, hvad der synlig og haandgribelig betegner den store Gudfrygtigheds Hemmelighed, at Gud er aabenbaret i Kiød, retfærdiggjort i Aand, seet af Engle, prædiket blandt Hedninger, troet i Verden, optaget i Herlighed; desuagtet er det lige vist, at vi umuelig kan have Christi Aand, som er baade Propheters og Apostlers, som baade skaber Livs-Tegn og giør levende, uden at de Tegn han skabde, maae vorde os baade vigtige og kiære, ja, uden at det Liv, han virker i os, maa udvikle dyb Ærbødighed for *de* synlige Tegn, der er hans Hænders, hans Redskabers Værk, og udvikle en levende Brug deraf, til Paamindelse, Forvarsel og Stadfæstelse! (sst. 65-67)

Hvad der formidles her, er en positiv vurdering, ikke bare af korsets tegn, men af hele den kristne tegn- og symbolverden. Vi får et glimt ind i et af de områder, hvor Grundtvig ville have fundet adskilligt at glæde sig over i Oxfordbevægelsens tænkning og praksis, hvis det blot havde vist sig muligt for dens ledere og ham at etablere et mindre kontroversielt forhold til hinanden. – Teksten fortsætter:

Ligesaalidt derfor som Nogen, uden dyb Ærbødighed for Skriften og flittig Granskning deri, vorder en oplyst Christen, end sige en christelig Viismand, ligesaalidt, tør jeg mene, vil man finde smilende Kors-Dragere, end sige da Paulinske Prædikanter af Korsets Ord, og Stephaniske Martyrer, som ei gierne betragte, elske og bruge det Korsets Tegn, der vistnok ei selv giør Mirakler, men er dog uadskillelig forbundet med *Ordet*, som gjorde dem fra Kirkens Begyndelse og giør dem til Dagenes Ende! Var det iblandt os da kommet saavidt, at selv Præsterne sjelden eller dog nødig ved Daaben slog Korset over Herrens Krybbe, eller reiste det ved Alteret for dem, der vilde have Legemes og Blods

Samfund med den Korsfæstede, men igien Opstandne, Himmelfarne, var det kommet saavidt, at vi knap ved Gravene taalde det hellige Tegn, vi alt skulde favnet i Vuggen og baaret triumpherende, som vor Konges seierige Banner, giennem hele vort Levnets-Løb; o, da bør det ikke undre os, at der var saa lidt Forstand paa Korsets dybe Hemmelighed, og endnu mindre Kiærlighed til den, at der var saa lidet Syn for Livets Krone, og endnu mindre Lyst og Kraft til Kampen for den; thi var selv Skyggen af Korset os til Byrde, hvad maatte det da selv ei være; stræbde vi at undgaae Tegnet, som dog trøstelig mindede os om Seirene under Ordets Banner, hvorledes skulde vi da have Mod til at møde Trængselen; havde vi ikke engang Øie for den Straale-Krands, der paa Jorden udsprang af Korset og fæstede sig om Martyrernes Isse, i en velsignet Ihukommelse, hvorledes skulde vi da have Syn for den himmelske Krone, som netop heri haver sit eneste nærværende Billede! (sst. 67-68)

Et kvart århundrede efter at denne prædiken var skrevet, digtede Grundtvig en salme over det samme tema. Her insisterer han igen, og stærkere, på faren ved at tillægge tegnet betydning i sig selv. Uden ordet nytter det ingenting. Men samtidig taler han indtrængende om korsets kraft til at beskytte os, når det forenes med den indre hensigt. Han går videre end som så. Han erklærer, at ordet om korset er den kristnes skjold og korsets tegn skjoldets mærke. Han slutter med det bemærkelsesværdige udsagn, at "Kors-Betegnelsen endnu / Er Luft-Aanderne en Gru!". Endnu en gang mindes vi om, at tegnet svæver mellem det synlige og det usynlige og forbinder indre og ydre realiteter i menneskelivet.

Men til syvende og sidst er det hans forståelse af, hvad korset selv betyder, der påkalder sig størst interesse. Korset fører til livet. Det er livets træ. Ikke blot bortskaffer det synden; det bringer lægedom for død. Som på så mange andre steder er det korsets livgivende og lægende karakter, der betones. Vi bevæger os fra krybben gennem korset til det evige livs gave, som Gud kroner sin skabning og dens historie med:

Korsets Ord for Verden Tant
Som Guds Sandhed dog er sandt
I det er med Guddoms-Kraft
Jesu Blod som Livets Saft,
Det udsletter Syndens Spor,
Hvor det saaes trindt paa Jord
Læge-Urt for Døden groer!

Korsets Tegn fra Korsets Ord
Skille Daarer kun paa Jord,
Kun som Ordets Træl vor Haand
Bruges kan af Livets Aand
Saa ved Bad i Livets Aa
Den til Værn for Herrens Smaa
Korsets Tegn for dem kan slaae!

Korsets Ord i Korsets Tegn
Lægger Kraft til Kirkens Hegn
Kun naar det med Haand og Mund
Drages fast paa Troens Grund
Som et Bindetegn til ham,
Der for os bar Korsets Skam,
Er Guds Løve og Guds Lam!

Tant det er med Kors i Muld,
Kors af Træ og Sølv og Guld,
Kors med Fingre tre og fem
Uden Ord med Fynd og Klem,
Uden Navnet *Jesus Christ*,
Skjold mod Fiendens Vold og List,
Seirens Løsen her og hist!

Kun i Kraft af Herrens Røst,
for vor Pande og vort Bryst
Korset er et Himmeltegn
Under hver en Himmelegn,
Udraabs-Tegn for den Guds Fred,
som i Christi Menighed
Sjæl og Hjerte frydes ved!

Korsets Ord, det er vort Skjold
Mod al Fiendens Overvold,
Korsets Tegn med Ordet boldt
Er vort Skjolde-Mærke stolt
Kommes det med Tro ihu,
Kors-Betegnelsen endnu
Er Luft-Aanderne en Gru! (GSV 5, nr. 149b,254-55; 4. vers fra nr. 149a,254).

Attende kapitel

Englenes tjeneste

I

En prædiken, Grundtvig holdt på Mariæ Bebudelses dag 1842 (GVP 72-76),[102] viser, hvor alvorligt han tog kirkens traditionelle trosmønstre, især sådan som de finder udtryk i salmer og liturgiske former. En af de ting, teksten gør klart, er, at de mange henvisninger til engle i hans salmer ikke bare er konventionelle talemåder eller sentimental udpyntning. De udtrykker en dybtfølt og sammenfattende anskuelse af englemagternes væsen og virksomhed.

Fra begyndelsen bliver det klart, at Grundtvig betragter forkastelsen af troen på engle som et karakteristisk udslag af det 19. århundredes fornægtelse af den forbindelse mellem jord og himmel, som er knyttet ved skabelsen og ved inkarnationen. Hans forståelse af englene er intenst kristologisk; dens centrum er Kristi person. Både i den gamle og i den nye pagt har engle beredt vejen for Guds store gerninger og formidlet hans budskaber. Guds engle, der stiger op og ned over Menneskesønnen, patriarken Jakobs himmelstigevision, englenes besøg hos Abraham i Mamre Lund, alt vidner om den rolle, englene spiller i sammenknytningen af himmel og jord, de to dele af Guds skabning, som først var i harmoni, derefter adskilt ved synden, og nu bragt til en fuldkomnere enhed i Kristus, Nyskaberen. Det er i Kristus, forsoningen bringes i stand; englenes andel er tjenesten for ham.

Her som andetsteds gør Grundtvig gældende, at forløsningen i Kristus indbefatter genoprettelsen af, hvad der var i begyndelsen. Det gælder både på det personlige og på det universelle plan. Sansen for englenes beskyttende nærvær synes at have været en barndomserfaring for Grundtvig personligt. Det er en erfaring, han finder det værd at respektere. Hvad enten mindelserne om englenes virkelighed stammer fra menneskehedens barndom eller fra individernes, er de for ham tegn på den vage erindring om oprindelig uskyld, som holder stand inden i os: visionen af en verden i harmoni med sig selv og gennemlyst af Guds herlighed. På det personlige plan er denne følelse en del af den genvindelse af vor barndoms erfaringsverden, som Grundtvig bestandig maner til.

Han vidste kun alt for godt, hvor indædt det 18. og 19. århundredes kritiske ånder bestred troen på englene og på det, de vidner om. Som det hedder i prædikenen:

> ... det er ikke gaaet bedre i Christenheden end fordum i Israels Land. Her som hist er Ihukommelsen af Underværkernes Højtidsdage og de store Syner og Aabenbarelser i Tidens Løb blevet mat og kold. Her som hist har Selvklogskaben befæstet et svælgende Dyb mellem Himlen og Jorden, som hverken fra Oven eller fra Neden skulde kunne overfares. Her som hist blev det Skik at tænke, enten der var ingen Engle, eller, om de end virkelig var til og havde i gamle Dage, som vi læse, besøgt Jorden i den Høiestes ærende, saa kunde det dog umuelig skee nu, var kun vildt Sværmeri og grov Overtro at vente det. (GVP 74)

Det er ikke nemt, og kan aldrig blive det, at genvinde og genoplive barnets tro på himlens og jordens nærhed ved hinanden. For Grundtvig er den, som vi har set, tæt forbundet med selve muligheden af at fæste lid til inkarnationen. Forkastelse af englene er blot et af udslagene af den menneskelige fornufts forkastelse af den "udveksling" mellem guddommeligt og menneskeligt, som han mere end én gang sammenfatter i ordene: "Guds Søn i Krybben, Menneskesønnen ved Guds højre Haand". Han henter trøst i bevidstheden om, at den hellige jomfru selv levede i en sådan blindhedens og vantroens tidsalder; og han tager ikke i betænkning at reflektere over hendes betydning som historisk forbillede. I den prædiken, vi har for os, møder vi hende som en ung dansk kvinde, der sidder under en rationalistisk præsts prædikestol, fuld af undren over, om hun nu forstår, hvad han siger, og endnu mere over, om det er noget, der kan tros.

Den samme Grundtvig, som jo så ofte betoner det jordiske, menneskelige element i tro og liv stærkere end langt de fleste teologer, lægger her vægt på troens himmelske og evige sider. Ganske vist hævder han, at troen hverken er unaturlig eller ufornuftig: Gud virker jo gennem naturen som gennem nåden. Men han véd, at det overnaturlige i talen om englenes formidling mellem himmel og jord er fremmed for det 19. århundredes mentalitet med dens voksende tilbøjelighed til at anskue det fysiske univers som en lukket og selvtilstrækkelig orden. Det er derfor desto mere betegnende, at han hele bebudelsesprædikenen igennem lægger så stor vægt på dette element i kristentroen. Men ved at hævde englenes realitet peger han ikke bare på en verden hinsides denne. Han hævder også, at der er en himmelsk virkelighed til stede i kirkens liv og gudstjeneste her og nu. Kirken står her og nu i forbindelse med Guds evige verden og har del i guddommelig handling.

Der er således et stærkt eskatologisk element i Grundtvigs tale om englene. Hans prædikener er fulde af overbevisningen om, at kirkens liv og gudstjeneste på jorden skal forenes med den himmelske kirkes lovprisning og tjeneste. I sig selv er dette tema fælles for al kristendom før Oplysningstiden, og Grundtvig husker det fra sin barndoms gammellutherske salmer. Men måske finder vi også her et tegn på indflydelse fra hans beskæftigelse med latinsk hymnedigtning og med Østkirkens liturgiske bøger. I de byzantinske klosterbønner lyder denne tone atter og atter: Her bekendes den jordiske kirke som den, der sammen med de himmelske magter ofrer den trefold hellige lovprisnings- og tilbedelseshymne til den Treenige Gud. Gennem sin salmedigtning har Grundtvig selv ydet et stærkt bidrag til styrkelse af taksigelses- og lovprisningstonen i den danske gudstjeneste; nogle af motiverne derfor kan skelnes i det lige anførte. Englene løfter vore svage og forsagte bønner op og forener dem med deres egne, så at kirkens liturgi bliver til en virkelig deltagelse i den himmelske. Den bliver en forsmag på det himmelske liv.

Alt dette hører til i kristologiens sammenhæng. Grundtvig var for god en søn af Reformationen til at ville tilskrive englene nogen funktion eller status uafhængigt af deres tjeneste for Kristus. Men han vidste også af egen erfaring, at hvis man bruger det reformatoriske princip: "Kristus alene" på negativ eller eksklusiv måde, så ender man med at ødelægge netop det, man vil værne. De, der "taler om vor Herre Jesu Nærværelse uden de hellige Engle, de tale hen iveiret og veed ikke selv, hvad de sige" (GVP 75). Thi dér, hvor himlens og jordens Herre er, dér må nødvendigvis hele skabningen, den himmelske og den jordiske, samles i tilbedelse.[103]

II

Prædikenen begynder således:

Ch[ristne] V[enner]! d[er] st[aaer] sk[revet]: *Saducæerne* sige, der er ingen Opstandelse, og at der hverken er Aand eller Engel, og da vi see af Evangelierne, at en stor Deel af de fornemste Præster og Skriftkloge var Saducæer og blev ved at være det, mens Guds Aand hvilede aabenbar paa Menneskens Søn, og Guds Engle foer op og foer ned over Ham, og Han ikke blot ved at opvække Døde kraftig bevidnede Opstandelsen, men beviste den store Paaske-Morgen, at Han var selv Opstandelsen og Livet, see, da kan det neppe feile, at Jomfru *Marie* jo ogsaa i Nazarets Synagoge har hørt, det var kun barnagtig Lettroenhed og Uforstand, der tog det efter Bogstaven, hvad man læste i Mosebog om Englene, som giæstede Abraham i Mamre-Lund, vederkvægede sig hos ham under Egen og udførde Loth af Sodoma, og at Alt, hvad man havde fortalt om Engle-Aabenbarelser i nyere Tid, var Æventyr, enten opdigtede af Bedragere eller udspredte af overtroiske Sværmere, som indbildte sig, de selv havde Syner og Aabenbaringer. – Men Dagens Evangelium, der har beskæmmet alle Tiders Saducæer og gjort deres Viisdom til Daarlighed, det lærer os, at enten har Vantroen slet intet Indpas faaet hos den Velsignede blandt Kvinderne, eller har dog maattet vige for det stærke Vidnesbyrd, Engelen Gabriel for sex Maaneder siden gav sig selv, da han aabenbarede sig for den gamle Zacharias i Templet og sagde til den tvivlraadige Præst, som forlangde Tegn: jeg er Gabriel, som staaer for Guds Ansigt og udsendtes for at tale til dig og bære dig det glade Budskab; men fordi du ikke troede mine Ord, da skal du være stum og ikke kunne tale til den Dag, det skeer!

Ja, m. V., det var ikke for intet, at Gabriel mindede Marie om hendes Frænke Elisabet, som skulde være Døberens Moder. Og det maa ikke være forgiæves, at Dagens Evangelium minder os om denne Sammenhæng, der kaster Lys paa Guds underlige Styrelse, der altid betjener sig af det Naturlige, saavidt det rækker, og betjende sig her af Slægtskabet og Venskabet mellem Marie og Elisabet til at forberede den store Bebudelse, forberede Herrens Moder. Og vi kan godt forstaae, at midt i den for en stor Deel aabenbar vantro og i det Hele rædsom selvkloge og aandløse Tid, hvori vor Herre, Han lod sig føde, – i en saadan Tid trængde Kvinden, som skulde være Hans Moder, høilig til at styrkes i Troen paa det levende Samkvem mellem Himmel og Jord og paa de almægtige Virkninger af Guds Aand og Ord, hvorom der vel stod Nok at læse i de Hellige Skrifter, og hvoraf der ogsaa var utallige Spor fra gamle Dage, men hvormed dog nu mange, som det syndes, baade kloge og dydige Mænd spottede, hvorimod der gjordes de dristigste Indvendinger.

Vi, som har levet i kun alt for lignende Dage, vi veed, der selv for de Troende, selv for de frommeste Kvinder, gaaer i slige onde Dage ligesom en ødelæggende Hvirvelvind over deres Hjertes Paradis, ja rører som en isnende Haand ved deres Tro og Haab og alle deres kiære Minder. Men vi kan ogsaa godt forstaae, at det Forunderlige, der hændtes den gamle gudfrygtige Zacharias, og det Utrolige, der hændtes hendes Frænke Elisabet, der, efter Engelens Ord, blev frugtsommelig i sin høie Alderdom, det var for Marias Hjerte som Dugg over slagne Enge, ja, som Vaarluft efter Vinterkulde. Hendes Barnetro med alle hendes Barnedrømme er vaagnede af Dvale. Alle de Guds Engle, som efter Skrifternes Vidnesbyrd havde giæstet Israels Folk og Juda Land i gamle Dage, er blevet levende for hende. Ja, hun har i Aanden atter seet den gamle Himmelstige reist, hvorpaa Patriarken Jakob saae Englene stige op og ned og Herren staae paa Toppen. Og skiøndt hun, ligesom han, har fundet det forfærdeligt at være saa nær ved Guds Huus og Himlens Port, har hun dog ikke kunnet undertrykke det hemmelige Ønske, at ogsaa hun kunde værdiges at see et Englesyn og høre en Røst fra dem, der staae for Guds Ansigt og udsjunge Hans Priis Dag og Nat i Hans Tempel. Og see, da var Hun forberedt til Aabenbarelsen, vi læse om i Dagens Evangelium, skiøndt Budskabet, at Hun skulde føde den Høiestes Søn, var Noget, der aldrig opkom i Hendes Hjerte, og hvorom Hun aldrig drømte, da det langt overgik, hvad hun kunde enten bede eller forstaae! (GVP 72-74)

Vi har her et interessant eksempel på, hvordan Grundtvig bringer en nytestamentlig tekst ind i sin egen historiske kontekst. Ved første blik kan det måske forekomme lovlig naivt at drage så tæt en parallel mellem to så forskellige historiske situationer. Men hans metode udspringer ikke bare af hans syn på, hvordan Gud handler, men også af hans forståelse af menneskenaturen. Som skabt i Guds billede og lighed har menneskene fra første begyndelse en evne til fællesskab med det guddommelige, og dette fællesskab rummer nogle permanente træk, som ikke påvirkes synderligt af overfladiske sociale og kulturelle forandringer. – Prædikenen fortsætter:

Saaledes, m.V., skal vi stræbe at frigiøre os fra den herskende Vildfarelse, som om det Overnaturlige og Overordentlige var noget Unaturligt og Urimeligt, da det dog kun er det *Ophøiede*, der fra Skabelsens Dag har en naturlig Forbindelse med os, ligesom Himlen med Jorden, fordi det er den samme Gud, der skabde begge Dele, baade Himmel og Jord, baade Engle og Mennesker til sin Ære, til den evige Lovsang, som skal istemmes af alle hans Engle og hans Tjenere, alle hans G[ierninger] i alle Hans Hoved-Steder, og skabde Mennesket i sit Billede og efter sin Lignelse til underfuld Herlighed, som David sang: naar jeg seer til Himlen, dine Fingres Gierning, og til Maanen og Stjernerne, som du beredte, da maa jeg sige: Herre, hvad er et Menneske, at du kommer ham ihu, og en Menneske-Søn, at du besøger ham! Du har fornedret ham lidt under Englene, men Du kroner ham med Ære og Herlighed, Du sætter ham over dine Hænders Gierninger, Du lægger Alting under hans Fødder! – Ja, ligesom Soel og Maane og Stjerner, de synlige Himmellys er sat til at skinne om Dagen og om Natten for Menneskens Børn, at tjene dem til Væxt, til Glæde og til Veiledning og Tidsregning, saaledes [er] ogsaa de aandelige Himmellys, de hellige Engle, hvis Dragt er som Lynet, satte til at tjene de Smaa paa Jorden, som skal arve Guds Rige, til at vogte og ledsage, oplyse og glæde dem, saa det skulde langt snarere forundre os, at de ikke endnu lade sig tilsyne for de Troende, end at de fordum aabenbaredes som Guds beskikkede Sendebud til Abraham, Hans Ven paa Jorden, og til Kvinden, der fandt Naade for hans Øine. – Og sandelig, m. V., vi trænge Alle til at forberedes ved saadanne Tanker, naar vi igien skal baade blive fortrolige med den hellige, underfulde Historie og komme til den levende Erkiendelse, at Himlens Gud, som end ikke i Hedenskabets mørkeste Dage lod sig selv uden Vidnesbyrd, Han giør det langt mindre nu i den ny Pagts Dage mellem Lysets Børn, – vi trænge høit dertil, thi det er ikke gaaet bedre i Christenheden end fordum i Israels Land. Her som hist er Ihukommelsen af Underværkernes Høitidsdage og de store Syner og Aabenbarelser i Tidens Løb blevet mat og kold. Her som hist har Selvklogskaben befæstet et svælgende Dyb mellem Himlen og Jorden, som hverken fra Oven eller fra Neden skulde kunne overfares. Her som hist blev det Skik at tænke, enten der var ingen Engle, eller, om de end virkelig var til og havde i gamle Dage, som vi læse, besøgt Jorden i den Høiestes Ærende, saa kunde det dog umuelig skee nu, var kun vildt Sværmeri og grov Overtro at vente det. Vel er det ikke saameget længe siden, vore Forfædre endnu sang: Gud lade sine hellige Engle klare, sin himmelske Hærskare, vore Vogtere være og os bevare! Lad dennem og vore Ledsagere være, paa rette Sti alle hjemføre! Lad dennem forfremme, hvad vi slaae paa, og ved vor Seng om Natten staae og siden ved vore Dages Ende, Vor Sjæl frembære Dig til Hænde, Og føre den af denne Jammerdal Ind udi Himmelens Glædesal! – Men deels er disse Toner dog ogsaa offenlig forstummede, saa det er mest kun fra Barnedagene, selv de ældre iblandt os dunkelt ihukomme dem som en døende Lyd, og deels klang ikke engang det som en Taksigelse og glad Forventning fra Aandens Paradiis, men som et Suk fra Jammerdalen, altsaa fra Afgrunden. Thi kun der er Jammerdalen; Jorden med dens Fylde er Herrens, og den gienløste Menighed er Guds Huus, den Høiestes Bolig, hvor Livets Flod vander Hans Have. – Og dog, Ch.V., skal denne Forestilling om den usynlige, men dog virkelige Edens Have, Gud plantede i Støvet, da Han lod sin Søn hvile under en Kvindes Moderhjerte og lege i Hendes Skiød, skal denne Forestilling blive mere end en glimrende Skygge, skal det blive os en levende og glædelig Sandhed, da maa Afstanden mellem Himmel og Jord aandelig forsvinde fra os endnu langt mere, end Verden roser af, den ved sine nye Opfindelser legemligt har faaet selv den længste Afstand paa Jorden og Havet til hardtad at forsvinde. Thi et Paradis uden Engle er som en Skov uden Fugle og en deilig Psalme, som Ingen synger eller hører. (sst. 74-75)

Grundtvig peger her på en ny forståelse af skabningen som en verden, hvor jorden står i åben forbindelse med paradiset, og hvor englene leder menneskenes børn på deres veje, ganske som solen og månen og stjernerne leder dem på deres jordiske rejser. Denne verden er genskabt og hel, netop fordi alt, hvad Gud har gjort: himmel, paradis og jord, er blevet draget ind i en ny enhed med Gud selv ved Ordets inkarnation. I den enhed er et åbent fællesskab blevet genoprettet mellem den skabte ordens forskellige planer. – Prædikenen fortsætter og afsluttes således:

Det er vist nok sandt, at naar vi har Frelseren, vor Herre Jesus Christus, og Han er os Alt, vort Hjertes Klippe og vor Deel evindelig, da behøve vi intet andet Lys, ingen anden Ledsager eller Læremester. Men det er ogsaa sandt, at hvem der taler om vor Herres Jesu Nærværelse uden de hellige Engle, de tale hen iveiret og vide ikke selv, hvad de sige. Thi Herren vil aldrig undvære sine himmelske Tjenere og Ledsagere, som udrette Hans Ord, naar de høre paa Hans Ords Røst. De foer op og ned over Ham, selv da Han vandrede i Tjenerskikkelse, og de følge Ham nu gladelig som Herren i Himmelen, hvorsomhelst Han kommer og laaner Herberg og opslaaer sin Bolig. Og Han kommer aldrig uden først at anmeldes og bebudes af en himmelsk Forløber ligesom Gabriel i Dagens Evangelium, kommer ikke, før Alt er forberedt, saa Han kan modtages med værdig Glæde og Lovsang, som *Marias* Lovsang: min Sjæl ophøier Herren, og min Aand fryder sig ved Gud, min Frelser, som vilde see til sin ringe Tjenerinde! see, herefter skal alle Slægter prise mig salig! – Og saadanne Lovsangens værdige, glade, himmelske Toner, dem lærer Menneske-Hjertet kun af de himmelske Sangere, kun af de hellige Engle, som bebude Herren, omringe og følge Ham og trøster dem, som længes, med det Store: Han kommer snart igien!

Derfor, m.V., er det ingenlunde saa, som Mange mene, at naar vi kun flittig gientage Lovsangene, vi finde beskrevne enten i Bibelen eller i vore Fædres Psalmebog, da er vi beredte til værdelig at modtage Herren, og da nedlokke vi Guds Engle til at istemme med os. Nei, det er først af Englene, vi lære, hvordan den ægte Lovsang lyder, det er kun ved som Børn at lære af dem, vi komme til at mødes med Psalmer og Lovsange og aandelige Viser og at synge og spille yndelig for Herren i vore Hjerter. – Saasnart derfor de Troende blive vantroe i dette Stykke, vil undvære Englene eller tør dog ikke være disse himmelske Ledsagere og Læremestere bekiendt, da forsvinder med Englene ogsaa den himmelske Lovsang fra deres Hjerter og fra deres Læber; da finde de den plat, forældet og smagløs og ombytte den med deres egne høitravende Ord, der smage for meget af Jorden til at tækkes i Himlen og meget for snevre til at rumme dens Fryd. – Og paa den anden Side, saa naar vi atter savne Englene og sukke efter dem i *Jesu* velsignede Navn, som Engelen Gabriel først nævnede paa Jorden, og de blot nærme sig, som de giør strax, naar et Hjertesuk i *Jesu* Navn lader sig høre, da lysner det for vore Øine, saa vi see, hvad vi iblinde forkastede med Marias Lovsang og med vore Fædres Julesang: Hannem bør altid, at vi sjunge med Englene: Ære og Priis være Gud i det Høie! – Da klinger den dunkelt for vort Øre, Lovsangs-Tonen, vi har glemt, og derved forberedes vi til at lære den igien af Engleskaren, som i den store Julenat først bragde den til Jorden. Og naar den er lært, ikke udenad, men indenad paa Engleviis, da kommer Herren, saa vi mærke det paa Klarheden, der omstraaler os, paa Freden, der opfylder os, og paa den fuldkomne Glæde, som besøger vort Hjerte. Amen! (sst. 75-76)

III

Ved læsningen af en sådan prædiken kan man ikke undgå at reflektere over det forhold mellem tro og fantasi, den implicerer. Ved første blik ligner den et blot og bart udtryk for Grundtvigs beskrivelse af sig selv som en gammeldags troende; den ser altså ud som en naiv accept af traditionelle synsmåder. Men vi véd, at Grundtvig som lærd og som tænker var alt andet end naiv. Og selv om han var stærkt kritisk over for tidens kritiske holdninger, var han ingenlunde ubekendt med dem eller ubevidst om styrken i dem.

Men selv en umiddelbar læsning af prædikenen gør på ny klart, at Grundtvig ikke holdt op med at være digter når han skrev prosa. "Thi et Paradis uden Engle er som en Skov uden Fugle eller en deilig Psalme, som Ingen synger eller hører". Det paradis, han taler om, er et, der giver sig til kende her i denne verden. Det er "den usynlige, men dog virkelige Edens Have, Gud plantede i Støvet, da Han lod sin Søn hvile under en Kvindes Moderhjerte og lege i Hendes Skiød". Det er det kristne fællesskabs liv og den enkelte kristnes liv i dette fællesskab. Det er et liv, der leves i bevidstheden om, at Gud er nær i den daglige tilværelse.

Det paradis erkendes i troen, og vel at mærke en tro, som involverer al menneskelig opfattelsesevne. Den indbefatter fantasien og sanserne. At tale om engle her er at tale om, hvordan fantasien udfolder sig, når den begynder at blive bevidst om tingene i deres skjulte egenskab af at være skabt af Gud. Troen på inkarnationen er tæt forbundet med en bevidsthed om engles virksomhed i kristen gudstjeneste, en sans for den "himmelske" karakter af kirkens fælles bøn, som bereder os til at erkende de hinsidighedspotentialer, som menneskenaturen rummer. Inkarnationstroen er også forbundet med de mere personlige og flygtige indtryk af en flerdimensional virkelighed – de "epifanier" eller "tilsynekomster" – som mange forfattere og kunstnere har gjort erfaringer med i vort eget århundrede. I en tid, hvor artikulerede trossystemer finder mindre og mindre tilslutning, er følelsen af, at visuelle, musikalske og litterære kunstværker åbner adgang til ikke-tidslige tilværelsesdimensioner blevet stærkere.

Vi møder da igen Grundtvigs insisteren på, at troen, selv om den rækker ud over naturen, ikke går imod naturen. Hans vision af jords og himmels indbyrdes gennemtrængning er forberedt i den genfødelse af den kristne fantasi, som ikke alene hans salmer, men hans digtning som helhed sigter imod at bringe i stand.

"Epifanierne" indfinder sig ofte ved de lejligheder, hvor vi fornemmer det utilstrækkelige i vor sædvanlige opfattelse af tiden som en simpel linje fra fortid gennem nutid til fremtid. Vi bliver bevidste om, hvordan det tidløse og det tidslige skærer hinanden; og vi begynder at ane meningen med de tanker, man i gamle dage gjorde sig om forholdet mellem tid og evighed; dvs. forestillinger om tiden som noget, der indeholder en "englelig" dimension, et skabt genskin af evigheden, som uden at muliggøre en direkte adgang til Guds evighed dog vækker en levende bevidsthed om den. Er det ikke sådan, vi oplever poesien og musikken, når den er bedst? Med et citat fra Lévi-Strauss siger George Steiner: "melodiens opfindelse er mennneskets højeste mysterium", og han fortsætter: "det kan være, at mennesket er menneske, og 'grænser op til' en mærkelig og åben andethed, fordi det kan frembringe musik og besættes af den".[104] Steiners hovedtese: at de helt store kunstværker altid har været og nødvendigvis må være støttet af en erkendelse af nærvær af noget transcendent, som virker ind på rummets og tidens verden, er på interessant vis relevant for Grundtvigs teologi, i hvilken tro, lovprisning og gudstjeneste står så nær ved hverandre. Det synes, som om det netop er denne "åbne andethed", Grundtvig bestandig udtrykker i sin poesi og prosa – som jo begge undertiden grænser op til musikkens verden.

Også her, som så mange andre steder, bemærker vi, at Grundtvig havde stærke forbindelser til sine rødder. Hans barndomserfaringer af en "forklaret" verden var levende i ham; og studiet af græsk og nordisk mytologi og af den kristne gudstjenestetradition havde overbevist ham om, at englemagter havde været virksomme gennem hele menneskehedshistorien, i kristendommen, men også i de førkristne religioner, der havde forberedt den. I en prædiken som den, vi lige har betragtet, bliver det tydeligt, at Grundtvig, den tilsyneladende "førmoderne" tænker, i virkeligheden er på vej til at blive "postmoderne". Han kan blive forstået i en verden, hvor mange i den seneste snes år på mærkelig vis er blevet bevidste om gode og onde englemagters nærvær – i den grad, at ikke engang teologer har kunnet forblive helt uberørte deraf. Han kan tale til en vestlig verden, som – i hvert fald lejlighedsvis – er mere villig end før til at interessere sig for de erfaringer, der er blevet gjort i samfund, som tidligere betragtedes som primitive og underudviklede. Grundtvig skriver som en mand, der ved besked med den rolle, englene har spillet i mange kulturer, og som af egen erfaring kender de øjeblikke af kunstnerisk og poetisk inspiration og udfoldelse, som synes at kræve at blive forklaret som resultat af engles indgriben, deres kald og bebudelse. Dette er ting, som læres "indenad, paa Engleviis". Når vi har lært det sådan, mærker vi, at Herren er nær, "paa Klarheden, der omstraaler os, paa Freden, der opfylder os, og paa den fuldkomne Glæde, som besøger vort Hjerte". Vi tager næppe fejl, hvis vi tolker disse ord som talt ud af personlig erfaring.

Frem for alt: For Grundtvig strider denne overbevisning ikke mod det kristologiske princip, som reformatorisk teologi hviler på; den repræsenterer tværtimod en radikal og kreativ nyfortolkning af det. Reformatorerne virkede i en kristen verden, hvor der herskede stor forvirring, ikke mindst i folketro og folkelig religiøs praksis. Troen på helgenernes forbøn og englenes indgriben, ærefrygten for hellige steder og tider – alt det stod i fuldt flor i begyndelsen af det 16. århundrede. Guddommeligt nærvær var noget, man så manifesteret på et utal af forskellige måder. Men midt i al denne overflod var noget væsentligt gået tabt, en sans for proportioner, en bevidsthed om det ene fornødne, nemlig om Kristus som den, al tro og alt liv skulle dreje sig om. Det var, hvad reformatorerne så det som deres opgave at hævde og bekræfte på ny, i praksis såvel som i teori. De så mængden af billeder og forestillinger og handlinger som noget, der ikke længere åbnede en vej mellem himmel og jord, men var blevet til uoverstigelige spærringer på vejen.

Men reformatorernes bestræbelse for genoprettelse af bevidstheden om det ene fornødne ledsagedes af en stigende tilbøjelighed til reduktionisme. Alt, hvad der ikke var i streng forstand nødvendigt, skulle ryddes af vejen: fejringen af englene, troen på helgeners forbøn, kærligheden til hellige steder. I sin mest radikale skikkelse, i Genève, fjernede Reformationen hele rigdommen af synlige tegn og symboler fra kirkebygningerne. Efterhånden stod man i begge de store protestantiske traditioner tilbage med en slags "kristomonisme". Jesus blev en enlig skikkelse, himlen var tom for helgener som for engle. Den reduktionistiske taktik havde i længden ført til undergravelse af selve det, man ville stå vagt om.

Imod denne tendens, ja imod dens fundamentale princip, anviser Grundtvig en helt anden vej. Den går i retning af inklusivitet og fylde. Kristi centralitet og læren om vor retfærdiggørelse af nåde ved tro står aldeles urokkede. Men nu tolkes de inklusivt, ikke eksklusivt, og alle troens og livets sekundære anliggender og fænomener kommer tilbage og indtager deres rette plads, uden proportionsforvrængning. De bliver set som ting, der, selv om deres fravær ikke i princippet umuliggør den centrale påstand, dog hører med til denne påstand i dens fulde betydning og vægt. Når de ikke er med, formindskes den; den rykkes af led; og til sidst spærres vejen til den.

Verden i dens fylde er skabt for at glæden kan vokse. Guds handling må ikke reduceres eller hæmmes af menneskelige kriterier for, hvad der er nødvendigt eller nyttigt. Nåden såvel som naturen rummer en overstrømmende mangfoldighed af ting, som måske hverken er nødvendige eller nyttige i vor betydning af ordene, men ligger hinsides sådanne begreber.

I Grundtvigs teologi er denne overdådighed i skabelse og genløsning taget i agt. Den er bevidst om, at Gud ikke kan måles og begrænses ved vore tanker og forventninger. Forbavselse og undren, vækst og glæde er nøgleord i den og henviser ord som nødvendighed og nytte til den underordnede plads, de hører hjemme på.

Sammen med alt, hvad der ellers har været sagt i denne bog om Grundtvigs originalitet, bekræfter dette sandheden i, hvad Martin A. Hansen engang skrev om ham: "Grundtvig tilhører det vordende, han gaar ud over Protestantismen, og hos ham synes en Kultur at ligge i Svøb".[105]

Noter

Første kapitel: Fra barndom til ordination – 1783-1811

1 Borish 113ff. **2** Rønning: *Slægt* 112-43. **3** Rønning: *Grundtvig* II,1 166-72. **4** Dette og det foregående citat: GE 118.

Andet kapitel: Konflikt og vision – 1811-29

5 Jf. Tredje del. **6** Rønning *Grundtvig* II,2 7-8. **7** NL 48. **8** Dette og de tre flg. citater: NL 53-58. **9** NL 78. **10** Dette og flg. citat: HP 78. **11** Thodberg *Syn og Sang* 174. **12** J.I. Jensen 31-33. **13** Til dette og flg. citat: Thodberg *Syn og Sang* 181 og 204.

Tredje kapitel: Nye udviklinger, indre og ydre – 1829-39

14 HP 286. **15** Om G's tre første Englandsrejser, se Grell. **16** Dette og de fire følgende citater: GS 1996 101-08. **17** Jf. Noack i HP. **18** Dette og flg. citat: GS 1959 57-58. **19** Pedersen 195-96. **20** Om G's optagethed af middelalderen, værdifulde bemærkninger hos Lehmann 176-79. **21** Thaning *Menneske først.* **22** Jf. Aarnes i NL 64-66. **23** Michelsen *Tilblivelsen* 42. **24** Dette og flg. tre citater: GE 180-84. **25** Dette og flg. to citater: GS 1948 48-53.

Fjerde kapitel: Uventet opfyldelse – 1839-58

26 GS 1949 68-69. **27** Rønning *Grundtvig* IV,2 41 – dennes retskrivning. **28** Rønning *Grundtvig* IV,2 68. **29** En sammenligning af de to mænd som oversættere: Litvack 95-100. **30** Dette og de to flg. citater: Neale 189-91. **31** GA 446, 25 p-q. **32** Dette og de to flg. citater: Neale 191-92. **33** Knudsen *Idé* 187-88. **34** Dette og flg. citat: Knudsen *Livsfilosofi* 172 og 178.

Femte kapitel: De sidste år – 1858-72

35 Dette og de to flg. citater: GE 236-37. **36** GE 231. **37** Dette og flg. citat: GE 162-63 og 166. **38** Brun II 734. **39** Dette og flg. citat: GE 243-45. **40** Helveg, Kgl. Bibl. Håndskr.saml. 43-168-68. Jeg skylder min ven, sognepræst Søren Jensen, tak for dette dokument, og for megen hjælp mht. Helvegs liv. Se også hans artikel om H i KLS 79-108. **41** Dette og de to flg. citater: GE 239-40. **42** Bradley i GS 1995. **43** Dette og de to flg. citater: Helveg, som note 40. **44** Dette og flg. tre citater: Gosse 78 samt 83-87. **45** Om Gosses pålidelighed, se Thwaite 2-3. **46** GE 262-63.

Sjette kapitel: Opdagelsen af kirken

47 Lindhardt 37. **48** NL 59-60.

Syvende kapitel: Det historiske embede

49 Gratieux II 134-35. **50** GA 448.18.b. Om Palmers forhold til G, se i øvrigt HP 30-31. **51** En udførligere redegørelse for G's 1843-besøg i Oxford leveres af Allchin og Pontoppidan Thyssen i HP 19-32.

Ottende kapitel: Trehed i enhed

52 Koch 200-01. **53** Prenter Treenighedslære. **54** Prenter Treenighedslære 62. **55** Dette og flg. citat: FSS 82. **56** Dette og flg. citat: Prenter Treenighedslære 63-64. **57** Dette og flg. tre citater: Prenter Treenighedslære 71-72. **58** Prenter Treenighedslære 72. **59** Dette og flg. citat: Balling *Kristendommen* 44. **60** Balling *Kristendommen* 107.

Niende kapitel: Jorden, skabt i Guds billede

61 Paget 429. **62** Muir 194. **63** Rompay 560.

Tiende kapitel: Et jævnt og muntert, virksomt liv på jord

64 HP 285. **65** HP 277. **66** Om Nigeria: Ozumba 105-18; om Filippinerne: Zøllner 199-228. **67** GS 119-40; HP 299-322. **68** Thøgersen 277. **69** Dette og flg. citat: Engberg 53. **70** NL 320. **71** *Danmarks Folkehøjskole* 427. **72** Engberg 155. **73** Kjær 1-9. **74** Se M. Christiansen (datter). **75** Dette og flg. citat: Kjær 5-7.

Ellevte kapitel: Evighed i tid

76 Thodberg At tale 253. **77** *Danish Painting* samt *Malernes og forfatternes Danmark.* **78** Gatt 12. Det foregående citat fra samme bog. **79** Borum 123. **80** Borish kap. 8. **81** Således i det 18. århundredes Wales; se Allchin *Praise* 94-102. **82** NL 82.

Tolvte kapitel: Advent

83 Ligesom i Schillers ode *Til Glæden* er der et anstrøg af det 19. århundrede i dette tal: Den menneskelige familie var ved at blive klar over, hvor hurtigt den voksede!

Trettende kapitel: Jul

84 Se Keble.

Fjortende kapitel: Bebudelsen

85 Kingo 149. **86** Se Pelikan om Bibelens rolle i Mariateologi og Mariafromhed gennem tiderne. **87** Moeller 272.

Femtende kapitel: Påske

88 Om G's fordomme mod den græske kirke, og især mod den nikænske trosbekendelse, se Fleinert-Jensen 163-76. **89** Lehmann 199-200. **90** Se Elbek *Grundtvig og de græske salmer* 37-38. **91** Sophrony 448-56.

Sekstende kapitel: Pinse

92 Se herom Morgan 70. **93** Dette og to flg. Knudsen-citater: *Idé* 185-86 samt 24. **94** Jeg skylder min ven, sognepræst Johannes Glenthøj D.Phil., tak for denne henvisning. **95** Om den rolle, en lignende indsigt har spillet i nutidens Nigeria, se GS 1993, 130-31. **96** Davies 22-23. **97** Jf. en moderne russisk teologs ord: "Det er i denne den guddommelige plans sammenhæng - den Hellige Treenighed manifesteret i korsets mysterium - at Philaret af Moskva taler om 'den korsfæstende Faders kærlighed, den korsfæstede Søns kærlighed, og Helligåndens kærlighed, triumferende i korsets uovervindelige kraft'" - Lossky 85. **98** Se *Morsø Frimenighed* 35-36 samt KLS 135. **99** Om Brorsons billedsprog, se *Brorson.*

Syttende kapitel: Korsets tegn

100 Eliot 260-62. **101** HP 133-52.

Attende kapitel: Englenes tjeneste

102 Den danske kirke fejrede St Mikkels og Alle Engles fest indtil 1770. I "Danmarks og Norgis Kirke-Ritual", 28, pålægges det præsten, på den dag at prædike "om Englerne / og det store Gavn og Beskærmelse / vi have af dennem / hvorfore vi med al Billighed maa love og takke Gud". **103** En kristocentrisk måde at forstå englenes tjeneste på diskuteres af Prenter *Skabelse* 250-55. **104** Steiner 19. **105** M.A. Hansen 91, citeret efter Bjørnvig *Kains Alter* 325.

Citeret og omtalt litteratur

Allchin, A.M.: *Praise Above All: Discovering the Welsh Tradition*, 1991.

Allchin, A.M. og A. Pontoppidan Thyssen: Grundtvig's Relationship to England, i: *Heritage and Prophecy.*

Aronson, Harry: *Mänskligt og kristet: en studie i Grundtvigs teologi*, 1960.

Aarnes, Sigurd: Grundtvig som historiker, i: *Grundtvig og grundtvigianismen i nyt lys.*

Balling, Jakob: Grundtvig, Dante, Milton, and the Problem of European Continuity, i: *Heritage and Prophecy.*

Balling, Jakob: *Kristendommen*, 1986.

Borish, Steven: *The Land of the Living: The Danish Folk High Schools and Denmark's Non-Violent Path to Modernization*, 1991.

Borum, Poul: *Digteren Grundtvig*, 1983.

Bradley, S.A.J.: "Stridige Stykker snildt jeg forbandt": Grundtvig's Creative Synthesis of Anglo-Saxon Sources, i: *Grundtvig Studier*, 1996.

Bradley, S.A.J.: Grundtvig's Palm Sunday 1867, i: *Grundtvig Studier*, 1993.

Brorson: En bog i 300 året for salmedigterens fødsel, udg. af Jan Ulrik Dyrkjøb, 1994.

Brun, H.: *Biskop N.F.S. Grundtvigs levnetsløb* 2, 1882.

Bugge, K.E.: The School for Life: The Basic Ideas of Grundtvig's Educational Thinking, i: *Heritage and Prophecy.*

Christiansen, Margrethe: *Ingeborg Appel og Askov*, 1967.

Danish Painting, The Golden Age: Catalogue for the Loan Exhibition at the National Gallery 1984.

Danmarks Folkehøjskole, udg. af J.Th. Arnfred m.fl., 1944.

Davies, John D.: *The Faith Abroad*, 1983.

Elbek, Jørgen: Grundtvig og de latinske salmer, i: *Grundtvig Studier*, 1959.

Elbek, Jørgen: *Grundtvig og de græske salmer*, 1960.

Eliot, T.S.: *The Complete Poems and Plays*, 1969.

Engberg, Hanne: *Historien om Christen Kold*, 1985.

Fleinert-Jensen, Flemming: N.F.S. Grundtvig et la tradition byzantine, i: *Irenikon*, 1987.

For sammenhængens skyld: Ord og motiver i Grundtvigs salmer og prædikener, red. Christian Thodberg, 1977.

Gatt, Giuseppe: *Constable*, 1968.
Gosse, Edmund: *Two Visits to Denmark*, 1911.
Gratieux, A.: *A.S. Khomiakov*, 1939.
Grell, Helge: *Grundtvig og England*, 1992.
Grundtvig, N.F.S.: *Udvalgte Skrifter* I-X, udg. af Holger Begtrup, 1904-09.
Grundtvig, N.F.S.: *Værker i Udvalg* I-X, udg. af Georg Christensen og Hal Koch, 1940-49.
Grundtvig, N.F.S.: *Poetiske Skrifter* I-VII, udg. af Sv. Grundtvig, 1880-89; VIII-IX udg. af Georg Christensen, 1929-30.
Grundtvig, N.F.S.: *Sang-Værk til den danske Kirke* 1-5, optryk 1982-84.
Grundtvig, N.F.S.: *Bibelske Prædikener*, 1816.
Grundtvig, N.F.S.: *Præstø Prædikener 1821-22* 1-2, udg. af Christian Thodberg, 1988.
Grundtvig, N.F.S.: *Prædikener 1822-26 og 1832-39* 1-12, udg. af Christian Thodberg, 1983-86.
Grundtvig, N.F.S.: *Christelige Prædikener eller Søndags-Bog* 1-3, 2. udg. 1859-60.
Grundtvig, N.F.S.: *Vartovs-Prædikener 1839-60*, udvalg udg. af Holger Begtrup, 1924.
Grundtvig, N.F.S.: *Kors-Prædikener 1839-60*, udvalg udg. af N. Clausen-Bagge, 1925.
Grundtvig, N.F.S.: *Sidste Prædikener 1861-72* 1-2, udvalg udg. af C.J. Brandt, 1880.
Grundtvig, N.F.S.: *Kirkelige Lejlighedstaler*, udg. af C.J. Brandt, 1877.
Grundtvig, N.F.S.: *Kort Begreb af Verdens Krønike betragtet i Sammenhæng*, 1814.
Grundtvig, N.F.S.: *Om den sande Christendom* og *Om Christendommens Sandhed*, 2. udg. 1854.
Grundtvig, N.F.S.: De nye Anglicaner, i: *Nordisk Tidsskrift for Christelig Theologi*, 1842.
Grundtvig og Ingemann: Brevvexling 1821-1859, udg. af Sv. Grundtvig, 1882.
Grundtvigs Erindringer og Erindringer om Grundtvig, udg. af Steen Johansen og Henning Høirup, 1948.
Grundtvig Studier, udg. af Grundtvigselskabet, 1948ff.
Grundtvig og grundtvigianismen i nyt lys, udg. af Christian Thodberg og Anders Pontoppidan Thyssen, 1983.
Hansen, Holger Bernt: Grundtvig, Europe, and the Third World: Dilemmas and Challenges, i: *Grundtvig Studier*, 1993.

Hansen, Holger Bernt: Grundtvig and the Third World: The Transfer of Grundtvig's Ideas to Other Peoples and Cultures, i: *Heritage and Prophecy.*

Hansen, Martin A: *Leviathan,* 1950.

Henningsen, Hans: The Danish Folk High School, i: *Heritage and Prophecy.*

Heritage and Prophecy: Grundtvig and the English-speaking World, udg. af A.M. Allchin, D. Jasper, J.H. Schjørring og K. Stevenson, 1993.

Haarder, Andreas: Grundtvig og den oldnordiske kulturarv, i: *Grundtvig og grundtvigianismen i nyt lys.*

Jensen, Erik Krebs: Hjertets gudbilledlighed, i: *For sammenhængens skyld.*

Jensen, Jørgen I.: Den fjerne kirke. Forsøg med romantik og kristendom, i: *Kaos og kosmos: Studier i europæisk romantik,* udg. af Hans Boll-Johansen og Flemming Lundgren-Nielsen, 1989.

Jensen, Søren: Frimenighed og apostelskole: Frederik Helveg som oldkirkehistoriker, i: *Kirken af levende Stene.*

Keble, John: *On the Mysticism Attributed to the Early Fathers of the Church,* 1840.

Kingo, Thomas: *Gradual,* 1699.

Kirken af levende Stene: Den grundtvigske tradition i dansk kirkehistorieskrivning, udg. af Carsten Bach-Nielsen og Per Ingesman, 1994.

Kjær, Holger: Ingeborg Appel, i: *Dansk Udsyn,* 1949.

Knudsen, Jakob: Herrens Aar, i: *Livsfilosofi,* 1948.

Knudsen, Jakob: Grundtvigske Salmer, i: *Idé og Erindring,* 1949.

Koch, Hal: *Grundtvig,* 1943.

Lehmann, Edvard: *Grundtvig,* 1929.

Lindhardt, P.G.: *Grundtvig: An Introduction,* 1951.

Litvack, L.: *J.M. Neale and the Quest for Sobornost,* 1994.

Lossky, Vladimir: *The Mystical Tradition of the Eastern Church,* 1957.

Malernes og forfatternes Danmark, udg. af Bente Scavenius og Poul Borum, 1986.

Michelsen, William: Grundtvigs kristelige gennembrud 1810-12, i: *Grundtvig og Grundtvigianismen i nyt lys.*

Michelsen, William: *Tilblivelsen af Grundtvigs historiesyn,* 1954.

Moeller, Charles: *Mentalité moderne et évangélisation,* 1962.

Morgan, Derek Llwyd: *The Great Awakening in Wales,* 1988.

Morsø Frimenighed 1871-1971, udg. af Per Fisker, 1971.

Muir, Edwin: *Collected Poems,* 1960.

Neale, John Mason: *Letters, selected and edited by his Daughter,* 1910.

Noack, Bent: Grundtvig and Anglo-Saxon Poetry, i: *Heritage and Prophecy.*

Ozumba, Kachi: Education for Life, i: *Grundtvig Studier,* 1993.

Paget, Francis: Artikel i: *Lux Mundi,* udg. af Charles Gore, 1889.

Pedersen, Jørgen: *Fra Augustin til Johannes V. Jensen,* 1991.

Pelikan, Jaroslav: *Mary Through the Centuries,* 1996.

Prenter, Regin: Grundtvigs treenighedslære, i: *N.F.S. Grundtvig, Theolog og Kirkelærer,* udg. af Udvalget for Konvent for Kirke og Theologi, 1983.

Prenter, Regin: *Skabelse og Genløsning,* 2. udg. 1955.

Rompay, Lucas Van: Memories of Paradise, the Greek "Life of Adam and Eve" and the early Syriac Tradition, i: *Aram: a Festschrift for Sebastian P. Brock,* 1993.

Rønning, F.: *Den Grundtvigske Slægt: Bidrag til dens Historie,* 1904.

Rønning, F.: *N.F.S. Grundtvig: Et bidrag til skildringen af dansk åndsliv i det 19. århundrede* I-IV, 1907-14.

Skovmand, Roar: Den grundtvigske folkehøjskole, i: *Grundtvig og grundtvigianismen i nyt lys.*

Sophrony (Sakharov): *Saint Silouan the Athonite,* 1991.

Steiner, George: *Real Presences,* 1989.

Thaning, Kaj: Grundtvig og den Grundlovgivende Rigsforsamling, i: *Grundtvig Studier,* 1949.

Thaning, Kaj: *Menneske først – Grundtvigs opgør med sig selv* I-III, 1963.

Thodberg, Christian: Den grundtvigske arv: Christian Hostrup som prædikant med særligt henblik på de grundtvigske elementer, i: *For sammenhængens skyld.*

Thodberg, Christian: *Syn og sang: Poesi og teologi hos Grundtvig,* 1989.

Thodberg, Christian: At tale en sang – Grundtvigs poetiske raptus på prædikestolen, i: *Fra Egtvedpigen til Folketinget,* Videnskabernes Selskabs festskrift til Dronningen ved regeringsjubilæet, 1997.

Thodberg, Christian: The Importance of Baptism in Grundtvig's View of Christianity, i: *Heritage and Prophecy.*

Thwaite, Ann: *Edmund Gosse: A Literary Landscape,* 1985.

Thøgersen, Stig: Liang Shuming and the Danish Model, i: *Cultural Encounters: China, Japan and the West,* udg. af S. Clausen m.fl., 1995.

Toldberg, Helge: Nugent Wade i Helsingør, i: *Grundtvig Studier,* 1948.

Zøllner, Lilian: Grundtvigs skoletanker i Filippinerne, i: *Grundtvig Studier,* 1994.

Index